쉽고 명확한 설명의

TCP / IP

한정수 지음

배움터

저자 소개

한정수

2003년에 성균관대학교 전기전자및컴퓨터공학부 박사를 받고
㈜아이에스피 통신개발팀 책임연구원으로 근무하다
현재 신구대학교 정보통신보안과 교수로 재직하고 있음.
관심 분야로는 네트워크관리, 인터넷 QoS, QoS 라우팅 등을 연구하고 있음.

쉽고 명확한 설명의 TCP/IP

초판인쇄 2020년 8월 18일
초판발행 2020년 8월 25일

지은이 한정수
펴낸이 김민수
펴낸곳 (도서출판)배움터 / **주소** 경기도 파주시 광인사길 143
출판사 등록일 2005년 1월 31일 / **신고번호** 제406-4060000251002005000003호
대표전화 (031)955-7990 / **팩스** (031)955-0768

책임편집 김민보 / **편집** 신성민, 유제훈, 권소정 / **디자인** 유준범
마케팅 최복락, 심수경, 차종필, 백수정, 최태웅, 명하나, 김범용, 김민정
인쇄 · 제본 천일문화사

ISBN 978-89-89383-87-1 93560
정가 19,000원

- 이 도서의 국립중앙도서관 출판예정도서목록(CIP)은 서지정보유통지원시스템 홈페이지(http://seoji.nl.go.kr)와 국가자료공동목록시스템(http://www.nl.go.kr/kolisnet)에서 이용하실 수 있습니다. (CIP제어번호: 2020026884)

머리말

20년 가까운 대학 강의 환경에서 느낀 점은 컴퓨터 전공 학생마저 TCP/IP 프로토콜 자체를 암기 위주 과목으로 인지함과 동시에 지루하고 따분한 과목으로 인식하고 있다는 현실이다. 이에 네트워크 관련 학위를 받고 이제까지 대학에서 학생들에게 TCP/IP에 대한 지식을 전달하는 교수자로써 이러한 인식을 조금이라도 바꿔보기 위해 여러 가지 방안을 구상하게 되었다. 이를 위해서는 학생들이 먼저 책에 대한 흥미를 느낄 수 있어야 하며 이것은 곧 책의 내용이 이해하기 쉽고 흥미를 유발할 수 있는 내용이 포함되어야 한다고 생각하게 되었다. 물론 이것은 학생뿐만 아니라 책을 선정하는 교수자 입장에서도 마찬가지일 것이다. 본 저자는 이러한 생각을 조금이라고 책에 제공하고자 다음과 같은 네 가지 방안을 교재에 포함하고자 하였다.

첫째, 주제별 중요한 내용을 **핵심요약** 형식으로 제공하고 있다. 학생들은 TCP/IP 동작을 이해하기 위해서 책에 나와 있는 많은 내용을 읽어야 하지만 그중에서 가장 핵심이 되는 내용을 간략히 요약하여 한눈에 볼 수 있도록 제공하고 있다.

두 번째, 학생들의 흥미를 제공하기 위해 일반 시중에 나와 있는 책에서 제공하지 않는 TCP/IP 관련 내용을 **미니강의** 형식으로 제공하고 있다. 미니강의에서 제공하고 있는 내용은 수업시간에 교수자들이 학생들의 흥미를 유발하기 위해 제공할 수 있는 TCP/IP 관련 지식들 위주로 구성하였다.

세 번째, TCP/IP 프로토콜 수업이 이론이 아닌 실습수업이 될 수 있다는 것을 상기시키기 위해 **실습하기** 형식을 제공하고 있다. 이를 위해 현재 대학 및 산업체에서 많이 사용하는 패킷 캡처 무료 소프트웨어인 wireshark 프로그램만을 설치하여 실습하고 있다. 또한, 가능한 한 많은 프로토콜 동작 및 관련 명령어에 대한 실습을 제공하려고 노력하였다. 다만, 현재 많이 사용하지 않거나 실습을 위해 특별한 환경 및 프로그램을 설치해야 하는 경우는 제외하고자 하였다. 이는 학생들 스스로 책을 보면서 집에 혼자 실습할 수 있게 하기 위함이다.

마지막으로, 모든 chapter마다 **요약정리** 및 **연습문제**를 제공하였다. 주제에 대한 학습을 마치고 이를 정리할 수 있는 요약정리와 자기 주체적 학습을 위한 연습문제를 통해 하나의 주제를 마무리할 수 있게 하였다. 다만 연습문제의 해답은 교수자의 다양한 활용을 위해 교수자에게만 제공함을 밝히는 바이다.

참고로 네트워크 패킷 캡처 무료 소프트웨어인 wireshark 프로그램은 다음의 사이트에서 다운받아 사용할 수 있다. https://www.wireshark.org/#download

이 책이 세상에 빛을 볼 수 있기까지는 많은 격려와 도움이 있었다. 책의 방향과 내용에 도움을 주신 선후배 교수님들과 책의 편집과 출판에 많은 도움을 주신 배움터 출판사 여러분께 깊은 감사를 표한다. 특히, 항상 뒤에서 묵묵히 힘이 되어준 나의 소중한 가족들(아내, 서연, 재원)에게 사랑과 감사를 전하고자 한다.

마지막으로 아무쪼록 이 책이 TCP/IP를 공부하는 많이 이들에게 조금이라도 도움이 될 수 있기를 바라는 마음이다.

2020년 6월

한정수

강의계획표

TCP/IP 내용이 많아서 본서를 대학 강의 교재로 선택하는 경우에 다음과 같은 일정으로 강의 및 학습하기를 추천한다. 참고로, 한 학기 수업이 15주차로 진행되며 매 주차 수업은 3시간을 기준으로 고려하였다.

주차	강의 및 학습 내용	비고
1주차	1, 2장	
2주차	3장	
3주차	4장	실습 위주 수업
4주차	5장	실습 위주 수업
5주차	5장	실습 위주 수업
6주차	6장	
7주차	7장	실습 위주 수업
8주차	중간고사	
9주차	9장	실습 위주 수업
10주차	9, 10장	실습 위주 수업
11주차	11장	실습 위주 수업
12주차	12장	실습 위주 수업
13주차	15장	실습 위주 수업
14주차	16, 17장	실습 위주 수업
15주차	기말고사	

각 주차에 강의할 내용이 많은 경우 실습을 위한 이론수업을 함께 진행하며, 핵심요약 위주로 강의시간을 배분하는 것이 효율적일 것이다. 또한, 6장 라우팅 프로토콜과 17장 SNMP는 교수자의 선별적으로 내용을 축소한 강의가 필요하며, 8장 IGMP와 13, 14장 내용인 원격접속프로토콜과 파일전송프로토콜은 학생들에게 필요한 경우만 강의해도 무방할 것이라 생각한다.

중요한 것은 가급적 교재에 나와 있는 모든 실습은 학생들과 함께 진행하여야 하며, 연습문제 역시 학생들의 이해와 평가를 위해 과제 및 시험문제로 사용하는 것을 권하고 싶다.

목차

Ⅱ. 네트워크 계층 프로토콜 71

4장 ARP

5장 IP

6장 라우팅 프로토콜

7장 ICMP

8장 IGMP

Ⅲ. 전송 계층 프로토콜 233

9장 TCP

10장 UDP

Ⅳ. 응용 계층 프로토콜

11장 DHCP

12장 DNS

13장 원격접속 프로토콜(Telnet, SSH)

14장 파일전송 프로토콜(FTP, TFTP)

15장 전자우편 전송 프로토콜(SMTP, POP3, IMAP4)

16장 웹 서비스와 HTTP

17장 네트워크 관리 프로토콜(SNMP)

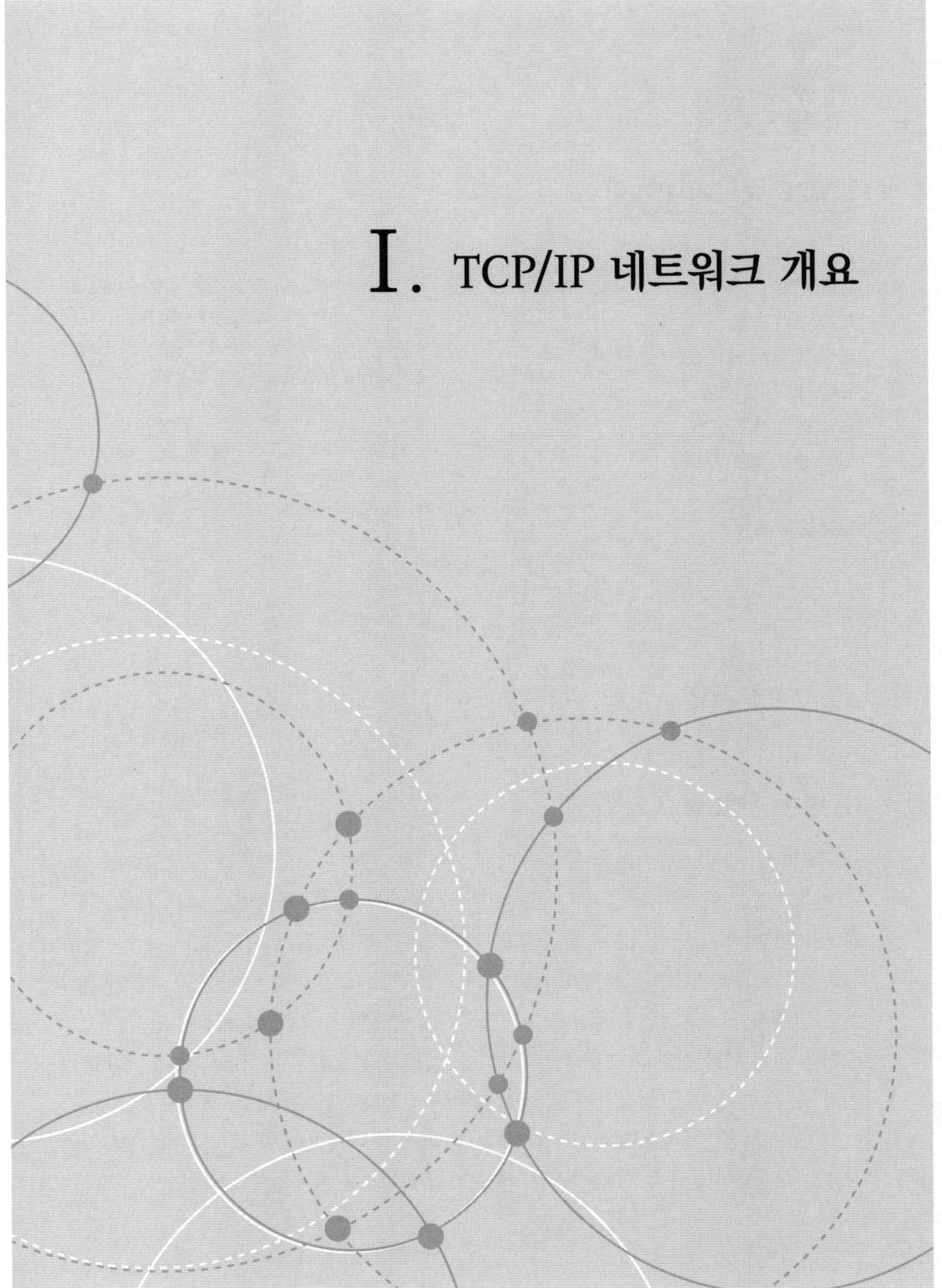

I. TCP/IP 네트워크 개요

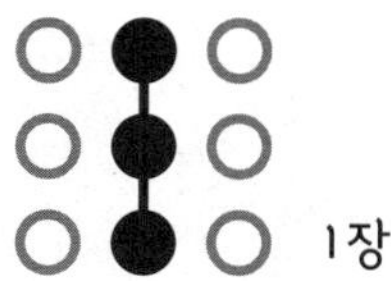

1장

OSI 참조모델

국제표준기구인 ISO에서는 1980년 말경에 네트워크를 이용하여 서로 다른 이기종의 통신 시스템 간의 상호접속이 가능하도록 정보교환을 위해 필요한 최소한의 네트워크 구조를 제공하는 OSI 기본 참조모델을 제안하였으며, 1983년에 국제표준(ISO 7498)으로 제정되었다.

- OSI 참조모델의 목적과 구조를 이해할 수 있다.
- 계층 간의 통신과 각 계층의 독립적인 기능을 이해할 수 있다.
- OSI 7계층의 계층별 특성과 역할을 이해할 수 있다.

1.1 개요

(1) 배경 및 필요성

ISO(International Organization for Standardization)에서는 개방형 시스템 간 상호접속(OSI : Open System Interconnection)을 위해 표준화된 네트워크 구조를 제공하는 기본 참조모델을 제정하여, 이기종 간 상호접속을 위한 가이드라인을 제시하고자 하였다.
OSI 참조모델의 기본 목표를 살펴보면 첫째, 시스템 간의 통신을 위한 표준 제공과 통신을 방해하는 기술적인 문제들을 제거하고자 하였으며 둘째, 단일 시스템 간의 정보교환을 하기 위한 상호 접속점을 정의하였다. 셋째, 제품들간의 번거로운 변환 없이 통신할 수 있는 능력을 향상시키기 위해 다양한 선택사항을 줄이고자 하였다. 이러한 OSI 참조모델은 7계층으로 이루어져 있다. 각 계층은 단계별로 필요한 기능을 모아둔 모듈로 구성되어 있으며, 각 계층들은 계층 간의 독립성을 유지하고자 하였다.

OSI 참조모델은 계층마다 독립적인 기능을 수행하는 7계층으로 구성되어 있다.

(2) 계층 구조

OSI 참조모델은 통신망을 통한 통신 시스템의 상호접속에 필요한 제반 통신절차를 크게 7개의 계층으로 나누어 정의하고 있다. ISO에서 제정한 7계층 구조는 제반 통신절차 가운데 기본적으로 비슷한 기능을 갖는 모듈을 동일 계층으로 분할하여 관리하는 Divide and Conquer 개념을 통해 각 계층 간의 독립성을 유지할 수 있도록 함과 동시에 어느 한 모듈에 대한 변경이 다른 전체 모듈에 미치는 영향을 최소화하는 데 목적을 두고 있다.

OSI 참조모델은 **[그림 1-1]**에서와 같이 물리 계층(Physical Layer), 데이터링크 계층(Data link layer), 네트워크 계층(Network layer), 전송 계층(Transport layer), 세션 계층(Session layer), 표현 계층(Presentation layer), 응용 계층(Application layer)으로 구성된다. 참고로 TCP/IP 프로토콜은 데이터링크 계층, 네트워크 계층(IP 계층), 전송 계층, 응용 계층 등 4계층으로 구성되었음을 볼 수 있다.

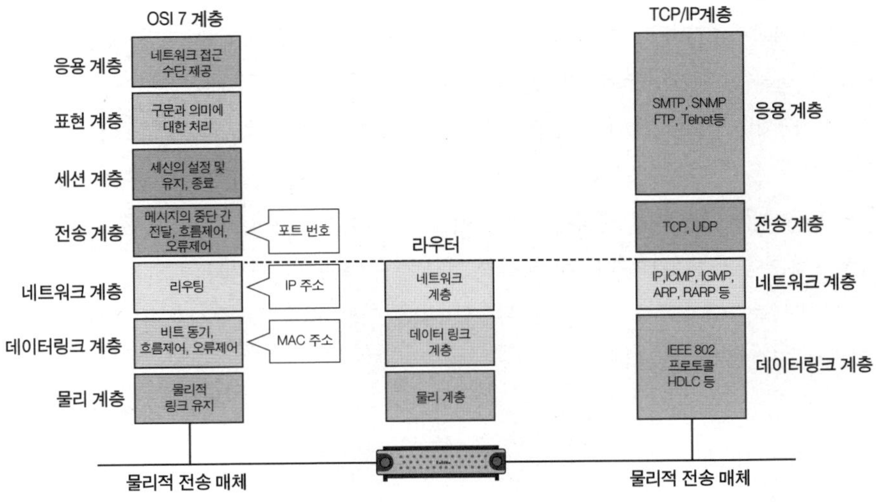

[그림 1-1] OSI 7계층과 TCP/IP 계층 구조 비교

OSI 참조모델의 계층 구조는 계층 간의 명확한 독립성을 제공함으로써 어느 한 모듈에 대한 변경이 다른 모듈에 영향을 최소화하는데 그 목적이 있다.

PDU

네트워크 구조에서 정보를 실어 나르는 기본 단위가 프로토콜 데이터 단위(PDU: Protocol Data Unit)이다. 계층화된 프로토콜에서 각 계층마다 PDU를 다음과 같이 명명한다.

- 2 계층 PDU : **프레임**(Frame)
- 3 계층 PDU : **데이터그램**(Datagram) 또는 **패킷**(Packet)
- 4 계층 PDU : **세그먼트**(Segment), **데이터그램**(Datagram)

(3) 동등(Peer-to-Peer)계층 간의 통신

임의의 시스템 N번째 계층에서 다른 시스템의 N번째 계층과 통신하기 위해서는 상위 계층의 메시지와 더불어 프로토콜 제어정보(PCI : Protocol Control Information)를 함께 사용한다. 동등계층 프로세스(peer-to-peer process)는 임의의 계층에서 상대편 동일 계층의 모듈과 통신하는 프로세스를 의미한다. 예를 들면, 송신지의 2계층은 3계층으로부터 받은 데이터에 2계층의 헤더와 트레일러를 붙이고 1계층으로 내려보낸다. 이렇게 보내진 데이터는 물리 계층을 통해서 수신지로 전송된다. 수신지의 2계층에서는 1계층으로부터 받은 데이터로부터 헤더와 트레일러를 제거하고 필요한 기능을 수행한 후에 데이터를 3계층으로 올려보낸다. 이와 같은 방식으로 동등계층 간의 통신을 위해 각 계층은 헤더(특히, 데이터링크 계층에서는 헤더와 트레일러)라는 형식으로 해당 계층에서 필요한 정보를 전달한다.

동등계층 간의 통신은 송신지의 하나의 계층과 수신지 동일 계층의 모듈과 통신하는 것을 의미하며, 각 계층에 헤더(PCI)를 붙이는 캡슐화 과정을 통해 동등계층 간의 통신을 수행한다.

미니강의 **캡슐화/역캡슐화**

캡슐화(Encapsulation)는 프로토콜 데이터 단위(PDU)를 다른 프로토콜 데이터 단위의 데이터 필드 부분에 위치시키는 기술을 말하고, **역캡슐화**(Decapsulation)는 캡슐화의 반대 동작으로 데이터 필드에 위치하고 있는 PDU를 추출하는 것을 말한다.

[그림 1-2]에서는 캡슐화 모습을 나타내고 있다. 먼저 User data에 응용 헤더를 캡슐화한 후 TCP 계층으로 내려보낸다. TCP 계층은 TCP 헤더를 붙인 후 IP 계층으로 내려보내고, IP 계층에서는 IP 헤더를 붙인 후 데이터링크 계층으로 내려보낸다. 데이터링크 계층은 이더넷 헤더와 트레일러를 덧붙여 프레임을 구성하여 물리 계층으로 내려 보낸다.

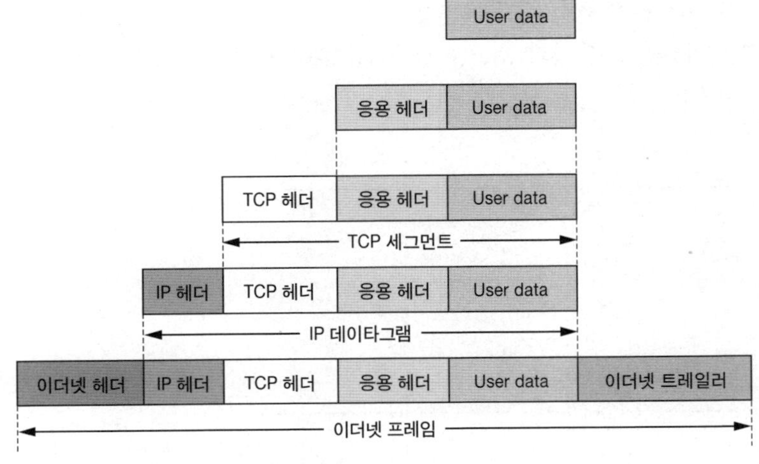

[그림 1-2] 헤더와 데이터의 캡슐화

미니강의 헤더와 트레일러

헤더(Header)는 데이터를 캡슐화할 때 데이터 앞에 덧붙여지는 부가정보를 말하며, 주로 송수신자의 주소와 연결제어, 에러 / 흐름 제어를 위한 정보 등이 포함된다.
트레일러(Trailer)는 네트워크 전송을 위해 데이터 뒷부분에 덧붙여지는 제어정보를 말한다. 대표적인 트레일러 정보는 에러 검사를 위해 사용되는 에러 검사코드이다.

(4) 상하 계층 간의 통신

송신지 데이터는 응용 계층부터 물리 계층까지 각 계층을 따라 전달되고, 이 데이터는 수신지의 물리 계층으로부터 응용 계층까지 거슬러 올라간다. 앞서 OSI 참조모델의 각 계층은 서로 독립적인 기능을 수행하는 모듈이라고 설명했듯이 서로 인접한 상하 계층 간의 독립성을 보장하려면 각 계층에서 제공해야 하는 정보와 서비스가 명확하게 정의되어야 한다. 이를 위해서 상하 계층 간의 제공하는 정보와 서비스를 위해 매개변수 형식으로 전송하게 된다.
[그림 1-3]은 이러한 계층 간의 통신을 전문적인 표준 용어로 정리한 것이다.

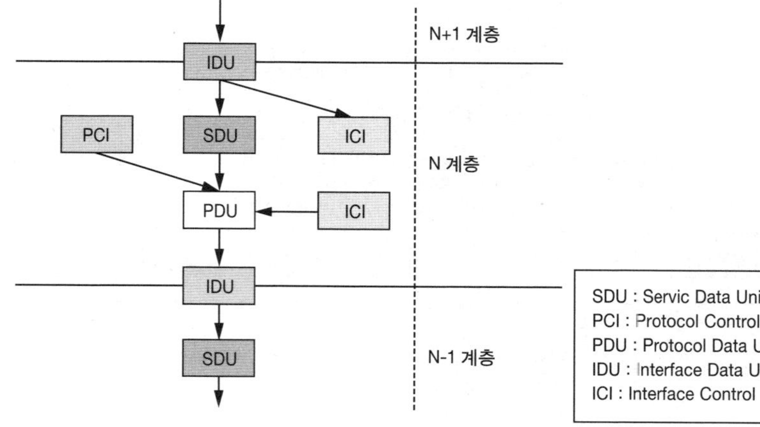

[그림 1-3] 계층 간의 통신

[그림 1-3]은 계층 간의 통신을 위해 $N+1$, N, $N-1$ 세 개의 계층으로 표현하고 있으며, 각각 상위와 하위의 관계를 나타내고 있다. $N+1$계층으로부터 N계층으로 전달되는 IDU는 N계층의 SDU가 되고, $N+1$계층에서 갈라져 나온 ICI는 계층 간의 전달 메시지이며 필요한 기능을 수행하고 난 후 제거된다. N계층의 SDU에는 또 상대편 N계층 프로세스로 전달할 PCI와 하위 $N-1$계층으로 전달할 ICI가 덧붙여져서 $N-1$계층에 대한 IDU로 전달된다.

계층마다 SDU에 PCI를 덧붙이는데 이는 전달하려는 데이터에 계층 고유의 헤더를 붙이는 것으로 볼 수 있다. 예를 들어 설명하면 데이터그램이라는 것은 전송 계층으로부터 받은 데이터(SDU)에 헤더(PCI)를 붙인 PDU를 말하는 것이고 프레임이라는 것은 네트워크 계층으로부터 받은 데이터(SDU)에 헤더(PCI)를 붙인 PDU를 말하는 것이다. **〈표 1-1〉**은 계층 간 통신의 5가지 요소의 기능을 정리한 것이다.

〈표 1-1〉 계층 간 통신의 5가지 요소

용어	기능
SDU	$N+1$계층에 의해서 N계층과 계속해서 $N-1$계층으로 투명하게(내용 변경 없이) 전달되는 상위 계층 데이터
PCI	네트워크의 동등계층으로 보내지는 정보이며 해당 계층에게 어떤 서비스 기능을 수행하도록 지시하는 헤더
PDU	SDU 와 PCI의 결합된 모습이다.
ICI	서비스 기능을 호출하기 위해서 N계층과 $N-1$계층 사이에서 전달되는 임시 매개 변수
IDU	PCI, SDU, ICI를 포함하는 계층 경계를 통과하여 전달되는 정보의 전체 단위

핵심요약

SDU와 PCI(헤더)를 합쳐서 PDU를 만들고, 이 PDU에 다음 계층에서 해야 할 기능을 포함하고 있는 ICI를 추가하여 IDU 형태로 다음 계층으로 전달하게 된다. 즉, 상하 계층 간의 통신을 위해 사용하는 것이 ICI인 것이다.

미니강의 ICI 정보

ICI(Interface Control Information)는 동일 노드의 인접한 계층 간에서만 사용할 수 있다. ICI는 다음 계층에서 수행되어야 하는 명령들을 제공해 주는데, 송신 노드의 경우에는 네트워크로 나가기 때문에 하위계층이 수행할 명령이고 수신 노드의 경우에는 최종 사용자로 올라가기 때문에 상위 계층이 수행할 명령이 된다. 예를 들어 ICI는 하위계층에게 명령을 하달하여 긴급 경로설정(routing)을 제공하도록 할 수 있다. 명령을 받은 하위계층은 사용자로부터 내려오는 데이터의 처리율을 높이기 위해서 추가 기능을 실행해야 함을 알고, 복수 개의 데이터를 병렬로 내보내고 하위계층을 통해 전송을 신속하게 하기 위해서 다중화 방식을 사용할 수 있다.

1.2 물리 계층(Physical Layer)

(1) 특성

OSI 참조모델에서 가장 하위계층인 물리 계층에서는 상위 계층에서 내려온 데이터를 상대방까지 보낼 수 있도록 송신지와 목적지 간의 물리적 링크를 설정, 유지, 해제하기 위한 물리적, 전기적, 기능적 그리고 절차적인 특성을 규정한다.

❶ 물리적 특성

DTE와 DCE 사이의 물리적 연결 규정에 관한 사항으로, 예를 들어 EIA-232D 장비 경우 25핀 커넥터로서, ISO 2110 규격에 따른 핀 배치와 접속규격 등을 정의하고 있다.

❷ 전기적 특성

전압 레벨과 전압 변화의 타이밍에 관련되는 특성으로, 예를 들어 임의의 신호를 수신하였을 때 그 신호 전압이 -3V 이하이면 2진 값 '1'로서 판정하고, +3V 이상이면 '0'으로 판정하게 된다. 이러한 특징에 따라 거리와 데이터 전송속도가 결정된다.

❸ 기능적 특성

물리적으로 접속되는 두 시스템 간의 상호작용에 사용하는 각 회선에 의미를 부여함으로써 수행하는 기능을 규정한다. 기능은 데이터, 제어, 타이밍, 전기적 접지 등으로 크게 분류될 수 있다.

❹ 절차적 특성

인터페이스의 기능적인 특징을 사용하여 데이터를 전송시키기 위한 순서를 규정한다.

물리 계층은 상위 계층에서 내려온 데이터를 물리적 매체를 통해 전송하기 위해 물리적, 전기적, 기능적, 절차적 특성을 제공하고 있다.

(2) 기능

물리 계층은 데이터링크 계층으로부터 데이터를 받아 전송 매체로 전송할 수 있게 변환시키며, 비트의 흐름을 전자기 또는 광신호로의 변환과 인코딩 기술을 제공한다. 〈표 1-2〉에서 물리 계층의 기능을 설명하고 있다.

〈표 1-2〉 물리 계층 기능

기능	설명
부호화	단극형, 극형, 양극형과 같은 신호의 종류를 결정한다.
데이터 전송 방식	전송이 오직 한쪽 방향으로만 이루어지는 단방향(Simplex), 전송이 한 번에 한쪽 방향으로만 교대로 이루어지는 반이중(Half-Duplex), 전송이 동시에 양방향으로 이루어지는 전이중(Full-Duplex) 방식을 결정한다.
접속형태	트리형, 버스형, 스타형, 링형, 메쉬형과 같은 네트워크 토폴로지를 결정한다.
전송 매체	데이터 전송을 위한 물리적인 환경을 결정하는 것으로 트위스티드 페어 케이블, 동축케이블, 광케이블과 같은 유선매체와 물리적 도선을 사용하지 않고서 전자기 신호를 전송하는 무선매체가 있다.

(3) 동작

물리 계층은 데이터링크 계층으로부터 데이터를 받아 전송 매체로 전송할 수 있게 변환한다. [그림 1-4]는 물리 계층의 동작으로, 송신지의 물리 계층은 데이터링크 계층으로부터 받은 데이터를 비트 단위로 변환해서 수신지로 전송한다. 수신지 물리 계층에서는 전송받은 비트들을 데이터링크 계층의 데이터로 올려보낸다.

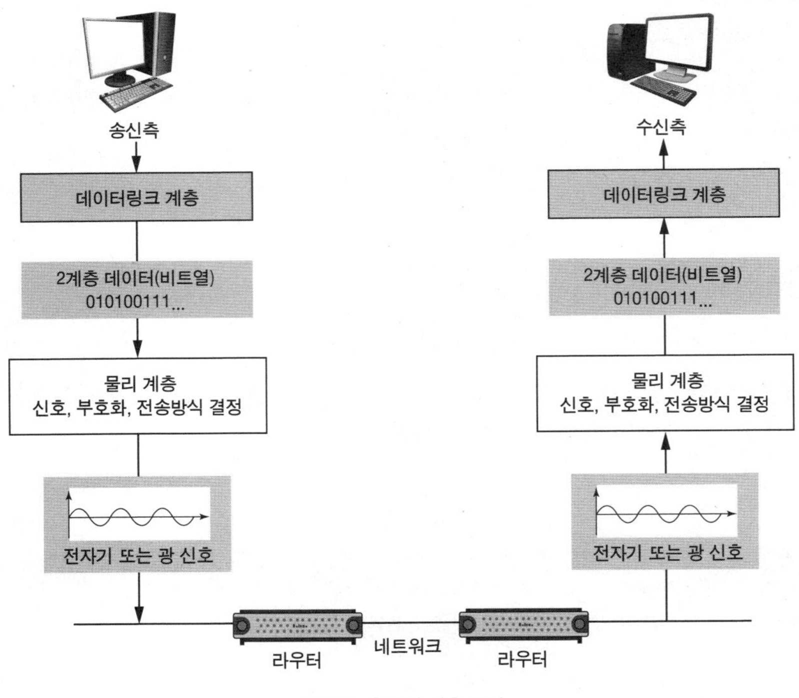

[그림 1-4] 물리 계층 동작

1.3 데이터링크 계층(Data Link Layer)

(1) 특성

데이터링크 계층에서는 바로 이웃하고 있는 노드(컴퓨터, 라우터 등)간의 데이터 전송을 수행한다(**hop-by-hop 전송**). 일반적으로 데이터링크 계층에서는 상위 계층에서 내려온 데이터에 물리 주소와 다른 제어정보로 구성된 헤더를 앞부분에, 그리고 뒷부분에는 트레일러를 덧붙인다. 헤더 부분에는 데이터의 시작을 나타내는 표시와 목적지 주소 등을 포함하고 있으며, 트레일러 부분에는 데이터에 발생한 전송 에러를 검출하기 위한 에러 검출 코드가 들어간다. 데이터링크 계층에서 다루어지는 데이터 단위를 일반적으로 **프레임**이라고 한다.

(2) 기능

OSI 참조모델의 두 번째 계층인 데이터링크 계층은 물리 계층에서 전송되는 비트들의 경계를 구분하기 위한 데이터 동기를 제공하며, 비트들을 식별하는 기능을 제공함으로써 채널 상으로 데이터를 전송하는 책임을 진다. 데이터링크 계층의 기능은 **〈표 1-3〉**과 같다.

〈표 1-3〉 데이터링크 계층 기능

기능	설명
주소지정	데이터링크 계층에서 사용하는 주소를 하드웨어 주소 또는 물리 주소라 하고, 데이터링크 계층 헤더에 송신지와 수신지의 물리 주소가 포함되어 전송된다.
접근 방식	여러 시스템이 같은 링크에 연결되어 있을 때, 데이터링크 계층 프로토콜은 특정 순간에 어느 시스템이 데이터를 전송할 것인지를 결정한다. 폴링(polling), 셀렉션(selection) 또는 경쟁(contention) 방식 등이 있다.
흐름제어	수신지로 전송되는 패킷의 양이 해당 노드가 처리할 수 있는 양보다 많은 패킷이 전달되는 것을 막아주는 기능이다. 이처럼 데이터링크 계층은 한 번에 과도한 양의 데이터가 전송되지 않도록 데이터의 양을 조절한다. 흐름제어의 종류에는 ARQ 방식과 슬라이딩 윈도우(sliding window) 방식이 있다.
에러제어	데이터링크 계층 프로토콜은 일반적으로 에러가 발생한 프레임을 검출한다. 주로 CRC(Cyclic Redundancy Check) 기법이 사용되며 실제 프로토콜에서는 흐름제어 기능과 결합되어 구현된다.
동기화	헤더는 프레임이 도착했다는 것을 수신지에 알리기 위한 비트가 포함된다. 또한, 그 비트들은 수신자가 전송된 프레임에 따라 타이밍을 맞추는 것에 필요한 패턴을 제공한다.

(3) 동작

[그림 1-5]는 데이터링크 계층에서의 데이터 전송 과정을 나타내고 있다. 5개의 시스템은 같은 네트워크상에 연결되어있고 각 번호는 시스템의 논리주소를 나타내고 A, B, C, D, E는 물리 주소를 나타낸다. 논리주소 1번에서 논리주소 5번으로 프레임을 보내려고 할 때의 프레임 헤더와 트레일러의 내용을 나타내고 있다.
송신지(A)의 데이터링크 계층은 네트워크 계층으로부터 받은 데이터에 송·수신지의 물리 주소를 갖는 헤더와 트레일러를 추가하여 물리 계층으로 내보낸다. 회선을 통해서 전송된 데이터는 수신지(E)의 데이터링크 계층에서 헤더와 트레일러를 떼어낸 후, 네트워크 계층으로 올려보낸다.

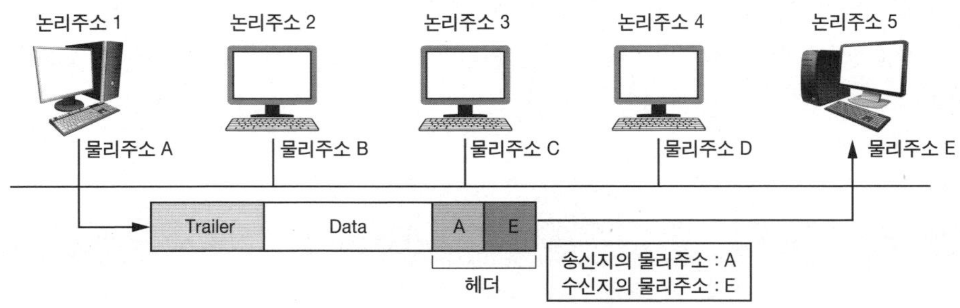

[그림 1-5] 데이터링크 계층 상의 데이터 전송

데이터링크 계층은 바로 이웃하고 있는 노드(hop-by-hop)간의 데이터 전송을 담당한다. 이를 위한 흐름제어, 에러제어 기능을 수행한다.

1.4 네트워크 계층(Network Layer)

(1) 특성

네트워크 계층은 개방형 시스템(open system) 사이에서 네트워크 연결을 관리하고 유지하며 해제하는 기능을 담당한다. 네트워크 계층에서는 송신지가 전송된 데이터를 목적지까지 전달하는 과정에서 네트워크 단위로 교환하는 기능을 수행한다. 이를 위해 네트워크 계층은 스위칭과 라우팅이라는 두 가지 경로배정 서비스를 제공한다. 또한, 네트워크 계층은 시스템 간 전송에 책임을 지는 **Host-to-Host 전송**을 담당한다.

❶ **스위칭**(Switching)

스위치와 라우터의 동작 속도를 비교하면 스위치의 동작 속도가 일반적으로 빠르다. 스위치는 패킷의 수신주소를 보자마자 정해진 방향으로 전송하는데 비해, 라우터는 라우팅 테이블을 찾아 최단 경로를 계산해서 전송경로를 선택하는 기능이 있어서 스위치보다는 동작 속도가 느리다. 전화 네트워크가 스위칭의 대표적인 예이다.

❷ **라우팅**(Routing)

목적지까지 여러 경로가 존재할 때, 패킷을 보내기 위한 가장 좋은 경로를 선택하는 것을 라우팅이라고 한다. 이 경우, 각각의 패킷은 목적지까지 서로 다른 경로를 거쳐서 전송될 수 있으며, 이는 목적지에서 다시 원래 순서대로 재결합된다.

(2) 기능

OSI 참조모델의 세 번째 계층인 네트워크 계층은 네트워크를 통한 두 시스템 간의 인터페이스뿐만 아니라 사용자 시스템의 네트워크에 대한 인터페이스 역할을 한다. 네트워크 계층의 구체적인 기능은 **〈표 1-4〉**와 같다.

〈표 1-4〉 네트워크 계층 기능

기능	설명
패킷 전달	송신지에서 수신지까지 패킷을 전달하는 기능이다.
논리주소 지정	송신지와 수신지의 네트워크(IP) 주소를 헤더에 포함하여 전송하는 기능이다.
라우팅	송신지에서 수신지까지 데이터가 전송될 수 있는 여러 경로 중 가장 적절한 전송경로를 선택하는 기능이다.
분할 및 재조립	전송매체의 최대 전송데이터 크기(MTU)에 맞추어 패킷을 분할(단편화)하고, 수신지에서는 이를 원래의 데이터로 재조립하는 기능이다.
다중화	하나의 데이터 회선을 사용하여 동시에 많은 상위 프로토콜 간의 데이터 전송을 수행하는 기능이다.

(3) 동작

[그림 1-6]은 서로 다른 네트워크에 속한 시스템 사이의 데이터 전송 과정을 나타내고 있다. 6개의 시스템은 서로 다른 네트워크상에 연결되어있고 각 번호(1~6)는 시스템의 논리주소를 나타내고 A ~ H는 물리 주소를 나타낸다.

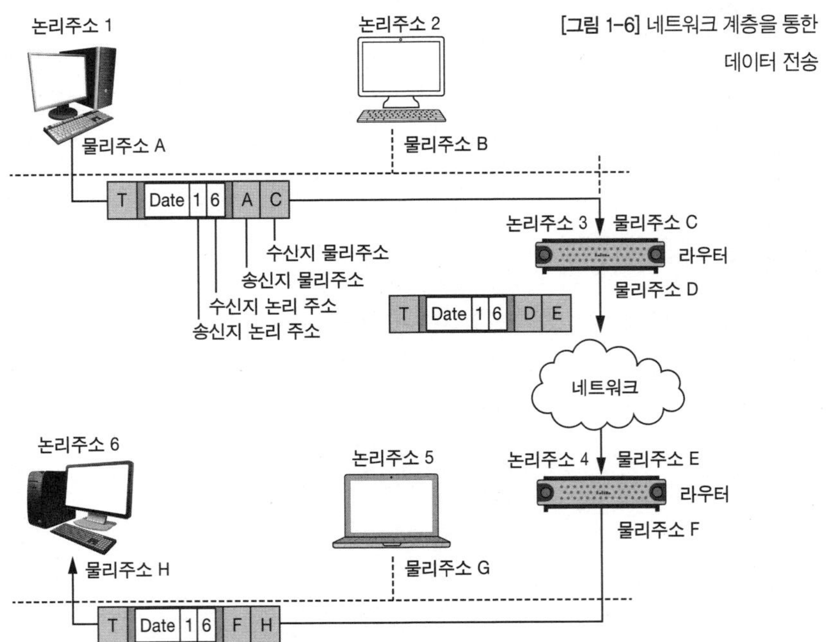

[그림 1-6] 네트워크 계층을 통한 데이터 전송

[그림 1-6]은 1번 시스템에서 6번 시스템으로 데이터를 보내려고 할 때의 패킷의 헤더 내용을 나타내고 있다. 물리 주소는 패킷이 한 시스템에서 다른 시스템으로 전송될 때마다 변경되지만, 논리주소는 송신지에서 수신지까지 변함없이 유지된다는 것을 알 수 있다. 참고로 라우터는 논리주소를 기반으로 네트워크와 네트워크를 연결하는 기능을 제공한다.

네트워크 계층에서는 송신지에서 전송하는 데이터를 수신지까지 전달하는 과정(Host-to-Host)에서 네트워크 단위로 데이터를 교환시켜주는 기능을 수행한다. 주요 기능으로는 스위칭과 라우팅이 있다.

1.5 전송 계층(Transport Layer)

(1) 특성

OSI의 7계층 구조는 전송 계층을 기점으로 하위계층으로 이루어진 네트워크 서비스와 상위 계층으로 이루어진 사용자 서비스로 구별하고 있다. 즉, 물리 계층에서부터 네트워크 계층까지는 주로 사용자와 무관하게 네트워크 내에 데이터 전송을 위한 경로 관리를 책임지게 되며, 세션 계층에서부터 응용 계층까지는 사용자의 메시지 표현 형식과 같이 주로 사용자 서비스와 관련된 기능을 제공한다. 여기서 전송 계층의 주 역할은 바로 송수신 프로세스 간의 인터페이스 기능과 데이터에 대한 **프로세스 단위(Process-to-Process) 전송**을 담당하는 것이다.

(2) 기능

전송 계층은 세션을 맺고 있는 두 프로세스 사이의 데이터 전송을 담당한다. 여기서 프로세스 단위 전송은 단순히 한 컴퓨터에서 다음 컴퓨터로의 전달이 아니라, 송신 컴퓨터의 응용 프로세스에서 수신 컴퓨터의 응용 프로세스로의 전달을 의미한다. 따라서 전송 계층의 헤더는 포트 주소라 불리는 응용 프로세스 주소를 포함하고 있다. 전송 계층의 기능은 〈표 1-5〉와 같다.

〈표 1-5〉 전송 계층 기능

기능	설명
프로세스간 전송 담당	헤더 내에 송신지 응용 프로세스의 포트 번호와 수신지 응용 프로세스의 포트 번호를 사용하여 프로세스간 전송을 담당한다.
연결제어	송수신 응용 프로세스간 데이터 전송을 위한 논리적인 통로인 연결을 설정하는 기능을 수행한다. 연결제어 절차로는 연결설정, 데이터 전송 및 연결해제의 세 가지 단계를 사용한다.
연결제어	전송하는 여러 개의 데이터에 순서번호(Sequence Number)를 사용하여 수신지에서 순서에 맞게 재조립할 수 있게 하는 기능이다.
흐름제어	송수신지의 각 처리능력에 맞게 데이터를 전송함으로써 데이터의 유실을 방지하는 기능이다. 예로써, 슬라이딩 윈도우 기법이 사용된다.
혼잡제어	네트워크 내에 과도하게 데이터의 수가 증가하여 혼잡 상황이 발생 되었을 경우, 이를 해결하기 위한 다양한 기능을 제공하고 있다.

(3) 동작

[그림 1-7]은 세션 계층으로부터 받은 데이터에 송신지의 응용 프로세스의 포트 주소 P, 수신지 응용 프로세스의 포트 주소 Q와 순서번호를 추가한 후 세그먼트 단위로 분할하여 네트워크 계층으로 내려보내는 과정을 나타내고 있다. 이러한 포트 번호 때문에 송신지의 데이터가 수신지의 해당 응용 프로세스로 정확하게 전달되기 때문에 이를 프로세스 단위 전송이라고 한다.

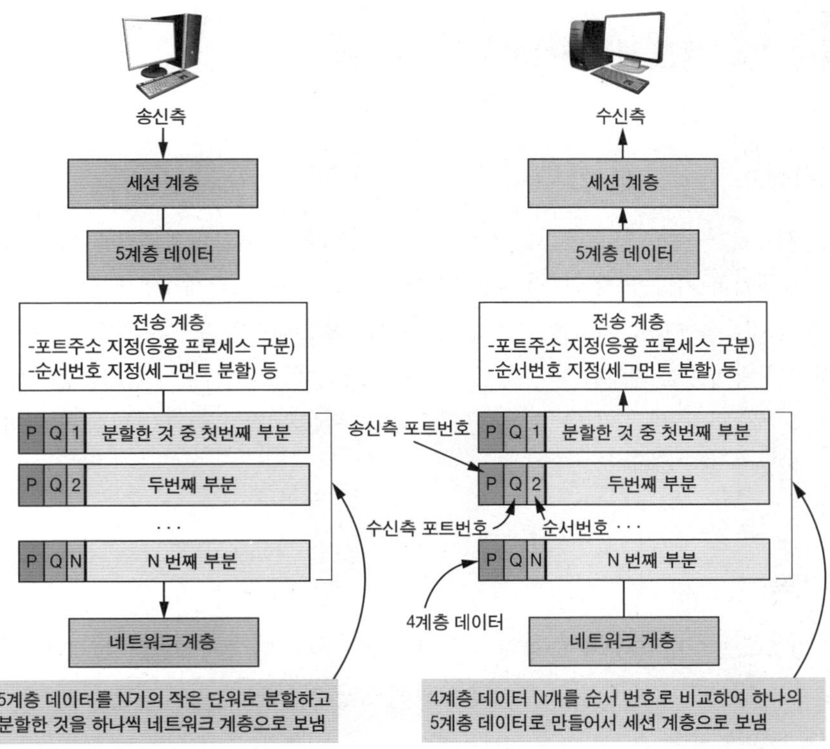

[그림 1-7] 전송 계층 동작

전송 계층의 주 역할은 송수신 프로세스 간의 인터페이스 기능과 데이터에 대한 프로세스 단위(Process-to-Process) 전송을 수행하는 기능을 수행한다.

1.6 세션 계층(Session Layer)

(1) 특성

세션 계층은 특정한 프로세스들 사이에서 세션이라 불리는 가상연결을 확립하고 유지하며 동기화 기능을 제공한다. 한 사용자가 다른 쪽의 프로세스와 대화하기를 원한다면 이 대화를 형성하기 위해 양단간의 연결을 설정해야 한다. 일단 연결이 완료되면 순차적인 방법으로 대화를 관장하여 대화의 흐름이 원활히 이루어지도록 동기에 대한 기능을 제공한다거나 전이중 혹은 반이중 전송과 같은 데이터 전송 방향을 결정하는 등의 기능을 제공한다.

(2) 기능

OSI 참조모델의 다섯 번째 계층인 세션 계층은 사용자와 전송 계층 간의 인터페이스 역할을 하면서 프로세스 간의 데이터 교환 수단을 제공한다. 이에 대한 구체적인 기능은 〈표 1-6〉과 같다.

〈표 1-6〉 세션 계층 기능

기능	설명
세션 관리	프로세스 사이의 세션을 연결 및 관리한다.
동기화	데이터 단위를 전송 계층으로 전송하기 위한 순서를 결정하고 데이터에 대한 중간 점검 및 복구를 위한 동기점을 제공한다.
대화 제어	반이중 대화 또는 전이중 대화 등을 결정한다.

(3) 동작

[그림 1-8]은 세션 계층의 흐름도를 나타낸 것으로, 송신지의 세션 계층은 표현 계층으로부터 받은 데이터의 전송을 위해 효율적인 세션 관리를 수행하고, 이를 전송 계층으로 내려보낸다. 수신지의 세션 계층은 전송 계층으로부터 받은 데이터의 헤더로부터

전송된 데이터의 종류와 동기화 지점 정보와 같은 제어정보를 확인한 후에 표현 계층으로 데이터를 올려보낸다.

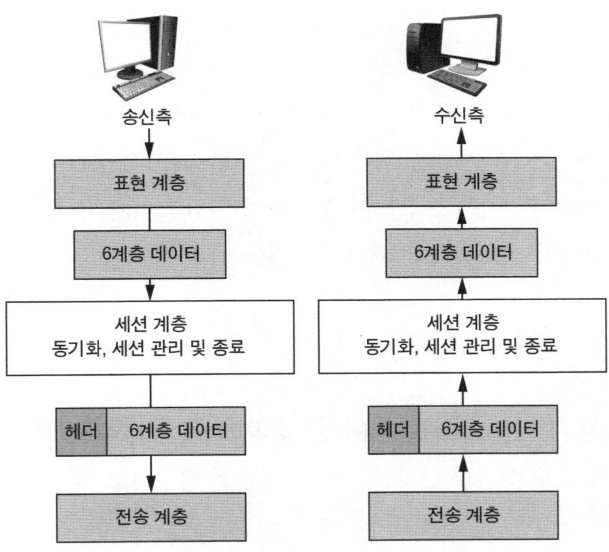

[그림 1-8] 세션 계층의 동작

세션 계층은 특정한 프로세스들 사이에서 세션이라 불리는 연결을 확립하고 유지하며 동기화하는 기능을 제공한다.

1.7 표현 계층(Presentation Layer)

(1) 특성

표현 계층은 사용자 데이터를 송수신지가 공통으로 이해할 수 있는 데이터 표현 방식으로 바꾸는 기능을 담당한다. 이를 위한 대표적인 데이터 인코딩 방식이 ASN.1(Abstract Syntax Notation One)이며, 이를 사용하여 정수, 실수, 8진수, 비트 스트링 등에 대한 표준 데이터 형식을 정의한다. 또한, 데이터에 대한 압축과 암호화 기능도 담당한다.

(2) 기능

정보 표현에 관한 사항을 정의하는 계층으로, 데이터의 구문과 의미에 대한 처리를 담당하고 네트워크 표준 형식에 맞게 변환하는 기능을 담당하고 있다. 이에 표현 계층의 구체적인 기능은 〈표 1-7〉과 같다.

〈표 1-7〉 표현 계층 기능

기능	설명
데이터 변환(인코딩)	송신자가 전송하는 메시지의 형식을 수신자와 미리 정의된 형식으로 변환하는 기능을 제공한다.
암호화	암호화와 복호화를 통하여 데이터의 보안성을 제공한다.
압축	송신지에서 데이터의 압축을 통해 전송률을 높이고 수신지에서는 압축을 풀어 데이터를 이용한다.

(3) 동작

[그림 1-9]는 표현 계층의 흐름도를 나타낸 것으로, 송신지의 표현 계층은 응용 계층으로부터 받은 데이터에 대해 인코딩과 암호화, 압축 등 수행하여 세션 계층으로 내려보낸다. 수신지의 표현 계층에서는 세션 계층에서 받은 데이터를 인코딩, 해독과 압축 해제를 통해서 응용 프로그램으로 올려보낸다.

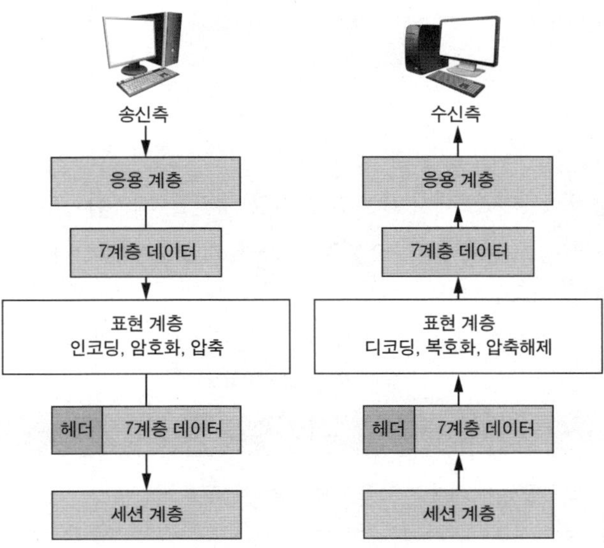

[그림 1-9] 표현 계층의 동작

핵심요약

표현 계층은 전송하는 데이터를 송수신지가 공통으로 이해할 수 있는 데이터 표현 방식으로 바꾸는 기능을 담당한다. 또한, 데이터에 대한 압축과 암호화 기능도 수행한다.

1.8 응용 계층(Application Layer)

(1) 특성

응용 계층은 OSI 참조모델의 최상위 계층으로 응용 프로세스가 네트워크 환경에 접근하는 수단을 제공함으로써 응용 프로세스들이 상호 간에 유용한 정보교환을 할 수 있도록 하는 창구 역할을 담당한다. 응용 계층에서는 네트워크 관리 기능을 비롯하여 범용 응용 서비스인 X.400, X.500, FTAM 등이 포함된다.

(2) 기능

응용 계층은 응용 프로세스에게 네트워크 접근 수단을 제공함으로써 응용 프로세스 상호 간에 유용한 정보교환을 할 수 있도록 하는 기능을 제공한다. **〈표 1-8〉**에서는 응용 계층 기능을 설명하고 있다.

〈표 1-8〉 응용 계층 기능

기능	설명
네트워크 가상 터미널	로컬에서 원격 시스템으로 로그인이 가능하게 해준다.
파일 접근, 전송 및 관리	로컬 시스템에서 원격 시스템의 파일을 관리하거나 제어함으로써 효율적인 파일접근이 가능하다.
우편 서비스	송수신지가 서로 전자우편을 사용하기 위해 필요한 메일 전송 및 저장기능을 제공한다.
디렉토리 서비스	분산 데이터베이스의 자원들과 다양한 객체와 서비스 모델에 대한 여러 가지의 정보 접근방법을 제공한다. 정보를 조직적으로 정리하는 접근방법으로 분산 데이터베이스의 다양한 자원들을 이용할 수 있도록 해준다.

(3) 동작

[그림 1-10]은 응용 계층의 흐름을 나타낸 것으로 송신지의 응용 계층에서 사용자가 전자우편(X.400)을 사용하여 작성한 데이터를 표현 계층으로 내려보낸다. 수신지의 응용 계층에서는 표현 계층으로부터 받은 데이터를 전자우편 응용 프로그램을 통해 사용자가 사용할 수 있도록 보여준다.

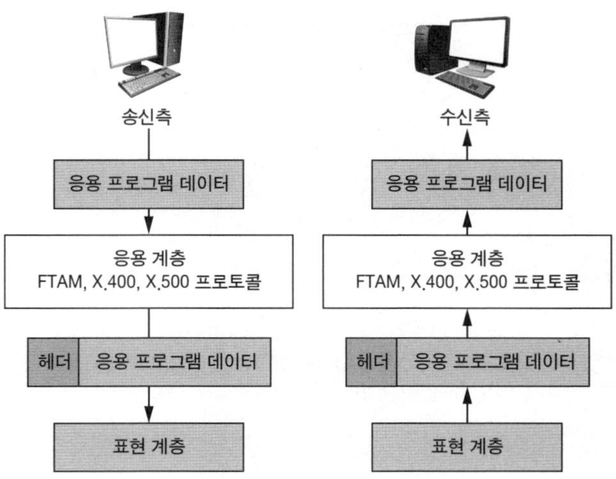

[그림 1-10] 응용 계층의 동작

응용 계층은 OSI 참조모델의 최상위 계층으로 응용 프로세스가 네트워크 환경에 접근하는 수단을 제공함으로써 응용 프로세스들이 상호 간에 유용한 정보교환을 할 수 있도록 하는 창구 역할을 담당한다

미니강의 X.400, X.500 그리고 FTAM

X.400은 ITU-T 표준에 의해 정의된 메시지 처리를 담당하는 서비스로 주로 전자우편에 관한 표준으로, 일반적으로 널리 사용되는 전자우편 프로토콜인 SMTP(Simple Mail Transfer Protocol)의 초기 형태이다. **X.500**은 디렉토리 서비스로 인터넷 액세스가 가능한 사용자는 누구라도 활용 가능한 글로벌 디렉토리의 일부가 될 수 있도록 조직 내의 자원들을 전자적인 디렉토리로 개발하기 위한 표준 방식이다.

FTAM(File Transfer Access and Management)은 ISO 8571로 표준화된 프로토콜로서 이기종 컴퓨터 간에 파일을 전송한다든지 어떤 컴퓨터 시스템의 프로그램에서 다른 시스템의 파일에 접근하거나 파일의 생성, 삭제 등의 관리 기능을 정의한다.

요약정리 SUMMARY

01 OSI 참조모델은 계층마다 독립적인 기능을 하는 7계층으로 구성되어 있다.

02 OSI 참조모델의 계층 구조는 계층 간의 명확한 독립성을 제공함으로써 어느 한 모듈에 대한 변경이 다른 모듈에 영향을 최소화하는데 그 목적이 있다.

03 네트워크 구조에서 정보를 실어 나르는 기본 단위가 프로토콜 데이터 단위(PDU : Protocol Data Unit)이다.

04 동등계층 간의 통신은 송신지의 하나의 계층과 수신지 동일 계층의 모듈과 통신하는 것을 의미하며, 각 계층에 헤더(PCI)를 붙이는 캡슐화 과정을 통해 동등계층 간의 통신을 수행한다.

05 캡슐화는 프로토콜 데이터 단위(PDU)를 다른 프로토콜 데이터 단위의 데이터 필드 부분에 위치시키는 기술을 말하고 역캡슐화는 캡슐화의 반대 동작으로 데이터 필드에 위치하고 있는 데이터 단위를 추출하는 기술을 말한다.

06 SDU와 PCI(헤더)를 합쳐서 PDU를 만들고, 이 PDU에 다음 계층에서 해야 할 기능을 포함하고 있는 ICI를 추가하여 IDU 형태로 다음 계층으로 전달하게 된다. 즉, 상하 계층 간의 통신을 위해 사용하는 것이 ICI인 것이다.

07 헤더는 데이터를 캡슐화할 때 데이터 앞에 덧붙여지는 부가정보를 말하며, 주로 송수신자의 주소와 연결제어, 에러 / 흐름 제어를 위한 정보 등이 포함된다.

08 트레일러는 네트워크 전송을 위해 데이터 뒷부분에 덧붙여지는 제어정보를 말한다. 대표적인 트레일러 정보는 에러 검사를 위해 사용되는 CRC 값이다.

09 물리 계층은 상위 계층에서 내려온 데이터를 물리적 매체를 통해 전송하기 위해 물리적, 전기적, 기능적, 절차적 특성을 제공하고 있다.

10 데이터링크 계층은 바로 이웃하고 있는 노드들(hop-by-hop)간 의 데이터 전송을 담당한다. 이를 위한 흐름제어, 에러제어 기능을 수행한다.

11 네트워크 계층에서는 송신지에서 전송하는 데이터를 수신지까지 전달하는 과정(Host-to-Host)에서 네트워크 단위로 데이터를 교환시켜주는 기능을 수행한다. 주요 기능으로는 스위칭과 라우팅이 있다.

12 전송 계층의 주 역할은 송수신 프로세스 간의 인터페이스 기능과 데이터에 대한 프로세스 단위(Process-to-Process) 전송을 수행하는 기능을 수행한다.

13 세션 계층은 특정한 프로세스들 사이에서 세션이라 불리는 연결을 확립하고 유지하며 동기화하는 기능을 제공한다.

14 표현 계층은 전송하는 데이터를 송수신지가 공통으로 이해할 수 있는 데이터 표현 방식으로 바꾸는 기능을 담당한다. 또한, 데이터에 대한 압축과 암호화 기능도 수행한다.

15 응용 계층은 OSI 참조모델의 최상위 계층으로 응용 프로세스가 네트워크 환경에 접근하는 수단을 제공함으로써 응용 프로세스들이 상호 간에 유용한 정보교환을 할 수 있도록 하는 창구 역할을 담당한다

연습문제 EXERCISE

01 다음 중 OSI 참조모델의 목적으로 맞지 않는 것은?

① 시스템 간의 통신을 위한 표준 인터페이스 제공.
② 시스템 간의 정보 교환을 하기 위한 상호 접속점 정의
③ 참조모델을 통한 동일 기종간의 통신 기능 제공
④ 하드웨어나 소프트웨어 변경 없이 시스템 간의 통신 가능

02 다음 중 인접한 개방 시스템 사이의 신뢰성 있는 데이터 전송 및 에러제어 기능을 갖고 접속된 기기 사이의 통신 주 목적으로 하는 계층은?

① 물리 계층 ② 데이터링크 계층
③ 네트워크 계층 ④ 전송 계층

03 다음 중 프로토콜 계층화의 목적에 대한 설명 중 맞지 않는 것은?

① 네트워크 동작에 관련된 사항을 여러 계층으로 분리
② 기능마다 고유한 특성을 제공할 수 있도록 독립성 강화
③ 각 계층 간 긴밀한 협업을 통한 실질적 단일화 구성
④ 각 계층별 고유 기능 제공.

04 다음 중 OSI 7계층 중 네트워크 계층에서 동작하는 네트워크 장비는 무엇인가?

① 리피터 ② 라우터
③ 브리지 ④ 게이트웨이

05 다음 중 OSI 7계층에서 데이터링크 계층의 기능으로 맞지 않는 것은?

① 에러 제어기능 ② 흐름 제어기능
③ 메시지 압축, 암호기능 ④ 회선 관리기능

06 다음 계층 프로토콜에서 사용되는 용어 중 계층 간 서비스 기능을 호출하기 위해 사용하는 제어 정보는 무엇인가?

① ICI ② PDU
③ IDU ④ PCI

07 다음 중 계층 간 통신의 5가지 요소에 대한 설명으로 맞지 않는 것은?

① SDU : 각 계층 간에 전달되는 사용자 데이터
② PDU : 상대방의 동일 계층에게 서비스 기능 제공을 위한 헤더
③ ICI : 서비스 기능을 호출하기 위해서 각 계층 간에 전달되는 제어 정보
④ IDU : PCI, SDU, ICI를 포함하는 정보의 전체 단위

08 다음 중 각 노드간의 경로를 배정하기 위해 네트워크 주소를 정의하는 계층은 무엇인가?

① 데이터링크 계층 ② 네트워크 계층
③ 전송 계층 ④ 세션 계층

09 다음 중 계층별 데이터에 대한 명명으로 맞지 않는 것은?

① 데이터링크 계층 – 메시지 ② 네트워크 계층 – 데이터그램
③ 전송 계층 – 세그먼트 ④ 응용 계층 – 사용자 데이터

10 다음 중 세션 계층에서 제공하는 기능으로 올바른 것은?

① 대화 제어 ② 데이터 변환
③ 데이터 압축 ④ 암호화

11 네트워크 프로토콜 구조를 계층화한 이유는 무엇인지 설명하시오.

연습문제 EXERCISE

12 다음과 같은 역할을 수행하는 계층은?

- 프로세스 단위(Process to Process) 메시지 전달
- 서비스 지점(포트) 주소 지정
- 분할과 재조합
- 연결제어

13 다음 네트워크에서 논리주소 1에서 5로 데이터를 보내려고 할 때 비어있는 각 번호별 [송신지 논리주소, 수신지 논리주소, 송신지 물리주소, 수신지 물리주소]를 채우시오.

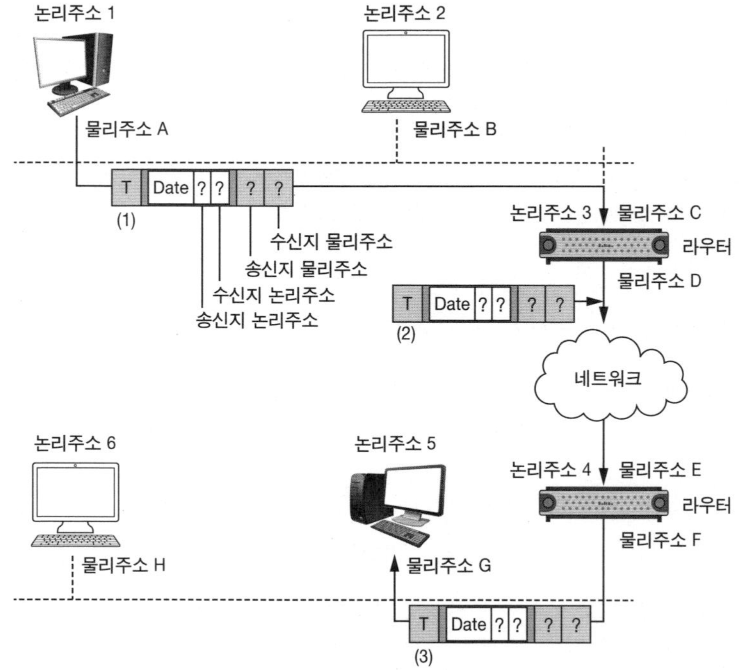

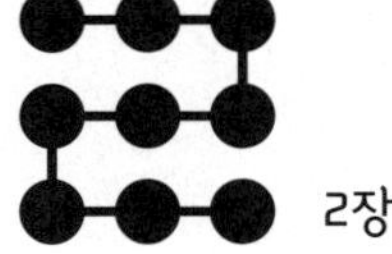

2장

인터네트워킹

이기종 컴퓨터 시스템들을 연결하여 네트워크 환경을 구성하기 위해서 올바른 네트워크 장비를 선택해야 하며, 이를 위해서는 네트워크 장비들에 대한 특성과 기능 파악이 중요하다.

- 인터네트워크의 필요성을 통해 개념을 이해할 수 있다.
- 개방형 시스템에 대해 이해할 수 있다.
- 인터네트워킹을 위해 사용하는 네트워크 장비의 동작을 이해할 수 있다.

2.1 인터네트워크 개요

(1) 배경 및 필요성

1980년대 초부터 LAN(Local Area Network) 표준화 기술로 인해 LAN이 보편화됨으로써 노벨(Novel)을 비롯해 애플(Apple), IBM, Microsoft 등이 독자적인 LAN 프로토콜을 개발하기 시작하였다. 하지만 각 제조사들에 특화된 네트워크 장비들을 연결해 하나의 네트워크로 구축하는 것은 매우 힘든 일이었다. 더불어 각 제조사들이 개발한 네트워크 장비들을 변경하지 않고 여러 제조사들의 네트워크를 공동으로 사용하고자 하는 요구가 생기게 되었다. 결국, 다양한 타 기종의 시스템으로 구성된 각 네트워크를 하나로 연결하는 인터네트워킹(Internetworking) 기술이 개발되었다. 이에 인터네트워크 상에서 서로 다른 제조사들의 시스템간 데이터 통신을 위한 공통의 프로토콜이 필요하게 되었고, 이를 위해 개발된 표준 프로토콜이 TCP/IP 프로토콜이다.

인터네트워크 상에서 서로 다른 제조사들의 시스템 간 데이터 통신을 위해 개발된 표준 프로토콜이 TCP/IP 프로토콜이다.

미니강의 개방형 시스템

과거의 네트워크 환경은 개방형 시스템(Open System)이 아닌 **폐쇄형 시스템**(Closed System)이었다. 용어에서 알 수 있듯이 과거에 사용하였던 폐쇄형 시스템 환경은 네트워크를 구성한 제조업체마다 서로 자신만의 고유한 프로토콜을 이용하여 한정된 범위 내에서만 통신이 이루어졌다. 그러나 컴퓨터의 사용이 일반화되고 네트워크 간의 정보 교류가 활발해짐에 따라서 제조업체에 무관하게 서로 통신을 할 수 있도록 하기 위한 개방형 시스템의 필요성이 대두되었다.

개방형 시스템이란 서로 다른 특성을 갖는 컴퓨터나 정보 처리 기기들 사이에서의 상호 연결이 가능한 시스템으로 언제 어디서나 제조업체나 기종에 상관없이 접속할 수 있는 시스템을 통틀어 말하는 것이다.

(2) 개념

인터네트워킹이란 서로 떨어져 있는 각각의 네트워크를 연결하여 마치 하나의 네트워크처럼 사용할 수 있도록 하는 기술로 서로 다른 네트워크들을 상호 접속시킴으로써 네트워크의 집합을 형성하거나 광역화하는 것을 말한다. **[그림 2-1]**에서는 서로 다른 제조사들의 네트워크를 연결한 인터네트워킹 구조를 보여주고 있다. 참고로, 이러한 인터네트워킹을 구성하기 위한 요구사항으로는 다음과 같다.

- 네트워크 사이에 하나 이상의 링크를 제공해야 하며, 최소한의 물리 계층과 데이터링크 계층 제어가 필요하다.
- 서로 다른 네트워크 상에서 데이터의 경로지정과 전달능력이 제공되어야 한다.
- 여러 네트워크와 게이트웨이들의 이용 상태 정보를 유지해야 하며, accounting 서비스를 제공해야 한다.

● 네트워크 구조 자체의 변경 없이 네트워크 연결을 제공하여야 한다.

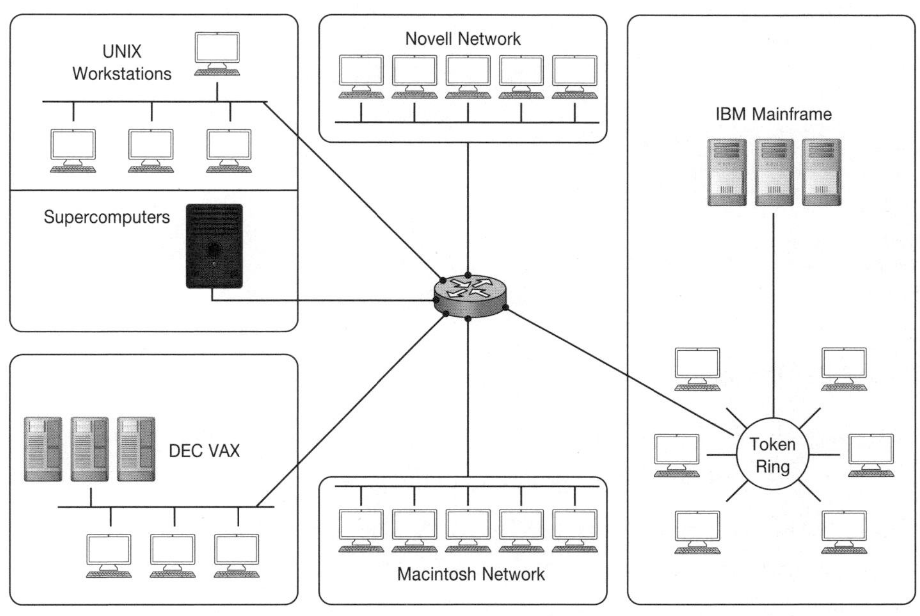

[그림 2-1] 인터네트워킹 구조

인터네트워킹이란 서로 떨어져 있는 각각의 네트워크를 연결하여 마치 하나의 네트워크처럼 사용할 수 있도록 하는 기술로 서로 다른 네트워크들을 상호 접속시킴으로써 네트워크의 집합을 형성하거나 광역화하는 것을 말한다.

미니강의 Internet / internet

❶ **internet**(기술적 측면)
상호접속 프로토콜을 이용하여 네트워크와 네트워크를 연결한 네트워크를 의미하며, TCP/IP 프로토콜을 사용하는 Internet은 internet의 한 종류라고 할 수 있다.

❷ **Internet**(고유명사)
인터네트워크 구조 상에서 데이터 전송을 위해 TCP/IP 프로토콜을 사용하였을 경우 이를 Internet이라 한다.

2.2 인터네트워킹 장비

(1) 리피터(Repeater)

OSI 참조모델의 물리 계층에서 동작하는 장비로 동일 LAN에서 거리의 연장이나 접속 시스템의 수를 증가시키기 위한 장비이다. 리피터는 주로 전자기 또는 광매체 상에서 전송되는 신호가 약해지거나 잡음 등의 원인에 의해서 원래의 신호가 훼손되는 것을 막기 위해 전송 신호를 원래의 신호로 재생하여 이를 다시 전송하는 역할을 한다. 하지만, 에러 신호도 같이 증폭된다는 단점이 있다. 또한, 리피터에 의해 연결된 두 네트워크는 하나의 거대한 충돌 도메인(Collision Domain)을 형성하기 때문에 네트워크의 물리적인 거리를 확장에는 한계가 있다. **[그림 2-2]**에서는 리피터의 연결을 보여주고 있다.

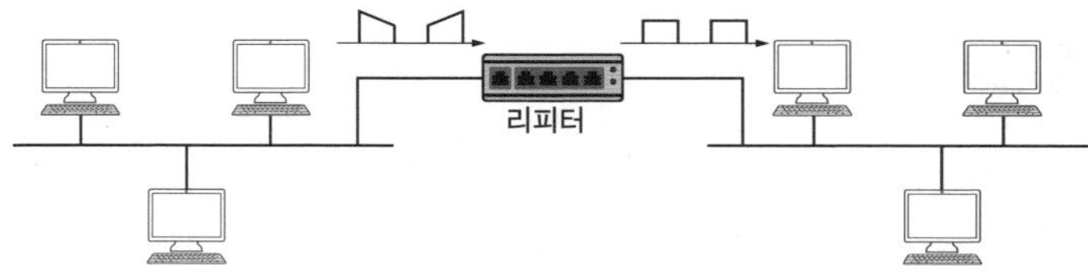

[그림 2-2] 리피터 연결

리피터는 주로 전자기 또는 광매체 상에서 전송되는 신호가 약해지거나 잡음 등의 원인에 의해서 원래의 신호가 훼손되는 것을 막기 위해 전송 신호를 원래의 신호로 재생하여 이를 다시 전송하는 역할을 한다.

미니강의 충돌 도메인

하나의 LAN에서 두 시스템이 동시에 데이터 전송을 시도하여 충돌이 발생하면, 충돌이 발생하였다는 사실을 각 시스템이 반드시 알 수 있어야 한다. 이를 위해 충돌을 감지한 시스템이 작은 데이터를 LAN에 전송함으로써 모든 시스템이 충돌 발생을 감지할 수 있도록 한다. 이렇게 되면 이 LAN 연결된 모든 시스템은 충돌 현상이 사라질 때까지 데이터 전송을 미루게 되는 것이다. **충돌 도메인**(Collision Domain)은 LAN에서 발생된 충돌로 인해 데이터 전송에 영향을 미치는 범위를 말한다. 충돌 도메인을 줄이기 위해서는 적절한 네트워크 장비를 사용하여 LAN 크기를 줄이는 것이 중요하다.

(2) 허브(Hub)

허브는 여러 스테이션(컴퓨터)들을 연결하기 위해 중앙 연결지점을 제공하는 네트워크 장비이다. 허브는 리피터와 같이 단순히 하나의 스테이션에서 수신한 신호를 정확히 재생하여 다른 쪽으로 내보내는 장치로 다음과 같은 종류가 있다.

❶ **더미 허브**(Dummy Hub)

더미 허브는 네트워크에 있는 스테이션들 간의 중계 역할 만을 담당하는 장비를 말한다. 이 장비는 일반적으로 네트워크의 전체 대역폭을 각 스테이션들이 분할하여 쓰는 방식으로 허브에 연결된 스테이션들이 어느 정도 이상 증가하게 되면 네트워크의 심각한 속도 저하가 발생하게 된다. 보통 10대 정도의 소규모 네트워크 환경에서 주로 사용된다.

❷ **스위칭 허브**(Switching Hub)

스위칭 기능을 갖는 허브로 스테이션들을 각각 점대점(point-to-point)으로 접속시키는 장비이다. 전이중 방식으로의 통신이 가능하여 CSMA/CD(Carrier Sense Multiple Access/Collision Detection) 방식의 LAN에서도 충돌이 발생하지 않기 때문에 더미 허브보다 훨씬 우수한 전송 속도를 보장한다.

❸ **스태커블 허브**(Stackable Hub)

스태커블 허브는 네트워크가 계속 확장될 때 허브와 허브 사이를 연결하는 장비이다. 스태커블 허브끼리는 캐스케이드(Cascade) 케이블이라고 하는 전용 케이블을 사용하게 된다. 허브와 허브를 일반 허브로 연결하면 전송 속도의 저하가 일어날 수 있지만 스태커블 허브를 사용하면 이러한 현상이 일어나지 않는다.

각 스테이션들의 중앙 연결지점을 제공하는 네트워크 장비이다. 허브는 라피터처럼 단순히 하나의 스테이션에서 수신한 신호를 정확히 재생하여 다른 쪽으로 내보내는 장치이다.

(3) 브리지(Bridge)

브리지는 여러 개의 LAN을 연결하기 위해 데이터링크 계층에서 동작하는 네트워킹 장비이다. 즉 두 개 이상의 LAN을 하나의 네트워크로 연결하는 장비로 IEEE 802에 의해 표준화되었다. **[그림 2-3]**은 브리지로 연결된 네트워크를 나타내고 있다. **[그림 2-3]**에서 A에서 B로 프레임을 전송할 때, 브리지는 LAN 2와 LAN 4로 프레임을 전달하지 않지만 같은 LAN인 LAN 1의 모든 스테이션은 A가 보낸 프레임을 수신하게 된다. 만약 A에서 D로 프레임을 전송할 때에는 브리지가 LAN 1의 프레임을 LAN 2로만 중계하게 된다. 이렇게 브리지는 물리 계층에서 작동하는 리피터의 기능과 데이터링크 계층의 프레임 필터링 기능을 통해 원하는 LAN으로만 전송하게 되는 것이다. 브리지의 기능을 요약해 보면 다음과 같다.

- 서로 다른 LAN 프로토콜을 사용하는 LAN들의 상호 연결이 가능하다.
- 충돌 도메인을 줄임과 동시에 전체 네트워크 확장이 가능하다.
- 네트워크에 연결된 많은 수의 시스템으로 인한 트래픽 병목현상을 줄일 수 있다.
- 네트워크를 분산적으로 구성함으로써 효율성을 높일 수 있다.

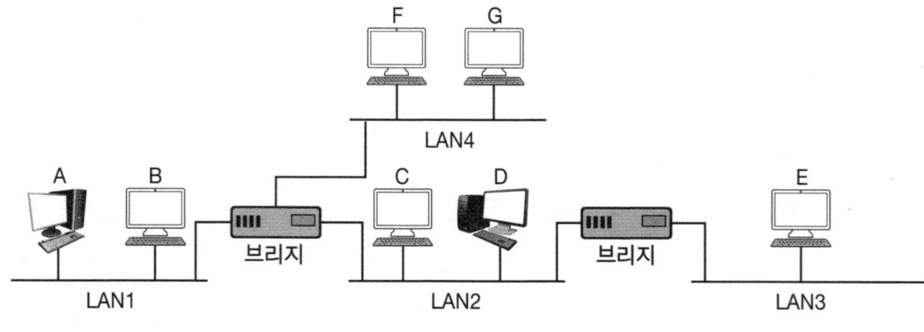

[그림 2-3] 브리지 동작

브리지는 하나의 포트에서 수신한 프레임을 일단 버퍼에 저장하여 프레임 내의 목적지 주소(MAC 주소)를 보고 목적지가 있는 특정 LAN으로 전달하는 기능을 수행한다. 이때 FDB(Forwarding DataBase)를 참조하여 특정 LAN과 연결된 포트로 프레임을 전송하게 된다. FDB에 목적지 정보가 없는 초기에는 플러딩(Flooding)을 통해 모든 포트로 전송하게 된다. 브리지는 충돌 데이터가 모든 포트로 전달되지 않기 때문에 충돌 도메인의 크기를 줄일 수 있어 네트워크 확장이 용이하다. **[그림 2-4]**에서는 서로 다른 LAN 연결을 위한 브리지 사용을 보여주고 있다.

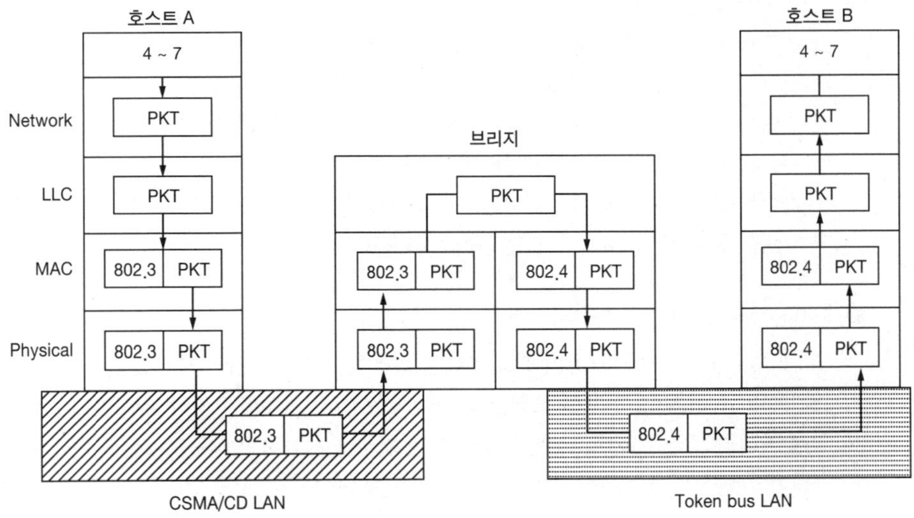

[그림 2-4] 브리지를 사용한 서로 다른 LAN 연결

브리지는 여러 개의 LAN을 연결하기 위해 데이터링크 계층에서 동작하는 네트워킹 장비이다. 특히, 서로 다른 LAN을 연결할 수 있으며, 충돌 도메인을 줄일 수 있는 장점을 가지고 있다.

(4) 스위치(Switch)

네트워크 상에 프레임을 고속으로 전송하기 위해 개발되었으며, 주로 데이터링크 계층의 주소를 이용하여 동작하기 때문에 L2 스위치 또는 이더넷 스위치라고도 한다. **[그림 2-5]**는 스위치를 사용한 네트워크 연결을 보여주고 있다. 또한, 스위치는 동작 방식에 따라 Cut-Through, Interim Cut-Through 그리고, Store-and-Forwarding 스위칭 방식이 있다.

❶ Cut-Through 스위치

전체 프레임을 수신하는 것이 아니라 프레임의 송신지 및 수신지 주소를 얻을 수 있는 몇 바이트만을 수신하고 검사하여, 이를 에러 검사 없이 목적지 포트로 전달함으로써 프레임의 대기시간과 전달 시간을 최소화하는 스위칭 방식이다. 이 방식은 다른 방식(store-and-forward)에 비해 1/20 대기시간을 갖는다. 하지만, 이 방식은 전체 프레임을 수신하는 방식이 아니기 때문에 최소 프레임(64바이트)보다 작은 런트(runt) 프레임 검출과 에러가 발생된 프레임은 검출할 수 없는 단점을 가지고 있다.

❷ Interim Cut-Through 스위치

Cut-through 스위치의 단점인 최소 프레임보다 작은 런트 프레임의 전달을 막아 주는 스위치이다. 이는 먼저 수신 프레임의 시작 부분부터 버퍼에 저장하여 64바이트보다 작은 프레임인 경우에는 프레임을 삭제하는 방식을 사용하기 때문이다. 하지만, 역시 에러가 발생한 프레임은 여전히 처리하지 못하는 단점을 가지고 있다.

❸ Store-and-Forwarding 스위치

프레임을 전달하기 위해 에러가 없는 프레임만을 저장하고 해당 목적지 포트로 전달하는 방식이다. 따라서 런트 프레임 검사나 에러 검출이 가능하다는 장점이 있지만, 전체 프레임의 버퍼링 과정에서 대기시간이 길다는 단점이 있다.

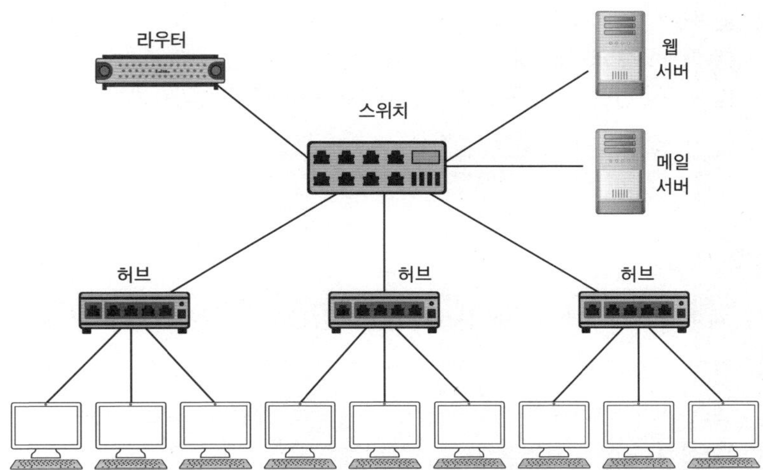

[그림 2-5] 스위치를 사용한 네트워크 연결

스위치는 고속 전달 기능 외에 부가적인 서비스 지원과 성능향상을 위해 상위계층의 정보를 사용할 수 있는 L3/L4/L7 스위치가 있다.

핵심요약

스위치는 고속으로 프레임을 전달하기 위해 개발되었으며, 종류로는 Cut-Through, Interim Cut-Through 그리고, Store-and-Forwarding 스위칭 방식이 있다.

미니강의 Layer별 스위치

❶ L3 스위치
- 네트워크 계층의 정보를 이용하여 고속의 패킷 처리 수행
- 대상 프로토콜을 IP로 제한
- 패킷 처리 모듈을 ASIC(Application Specific Integrated Circuit) 구현

❷ L4 스위치
- 전송 계층 포트 번호를 통해 응용 서비스를 구분하여 처리 수행
- 네트워크나 서버의 효율을 고려한 SLB(Server Load Balancing) 제공

❸ L7 스위치
- 응용 계층의 데이터 영역까지 분석하여 제어 수행
- 다양한 포트 번호 감시를 통해 바이러스와 같은 응용 프로그램 감지 가능

(5) 라우터(Router)

네트워크 계층에서 동작하는 장비로써, 네트워크 계층 주소인 논리주소를 기반으로 네트워크 간의 패킷 전달 기능을 수행한다. 즉, 네트워크 간의 데이터 전송을 위해 라우팅 프로토콜을 통한 최적의 경로를 찾는 기능을 수행한다. **[그림 2-6]**은 라우터를 통한 여러 네트워크의 연결 모습을 보여주고 있다.

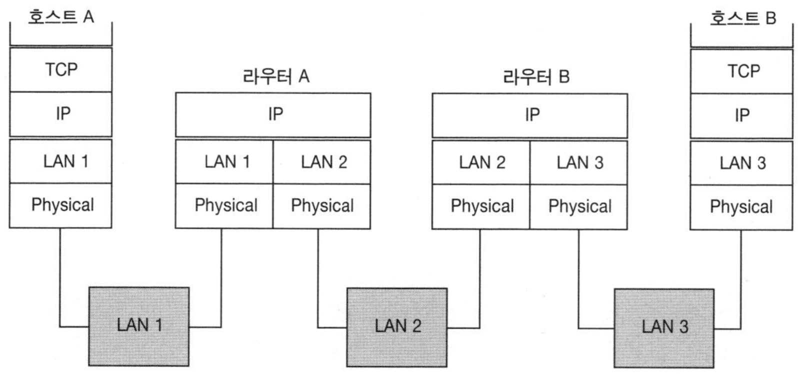

[그림 2-6] 라우터를 통한 네트워크 연결

라우터의 주요 기능으로는 다음과 같다.

❶ 최적 경로 선택

목적지 주소를 기반으로 최적의 경로를 선택하여 인접 라우터로 전송하는 기능을 제공한다. 이를 위해서는 라우팅 테이블을 주기적으로 관리해야 한다.

❷ 세그먼트 분리

하나의 네트워크를 여러 개의 세그먼트로 분리하여 브로드캐스트 트래픽를 차단하는 기능 수행한다.

❸ 서로 다른 네트워크 간의 연결

서로 다른 네트워크 프로토콜을 사용하는 네트워크들의 연결이 가능하다.

라우터는 네트워크 계층에서 동작하는 장비로써, 네트워크 계층 주소인 논리주소를 기반으로 목적지까지의 최적의 경로를 찾는 기능을 수행한다. 또한, 세그먼트 분리와 서로 다른 네트워크 간의 연결을 가능하게 해준다.

(6) 게이트웨이(Gateway)

OSI 참조모델의 모든 계층에 대해서 동작하는 장비로써, 서로 다른 프로토콜을 사용하는 네트워크의 상호 연동을 위해 프로토콜을 변환(데이터 형식 변화)해 준다. 그러나, 이러한 기능으로 인해 네트워크 병목현상을 일으키는 원인이 될 수 있다. **[그림 2-7]**은 게이트웨이를 통한 여러 네트워크의 연결 모습을 보여주고 있다.

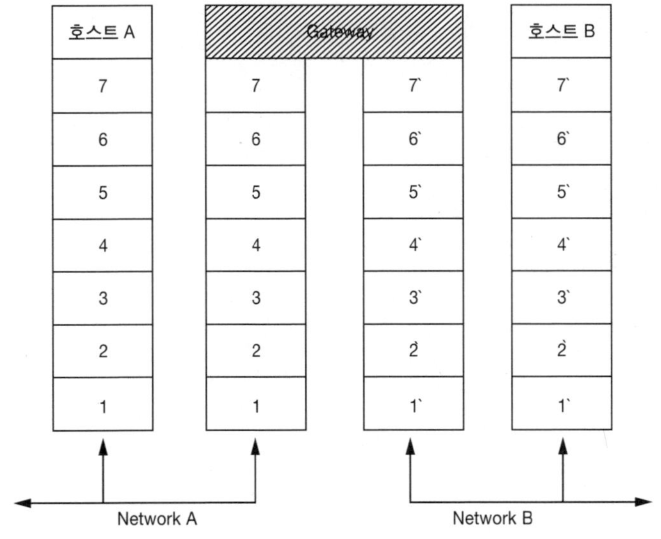

[그림 2-7] 게이트웨이를 통한 네트워크 연결

게이트웨이는 OSI 참조모델의 모든 계층에 대해서 동작하는 장비로써, 서로 다른 프로토콜을 사용하는 네트워크의 상호 연동을 위해 프로토콜을 변환하는 기능을 수행한다.

요약정리 SUMMARY

01 인터네트워크 상에서 서로 다른 제조사들의 시스템 간 데이터 통신을 위해 개발된 표준 프로토콜이 TCP/IP 프로토콜이다.

02 개방형 시스템이란 서로 다른 특성을 가지고 있는 컴퓨터나 정보 처리 기기들 사이에서의 상호 연결이 가능한 시스템으로 언제 어디서나 제조업체나 기종에 상관없이 접속할 수 있는 시스템을 통틀어 말하는 것이다.

03 인터네트워킹이란 서로 떨어져 있는 각각의 네트워크를 연결하여 마치 하나의 네트워크처럼 사용할 수 있도록 하는 기술로 서로 다른 네트워크들을 상호 접속시킴으로써 네트워크의 집합을 형성하거나 광역화하는 것을 말한다.

04 리피터는 주로 전자기 또는 광 매체 상에서 전송되는 신호가 약해지거나 잡음 등의 원인에 의해서 원래의 신호가 훼손되는 것을 막기 위해 전송 신호를 원래의 신호로 재생하여 이를 다시 전송하는 역할을 한다.

05 각 컴퓨터들의 중앙 연결지점을 제공하는 네트워크 장비이다. 허브는 리피터처럼 단순히 하나의 스테이션에서 수신한 신호를 정확히 재생하여 다른 쪽으로 내보내는 장치이다.

06 브리지는 여러 개의 LAN을 연결하기 위해 데이터링크 계층에서 동작하는 네트워킹 장비이다. 특히, 서로 다른 LAN을 연결할 수 있으며, 충돌 도메인을 줄일 수 있는 장점을 가지고 있다.

07 스위치는 고속으로 프레임을 전달하기 위해 개발되었으며, 종류로는 Cut-Through, Interim Cut-Through 그리고, Store-and-Forwarding 스위칭 방식이 있다.

요약정리 SUMMARY

08 라우터는 네트워크 계층에서 동작하는 장비로써, 네트워크 계층 주소인 논리주소를 기반으로 목적지까지의 최적의 경로를 찾는 기능을 수행한다. 또한, 세그먼트 분리와 서로 다른 네트워크 간의 연결을 가능하게 해준다.

09 게이트웨이는 OSI 참조모델의 모든 계층에 대해서 동작하는 장비로써, 서로 다른 프로토콜을 사용하는 네트워크의 상호 연동을 위해 프로토콜을 변환하는 기능을 수행한다.

연습문제 EXERCISE

01 다음 중 OSI 7계층 중에서 리피터가 지원하는 계층은 무엇인가?

① 물리 계층 ② 네트워크 계층
③ 전송 계층 ④ 응용 계층

02 다음 중 네트워크 장비인 라우터에 대한 설명으로 맞지 않는 것은?

① 경로배정을 통한 라우팅 기능을 제공한다.
② 여러 개의 네트워크로 분리할 수 있다.
③ 데이터에 대한 인코딩과 암호화 기능을 수행한다.
④ 논리적 주소를 사용할 수 있다.

03 다음 중 게이트웨이의 역할로 맞는 것은?

① 전혀 다른 프로토콜을 사용하는 네트워크 간의 인터페이스를 제공한다.
② 네트워크 케이블 연결을 통한 신호 증폭 기능이 주 목적이다.
③ 논리적 주소를 사용한 경로설정을 수행한다.
④ 데이터 암호화 및 인코딩 방식을 결정한다.

04 다음 중 인터네트워킹 장비에 대한 설명으로 맞는 것은?

① 리피터 - 서로 다른 네트워크 프로토콜을 사용하는 시스템 연결을 수행한다.
② 브리지 - 네트워크 범위를 증가시킴으로써 신호 전달이 주 목적이다.
③ 더미 허브 – 각 패킷의 MAC 주소를 사용해 패킷을 필터링한다.
④ 라우터 – 두 개 이상의 네트워크를 연결하고 패킷을 적절한 목적지까지 보낸다.

05 다음 중 스위칭 허브에 대한 설명으로 맞지 않는 것은?

① 각 포트 단위로 연결된 노드 주소를 기억
② 전송 패킷의 목적지 주소를 읽고, 패킷이 정해진 목적 포트로만 전송
③ 노드 간 충돌로 인한 전체 노드에 영향을 미침
④ 포트당 속도가 일정하며, 패킷 충돌이 없어 효율을 높일 수 있음

연습문제 EXERCISE

06 다음 중 네트워크 거리 증가와 신호 감쇄를 재생시키기 위한 목적으로 사용되는 네트워크 장치는 무엇인가?

① 게이트웨이 ② 라우터
③ 브리지 ④ 리피터

07 다음 중 스위치에 대한 설명으로 맞지 않는 것은?

① 스패닝 트리 알고리즘을 이용해서 루프 발생을 방지해줄 수 있다.
② 계층별 다양한 기능을 갖는 스위칭 장비가 존재한다.
③ 패킷 필터링 기능을 통한 효율적인 트래픽 제어가 가능하다.
④ 충돌 도메인을 늘려 네트워크 확장에 도움을 준다.

08 개방형 시스템의 개념을 설명하시오

09 인터네트워킹 개념을 설명하시오.

10 충돌 도메인 개념을 설명하고, 이를 해결하기 위해서 사용하는 장비는 무엇인지 설명하시오.

11 스위치 장비에서 계층별 스위칭 장비의 종류를 쓰고 간단히 설명하시오.

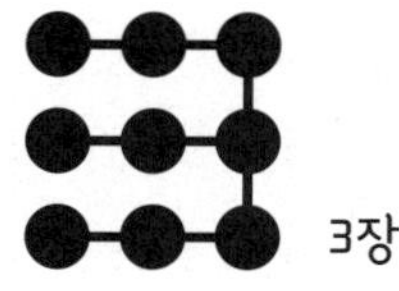

3장

TCP/IP 프로토콜

1990년대 TCP/IP는 서로 다른 네트워크를 연결하여 데이터를 송수신하기 위한 표준 프로토콜로 자리 잡았으며, 현재까지 널리 사용되고 있다. 이 장에서는 TCP/IP 프로토콜이 갖는 특징과 동작을 살펴봄으로써 전반적인 기술을 이해하도록 한다.

- TCP/IP 필요성과 특징을 이해할 수 있다.
- TCP/IP 프로토콜의 송수신측 동작 과정을 이해할 수 있다.
- TCP/IP 표준화 기구 및 표준화 단계를 이해할 수 있다.

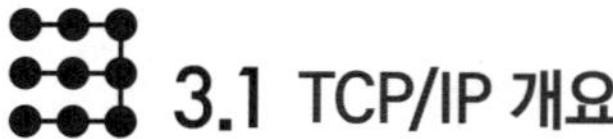

3.1 TCP/IP 개요

(1) 배경

1980년대에 OSI 참조모델이 ISO에 의해 개방형 시스템 간의 통신 표준으로 정해짐에 따라 OSI 참조모델이 널리 사용될 것으로 예상했었다. 하지만 1990년대 이후 TCP/IP가 상업적으로 확고한 위치를 굳혔고, TCP/IP 상에서 동작하는 수많은 새로운 프로토콜이 개발되었다. 이에 TCP/IP는 개방형 시스템을 위한 표준 프로토콜로 자리잡게 되었다.

- ISO 표준화 이전에 업계에서는 TCP/IP를 표준처럼 사용하고 있었다(**defacto 표준**).
- OSI 참조모델의 어려움과 미 국방성의 TCP/IP 선택으로 제품 개발이 장려되었다.
- 인터넷의 폭발적인 성장으로 확고한 위치를 자리 잡았다.

OSI 참조모델을 네트워크 프로토콜로 개발하기에는 어려움이 많았으며, 이보다 먼저 업계에서 많이 사용하고 있던 TCP/IP가 표준처럼 자리 잡게 되었다.

미니강의 dejure 표준과 defacto 표준

표준안은 표준안을 만든 주체가 누구인가에 따라 **dejure** 표준과 **defacto** 표준으로 구분한다. **dejure** 표준은 국가기관, 국제기구 등에 의해서 제정되는 공식적인 의미의 표준안으로 OSI 참조모델이 이에 해당하며, **defacto** 표준은 일반 산업체에서 만들어져 널리 쓰이게 되어 사실상의 표준 역할을 하는 표준안으로 TCP/IP 프로토콜이 이에 해당한다. 참고로 dejure는 "법률상의", defacto는 "사실상의"라는 형용사이다.

(2) 역사

인터넷이란 좁은 의미로 TCP/IP를 사용하여 연결된 네트워크를 의미한다. 인터넷의 역사는 1969년 DARPA(Defense Advanced Research Projects Agency) 산하의 네 개 대학(산타바바라, 스탠포드, 유타 주립대, UCLA)을 연결하는 ARPANET(Advanced Research Project Agency Network)으로부터 시작된다. ARPANET은 냉전 체제하에서 네트워크 일부에 장애가 발생하더라도 지속적인 통신 업무 수행을 위한 연구 목적이며, 초기 프로토콜은 NCP(Network Control Protocol)를 사용하였으며, 차츰 TCP/IP로 기능을 확장하여 호스트 간 통신을 위한 프로토콜로 자리 잡게 되었다. ARPANET은 1983년에 군사적 목적을 위한 MILNET(Military Network)와 일반인을 위한 ARPANET으로 분리되었다.

이후 컴퓨터 사용이 보편화 되면서 미국의 국립과학재단(NSF : National Science Foundation)에서는 슈퍼컴퓨터 공동연구센터를 설립하였고, TCP/IP를 기반으로 한 NSFNET(National Science Foundation Network)이 구축되어 1995년도 초까지 인터넷 백본 역할을 수행하다 인터넷 사업자(ISP : Internet Service Provider)에게 넘겨주고 소멸하게 되었다.

(3) 특징

TCP/IP는 다음과 같은 특징을 가지고 있다.

- 중앙 통제 기구가 없다. 인터넷에는 도메인 이름과 IP주소를 부여하는 기관은 있지만, 인터넷에 전체적인 운영을 책임지고 총괄하는 기구는 없다.
- 네트워크와 네트워크를 연결하기 위한 프로토콜이다.
- 컴퓨터 네트워크에서 사용되는 메시지 교환규칙 프로토콜이다.
- 네트워크 상의 다른 컴퓨터와 통신하기 위한 절차를 정의한다.

핵심요약

TCP/IP는 네트워크와 네트워크를 연결하기 위한 프로토콜로써, 메시지 교환규칙을 정의하고 있다.

미니강의 OSI 참조모델과 TCP/IP

OSI 참조모델은 현존하는 최초의 표준 네트워크 프로토콜이다. 하지만 OSI 참조모델을 기반으로 구현되고 상용화된 제품이나 네트워크 장비가 없는 것은 참조모델을 구현하기가 매우 어렵고 난해하여 시간적, 금전적, 기술적인 문제가 많이 발생하기 때문이다. 더욱이 OSI 참조모델 이전부터 산업계에서 이미 많이 사용되고 있던 TCP/IP 프로토콜을 대체하기에는 비용 문제가 많이 발생하게 되었으며, 또한 Web 등장으로 TCP/IP가 급속하게 성장하여 OSI는 참조모델로써만 그 위치를 자리매김하게 되었다.

3.2 TCP/IP 프로토콜

(1) 계층 구조

TCP/IP 프로토콜은 **[그림 3-1]**에서 볼 수 있듯이 총 7계층으로 구성된 OSI 참조모델과 달리 데이터링크 계층, 네트워크 계층(IP 계층), 전송 계층, 그리고 응용 계층으로 총 4 계층으로 구성되어 있다.

TCP/IP 계층	OSI 참조모델
응용 계층 (telnet, ftp, http, snmp)	응용 계층
	표현 계층
	세션 계층
전송 계층 (TCP, UDP)	전송 계층
네트워크 계층 (IP, ICMP, IGMP)	네트워크 계층
데이터링크 계층 (이더넷, 토큰버스, 토큰링, FDDI)	데이타링크 계층
	물리 계층

[그림 3-1] TCP/IP 계층 구조

TCP/IP 계층 구조에서 네트워크 계층은 소위 IP 계층이라고도 하며, 전송 계층은 TCP와 UDP 프로토콜로 구성되어 있고, 이들의 상위계층인 응용 계층은 보통 사용자들의 접하게 되는 여러 응용 서비스들에 대한 프로토콜로 구성되어 있다. 특히, TCP/IP 프로토콜에서의 응용 계층은 OSI 참조모델에서 제공하는 세션 계층, 표현 계층, 응용 계층을 간략하게 포함하고 있다. 각 계층별 역할은 **〈표 3-1〉**에서 설명하고 있다.

〈표 3-1〉 TCP/IP 계층 설명

계층	역할
데이터링크 계층	전송매체에 프레임을 송수신하는 역할을 담당한다.

계층	역할
네트워크 계층	IP 계층으로 네트워크 주소를 관리하고, 패킷을 라우팅하는 역할을 수행한다. ARP(Address Resolution Protocol)는 주소변환 기능을 제공하고, ICMP(Internet Control Message Protocol)는 네트워크 상에 발생된 에러를 보고하고 질의하는 기능을 담당한다.
전송 계층	프로세스 간 전송 서비스 제공을 담당한다. 전송 계층에는 TCP와 UDP 프로토콜이 있는데, TCP는 연결지향형(Connection-oriented) 서비스 제공으로 신뢰성 전송을 제공하는 반면, UDP는 비연결지향(Connectionless) 서비스로 비신뢰성 전송 특징을 가지고 있다.
응용 계층	응용 프로세스가 네트워크에 접근하도록 인터페이스 기능을 수행한다.

TCP/IP 프로토콜은 데이터링크 계층, 네트워크 계층(IP 계층), 전송 계층, 그리고 응용 계층 등 총 4계층으로 구성되어 있다.

(2) 송신측 동작 과정

TCP/IP 프로토콜에 의해 송신지의 FTP 클라이언트에서 생성된 데이터가 수신지의 FTP 서버에게 전달되는 과정을 살펴보면 **[그림 3-2]**와 같다.

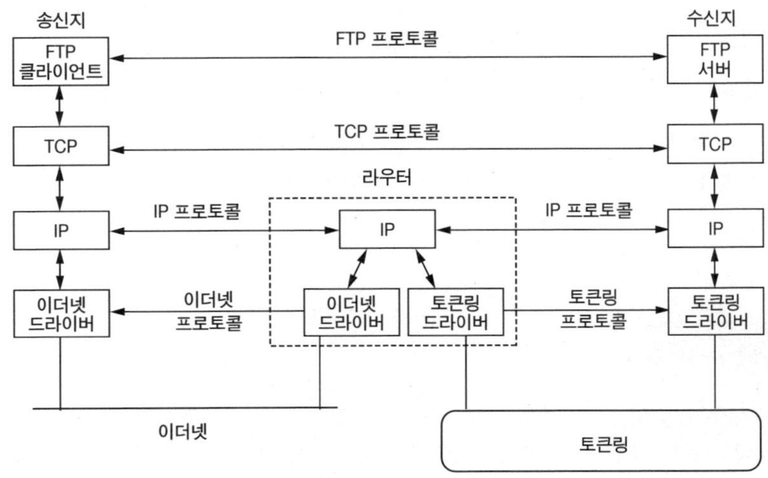

[그림 3-2] FTP 동작 과정

송신측 FTP 클라이언트에서 사용자가 입력한 데이터는 TCP 계층에 전달되고 TCP 헤더가 부착된 다음, 다시 하위계층인 IP 계층으로 전달된다. IP 계층에서는 목적지 서버의 IP주소가 명시된 IP 헤더를 부착하여 이더넷 드라이버에게 전달되고, 여기에서 목적지 이더넷 주소(MAC 주소)를 헤더를 부착하고 전송 매체를 통해 라우터에 전달되도록 한다. 이렇게, 상위계층에서 하위계층으로 내려오면서 각 계층의 헤더를 붙이는 것을 **캡슐화**라고 하며 **[그림 3-3]**에서 이 과정을 보여주고 있다.

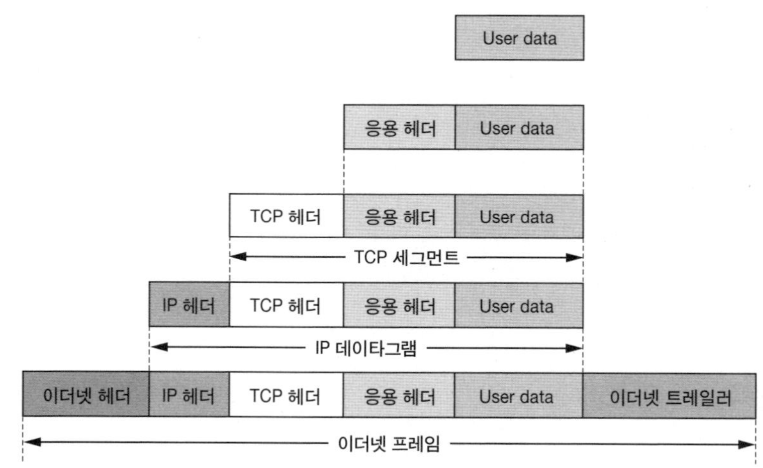

[그림 3-3] 송신지에서의 캡슐화 과정

이 헤더에는 해당 계층에서 필요로 하는 정보가 포함되게 되는데 주로 송신지 주소나 목적지 주소, 그리고 해당 프로토콜이 전송하고 있는 데이터에 관한 정보가 그것이다. 특히, 데이터링크 계층인 이더넷 드라이버에서는 헤더와 함께 데이터의 마지막에 트레일러가 붙게 된다. 이는 전송되는 이더넷 프레임의 에러 유무를 검사하는 에러검출 코드이다.

송신측에서 데이터는 상위계층에서 하위계층으로 내려오면서 각 해당 계층의 헤더와 트레일러(데이터링크 계층)를 부착하는 캡슐화 과정을 거쳐 전송한다.

(3) 수신측 동작 과정

수신지에서 처리하는 과정을 살펴보면, 송신지 처리 과정과는 반대로 해당 계층의 헤더를 없애면서 상위계층으로 데이터를 전달하게 된다. 이때 상위계층에 있는 여러 프로토콜 중 정확한 프로토콜로 데이터를 전송해야 하는데 이를 **역다중화**(Demultiplexing) 과정이라 하며, 이때, 사용되는 계층별 필드명을 살펴보면 다음과 같다. **[그림 3-4]**에서는 역다중화 과정을 보여주고 있다.

❶ **이더넷 드라이버**(데이터링크 계층)

전송 매체로부터 수신된 프레임의 목적지 MAC 주소와 자신의 MAC 주소가 맞는지 검사하여 틀리면 폐기하고, 맞으면 헤더 내의 **프레임 타입**(type) 필드의 값에 따라 상위계층인 IP(0x0800) 또는 ARP(0x0806)로 프레임을 전달하게 된다.

❷ **IP 계층**

이더넷 드라이버에서 전달받은 프레임은 IP 헤더 내의 목적지 IP 주소와 자신의 IP 주소가 맞는지 검사하여 틀리면 폐기하고, 맞으면 IP 헤더 안에 있는 **프로토콜**(protocol) 필드의 값을 보고 상위계층인 TCP(6) 또는 UDP(17)로 데이터를 전달하게 된다.

❸ **전송 계층**

IP 계층에서 전달받은 데이터는 전송 계층 헤더 내에 있는 **목적지 포트 번호**(destination port)를 보고 응용 계층의 해당 응용 서비스(FTP, telnet, HTTP 등)로 전달하게 된다.

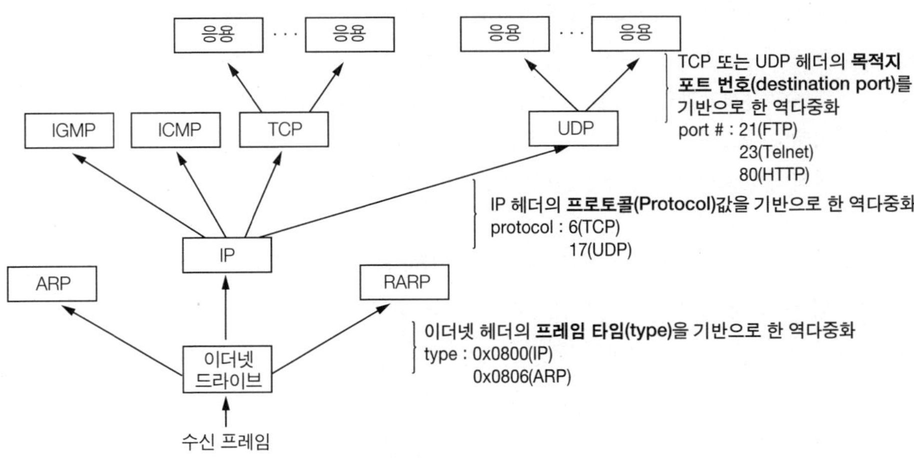

[그림 3-4] 수신지에서의 역다중화 과정

수신지에서는 해당 계층의 헤더를 없애면서 상위계층으로 데이터를 전달하는 역다중화 과정을 거치게 된다. 역다중화에 사용되는 필드는 계층별로 프레임 타입, 프로토콜 필드, 목적지 포트 번호를 사용하고 있다.

3.3 TCP/IP 표준화

(1) 표준화 정신

TCP/IP 프로토콜의 표준화 정신은 다음과 같이 두 가지로 요약할 수 있다.

❶ **개방적이다.**

TCP/IP 프로토콜은 IETF(Internet Engineering Task Force)에서 논의를 통해 정해진다. IETF에는 누구나 참여할 수 있으며, 이 논의는 누구나 참가할 수 있는 메일링 리스트를 통해 가능하다.

❷ **실제로 사용 가능한 프로토콜인지가 중요하다.**

TCP/IP 프로토콜은 개발 중심으로 정해졌다. 프로토콜 규칙을 정할 때는 장치나 통신할 수 있는 기기들을 서로 접속해 보는 실험을 하게 되고, 문제가 발생이 되면 프로그램이나 프로토콜을 수정하는 작업이 이뤄진다. 따라서 동작시키는 것을 중시하면서 규칙이 정해지기 때문에 실용성이 높다.

OSI 참조모델이 일반적으로 보급되지 못한 것은 동작하는 프로토콜을 빨리 상용화하지 못했다는 점과 급속한 기술 혁신에 대응할 수 있는 프로토콜 결정이나 수정할 수 있는 구조가 없었다는 것이다.

TCP/IP 표준화는 개방적이며 실용성이 있어야 한다는 특징이 있다.

(2) TCP/IP 명세서(RFC)

TCP/IP 프로토콜은 IETF에서 논의되어 표준화되고, 표준화하려는 프로토콜은 RFC(Request For Comments)라는 문서로써 인터넷 상에 공개되어 논의된다. 이 문서에는 번호가 붙여지는데, 예를 들면 IP 프로토콜은 RFC 791이고, TCP 프로토콜은 RFC 793이다. **[그림 3-5]**는 RFC 문서를 예를 보여주고 있다.

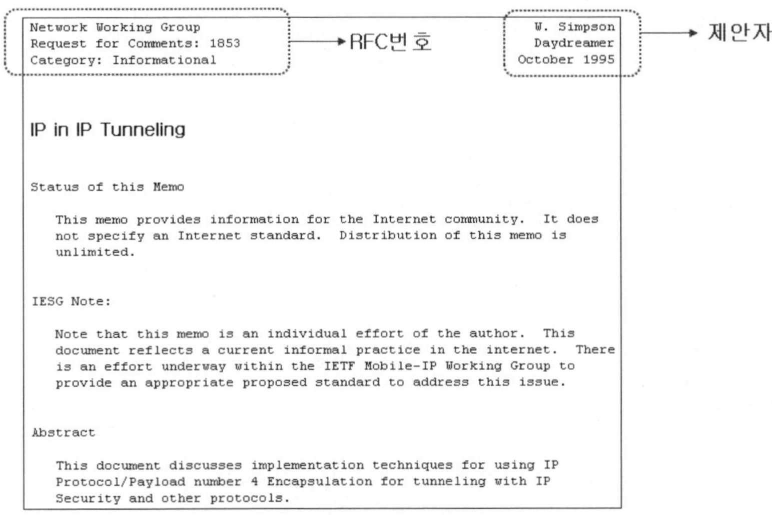

[그림 3-5] RFC 문서의 예

한번 정해진 번호는 변하지 않으며, 만약 기존 프로토콜 내용이 변경되거나 확장되었으면 새로운 번호가 할당되고, 이전 RFC 문서는 무효가 된다.
같은 프로토콜에서 내용이 변경되면서 번호가 자주 바뀌는 문제가 발생하는데, 이를 보완하기 위해 번호가 변하지 않는 STD(Standard) 번호도 정해져 있다. 즉, 같은 프로토콜이면 RFC가 갱신되어도 STD 번호는 변하지 않는다. **〈표 3-2〉**는 TCP/IP 프로토콜들을 정의한 RFC 문서와 현재 상태에 대해서 나타내고 있다.

〈표 3-2〉 TCP/IP RFC 문서 상태

프로토콜	RFC	상 태
IPv4	RFC 791, RFC 919, RFC 922	Standard
IPv6	RFC 2460	Draft Standard
ICMP	RFC 792, RFC 950	Standard
ARP	RFC 826	Standard
TCP	RFC 793	Standard
UDP	RFC 769	Standard
DNS	RFC 1034, RFC 1035	Standard
HTTP	RFC 2616	Draft Standard
SNMP	RFC 1157	Standard
RIP	RFC 2453	Standard
OSPF	RFC 2328	Standard

(3) RFC 상태

TCP/IP 프로토콜 표준화 단계를 살펴보면 다음과 같은 단계를 거치게 된다.

❶ **인터넷 드래프트**(I-D : Internet-Draft)

프로토콜에 관한 규약을 좁혀 가는 단계로써, 프로토콜을 제안하는 사람이 문서를 작성하고 인터넷에 공개하고, 이를 바탕으로 논의가 이뤄진다. 주로 메일링 리스트를 통해 행해지며 유효기간은 6개월로써 6개월마다 변경을 반영시키지 않으면 안된다는 것을 의미하는 동시에 논의가 되지 않은 문서는 자동으로 폐기한다는 목적이다.

❷ **제안 표준**(Proposed Standard)

충분히 논의되어 IETF의 승인이 얻어지면 비로써 RFC 문서로 등록된다. 이를 제안 표준이라고 하며, 이 상태에서 많은 기기에 내장되어 널리 사용된다.

❸ **드래프트 표준**(Draft Standard)

표준의 초안 상태이며, 실제로 운용되다가 문제가 생긴 경우 표준이 되기 전에 수정이 이뤄진다. 이 수정작업은 인터넷 드래프트(I-D) 상태에서 수정된다.

❹ **표준**(Standard)

드래프트 표준이 되면 더 많은 기기에서 이용하게 된다. 그리고 표준화에 종사하는 사람들이 충분히 사용에 도움이 되고 문제없다고 결론내려 IETF에 의해 승인이 얻어지면 표준이 된다.

이와 같은 표준이 되기까지에는 오랜 시간 힘든 과정을 거쳐야 한다. 인터넷에서 널리 쓰일 수 있게 되지 않으면 표준이라고 할 수 없기 때문이다.

핵심요약

표준화하려는 프로토콜은 IETF에서 논의되어 표준화되고 RFC 문서로써 인터넷 상에 공개되어 표준화 절차를 수행하게 된다.

미니강의 TCP/IP 표준화 기구

- **ISOC**(Internet Society)
  - 전 세계의 인터넷 발전과 진화에 관련된 기술을 위해 결성된 전문 비영리 기구
- **IAB**(Internet Architecture Board)
  - 인터넷의 기술적이고 정책적인 문제를 다루는 위원회
- **InterNIC**(Internet Network Information Center)
  - 프로토콜의 포트에 값을 부여하고, 도메인 네임과 주소를 할당한다.
- **한국인터넷진흥원**
  - 국내 IP주소 할당을 담당하는 기구

요약정리 SUMMARY

01 OSI 참조모델을 네트워크 프로토콜로 개발하기에는 어려움이 많았으며, 이보다 먼저 업계에서 많이 사용하고 있던 TCP/IP가 표준처럼 자리 잡게 되었다.

02 TCP/IP는 네트워크와 네트워크를 연결하기 위한 프로토콜로써, 메시지 교환규칙을 정의하고 있다.

03 TCP/IP 프로토콜은 데이터링크 계층, 네트워크 계층(IP 계층), 전송 계층, 그리고 응용 계층 등 4계층으로 구성되어 있다.

04 송신측에서 데이터는 상위계층에서 하위계층으로 내려오면서 각 해당 계층의 헤더와 트레일러(데이터링크 계층)를 부착하는 캡슐화 과정을 거쳐 전송한다.

05 수신지에서는 해당 계층의 헤더를 없애면서 상위계층으로 데이터를 전달하는 역다중화 과정을 거치게 된다. 역다중화에 사용되는 필드는 계층별로 프레임 타입, 프로토콜 필드, 목적지 포트 번호를 사용하고 있다.

06 TCP/IP 표준화는 개방적이며 실용성이 있어야 한다는 특징이 있다.

07 표준화하려는 프로토콜은 IETF에서 논의되어 표준화되고 RFC 문서로써 인터넷 상에 공개되어 표준화 절차를 수행하게 된다.

연습문제 EXERCISE

01 다음 중 TCP/IP 계층 중 전송 계층에 속하는 것은 무엇인가?

① Telnet ② FTP
③ IP ④ TCP

02 다음 중 잘 알려진 포트 번호(Well-Known Port)의 연결이 맞지 않는 것은?

① FTP : 21번 ② Telnet : 23번
③ HTTP : 180번 ④ SMTP : 25번

03 다음 중 TCP/IP에서 데이터링크 계층의 데이터 단위는 무엇인가?

① 메시지 ② 세그먼트
③ 데이터그램 ④ 프레임

04 다음의 프로토콜 중 다른 계층에서 동작하는 프로토콜은 무엇인가?

① SNMP ② ICMP
③ SMTP ④ FTP

05 다음 중 TCP/IP 상에서 네트워크 계층의 프로토콜로만 연결된 것은 무엇인가?

① TCP – UDP – IP ② ICMP – IP – IGMP
③ FTP – SMTP – Telnet ④ ARP – RARP – TCP

06 다음 중 TCP/IP 계층과 OSI 7계층의 연결이 맞게 짝지어진 것은?

① Telnet – 전송 계층
② TCP/UDP – 세션 계층
③ IP – 네트워크 계층
④ Ethernet – 표현 계층

연습문제 EXERCISE

07 다음 중 네트워크 장비를 관리 감시하기 위한 목적으로 TCP/IP 상에 정의된 응용 계층의 프로토콜은 무엇인가?

① SNMP ② SSH
③ SMTP ④ POP

08 다음 중 네트워크 내 에러 상황에 대한 보고와 예상하지 못한 상황이 발생한 경우 이를 알릴 수 있도록 지원하는 프로토콜은 무엇인가?

① ARP ② RARP
③ ICMP ④ RIP

09 다음 중 역다중화에 사용하는 필드에 대한 연결로 맞지 않는 것은?

① 데이터링크 계층 – type 필드
② 네트워크 계층 – protocol 필드
③ 전송 계층 – destination port number 필드
④ 응용 계층 – message type 필드

10 다음 중 TCP/IP 모델에서 TCP가 동작하는 계층은 무엇인가?

① 응용 계층 ② 전송 계층
③ IP 계층 ④ 네트워크 계층

11 dejure 표준과 defacto 표준의 차이를 설명하시오

12 캡슐화 과정을 설명하시오

13 역다중화에 사용되는 필드를 계층별로 구분하여 설명하시오

14 RFC 표준화 단계에 대해 설명하시오

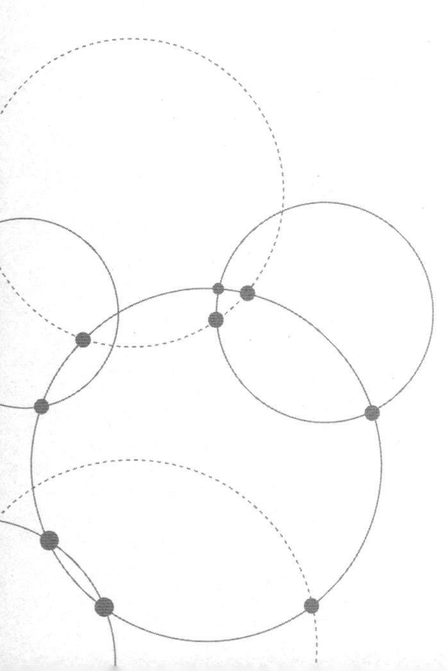

Ⅱ. 네트워크 계층 프로토콜

4장

ARP

데이터를 목적지로 전송하기 위해서는 2가지 주소가 필요한데 목적지의 데이터링크 계층에서 사용하는 주소와 네트워크 계층에서 사용하는 주소가 그것이다. 하지만 사용자는 목적지의 데이터링크 계층 주소를 알 수 없기 때문에 동적으로 목적지 호스트의 데이터링크 계층 주소를 얻어오는 방법이 필요하게 되었다. 이 장에서는 동적인 방법으로 목적지의 데이터링크 계층 주소를 얻어오는 ARP에 대해 이해하도록 한다.

- ARP 필요성과 개념을 이해할 수 있다.
- ARP 기본 동작 과정을 이해할 수 있다.
- Gratuitous ARP 개념 및 동작 과정을 이해할 수 있다.

4.1 ARP 개요

(1) 필요성

물리적 네트워크에 연결되어 있는 호스트들은 데이터를 목적지로 전송하기 위해 여러 개의 네트워크를 통과해야 하는 경우가 많다. 여러 개의 네트워크를 통과하기 위해 네트워크 계층에서 사용하는 IP 주소(논리적 주소)를 사용하여 목적지까지 찾아가지만, 결국 네트워크 계층인 IP도 데이터링크 계층을 거쳐 네트워크를 통과해야 한다. 즉, 데이터를 물리적 네트워크로 전송하기 위해서는 여기서 사용하는 또 다른 식별자를 사용하여 전송해야 한다는 것이다. 이 식별자는 주로 하드웨어로 구현이 되어 있어 물리적 주소(physical address)라고 한다. 현재 사용하고 있는 물리적 네트워크는 주로 이더넷이나 토큰 링과 같은 공유 네트워크(shared Network)를 사용하고 있고 이 네트워크 통해 데이터를 전송하기 위해서 LAN 카드와 같은 NIC(Network Interface Card) 카드를 사용하게 된다. 따라서 물리적 주소는 NIC 카드에 존재하는 48비트 MAC(Media Access Control) 주소를 의미한다. 결국, 송신지는 네트워크 계층에서 사용하는 논리적 주소인 IP 주소와 물리적 네트워크에서 사용하는 물리적 주소인 MAC 주소 모두 알고 있어야 데이터 전송이 가능하다는 것이다.

송신지는 목적지 IP 주소와 목적지 MAC 주소를 알고 있어야 데이터 전송이 가능하다.

(2) 개념

앞서 설명했듯이 송신지는 목적지로 데이터를 전송하고자 할 때는 두 가지 주소를 알아야 한다. 하나는 이더넷 드라이버(LAN 카드)에서 사용하는 MAC 주소이고, 다른 하나는 IP 계층에서 사용하는 IP 주소가 그것이다. 결론적으로 송신지는 목적지의 IP 주소는 알 수 있지만, 목적지 MAC 주소는 알 방법이 없다. 따라서 송신지에서는 목적지 MAC 주소를 알아낼 동적(dynamic)인 방법이 필요하게 되었고, 이 방법이 동적 주소 획득 프로토콜인 ARP(Address Resolution Protocol) 프로토콜이다. 결론적으로 ARP 프로토콜은 목적지 IP 주소를 이용하여 목적지 MAC 주소를 알아 오는 프로토콜이다. ARP에 대한 개념을 **[그림 4-1]**에서 보여주고 있다.

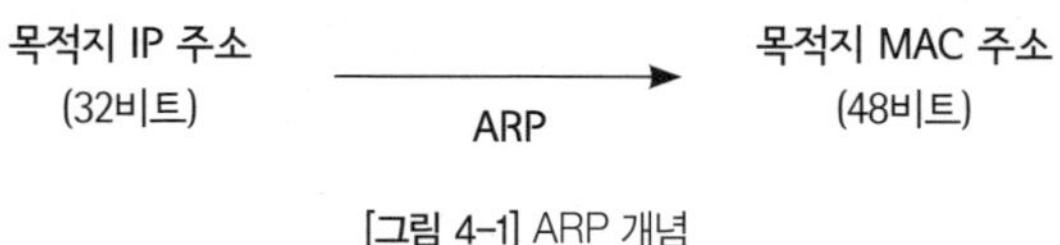

[그림 4-1] ARP 개념

ARP 프로토콜은 목적지 IP 주소를 사용하여 목적지 MAC 주소를 알아 오는 동적 주소 획득 프로토콜이다.

미니강의 전송 방식

❶ **유니캐스트**(Unicast)
하나의 송신지가 하나의 목적지로 데이터를 보내는 1:1 전송 방식이다.

❷ **브로드캐스트**(Broadcast)
송신지가 네트워크의 모든 호스트에게 패킷을 보내는 것으로, 1:All 전송 방식이다.

❸ **멀티캐스트**(Multicast)
하나의 송신지가 다수의 목적지로 데이터를 보내는 것으로 1:M 전송 방식이다. 참고로 멀티캐스트 전송을 수행하기 위해서는 네트워크 장치가 멀티캐스트를 지원해야 하며, 원하는 그룹에 가입되어 있어야 한다.

4.2 기본 동작

(1) 기본 동작

ARP 프로토콜의 동작 과정은 다음 두 가지 과정을 거치게 되는데, 브로드캐스트(Broadcast) 전송하는 ARP 요청(request)과 유니캐스트(Unicast) 전송하는 ARP 응답(reply) 과정이 그것이다. ARP 기본 동작의 예는 **[그림 4-2]**에서 볼 수 있으며, 이에 대한 설명은 다음과 같다.

❶ 송신지 A(203.252.53.10)가 목적지 D(203.252.53.40)로 ping 데이터를 전송하고자 한다.

❷ 송신지 A의 IP를 통해 경로 배정 과정을 수행한다.

❸ ARP는 목적지 D의 MAC 주소를 얻기 위해 ARP 요청을 브로드캐스트하게 된다.

❹ ARP 요청을 받은 호스트 B, C, D 중에서 목적지 D의 MAC 주소를 알고 있는 D가 MAC 주소를 유니캐스트로 송신지 A에게 전송하게 된다.

❺ 이때, 송신지 A는 목적지 D의 정보(IP 주소와 MAC 주소)를 ARP 캐시(cache)에 저장

하여 다음 전송에 ARP 동작 없이 데이터를 전송할 수 있게 한다.

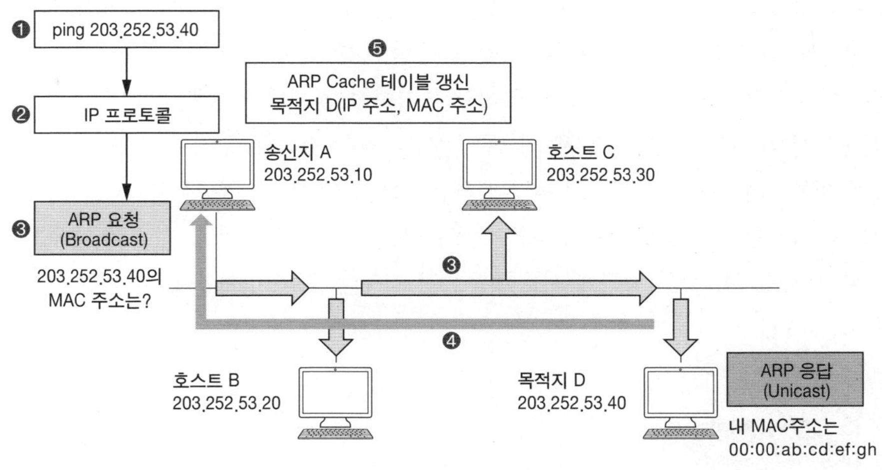

[그림 4-2] ARP 기본 동작 과정

참고로 목적지 위치에 따른 ARP 동작에 대한 설명은 다음 절에서 자세히 설명하도록 한다.

핵심요약

ARP 프로토콜의 동작 과정은 브로드캐스트 전송하는 ARP 요청과 유니캐스트 전송하는 ARP 응답 과정을 사용한다.

미니강의 ARP 브로드캐스트 주소

ARP 프로토콜의 동작은 묻고 답하는 형식을 사용한다. 즉, 목적지 MAC 주소를 획득하기 위해 연결되어 있는 모든 호스트에게 물어보고(Broadcasting), 이에 답(목적지 MAC)을 아는 목적지가 직접 송신지에 응답하는 유니캐스트 과정을 사용한다. 여기서 모든 호스트에 물어보는 브로드캐스트 주소는 48비트 모두가 '1'로 설정되는 FF : FF : FF : FF : FF : FF를 사용한다.

(2) ARP 캐시(cache)

ARP에 의해 획득한 목적지 MAC 주소는 일정한 시간 동안(20분) 캐시에 저장된다. 만약 IP 데이터그램을 전송할 때마다 ARP를 통한 ARP 요청 메시지가 발생하면 네트워크에 트래픽이 증가하여 네트워크 부하가 증가하는 문제가 발생한다. 따라서 ARP에 의한 트래픽의 증가를 막기 위해 획득한 정보를 임시 저장하고, 이후 그 목적지 IP 주소에 대한 MAC 주소 획득 요청이 발생하는 경우 ARP를 수행하지 않고 캐시에 있는 정보를 사용함으로써 ARP 프로토콜의 효율성을 증가시키게 된다. 참고로 캐시는 작은 메모리 크기를 갖기 때문에 정보를 무한정 저장할 수 없어 보통 20분 동안 임시 저장하게 된다.

핵심요약

ARP 프로토콜에 의해 획득한 목적지 MAC 주소는 일정한 시간 동안(20분) ARP 캐시에 저장함으로써 효율성을 제공하고 있다. ARP 캐시 관련 명령어로는 arp를 사용한다.

실습하기 ARP cache

❶ ARP cache 내용 확인 실습

- 자신의 컴퓨터에서 ARP 캐시 내용을 확인할 수 있다.
- cmd 명령 창에서 다음 명령어를 입력하여 ARP 캐시 테이블을 확인한다.

```
c:\arp -a
```

- Internet Address(IP 주소)에 대한 Physical Address(MAC 주소) 매칭 정보를 **[그림 4-3]**에서 볼 수 있다.

[그림 4-3] ARP 캐시 내용 확인

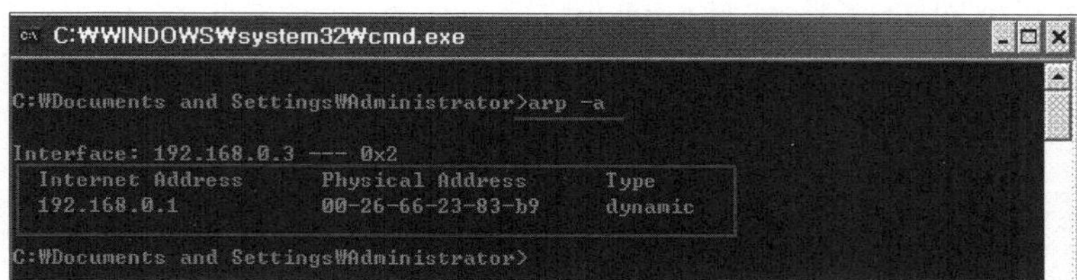

```
C:\WINDOWS\system32\cmd.exe

C:\Documents and Settings\Administrator>arp -a

Interface: 192.168.0.3 --- 0x2
  Internet Address      Physical Address      Type
  192.168.0.1           00-26-66-23-83-b9     dynamic

C:\Documents and Settings\Administrator>
```

❷ ARP cache 내용 삭제 실습

- 자신의 컴퓨터에 있는 ARP 캐시 내용을 모두 삭제할 수 있다.
- cmd 명령 창에서 다음 명령어를 입력하고, ARP 캐시 테이블 내용이 삭제되었는지 확인한다.

```
c:\arp -d
```

- [그림 4-4]와 같이 ARP 캐시 내용이 모두 삭제된 것을 볼 수 있다.

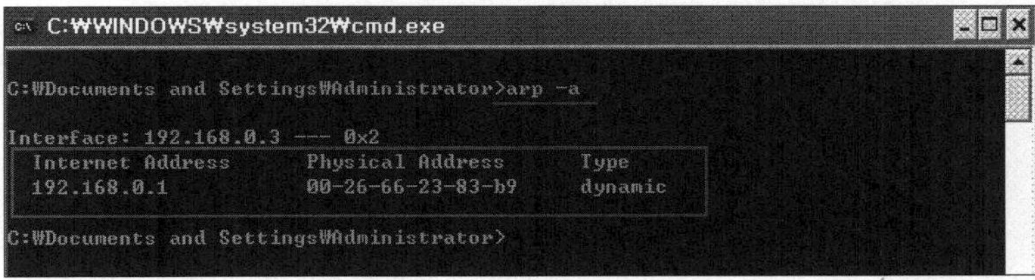

[그림 4-4] ARP cache 내용 삭제 확인

(3) ARP 메시지

ARP 메시지는 이더넷 헤더로 캡슐화되어 이더넷 프레임 형식으로 전송된다. 이더넷 프레임에 포함된 ARP 메시지 형식을 살펴보면 [그림 4-5]와 같으며, 〈표 4-1〉에서 설명하고 있다.

Destination	Source	type	H/W type	Protocol type	H/W size	Protocol size	opcode	Sender MAC	Sender IP	Target MAC	Target IP
6	6	2						6	4	6	4
이더넷 헤더(14바이트)			ARP 메시지(28바이트)								

[그림 4-5] ARP 메시지 형식

〈표 4-1〉 ARP 메시지 필드 설명

필드명	설명
Destination (이더넷 헤더)	전송되는 ARP 메시지의 목적지 MAC을 저장하며, ARP 메시지의 opcode 값에 따라 다르다. opcode 값이 1(ARP 요청)이면 브로드캐스트 주소인 FF:FF:FF:FF:FF:FF 값이 저장되고, opcode 값이 2(ARP 응답)이면 ARP 요청을 전송했던 송신지 MAC 주소가 저장된다.
Source (이더넷 헤더)	전송되는 ARP 메시지의 송신지 MAC를 저장한다. ARP 메시지의 opcode 값이 1(ARP 요청)이면 ARP 요청하는 송신지의 MAC 주소가, 만약 opcode 값이 2(ARP 응답)이면 응답을 하는 호스트의 MAC 주소가 저장된다.
type (이더넷 헤더)	역다중화에 사용하는 필드로써, 상위계층이 ARP 프로토콜이므로 값이 0x0806이 들어간다. 참고로 RARP인 경우는 값이 0x8035이다.
H/W type	메시지가 전송하기 위해 연결된 네트워크를 의미하며, 주로 이더넷 상에서 전송되므로 값은 1이다.
Protocol type	사용하는 프로토콜을 정의하며, IP를 사용하고 있으므로 값이 0x0800이다.
H/W size	연결된 네트워크의 물리적 주소의 길이(6바이트)를 나타내며 값은 6이다.
Protocol size	IP 주소의 길이(4바이트)를 나타내므로 값은 4이다.
opcode	ARP 메시지 종류를 정의한다. 1은 ARP 요청, 2는 ARP 응답이다. 참고로 RARP인 경우 3은 RARP 요청이고, 4는 RARP 응답이다.
Sender MAC	ARP 메시지를 전송하는 송신자 MAC 주소이다. ARP 응답일 경우는 목적지 IP에 대한 목적지 MAC 주소를 여기에 적어서 보낸다.
Sender IP	ARP 메시지를 전송하는 송신자 IP 주소이다.
Target MAC	ARP 요청일 경우, 알고자 하는 목적지 MAC 주소 정보가 들어가는 곳으로, 현재 모르기 때문에 00:00:00:00:00:00으로 설정되어 전송된다. ARP 응답일 경우는 ARP 요청을 보냈던 송신지의 MAC 주소가 들어간다.
Target IP	ARP 요청일 경우, 목적지 IP 주소 정보가 들어가는 곳이며, ARP 응답일 경우는 ARP 요청을 보냈던 송신지 IP 주소가 들어간다.

ARP 메시지는 이더넷 헤더(14바이트)로 캡슐화되어 전송된다.

미니강의 편지 전송과의 비유

일반적인 편지 전송과 비유하여 생각해 보면, **[그림 4-5]**의 ARP 메시지는 편지 내용이고, 이더넷 헤더는 편지 봉투에 비유할 수 있다. 즉, ARP 프로토콜이 요청하고 응답하는 내용은 편지 내용(ARP 메시지)에 있으며, 이 편지의 송수신지 주소는 편지 봉투(이더넷 헤더)에 써야 한다. 따라서, 이더넷 헤더의 Destination과 Source 주소와 ARP 메시지에 있는 Target MAC 주소와 Sender MAC 주소는 다르게 해석되어야 한다.

(4) 다양한 상황의 ARP 동작

앞서 ARP 프로토콜의 기본 동작 과정에 대해 알아보았다. 여기서는 **[그림 4-6]**과 같이 목적지의 위치에 따라서 2가지 경우로 나누어 생각해 보고, 이를 ARP를 수행하는 주체에 따라 **[그림 4-7]**과 같이 4가지 상황으로 나누어 ARP 동작을 이해하기로 한다.

먼저 **[그림 4-6]**의 ❶과 같이 목적지가 같은 네트워크에 있는 경우와 ❷처럼 목적지가 다른 네트워크에 있는 경우로 나누어 생각해 볼 수 있다. 참고로 IP 주소와 MAC 주소는 각각 숫자(1~7)와 영문자(a~j)로 표기하였다.

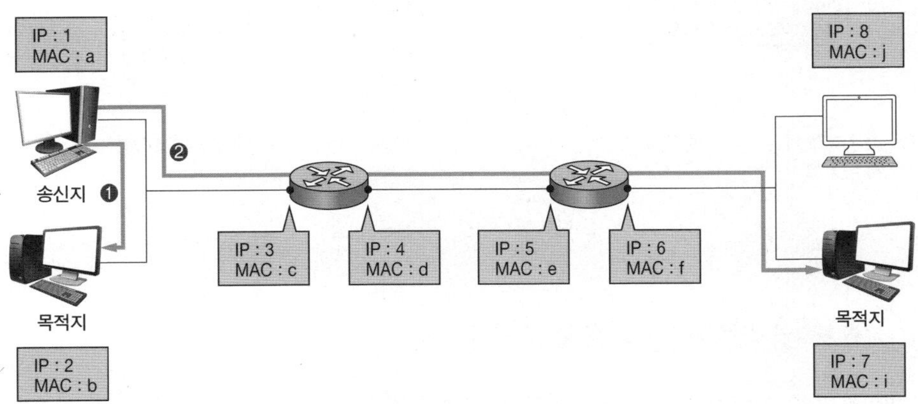

[그림 4-6] 목적지 위치에 따른 두 가지 경우

이에 대한 자세한 동작은 **[그림 4-7]**과 같이 4가지 상황으로 정리할 수 있으며, 각 ARP 프로토콜 동작 시 ARP 메시지 값을 살펴보도록 한다. 물론, 대부분의 데이터 전송에

서는 ARP 프로토콜 동작보다는 ARP 캐시를 통해 원하는 정보를 얻게 될 것이다.

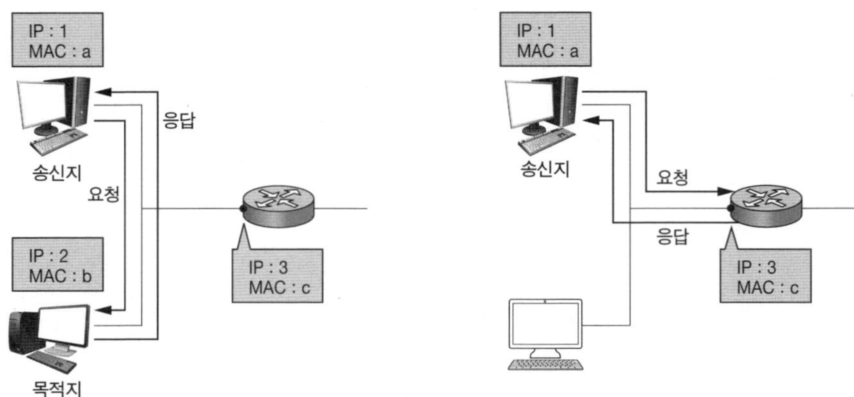

(a) 목적지가 같은 네트워크에 있는 경우

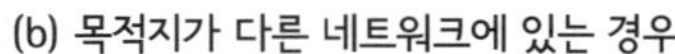

(b) 목적지가 다른 네트워크에 있는 경우

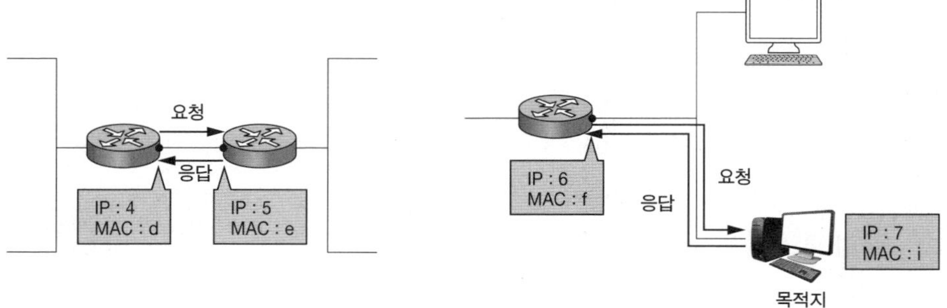

(c) 라우터가 다음 라우터에 전송하고자 하는 경우

(d) 라우터가 목적지에 전송하고자하는 경우

[그림 4-7] 다양한 ARP 동작 상황

① 목적지가 같은 네트워크에 있는 경우

[그림 4-7]의 (a)에서 보듯이 송신지와 목적지가 같은 네트워크에 있는 경우, 송신지의 ARP 요청을 목적지가 수신하여 자신이 직접 ARP 응답한다. 이에 대한 ARP 메시지 값들은 **[그림 4-8]**과 같다.

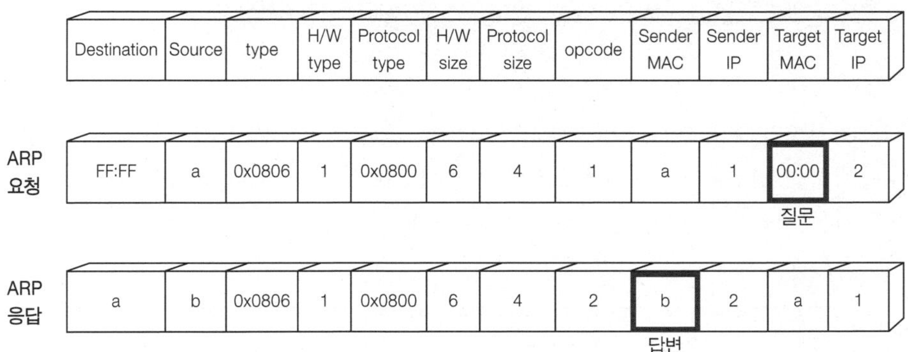

[그림 4-8] 목적지가 같은 네트워크에 있는 경우 ARP 메시지 값

[그림 4-8]에서 보듯이 ARP 요청에서 브로드캐스트 주소를 FF:FF로 하고, 알고자 하는 Target MAC 주소를 00:00으로 간단히 표기하였다. 참고로 ARP 프로토콜에서 알고자 하는 질문 부분과 답변 부분이 표시되어 있음을 볼 수 있다.

② 목적지가 다른 네트워크에 있는 경우 - 디폴트 라우터로 ARP 수행

[그림 4-7]의 (b)에서 보듯이 목적지가 다른 네트워크에 있는 경우이다. 즉, 라우팅을 통해 목적지가 다른 네트워크 있다고 판단하여 디폴트 라우터(default router)로 전송하는 경우이다. 따라서, 송신지는 디폴트 라우터의 IP 주소에 대한 ARP 요청을 하게 되고, 디폴트 라우터는 송신지에게 ARP 응답을 하게 된다. 이에 대한 ARP 프로토콜의 메시지 값들은 **[그림 4-9]**와 같다.

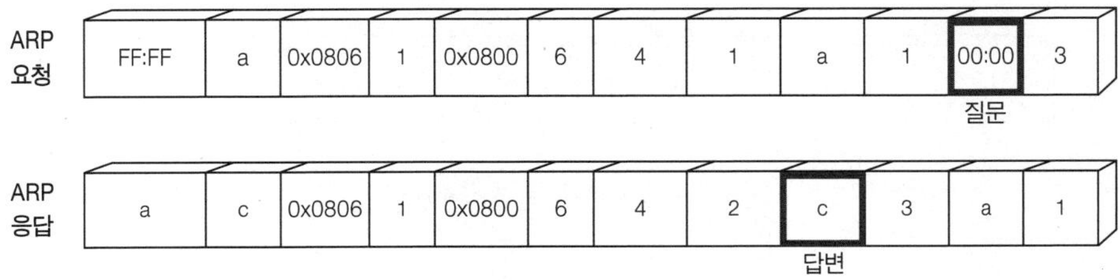

[그림 4-9] 디폴트 라우터로의 ARP 메시지 값

③ 목적지가 다른 네트워크에 있는 경우 - 다음 라우터로 ARP 수행

[그림 4-7]의 (c)에서 보듯이 디폴트 라우터로 전송된 데이터가 라우팅을 통해 다음 라우터로 전송이 결정될 때, 다음 라우터의 MAC 주소를 얻어오기 위해 ARP 프로토콜이 동작하는 경우이다. 즉, 디폴트 라우터가 ARP 요청을 하고, 다음 라우터가 ARP 응답을 하는 경우이다. 이에 대한 ARP 프로토콜의 메시지 값들은 **[그림 4-10]**과 같다.

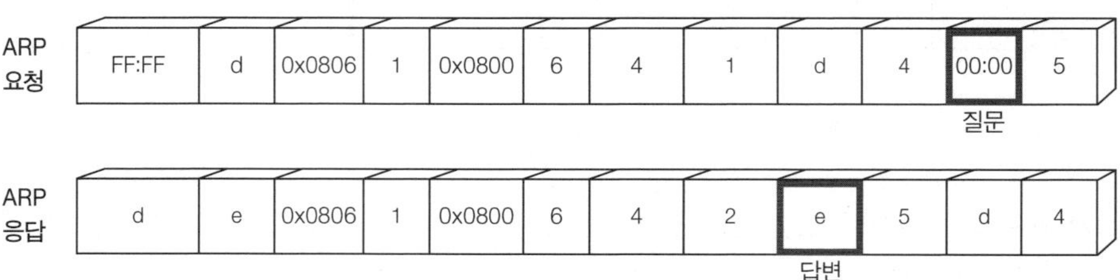

[그림 4-10] 다음 라우터로의 ARP 메시지 값

④ 목적지가 다른 네트워크에 있는 경우 - 최종 목적지로 ARP 수행

[그림 4-7]의 (d)와 같이 라우터에서 라우팅을 통해 최종 목적지가 같은 네트워크에 있음을 파악하고 목적지로 ARP를 수행하는 것이다. 이에 대한 ARP 프로토콜의 메시지 값들은 **[그림 4-11]**과 같다.

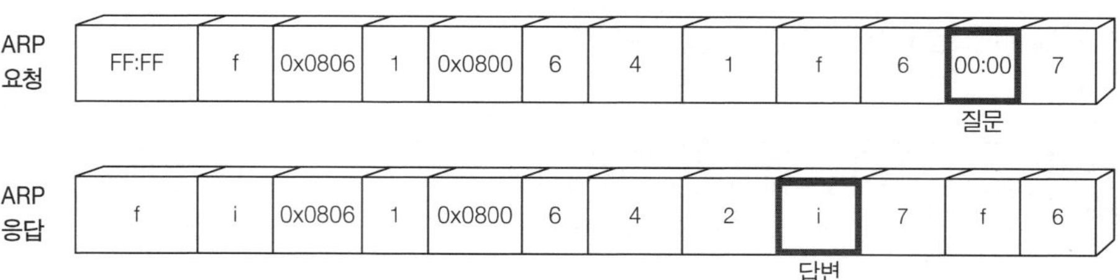

[그림 4-11] 최종 목적지로 ARP 메시지 값

ARP는 크게 목적지가 같은 네트워크에 있는 경우와 다른 네트워크에 있는 경우로 나누어 동작을 구분하여 이해해야 한다.

(5) ARP 동작 실습

앞에서 다양한 ARP 프로토콜 동작 상황에 대해서 살펴보았다. 결국, 송신지 입장에서는 크게 목적지가 같은 네트워크에 있는지 아니면 다른 네트워크에 있는지로 구분할 수 있지만, 동작은 크게 달라지지 않는다는 것을 알았다. 여기서 우리는 일반적 경우인 목적지가 다른 네트워크에 있을 때의 ARP 동작을 실습해 보기로 한다.

실습하기 ARP 동작

❶ 실습 방법

- 자신의 컴퓨터에서 wireshark 프로그램을 실행시켜 데이터 캡처를 시작한다.
- 먼저, ARP 프로토콜 동작이 발생되도록 하기 위해 자신의 컴퓨터 내에 있는 ARP 캐시 내용을 삭제하도록 한다(이전 실습 내용을 참조)
- 웹브라우저를 통해 임의의 포털 사이트(네이버 또는 다음 등)에 접속해 보자.
- wireshark을 통해 캡처한 내용을 **[그림 4-12]**와 같이 ARP 데이터만 필터링한다.

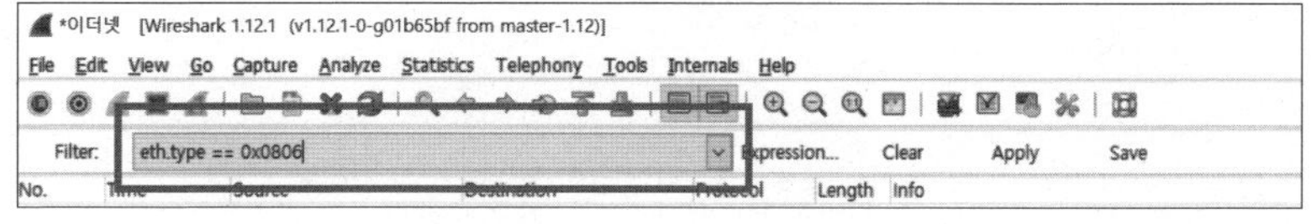

[그림 4-12] ARP 데이터 필터링 화면

❷ 결과 분석

- **[그림 4-13]**은 ARP 요청 메시지를 캡처한 화면이다.
- **[그림 4-14]**는 ARP 응답 메시지를 캡처한 화면이다.
- **〈표 4-2〉**는 각 ARP 요청 / 응답 메시지 필드의 값을 설명하고 있다.

```
No.  Time       Source             Destination        Protocol  Length Info
1968 6.409575 d8:c4:97:ab:20: Broadcast               ARP        42 Who has 192.168.0.1?  Tell 192.168.0.6
1969 6.410187 88:36:6c:8f:e3: d8:c4:97:ab:20: ARP                60 192.168.0.1 is at 88:36:6c:8f:e3:10

⊞ Frame 1968: 42 bytes on wire (336 bits), 42 bytes captured (336 bits) on interface 0
⊟ Ethernet II, Src: d8:c4:97:ab:20:5a (d8:c4:97:ab:20:5a), Dst: Broadcast (ff:ff:ff:ff:ff:ff)
  ⊞ Destination: Broadcast (ff:ff:ff:ff:ff:ff)
  ⊞ Source: d8:c4:97:ab:20:5a (d8:c4:97:ab:20:5a)
    Type: ARP (0x0806)
⊟ Address Resolution Protocol (request)
    Hardware type: Ethernet (1)
    Protocol type: IP (0x0800)
    Hardware size: 6
    Protocol size: 4
    Opcode: request (1)
    Sender MAC address: d8:c4:97:ab:20:5a (d8:c4:97:ab:20:5a)
    Sender IP address: 192.168.0.6 (192.168.0.6)
    Target MAC address: 00:00:00_00:00:00 (00:00:00:00:00:00)
    Target IP address: 192.168.0.1 (192.168.0.1)
```

[그림 4-13] ARP 요청 메시지 화면

```
1969 6.410187 88:36:6c:8f:e3: d8:c4:97:ab:20: ARP                60 192.168.0.1 is at 88:36:6c:8f:e3:10

⊞ Frame 1969: 60 bytes on wire (480 bits), 60 bytes captured (480 bits) on interface 0
⊟ Ethernet II, Src: 88:36:6c:8f:e3:10 (88:36:6c:8f:e3:10), Dst: d8:c4:97:ab:20:5a (d8:c4:97:ab:20:5a)
  ⊞ Destination: d8:c4:97:ab:20:5a (d8:c4:97:ab:20:5a)
  ⊞ Source: 88:36:6c:8f:e3:10 (88:36:6c:8f:e3:10)
    Type: ARP (0x0806)
    Padding: 004001140000001400000014000000040000
⊟ Address Resolution Protocol (reply)
    Hardware type: Ethernet (1)
    Protocol type: IP (0x0800)
    Hardware size: 6
    Protocol size: 4
    Opcode: reply (2)
    Sender MAC address: 88:36:6c:8f:e3:10 (88:36:6c:8f:e3:10)
    Sender IP address: 192.168.0.1 (192.168.0.1)
    Target MAC address: d8:c4:97:ab:20:5a (d8:c4:97:ab:20:5a)
    Target IP address: 192.168.0.6 (192.168.0.6)
```

[그림 4-14] ARP 응답 메시지 화면

〈표 4-2〉 ARP 요청 / 응답 메시지 주요 필드 값 설명

주요 필드명	설명
Destination	ARP 요청일 경우는 브로드캐스트 주소(FF:FF:FF:FF:FF:FF)가 ARP 응답일 경우는 ARP 요청을 한 송신지 MAC 주소가 저장된다.
Source	ARP 요청일 경우는 송신지 주소가, ARP 응답일 경우 응답을 하는 호스트의 MAC 주소가 저장된다.
type	ARP 프로토콜이므로 값이 0x0806으로 저장된다.
opcode	ARP 요청일 경우는 값이 1이고, ARP 응답일 경우는 2가 저장된다.
Sender MAC Address	ARP 응답에서는 ARP 요청에 대한 답변이 저장된다. 원하는 목적지 IP 주소에 대한 목적지 MAC 주소가 저장되어 전송된다([그림 4-14] 참조).
Target MAC Address	ARP 요청에서는 목적지 IP 주소에 대한 질문인 00-00-00-00-00-00 값이 저장되어 전송된다([그림 4-13] 참조).

미니강의 프락시 ARP

프락시 ARP(Proxy ARP)는 말 그대로 목적지를 대신해서 ARP 응답을 수행하는 것을 말한다. 즉, 라우터가 목적지를 대신해서 ARP 응답하는 것을 말하는 것인데, 이는 송신지와 목적지가 서로 다른 네트워크에 있는 상황을 말하는 것이다. 즉, 송신지가 다른 네트워크에 있는 목적지로 ARP 요청을 하면 송신지와 같은 네트워크상에 있는 라우터(default router)가 목적지를 대신해서 라우터의 MAC 주소로 ARP 응답하는 것이다.

이 프락시 ARP는 라우터에서 사용하는 기능이기 때문에 enable 할 것인지 disable 할 것인지 설정할 수 있다. enable 할 경우는 라우터가 목적지에 대해 대신 ARP 응답을 하지만, disable 되어 있는 경우는 라우팅 테이블에 목적지로 가는 경로가 있으면 라우터가 ARP 응답을 하게 된다. **[그림 4-6]**의 ❷의 상황에서 라우터 R이 프락시 ARP로 동작할 수 있다는 말이다(설정 여부에 따라서). **[그림 4-15]**에서는 라우터 R이 프락시 ARP로 동작하여 목적지 대신 ARP 응답하는 예를 보여주고 있다.

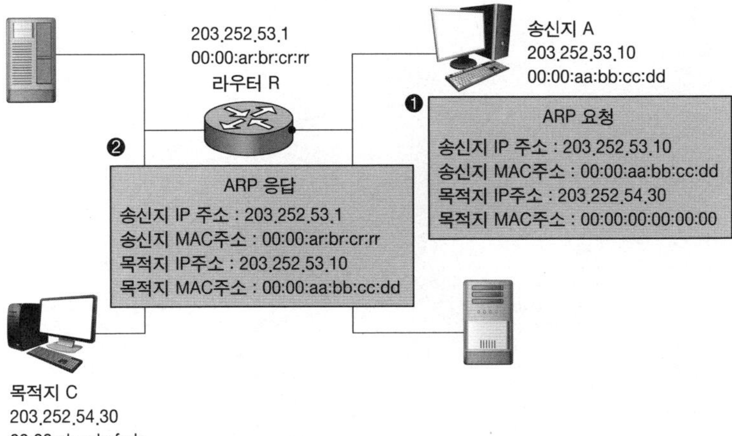

[그림 4-15] 라우터 R의 proxy ARP 동작 예

❶ 송신지 A(203.252.53.10)가 목적지 C(203.252.54.30)의 MAC 주소를 얻기 위해 ARP 요청을 한다.

❷ 목적지 C는 다른 네트워크에 존재하기 때문에 요청을 수신한 라우터 R이 목적지 C를 대신하여 라우터 자신의 MAC 주소(00:00:ar:br:cr:rr)로 ARP 응답하게 된다.

참고로, 요즘은 보안 이슈 때문에 대부분의 라우터에서 disable로 권고하고 있다. 따라서 정확한 라우팅 테이블 설정 및 구성이 중요하다.

4.3 Gratuitous ARP

(1) 개념

ARP가 제공하는 또 다른 유용한 기능은 Gratuitous ARP 과정을 통해 목적지 IP 주소를 자신의 IP 주소로 설정하여 다른 호스트들에게 알려줌으로써 연결된 네트워크 내에서 같은 IP 주소를 사용하는 호스트가 있는지 확인하는 **IP 중복 감지 기능**이다. 이 Gratuitous ARP는 호스트가 네트워크에 처음 접속하거나 재부팅될 때 자신의 IP 주소를 목적지 IP 주소로 하여 브로드캐스트(ARP 요청)하게 된다. 만약 이 ARP 요청에 대해 ARP 응답을 받게 되면 연결된 네트워크 내의 다른 호스트가 같은 IP 주소를 사용하고 있는 것으로 판단하여 IP 중복에 대한 근거로 제공한다. 정상적인 대부분 경우, 송신지는 이 Gratuitous ARP 요청에 대한 응답을 기대하지 않게 된다.

(2) 동작

[그림 4-16]은 Gratuitous ARP 동작 과정을 보여주고 있다.

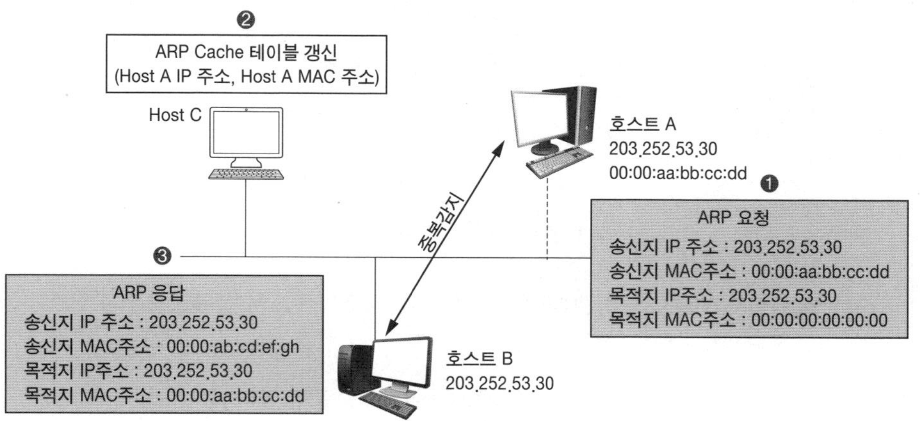

[그림 4-16] Gratuitous ARP 동작 과정

❶ 네트워크상에 호스트 A가 새롭게 추가되거나 재부팅되었을 때 자신의 IP 주소(203.252.53.30)와 MAC 주소(00:00:aa:bb:cc:dd)를 사용하여 ARP 요청을 한다. 이때, 송신지 주소는 자신의 IP 주소와 MAC 주소를 사용하여 다른 호스트들의 ARP 캐시 정보 갱신을 유도하고, 목적지 IP 주소는 자신의 IP 주소로, 목적지 MAC 주소는 '0'으로 채워서 보냄으로써 같은 IP 주소를 사용하는 호스트가 있는지 확인한다.

❷ ARP 요청을 수신한 모든 호스트는 자신의 ARP 캐시에 호스트 A의 정보를 새롭게 갱신한다.

❸ 만약, 호스트 B가 같은 IP 주소를 사용하고 있다면, ARP 요청에 대해 자신(호스트 B)의 MAC 주소를 송신지 MAC 주소에 저장하여 ARP 응답을 하게 될 것이다. 그러면, ARP 응답을 기대하지 않은 호스트 A는 자신의 IP 주소를 다른 호스트가 중복 사용하고 있다고 판단한다.

핵심요약

Gratuitous ARP는 목적지 IP 주소를 자신의 IP 주소로 설정하여 다른 호스트들에게 알려줌으로써 연결된 네트워크 내에서 같은 IP 주소를 사용하는 호스트가 있는지 확인하는 IP 중복 감지 기능을 제공한다.

미니강의 **Gratuitous ARP 효과**

❶ Gratuitous ARP를 사용해서 자신의 IP 주소와 MAC 주소를 브로드캐스트함으로써 이 ARP를 수신한 호스트들의 ARP 캐시에 이 정보를 추가 또는 갱신하게 된다.

❷ 자신의 IP 주소를 목적지 IP 주소로 하여 전송함으로써 다른 호스트가 자신의 IP 주소를 사용하고 있는지 확인할 수 있다(중복 IP 주소 탐지). ARP 응답은 자신의 IP 주소를 사용하는 호스트만 할 수 있기 때문이다.

(3) 동작 실습

Gratuitous ARP 동작을 실습하기 위해서는 같은 네트워크에 연결된 최소 2대의 컴퓨터가 필요하다. 하나의 컴퓨터는 wireshark 프로그램을 사용해 데이터를 캡처하고, 다른 하나는 컴퓨터를 재부팅함으로써 Gratuitous ARP 발생을 유도한다.

실습하기 Gratuitous ARP 동작

❶ 실습 방법

- 한 대의 컴퓨터에서 wireshark 프로그램을 실행시켜서 데이터 캡처를 시작한다.
- 다음으로 다른 컴퓨터의 IP 주소를 확인하고 재부팅한다.
- wireshark을 통해 캡처한 내용을 [그림 4-17]과 같이 재부팅한 컴퓨터의 IP 주소(192.168.31.227)와 ARP 데이터(type = 0x0806)를 필터링한다.

[그림 4-17] Gratuitous ARP 데이터 필터링 화면

❷ 결과 분석

- [그림 4-18]은 재부팅한 호스트(192.168.31.227)가 발생시킨 Gratuitous ARP 요청 메시지를 보여주고 있다.

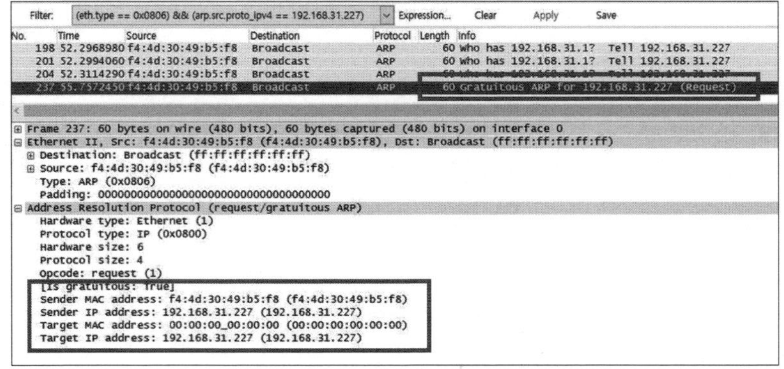

[그림 4-18] ARP 요청 메시지 캡처 화면

- **[그림 4-18]**에서 Target IP 주소(192.168.31.227)가 재부팅한 컴퓨터 자신의 IP 주소이며, 이에 대한 Target MAC 주소가 00:00:00:00:00:00으로 저장되어 전송되는 것을 볼 수 있다.

미니강의 RARP(Reverse ARP)

예전에는 데이터를 저장할 하드 디스크나 메모리 기술이 발전되지 않아 데이터를 저장할 공간이 없는 일명 하드 디스크가 없는 시스템(Diskless System)이 많이 사용되었다. 하드 디스크를 갖고 있는 시스템은 부팅될 때 하드 디스크에 있는 구성 파일로부터 자신의 IP 주소를 얻어 동작하게 되지만, 하드 디스크와 메모리가 없는 시스템(주로 터미널 시스템)은 자신의 정보를 RARP 서버에서 얻게 된다. 이때 자신의 MAC 주소를 RARP 서버에 보내 자신의 IP 주소를 얻어오는 프로토콜이 RARP인 것이다. 즉, ARP 프로토콜의 반대 개념이라는 뜻이다. 하지만 정확히 표현하면 ARP는 목적지 IP 주소로 목적지 MAC 주소를 얻어오는 프로토콜이지만, RARP는 자신의 MAC 주소로 자신의 IP 주소를 얻어오는 차이가 있다.

RARP의 동작 과정은 ARP 동작과 유사하다. 하드 디스크가 없는 시스템이 NIC 카드로부터 자신의 MAC 주소로 RARP 요청(브로드캐스트)을 하면 자신의 IP 주소를 가지고 있는 RARP 서버가 RARP 응답(유니캐스트)하는 방법이다. **[그림 4-19]**는 RARP 동작 과정을 보여주고 있다.

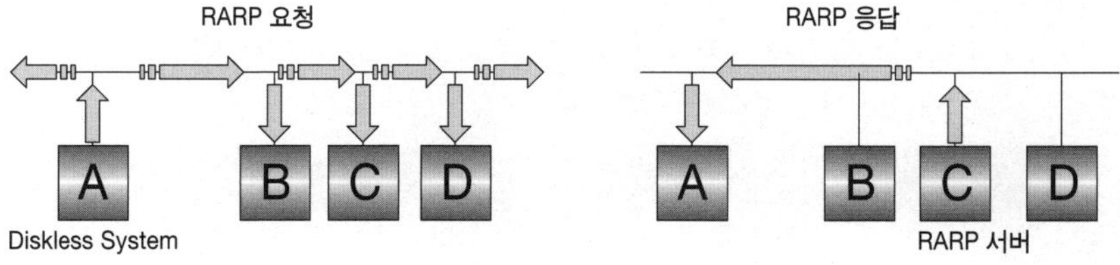

[그림 4-19] RARP 동작 과정

RARP 프로토콜은 컴퓨터의 발전으로 인해 현재는 사용하지 않는 프로토콜이다. 대신 IP 주소 부족을 해결하기 위해 자신의 IP 주소를 동적으로 할당받는 DHCP(Dynamic Host Configuration Protocol) 프로토콜이 사용되고 있다.

요약정리 SUMMARY

01 ARP 프로토콜은 목적지 IP 주소를 사용하여 목적지 MAC 주소를 알아 오는 동적 주소 획득 프로토콜이다.

02 ARP 프로토콜의 동작 과정은 브로드캐스트 전송하는 ARP 요청과 유니캐스트 전송하는 ARP 응답 과정을 사용한다.

03 ARP 프로토콜에 의해 획득한 목적지 MAC 주소는 일정한 시간 동안(20분) ARP 캐시에 저장함으로써 효율성을 제공하고 있다. ARP 캐시 관련 명령어로는 arp를 사용한다.

04 ARP 메시지는 이더넷 헤더(14바이트)로 캡슐화되어 전송된다.

05 ARP는 크게 목적지가 같은 네트워크에 있는 경우와 다른 네트워크에 있는 경우로 나누어 동작을 구분하여 이해해야 한다.

06 Gratuitous ARP는 목적지 IP 주소를 자신의 IP 주소로 설정하여 다른 호스트들에게 알려줌으로써 연결된 네트워크 내에서 같은 IP 주소를 사용하는 호스트가 있는지 확인하는 IP 중복 감지 기능을 제공한다.

연습문제 EXERCISE

01 데이터 전송 시 ARP를 사용해야 하는 이유를 간단히 설명하시오.

02 ARP 요청은 ( ) 전송 방식을, ARP 응답은 ( ) 전송 방식을 사용한다.

03 ARP 기능은 목적지 ( ) 주소를 사용하여 목적지 ( ) 주소를 얻어오는 것이다.

04 ( ) 전송 방식은 하나의 송신지가 하나의 목적지로 데이터를 보내는 1:1 전송 방식이다.

05 ( ) 전송 방식은 송신지가 모든 호스트에게 패킷을 보내는 1:All 전송 방식이다.

06 ( ) 전송 방식은 하나의 송신지가 다수의 목적지로 데이터를 보내는 것으로 1:M 전송 방식이다.

07 MAC 주소의 브로드캐스트 주소는 모든 비트가 ( )로 채워지는 ( )를 사용한다.

08 ARP 캐시의 내용을 볼 수 있는 옵션과 삭제할 수 있는 옵션은 무엇인가?

09 ARP 캐시를 사용함으로써 얻을 수 있는 효과에 대해 간단히 설명하시오

연습문제 EXERCISE

10 ARP 메시지 필드 중에서 ARP 요청의 opcode 값은 (   )이고, ARP 응답의 opcode 값은 (   )이다.

11 Proxy ARP 기능에 대해서 간단히 설명하시오

12 Gratuitous ARP를 사용해서 얻을 수 있는 두 가지 효과에 대해 설명하시오.

13 RARP는 자신의 (   )주소를 사용하여 자신의 (   ) 주소를 얻어오는 프로토콜이다.

14 RARP를 사용해야 하는 환경에 대해 간단히 설명하시오.

15 자신의 컴퓨터에서 임의의 포털 사이트에 접속하여 ARP 동작 발생을 유도하자. 이때 발생한 ARP 요청 메시지와 응답 메시지 필드 값을 **[그림 4-8]**과 같이 표시해 보자.

16 Gratuitous ARP 실습을 통해 발생한 ARP 요청 메시지와 응답 메시지 필드 값을 **[그림 4-8]**과 같이 표시해 보자.

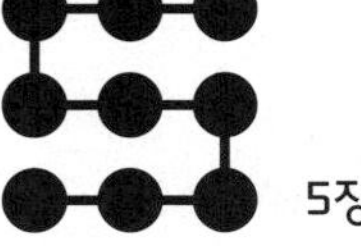

5장

IP

TCP/IP 네트워크에서 데이터 전송을 담당하는 IP는 비신뢰성 서비스를 제공한다. 다시 말해 IP 네트워크를 비신뢰성 네트워크라 말할 수 있는 것이다. 하지만 IP에서 제공하는 특징과 기능을 살펴보면 그 중요성을 실감하게 될 것이다. 이 장에서는 IP의 특징과 기능을 다양한 주제로 살펴보기로 한다.

- IP 특징과 기능을 이해할 수 있다.
- IP 헤더 및 옵션에 대해 실습을 통해 이해하도록 한다.
- IP 주소 형식 및 관련 기술들을 이해할 수 있다.
- IP 라우팅 동작 과정을 이해할 수 있다.

5.1 IP 개요

(1) 개요

TCP/IP 프로토콜 중 네트워크 계층의 대표적인 프로토콜이 IP(Internet Protocol)이다. 이 IP 프로토콜은 송신지가 데이터를 수신지로 전송하는데 책임지는 호스트 단위(Host-to-Host) 전송을 수행하게 된다. 또한, IP는 물리적 링크로 연결된 네트워크들을 네트워크 장비로 연결하여 마치 하나의 네트워크(internetwork)처럼 동작하게끔 도와주는 역할을 한다. 정리해 보면, 인접한 링크 간의 홉 단위(Hop-by-Hop) 전송을 담당하는 데이터링크 계층들의 연결을 네트워크 계층 프로토콜인 IP가 고유한 논리적 주소를 사용하여 수신지까지 경로를 찾아가는 라우팅 기능을 제공함으로써 호스트 단위 전송을 수행하게 된다. [그림 5-1]은 호스트 단위 전송 개념을 보여주고 있다.

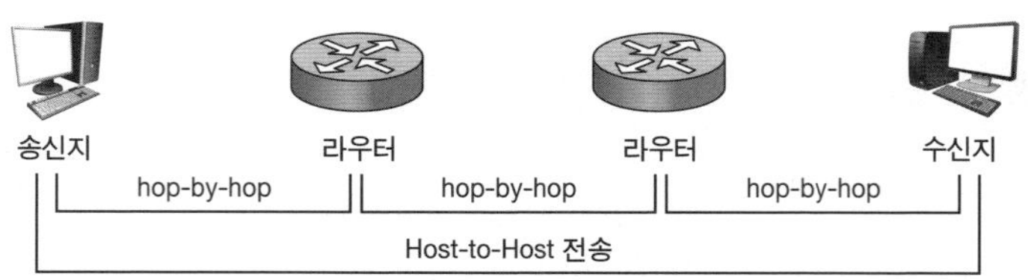

[그림 5-1] 호스트 단위(Host-to-Host) 전송 개념

IP는 인접한 링크 간의 홉 단위 전송을 담당하는 데이터링크 계층들의 연결을 네트워크 계층 프로토콜인 IP가 고유한 논리적 주소를 사용하여 수신지까지 경로를 찾아가는 라우팅 기능을 제공함으로써 호스트 단위 전송을 수행한다.

(2) 특징

IP 프로토콜의 특징과 기능을 살펴보면 다음과 같다.

❶ **비신뢰성**(Unreliable) **서비스**

IP는 목적지까지 데이터의 정확한 전송을 보장하지 않으며, 단지 최선의 노력으로 전송을 하는 최선형(**Best Effort** : 최선의 노력은 하지만 결과는 보장하지 않는다) 서비스를 제공한다. 이것은 IP가 에러제어와 흐름제어 같은 기능을 제공하지 않기 때문에 데이터의 에러, 유실 및 지연 등으로 인해 데이터가 목적지까지 정확히 전송되는 것을 보장하지 않기 때문이다. 따라서, 신뢰성 있는 데이터 전송을 위해서는 상위계층에 있는 TCP를 사용해서 신뢰성을 제공해야 한다.

❷ **비연결형**(Connectionless) **서비스**

IP를 이용해서 데이터를 전송하고자 하는 두 호스트들은 사전에 연결설정 과정 없이 데이터를 바로 전송한다는 것이다. 따라서 IP는 연결과 관련된 어떠한 상태 정보도 갖고 있지 않으며, 결과적으로 송신지에서 출발한 데이터들은 각각 독립적인 데이터로 동작하여 서로 다른 경로를 통해 전송될 수도 있으며, 순서가 다르게 목적지에 도착할 수도 있다는 것을 의미한다. **[그림 5-2]**에서는 송신지에서 전송하는 3개의 IP 데이터(IP 데이터그램1, IP 데이터그램2, IP 데이터그램3)가 서로 다른 경로를 통해 전송되는 것을 볼 수 있다.

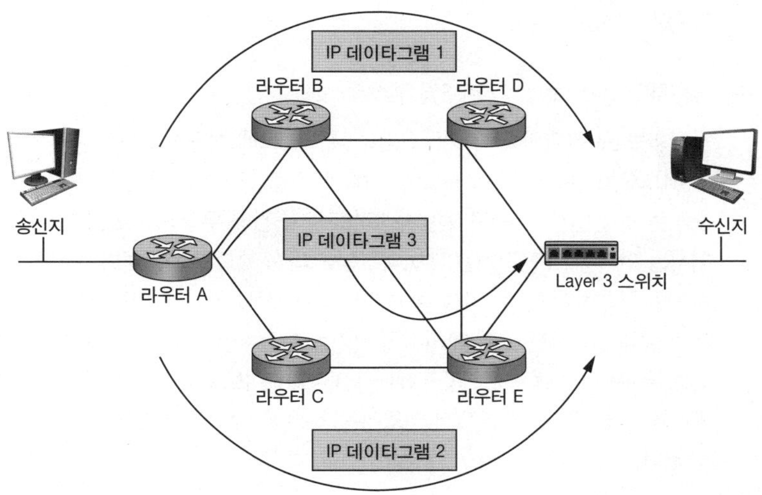

[그림 5-2] 비연결형 서비스를 통한 데이터 전송

❸ IP 데이터그램 구성

IP에서 전송하는 데이터를 IP 데이터그램이라 하며, 이것은 상위계층인 전송 계층에서 내려온 데이터를 IP 헤더로 캡슐화하여 데이터그램을 구성한다. IP 데이터그램은 **[그림 5-3]**과 같이 구성된다.

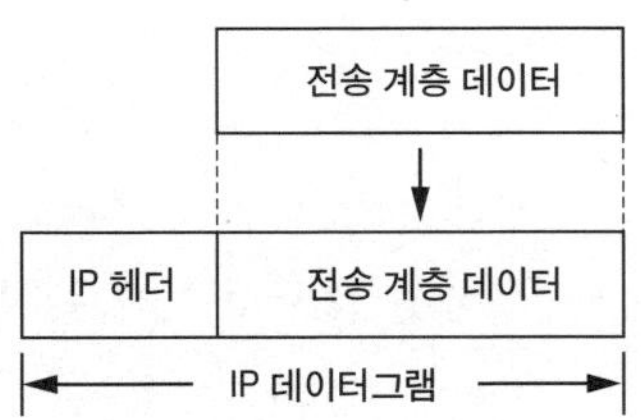

[그림 5-3] IP 데이터그램 캡슐화

❹ 주소 지정(Addressing) / 경로 설정(Routing)

네트워크 계층에서는 네트워크 내의 노드들을 고유하게 지정하기 위한 주소를 사용하는데, IP는 고유한 주소를 위해 논리적 주소인 IP 주소를 사용한다. 그리고, 목적지 IP 주소를 사용하여 데이터의 전달 경로를 결정하는 것을 경로설정 또는 라우팅이라 한다. 즉, IP는 목적지로 데이터를 전송할 때 어떤 경로를 통하여 전송할지를 결정하고, 결정된 경로를 따라 데이터를 전송한다. 여기서 각 노드들은 목적지 IP 주소를 참고하여 다음 노드(다음 홉)를 결정하고, 다음 노드는 그 다음 노드로 계속해서 경로를 설정함으로써 최종 목적지에 도달하는 것이다.

❺ **단편화**(Fragmentation) / **재조립**(Reassemble)

단편화는 큰 크기의 IP 데이터그램을 네트워크에 전송하고자 할 때, 연결된 네트워크의 MTU(Maximum Transmission Unit) 크기를 초과하지 않는 크기로 데이터그램으로 쪼개는 것을 말한다. 단편화는 송신지 또는 중간 라우터에서 발생할 수 있으며, 수신지에서는 여러 개로 단편화된 데이터그램을 다시 재조립하여 하나의 완전한 IP 데이터그램으로 구성하게 된다. 예를 들어 이더넷의 MTU 크기가 1,500바이트이기 때문에 이더넷 상에 전송되는 실제 데이터의 크기는 1,514바이트(14바이트 이더넷 헤더 + 20바이트 IP 헤더 + 20바이트 TCP 헤더 + 1,460바이트 데이터)이다(상위계층이 TCP인 경우). 즉, MTU 크기가 1,500바이트라는 것은 IP 데이터그램만의 크기이며, **[그림 5-4]**와 같다.

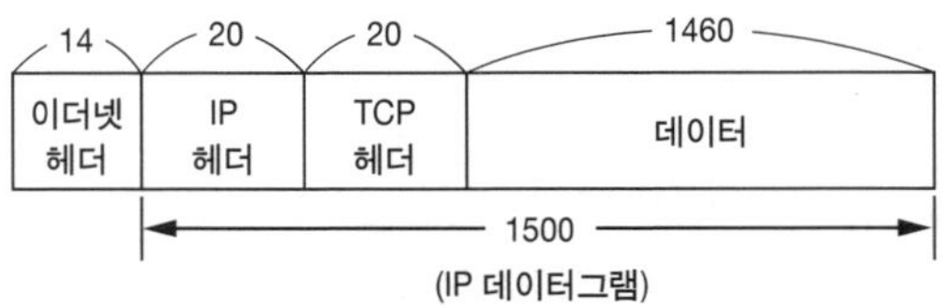

[그림 5-4] MTU=1500인 IP 데이터그램

IP 특징으로는 비신뢰성 서비스, 비연결형 서비스, IP 주소를 통한 경로 배정, 단편화 / 재조립 등을 제공한다.

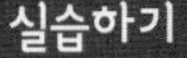

실습하기 MTU값 알아오기(netsh)

❶ 실습 방법

- 네트워크에 연결된 실습 컴퓨터의 MTU 크기를 알아오는 실습을 진행한다.
- cmd 명령 창에서 netsh(Network Shell) 명령어를 입력하여 인터페이스별 MTU 테이블을 확인한다.

```
c:\netsh interface ip show interface
```

- 참고로 netsh 명령어는 네트워크 구성을 출력하거나 설정하는 명령어로써, 윈도우 2000부터 지원하는 명령어이다.

❷ 결과 분석

- **[그림 5-5]**는 연결된 네트워크 인터페이스별 MTU 정보를 보여주고 있으며, 이더넷 MTU가 1500임을 볼 수 있다.
- 참고로, 'Local Pseudo-Interface 1'은 wireshark에서 사용하는 가상 인터페이스이며, MTU 값이 매우 큰 것을 볼 수 있다.

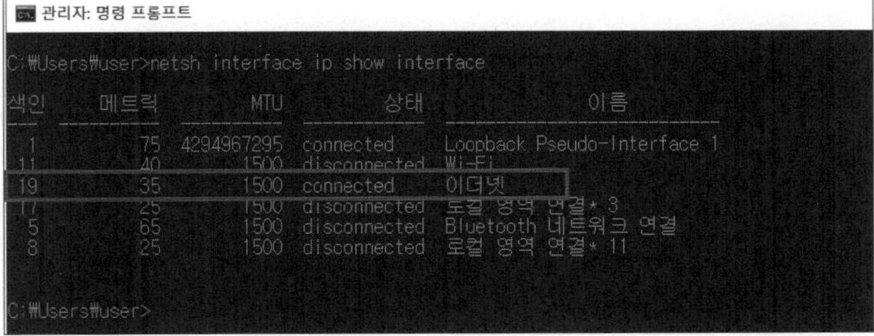

[그림 5-5] netsh을 사용한 MTU 크기 확인

미니강의 MTU와 Path MTU

❶ **MTU**(Maximum Transmission Unit)

데이터그램의 크기를 제한하는 데이타링크 계층의 특성으로, 특정 네트워크는 전송할 수 있는 데이터그램의 최대 크기를 제한하며 이를 MTU라 한다. 따라서, 특정 네트워크

로 전송하는 IP 데이터그램이 MTU보다 크면 단편화를 하여 전송해야 한다. 즉, 각 단편(fragment)들은 MTU보다 작거나 같아야 한다.

- Token Ring(4,464), FDDI(4,352),
- Ethernet(1,500), X.25(576), Point-to-Point(296)

❷ **Path MTU**

통신하려는 두 호스트 사이에 서로 다른 여러 개의 네트워크가 존재할 경우, 특정 네트워크의 MTU보다는 경로상에 존재하는 가장 작은 MTU가 더 중요하며, 이를 path MTU라 한다. 경로는 비대칭(A-B 경로와 B-A 경로가 다를 수 있다)이기 때문에 path MTU의 양방향 크기가 서로 다를 수 있다.

- path MTU discovery mechanism(RFC 1191) 사용

(3) 기능

위에서 설명한 IP 기능을 토대로 데이터를 송수신하는 송수신지와 그 사이에 연결된 라우터로 구분하여 IP가 어떠한 절차로 데이터를 전송하는지 좀 더 살펴보기로 한다.

❶ 송신지 IP 기능

송신지 IP는 전송 계층에서 데이터를 전달받아 다음의 절차를 거쳐 데이터링크 계층으로 보낸다.

- 전송 계층에서 받은 데이터를 IP 헤더로 캡슐화하여 IP 데이터그램을 구성한다.
- IP 데이터그램을 목적지로 전송하기 위해 목적지 IP 주소를 사용하여 다음 라우터를 결정하는 라우팅 기능을 수행한다.
- 라우팅으로 다음 라우터가 결정되면, ARP 프로토콜을 사용해 그 라우터의 MAC 주소 알아낸다.
- IP 데이터그램은 MTU를 고려하여 단편화 여부를 결정하고 데이터링크 계층으로 전송한다.

❷ 중간 라우터 IP 기능

IP 데이터그램을 수신한 라우터는 다음의 절차를 거쳐 전송하게 된다.

- 데이터링크 계층에서 받은 IP 데이터그램의 IP 헤더 부분에 대한 체크섬 검사를 통해 에러 유무를 확인하여 에러가 발견되면 폐기하고, 없으면 다음 절차를 수행한다.
- 라우팅 기능을 통해 다음 라우터의 주소를 결정하게 된다.
- ARP를 통해 그 라우터의 MAC 주소를 알아낸다.
- IP 헤더의 체크섬 계산 후 결과를 Header Checksum 필드를 채운 후, 연결된 네트워크의 MTU 크기로 단편화를 결정하고 전송한다.

❸ 목적지 IP 기능

목적지에서 IP 데이터그램을 수신하였을 때 IP는 다음의 절차를 수행하게 된다.

- 수신한 IP 데이터그램 내의 목적지 IP 주소와 비교하여 올바로 전송되었는지 확인한다.
- IP 데이터그램 중 IP 헤더에 대한 체크섬 검사를 통해 에러 유무를 확인하고, 에러가 발견되면 폐기한다.
- 단편화되었을 경우, IP 헤더를 참조하여 단편화된 여러 개의 IP 데이터그램을 하나의 IP 데이터그램으로 재조립하고, 이를 전송 계층으로 올려보낸다.

[그림 5-6]에서는 데이터 전송을 위한 시스템 역할에 따른 기능 및 절차를 보여주고 있다.

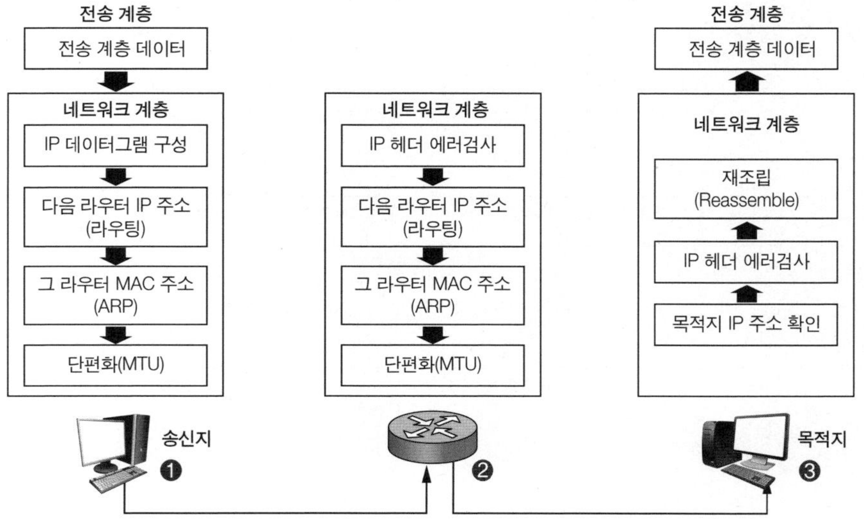

[그림 5-6] 시스템별 IP 기능 및 절차

핵심요약

IP는 송신지, 중간 라우터, 수신지에서 수행하는 역할별로 구별하여 생각할 수 있다. 특히, 중간 라우터에서 경로 배정을 위한 IP 기능이 수행된다는 점을 고려해야 한다.

미니강의 실제 편지 전송과 비유

IP에서 데이터 전송 방식은 마치 일상생활에서 친구에게 편지를 보내는 것과 같은 방식을 사용하며 **[그림 5-7]**과 같다. 즉, 친구에게 편지를 보낼 때는 편지 내용을 봉투에 넣어서(**캡슐화**) 아무런 사전 약속없이 보내고 싶을 때 편지를 보내게 된다(**비연결형 서비스**), 다만, 편지를 보내기 위해 가장 가까이 있는 우체국(**default gateway 또는 default router**)에 편지를 전달하면 나(**송신지**)의 역할은 끝나는 것이다, 전달받은 우체국은 친구 주소(**목적지 주소**)를 보고 다음 우체국으로 계속해서 전달하는 절차(**경로설정**)를 거치게 된다. 결국 나(**송신지**)는 가장 가까이에 있는 우체국 위치(**default router의 논리적 주소**)만 알면 되는 것이다. 여기서, 우체국을 거치는 동안 편지가 유실될 수도 있지만 나(**송신지**)는 알 방법이 없어 잘 전달될 것라고 생각하는 것이다(**Best Effort 서비스**).

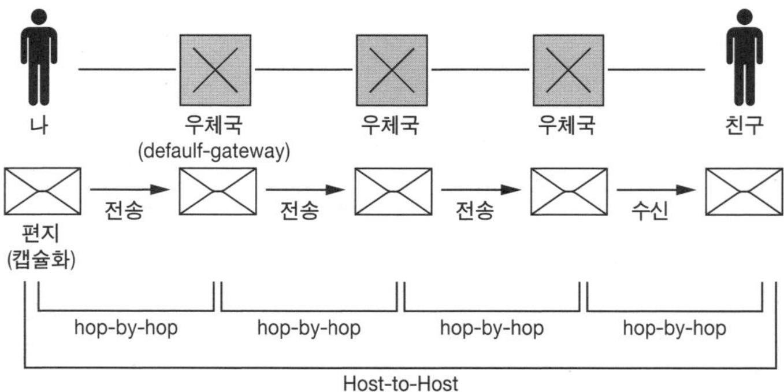

[그림 5-7] IP 상의 데이터 전송과 실제 편지 전송

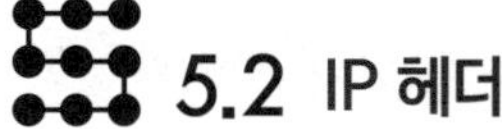

5.2 IP 헤더

(1) 특징

IP 헤더의 데이터 저장방식은 **[그림 5-9]**와 같은 빅 앤디안(Big endian) 저장방식을 사용하며, 이를 네트워크 바이트 순서(Network Byte Order) 방식으로 네트워크에 전송한다. 일반적인 IP 헤더의 크기는 기본 20바이트이며, 옵션을 포함할 경우 최대 60바이트까지 사용할 수 있다. IP 헤더 형식은 **[그림 5-8]**과 같다.

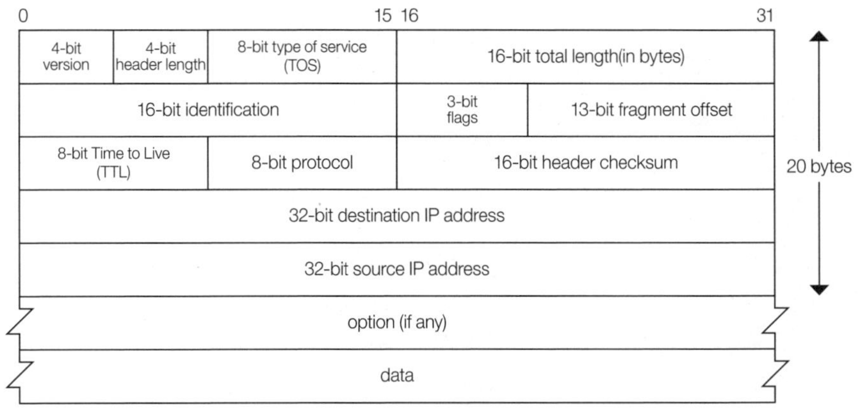

[그림 5-8] IP 데이터그램 헤더

<표 5-1>은 IP 헤더 필드들을 설명한 내용이다.

IP 헤더는 기본적으로 20바이트이며, 옵션을 포함하여 60바이트까지 가능하다. 또한, IP 헤더는 빅앤디안 저장방식을 사용하며, 이를 네트워크 바이트 순서 방식으로 네트워크에 전송한다.

미니강의 빅 / 리틀 앤디안 저장방식

[그림 5-8]의 IP 헤더와 같이 왼쪽 끝 비트를 최상위 비트(MSB : Most Significant Bit), 오른쪽 끝 비트를 최하위 비트(LSB : Least Significant Bit)라 하고, IP 헤더의 값을 왼쪽부터 저장하는 것을 빅 앤디안 저장방식이라고 하며, 빅 앤디안 방식으로 저장된 데이터를 네트워크에 MSB부터 한 바이트씩 전송하는 것을 네트워크 바이트 순서라고 한다. 예를 들어, 빅 앤디안 저장방식은 **[그림 5-9]**에서와 같이 '0xabcd'를 저장하고자 할 때, 왼쪽부터 4비트씩 이진값으로 a, b, c, d를 차례대로 저장하는 것이고, 왼쪽부터 저장된 순서(a, b, c, d)로 전송하는 것을 네트워크 바이트 순서 순으로 전송한다고 말한다. 참고로, 빅 앤디안 방식은 SPARC RISC 계열 IBM CPU에서 데이터 저장에 사용한다.

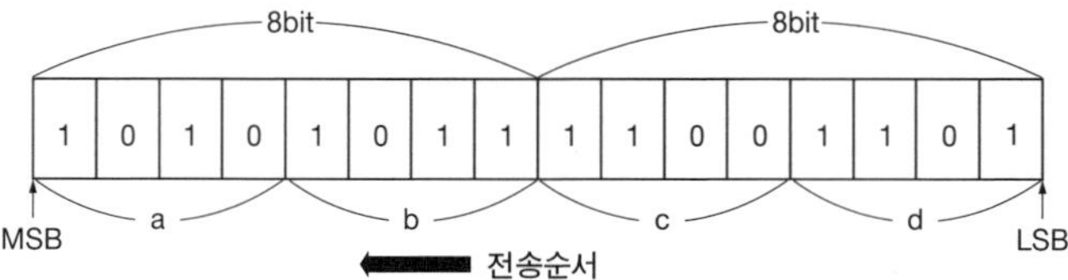

[그림 5-9] 빅 앤디안 저장방식과 네트워크 바이트 순서 전송

반면, 리틀 앤디안(Little endian) 저장방식은 데이터 저장 순서를 오른쪽부터 저장하는 방식을 말한다. 이때 데이터의 최소 저장 단위가 바이트 단위이기 때문에 **[그림 5-10]**과 같이 저장되고, 네트워크에 전송되고자 할 때는 이를 다시 네트워크 바이트 순서(a, b, c, d)로 변환하여 전송하게 된다. 참고로, 리틀 앤디안 방식은 CISC 계열 Inter CPU에서 데이터 저장에 사용한다.

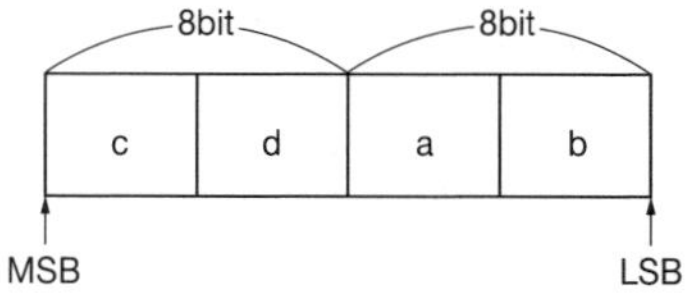

[그림 5-10] 리틀 앤디안 저장방식

즉, 데이터 저장방식에 따라 빅 앤디안과 리틀 앤디안 방식으로 나누고, 이를 네트워크에 전송할 때는 모두 네트워크 바이트 순서 순으로 전송하게 된다는 점을 기억하자.

〈표 5-1〉 IP 헤더의 필드 설명

필드명	설명
Version (버전)	IP 프로토콜의 버전을 의미한다. 현재 IP 프로토콜의 버전은 4이므로 저장되는 값은 0100이다.
Header Length (헤더 길이)	이 필드는 헤더의 총 길이를 나타낸다. 헤더 길이는 4바이트 단위로 저장하기 때문에 옵션이 없는 경우 5(0101)의 값이 저장된다. 또한, 4비트로 표현 가능한 최대값이 15(1111)이므로 헤더 길이는 옵션을 포함해서 최대 60바이트까지 가능하다.
Type-Of-Service (서비스 타입)	TOS 필드는 **[그림 5-11]**과 같이 3비트의 우선권(precedence) 필드(현재는 사용하지 않음)와 4비트의 TOS 필드 그리고, 사용되지 않는 1비트의 Reserved 비트(0값)로 구성된다. 우선권 필드는 패킷의 우선순위를 정의하고 있으며, 혼잡 발생 시 폐기되는 패킷의 선택 기준이 될 수 있다. 4비트의 TOS는 최소 지연(delay), 최대 처리량(throughput), 최대 신뢰성(reliability), 최소 비용(cost)이다. 이 필드를 차별화된 서비스(Differentiated Services)라고 부르며, 현재 버전에서는 지원하지 않는다. 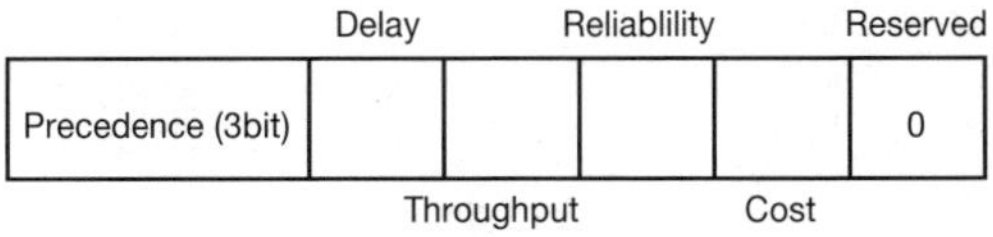 Delay / Reliablility / Reserved Precedence (3bit) | | | | | 0 Throughput / Cost **[그림 5-11]** ToS 구성
Total Length (전체 길이)	IP 데이터그램의 전체 길이를 바이트로 표현한다. 이 필드와 헤더 길이를 사용하여 실제 전송하는 데이터의 길이를 계산할 수 있다. 이 필드의 크기가 16비트이므로 IP 데이터그램의 최대 크기는 $2^{16}-1$인 65,535바이트까지 가능하다. 하지만, IP 데이터그램은 전송되기 전에 MTU 크기로 단편환되기 때문에 최대 크기를 한 번에 전송할 수 없다.
Identification (식별자)	단편화와 관련된 필드로써, 호스트가 전송하고자 하는 데이터그램을 식별하기 위해 사용하는 유일한 값으로, 일반적으로 데이터그램은 보내질 때마다 1씩 증가한 값을 갖는다. 하지만, 여러 개로 단편화된 데이터그램은 모두 같은 식별자 값을 갖는다.
Flags (플래그)	단편화와 관련된 필드로써, **[그림 5-12]**에서 보는 바와 같이 3비트로 구성된다. 첫 번째 비트는 예약된 필드로 사용하지 않고, 두 번째 비트는 단편화 금지(Don't fragment) 비트로 '1'이면 패킷을 단편화할 수 없다. 만약 패킷을 단편화해야 하는 경우에 이 비트가 '1'이라면 패킷을 폐기하고, 송신측으로 ICMP 에러 메시지를 보낸다. 세 번째 비트는 추가 단편화(More Fragment) 비트로써 이 비트가 '0' 이라면 해당 패킷이 단편화된 패킷 중 마지막 패킷임을 나타낸다. 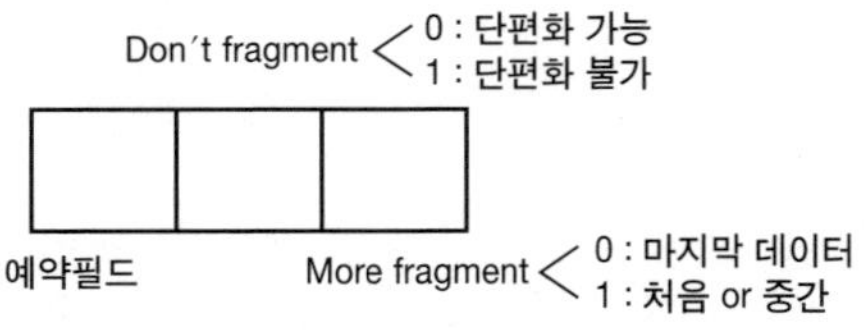 Don′t fragment < 0 : 단편화 가능 / 1 : 단편화 불가 예약필드 More fragment < 0 : 마지막 데이터 / 1 : 처음 or 중간 **[그림 5-12]** Flags 필드 구성 및 의미

필드명	설명
Fragment Offset (단편화 옵셋)	단편화와 관련된 필드로써, 목적지에서는 식별자 필드와 플래그 필드와 함께 데이터그램을 재조립하기 위해서는 단편화된 데이터그램 간의 순서 정보가 필요한데, 단편화 옵셋 필드는 이러한 단편화된 패킷들의 순서 정보를 담고 있다. 13비트 크기로 전체 데이터에서 단편화된 패킷의 상대적인 위치를 8바이트 단위로 표현한다.
Time-To-Live (TTL)	TTL 필드는 IP 데이터그램이 경유할 수 있는 최대 홉(라우터) 수를 가지고 있다. TTL 값은 IP 데이터그램이 라우터를 통과할 때 마다 1씩 감소하게 되는데 라우터에서 TTL=0인 IP 데이터그램을 수신하면, IP 데이터그램을 바로 폐기되고 송신지에게 ICMP 에러 메시지를 전송한다. 즉, 설정된 TTL 값이 0이 되기 전에 목적지에 도착해야 한다는 의미이다. TTL 필드는 **[그림 5-13]**과 같이 라우팅 테이블 설정 오류로 인해 IP 데이터그램이 네트워크 내에서 무한루프를 돌면서 네트워크 자원이 소모되는 것을 방지하기 위한 목적으로 사용된다. TTL 값은 송신지에서 설정하여 전송한다. [그림 5-13] 라우팅 테이블 설정 오류로 인한 무한루프
Protocol (프로토콜)	이 필드는 역다중화에 사용되는 필드로써, IP 데이터그램 안에 포함되어 전송되는 상위계층 데이터를 나타낸다. 상위계층 데이터가 TCP이면 6, UDP는 17을, ICMP는 1을 저장한다. 목적지에서는 이 값을 보고 해당되는 상위계층 프로토콜로 데이터를 전달하게 된다.
Header Checksum (헤더 체크섬)	IP 헤더의 에러 발생 유무를 검사하기 위한 필드로써, IP 헤더에 대해서만 수행되며, 16비트(2바이트) 단위로 비트 더하기 연산한 결과값에 1의 보수를 취해 얻어진 값을 이 필드에 넣어 전송한다. 목적지는 똑같은 방식으로 계산하여 결과가 0이면 정상적으로 전송된 경우이고 그렇지 않다면 에러가 발생한 경우로 바로 폐기한다. **[그림 5-15]**에서는 헤더 체크섬 방식의 예를 보여주고 있다.
Destination IP Address (목적지 IP 주소)	목적지의 IP 주소로 한번 설정되면 전송되는 동안 변하지 않는다.
Source IP Address (송신지 IP 주소)	송신지의 IP 주소로 한번 설정되면 전송되는 동안 변하지 않는다.

IP 헤더에 있는 필드들은 IP 데이터그램 정보(Version, Header Length, Total Length)와 단편화를 위한 정보(ID, Flags, Fragment offset) 그리고, 역다중화 필드(Protocol), 주소 정보(Dst, Src IP Addr), 데이터그램 생존 기간(TTL), 에러 검사 코드(Header Checksum) 등을 포함하고 있다.

(2) 단편화

[그림 5-14]에서와 같이 3,000바이트 크기(20바이트 IP 헤더 + 2,980바이트 데이터)의 IP 데이터그램을 MTU 크기가 1,500인 네트워크(이더넷)로 전송하고자 하는 경우, 총 3개의 IP 데이터그램으로 단편화되며, **[그림 5-14]**와 같다. 즉, 첫 번째로 단편화된 IP 데이터그램의 플래그 비트들은 '001', 단편화 옵셋은 데이터의 범위가 0~1,479이기 때문에 처음 위치를 8바이트 단위로 표현하면 '0' 값이 저장됨을 볼 수 있고, 두 번째 IP 데이터그램의 플래그 비트들은 '001', 단편화 옵셋은 데이터 범위가 1,480~ 2,959이므로 처음 위치를 8바이트로 표현한(1,480/8 = 185) '185' 값을 갖게 된다. 마찬가지로 세 번째 IP 데이터그램의 플래그 비트들은 마지막 데이터이기 때문에 '000'을, 단편화 옵셋은 2,960을 8바이트로 표현한 (2,960/8 = 370) '370' 값이 저장됨을 볼 수 있다. 여기서, 단편화된 3개의 데이터그램의 식별자가 모두 같음을 볼 수 있다.

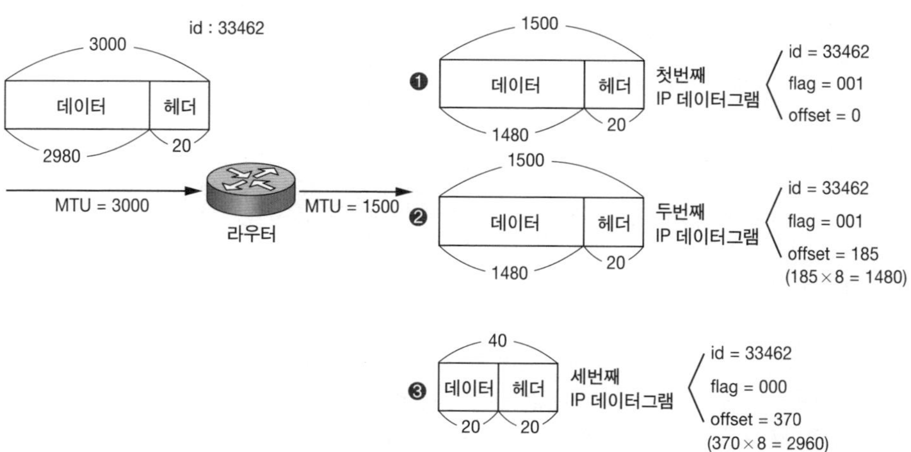

[그림 5-14] IP 데이터그램의 단편화 절차

핵심요약

단편화된 데이터그램은 식별자를 통해 같은 IP 데이터그램임을 알 수 있고, 플래그 값을 보고 처음과 끝 데이터그램을 알 수 있다. 또한, 단편화 옵셋을 통해 중간 데이터그램들의 순서를 확인함으로써 재조립이 가능한 것이다. 즉, 단편화 옵셋 값은 순서 정보라 생각할 수 있다.

미니강의 상위계층 단편화

❶ 상위계층 프로토콜(UDP) 헤더를 포함한 단편화

전송하고자 하는 IP 데이터그램은 상위계층 프로토콜(UDP)의 헤더를 포함해야 한다. 하지만, 첫 번째 단편화된 IP 데이터그램에만 IP헤더와 상위계층 프로토콜 헤더가 포함되고, 나머지 단편화된 IP 데이터그램에서는 IP헤더만 포함되어 전송된다. **[그림 5-15]**는 UDP 데이터를 포함한 IP 데이터그램(4,124바이트)를 MTU가 1,500인 네트워크로 전송하기 위해 총 3개의 IP 데이터그램으로 단편화되고, 첫 번째 단편화에만 UDP 헤더가 포함된 것을 볼 수 있으며, 각 단편화된 IP 데이터그램의 옵셋 값이 각각 0, 184, 369임을 볼 수 있다.

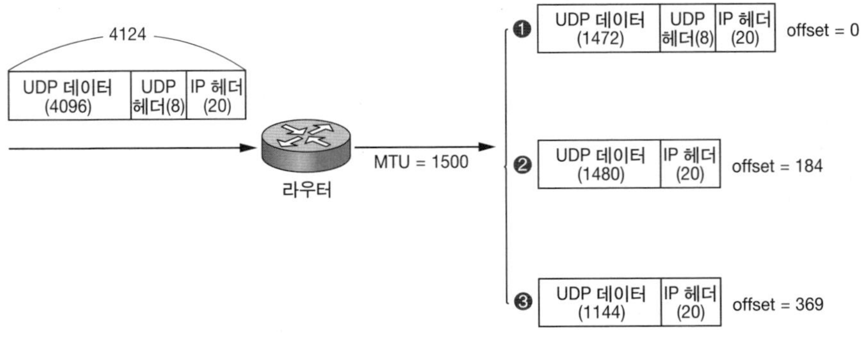

[그림 5-15] 상위계층 프로토콜 헤더를 포함한 단편화 방식

❷ TCP 전송 시 단편화

TCP를 사용하여 데이터를 전송하고자 할 때 TCP 세그먼트를 포함한 IP 데이터그램은 단편화 과정을 거치지 않는다. 이것은 TCP 연결설정 단계에서 단편화하지 않고 전송할 수 있는 최대 세그먼트 크기(MSS : Maximum Segment Size)를 결정하여 그 값을 서로 교환하고 MSS 크기 내에서 데이터를 구성하여 전송하기 때문에 단편화가 발생하지 않는다.

(3) IP 헤더 체크섬

TCP/IP에서 에러를 검사하는 방법은 체크섬(Checksum) 방식을 사용한다. 이 방식은 검사하고자 하는 데이터를 적당한 크기(2바이트씩)로 나누어 캐리(올림수, carry)가 있는 비트 더하기 연산을 하고, 그 결과에 1의 보수를 취하는 것이다. **[그림 5-16]**에서는 체크섬 방식에서 사용하는 캐리가 있는 비트 더하기 연산의 예를 보여주고 있다.

```
                                캐리
                 1   1 1 1 1
   0 0 1 0 0 1 0 0   1 1 0 0 1 1 0 0
 + 0 0 1 1 1 0 0 0   0 0 1 1 1 0 1 1
 -----------------------------------
   0 1 0 1 1 1 0 1   0 0 0 0 0 1 1 1
```

[그림 5-16] 캐리가 있는 비트 더하기 연산

이 방식을 사용하여 IP 헤더 체크섬 계산은 헤더를 2바이트씩 분할하여 연산한다. 이때, 송신지의 Header Checksum 필드의 값은 결정이 되지 않았기 때문에 모두 '0' 비트로 설정하여 계산한다. 모두 더한 계산 결과에 대해 1의 보수를 취한 값이 체크섬 값이며, 이 값을 비로써 송신지의 Header Checksum 필드에 저장하여 전송한다. **[그림 5-17]**은 IP 헤더 체크섬 계산의 예를 보여주고 있다.

IP 체크섬 계산방식은 2바이트씩 나누어 캐리가 있는 연산을 통한 얻어진 결과에 1의 보수를 취하는 방식을 사용한다.

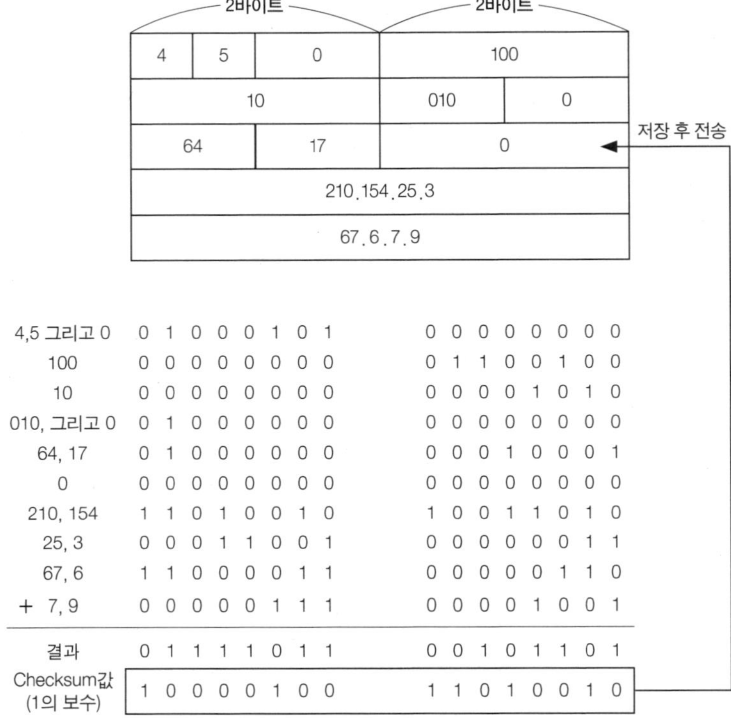

[그림 5-17] IP 헤더 체크섬 계산방식

미니강의 IPv6 상의 체크섬 및 단편화 필드

IP에서 체크섬을 계산하는 것은 더블 체크(double check) 개념이다. 즉, 전송 매체의 에러율이 높던 시절 데이터링크 계층에서 제공하는 CRC와 같은 에러 제어 기능만으로 만족할 수 없어 IP 계층에서 체크섬을 통해 한번 더 에러 검사를 하게 된 것이다. 하지만 현재 네트워크 및 전송 매체의 기술 발달로 인해 에러율이 현저히 줄어들어 IP 체크섬은 사실상 의미가 없어진 상태이다. 결국, 이를 반영한 듯 IPv6 헤더에서는 체크섬 필드를 생략하고 있다.
또한, IPv6에서는 단편화와 관련 필드(Identification, Flags, Fragment offset)가 삭제되었다. 이는 전송 매체 및 네트워크 기술이 발전하여 단편화가 불필요할 만큼 MTU 크기가 늘어난 이유도 있지만, 더욱 중요한 것은 중간 라우터에서 단편화 수행으로 인한 부하 가중을 방지하기 위함이다. 따라서, IPv6에서는 송신지에서 path MTU 기법을 사용하여 한 번만 단편화하도록 설계되었고, 이때 발생하는 단편화 정보는 IPv6 확장 헤더에 포함하고 있다.

5.3 IP 헤더 옵션

IP 헤더의 옵션 필드는 선택사항으로 최대 40바이트까지 사용될 수 있으며, 주로 네트워크를 테스트하거나 디버그하고자 할 때 사용한다. 헤더 옵션에 대한 처리는 현재 대부분의 IP에서 구현되어 있다. 여기서는 IP 헤더 옵션에 대해 간단히 살펴보기로 한다.

(1) 옵션 형식(Format)

옵션 필드를 표현할 때는 특별한 형식을 사용하고 있다. 이 형식은 **[그림 5-18]**과 같이 유형, 길이, 값 필드로 구성되어 있으며, TLV(Type-Length-Value)라고 한다.

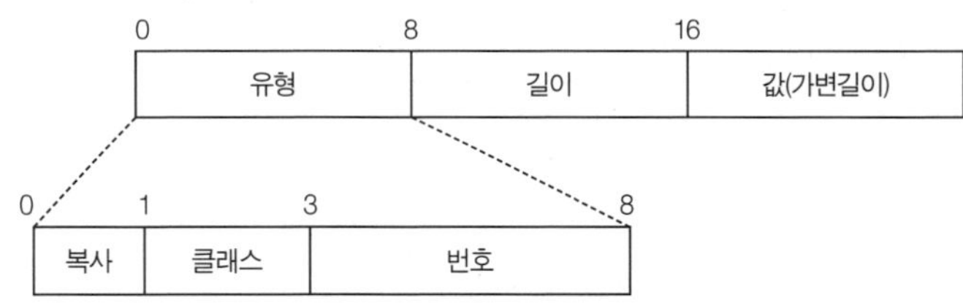

[그림 5-18] IP 헤더 옵션 형식

❶ **유형**(type)

- 복사(copy) : 단편화된 데이터그램에 옵션 필드를 복사 여부를 결정한다.
- 클래스(class) : 옵션의 목적을 정의한다. '00'은 데이터그램 제어 목적이고, '10'은 디버그나 관리 목적을 의미한다.
- 번호(number) : 옵션의 종류를 나타내며, 현재까지는 6가지 종류만 정의하고 있다. 여기서는 이 6가지 종류에 대해 간단히 살펴보기로 한다.

❷ **길이**(Length)

- 옵션의 전체 길이를 나타내나, 반드시 필요한 것은 아니다.

❸ **값**(value)

- 특정 옵션 종류가 가질 수 있는 값을 정의하나, 반드시 필요한 것은 아니다.

(2) 옵션 종류

IP 헤더 옵션에는 **[그림 5-19]**에서 보는 바와 같이 총 6개의 종류가 있으며, 여기서, Single-byte 종류와 Multiple-byte 종류의 차이는 TLV(유형, 길이, 값) 중에서 LV(길이, 값)의 사용 여부이다. 즉, Single-byte 종류는 LV를 사용하지 않고 오직 유형 값만 사용하는 옵션을 말한다.

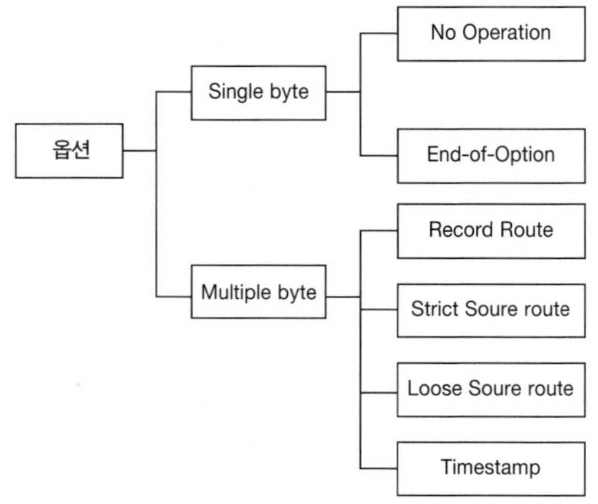

[그림 5-19] 옵션 종류

❶ No Operation 옵션

특별한 동작 기능은 없고, 단지 옵션들 사이의 빈 여백을 채우기 위해서 사용하는 한 바이트 옵션이다. **[그림 5-20]** (a)에서 이 옵션 사용을 볼 수 있다.

❷ End-of-Option 옵션

이 옵션도 역시 특별한 동작 기능은 없이, 옵션의 마지막 부분에만 사용되어 길이가 32비트로 끝나게끔 패딩(padding) 기능을 수행한다. **[그림 5-20]** (b)에서 볼 수 있듯이 이 옵션이 사용되면 이 다음부터는 데이터(payload)가 되는 것이다.

(a) No-operation 사용

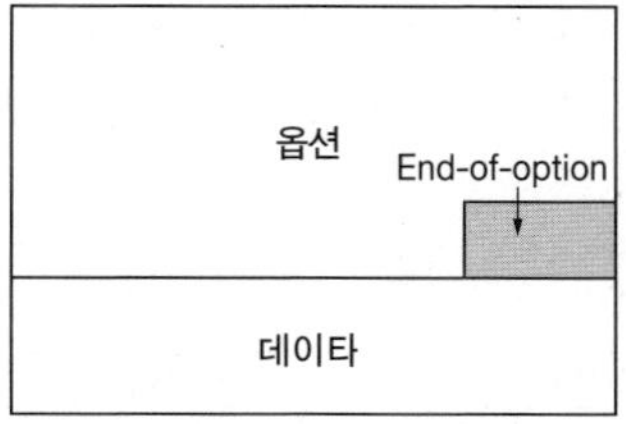

(b) End-of-option 사용

[그림 5-20] Single-byte 옵션 사용

❸ Record Route 옵션

이 옵션은 IP 데이터그램이 목적지까지 전송될 때 지나가는 라우터 주소를 기록하고자 할 때 사용하는 옵션이다. IP 헤더 옵션이 최대 40바이트까지 가능하여 TLV 값을 고려하면 최대 9개의 라우터 주소를 기록할 수 있다. **[그림 5-21]**과 같이 IP 데이터그램이 라우터를 통과할 때마다 라우터의 outgoing interface 주소가 기록되는 것을 볼 수 있다. 이때 TLV 값은 Type = 7, Length = 9(헤더 전체 길이 : 9x4 = 36바이트), Value(포인터)=4, 8, 12, 16(저장될 시작 위치)이다.

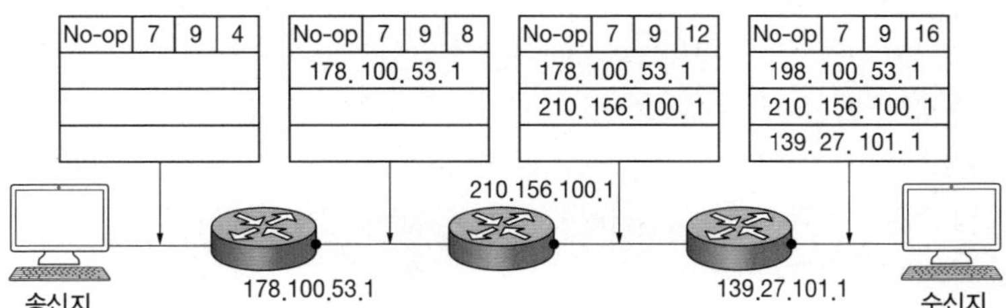

[그림 5-21] Record Route 옵션 동작

❹ Strict Source Route 옵션

이 옵션은 송신지에서 설정하는 옵션으로, 전송하는 IP 데이터그램이 반드시 거쳐야 하는 라우터 주소를 지정하기 위해 사용된다. 송신지에서 특별한 경로를 선호하거나 특정 서비스(최소지연, 안전 및 신뢰성)를 위해 지정된 경로만 사용하기 위해 이 옵션을 사용한다. 만약 지정된 라우터 상에 없는 라우터를 거치거나, 지정된 라우터를 모두 거치지 않고 목적지에 도착한 경우에는 IP 데이터그램을 폐기하고 에러 메시지를 송신지로 보낸다. **[그림 5-22]**에서 보는 바와 같이 송신지에서 전송하는 IP 데이터그램 헤더 옵션에 거쳐야 하는 라우터의 incoming interface 주소를 나열하고 있으며, 다음 라우터로 전송할

때 라우터에서 자신의 주소(incoming interface 주소)를 outgoing interface 주소로 변경한 후 포인터 값이 증가하는 것을 볼 수 있다.

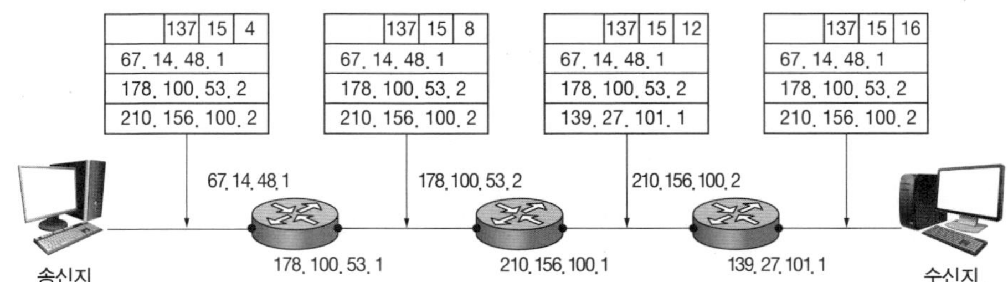

[그림 5-22] Single-byte 옵션 사용

❺ Loose Source Route 옵션

이 옵션은 Strict Source Route 옵션과 유사하게 송신지에서 목적지까지 거쳐야 하는 라우터 주소를 기입하고, 이 라우터를 모두 거쳐야 하는 것은 같지만, 포함되지 않은 라우터도 방문할 수 있다는 점이 다르다.

❻ Timestamp 옵션

IP 데이터그램이 경로상의 라우터에 도착하는 시간을 기록하기 위해 사용하는 옵션이다. 단위는 밀리세컨드(millisecond)이다. 이 옵션은 Record Route 옵션과 Strict Source Route와 같이 사용할 수 있어 도착하는 라우터나 지정된 라우터에 도착하는 시간을 기록할 때 사용한다. 다만, 여기서 언급된 옵션들은 특별한 관리자 권한이 있어야 사용 가능하다는 단점을 가지고 있다.

IP 헤더 옵션으로는 6가지 종류로 No Operation, End-of-Option, Record Route, Strict Source route, Loose Source route, Timestamp 등이 있으며, TLV(Type-Length-Value) 표현 방식을 사용한다.

5.4 IP 단편화 실습

IP 데이터그램의 단편화를 실습하기 위해서는 MTU보다 큰 데이터를 발생시켜야 하며, 이를 위해 특별한 명령어를 사용하여 이를 실습해 보기로 한다.
또한, 단편화되지 않는 IP 데이터그램을 실습하기 위해서는 다음 두 가지 시나리오를 생각하여 실습하면 된다. 첫 번째 시나리오는 웹 서비스가 발생시키는 작은 데이터(주로 연결설정 및 확인응답 등)를 살펴보는 것이다. 두 번째 시나리오는 TCP 연결설정 시 MSS 값을 사용하여 단편화가 되지 않을 만큼 최대 세그먼트 크기를 서로 교환하기 때문에 단편화가 발생하지 않은 것을 살펴보는 것이다.

(1) 단편화되지 않는 IP 데이터그램(작은 데이터)

첫 번째 실습은 웹 서비스가 발생시키는 작은 데이터(주로 연결설정 및 확인 응답 등)를 살펴보는 것이다. 이 데이터에는 상위 계층에서 전송하고자 하는 데이터가 포함되지 않기 때문에 비교적 작은 데이터를 전송하고 있어 단편화되지 않고 전송된다.

실습하기 단편화되지 않는 작은 데이터

❶ 실습 방법

- 컴퓨터에서 먼저 wireshark 프로그램을 실행시켜서 데이터 캡처를 시작한다.
- 웹브라우저를 통해 임의의 사이트(포털 사이트)에 접속한다.
- wireshark 프로그램의 데이터 캡처를 중지한다.

❷ 결과 분석

- **[그림 5-23]**의 2번 줄에서 이 데이터는 TCP 데이터이며 작은 데이터(54바이트 : 이더넷 헤더 14바이트+IP 헤더 20바이트+TCP 헤더 20바이트)를 전송하고 있다.
- IP 헤더에 대한 자세한 설명은 **〈표 5-2〉**에서 볼 수 있다.

```
2 0.0406900 192.168.0.6     222.122.36.83   TCP    54 50615→14811 [ACK] Seq=1 Ack=1337 Win=251 Len=0
3 0.0979400 222.122.36.83   192.168.0.6     TCP  1131 14811→50615 [PSH, ACK] Seq=1337 Ack=1 Win=358 Len=1077
4 0.1388650 192.168.0.6     222.122.36.83   TCP    54 50615→14811 [ACK] Seq=1 Ack=2414 Win=256 Len=0

⊞ Frame 2: 54 bytes on wire (432 bits), 54 bytes captured (432 bits) on interface 0
⊞ Ethernet II, Src: d8:c4:97:ab:20:5a (d8:c4:97:ab:20:5a), Dst: 88:36:6c:8f:e3:10 (88:36:6c:8f:e3:10)
⊟ Internet Protocol Version 4, Src: 192.168.0.6 (192.168.0.6), Dst: 222.122.36.83 (222.122.36.83)
    Version: 4
    Header Length: 20 bytes
  ⊞ Differentiated Services Field: 0x00 (DSCP 0x00: Default; ECN: 0x00: Not-ECT (Not ECN-Capable Transport))
    Total Length: 40
    Identification: 0x3b40 (15168)
  ⊟ Flags: 0x02 (Don't Fragment)
      0... .... = Reserved bit: Not set
      .1.. .... = Don't fragment: Set
      ..0. .... = More fragments: Not set
    Fragment offset: 0
    Time to live: 128
    Protocol: TCP (6)
  ⊞ Header checksum: 0x0000 [validation disabled]
    Source: 192.168.0.6 (192.168.0.6)
    Destination: 222.122.36.83 (222.122.36.83)
```

[그림 5-23] 단편화되지 않는 IP 데이터그램 화면

〈표 5-2〉 IP 헤더 필드 값 설명

주요 필드명	값 설명
Header Length	IP 헤더의 크기가 20바이트이다.
Total Length	IP 헤더와 데이터를 합한 크기로 40바이트이다.
Flags	3비트 값이 저장되며, reserved bit는 '0'이, Don't fragment는 '1'이, More fragments는 '0'이므로, 이 데이터는 단편화가 발생하지 않도록 전송하고 있다.
Time-To-Live	128 값이 설정되어 있다.

(2) 단편화되지 않는 IP 데이터그램(MSS 크기 내의 데이터 전송)

두 번째 실습은 상위 계층인 TCP에서 데이터를 전송할 때, 단편화가 발생하지 않도록 MSS 크기를 서로 교환한다고 설명했다. 이에 대한 실습은 다음과 같다.

실습하기 단편화되지 않는 MSS 크기 데이터

❶ 실습 방법

- 이전 실습과 같은 방법으로 데이터 캡처한다.

❷ 결과 분석

- **[그림 5-24]**의 214, 219번 줄에서 MSS=1,460임을 볼 수 있다.

- [그림 5-25]는 단편화되지 않을 때 Flags 값을 볼 수 있다.
- IP 헤더에 대한 자세한 설명은 〈표 5-3〉에서 볼 수 있다.

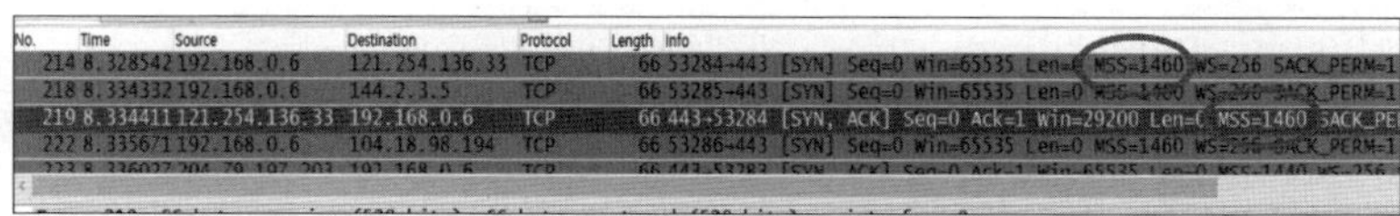

[그림 5-24] 단편화되지 않는 IP 데이터그램 화면(MSS 값)

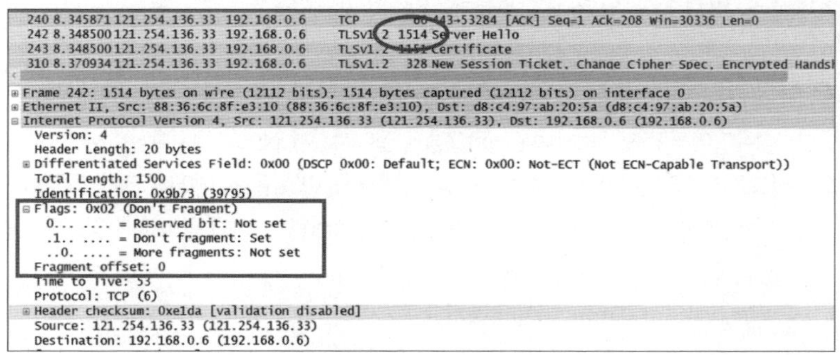

[그림 5-25] 단편화되지 않는 IP 데이터그램 화면

〈표 5-3〉 IP 헤더 필드 값 설명

주요 필드명	값 설명
Header Length	IP 헤더의 크기가 20바이트이다.
Total Length	IP 헤더와 데이터를 합한 크기로 1,500바이트이다. 따라서, 이더넷 헤더(14바이트)를 포함하여 1,514바이트가 전송된다.
Flags	3비트 값이 저장되며, reserved bit는 '0'이, Don't fragment는 '1'이, More fragments는 '0'이므로, 이 데이터는 단편화가 발생되지 않도록 전송하고 있다.
Time-To-Live(TTL)	53 값이 설정되어 있다.

(3) 단편화된 IP 데이터그램

IP 데이터그램이 단편화되는 것을 보기 위해서 ping 명령어를 사용하여 강제로 MTU 크기보다 큰 데이터(3,000바이트)를 발생시켜 보도록 한다. 결국, 전송하려는 데이터의 크기가 3,000바이트이기 때문에 이더넷 MTU 크기인 1,500바이트를 초과하여 총 3개의 IP 데이터그램으로 단편화되어 전송하게 된다.

단편화된 데이터

❶ 실습 방법

- 컴퓨터에서 먼저 wireshark 프로그램을 실행시켜서 데이터 캡처를 한다.
- [그림 5-26]에서와 같이 cmd 창에서 ping 명령어와 옵션, 데이터 크기, 목적지 주소를 입력한다(여기서 포털 사이트는 보안 문제로 ping 명령어에 동작하지 않도록 설정되어 있어 포털 사이트로부터의 응답은 없을 것이다.)
- wireshark 프로그램의 데이터 캡처를 중지한다.

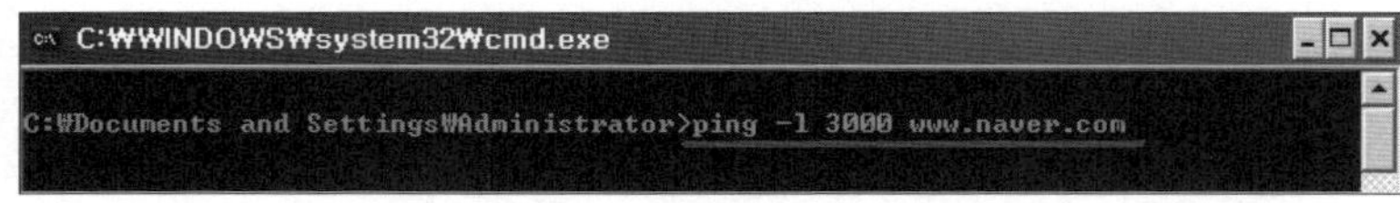

[그림 5-26] ping 명령어를 사용한 데이터 발생 실습

❷ 결과 분석

- [그림 5-27]의 552번 줄이 첫 번째 단편화된 데이터그램을 보여주고 있다.
- 첫 번째 단편화된 IP 헤더에 대한 자세한 설명은 〈표 5-4〉에서 볼 수 있다.

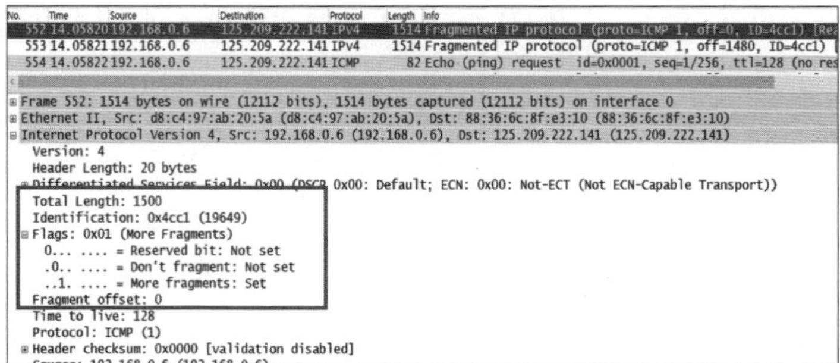

[그림 5-27] 첫 번째 단편화된 IP 데이터그램 화면

〈표 5-4〉 첫 번째 단편화된 IP 데이터그램 필드

주요 필드명	값 설명
Total Length	IP 헤더 20바이트와 데이터 1,480바이트인 1,500바이트이다.
Identification	원래 전송하려는 IP 데이터그램의 식별자는 0x4cc1이며, 모든 단편화된 IP 데이터그램은 같은 식별자 값을 갖는다.
Flags	3비트 값이 저장되며, reserved bit는 '0'이, 두 번째 Don't fragment bit가 '0'으로 단편화되었다는 의미이며, 마지막 More fragment bit 값 '1'로 처음 이거나 중간 단편화라는 뜻이다,
Fragment offset	첫 번째 단편화이므로 시작 값은 0이다.

- **[그림 5-28]**의 553번 줄이 두 번째 단편화된 데이터그램을 보여주고 있다.
- 두 번째 단편화된 IP 헤더에 대한 자세한 설명은 **〈표 5-5〉**에서 볼 수 있다.

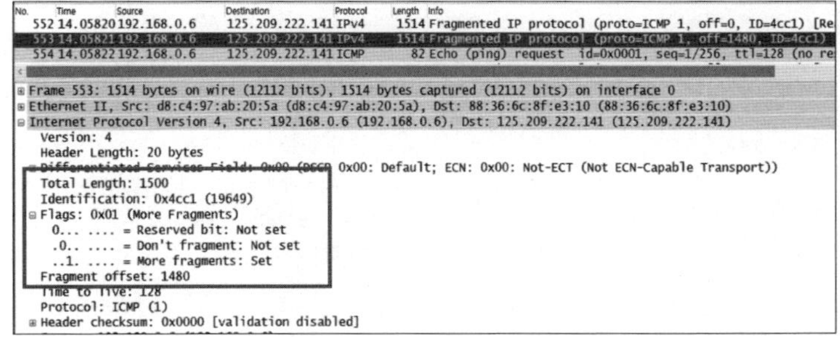

[그림 5-28] 두 번째 단편화된 IP 데이터그램 화면

〈표 5-5〉 두 번째 단편화된 IP 데이터그램 필드

주요 필드명	값 설명
Total Length	IP 헤더 20바이트와 데이터 1,480바이트인 1,500바이트이다.
Identification	첫 번째 단편화된 IP 데이터그램과 같은 식별자 값(0x4cc1)을 갖는 것을 볼 수 있다.
Flags	3비트 값이 저장되며, reserved bit는 '0'이, 두 번째 Don't fragment bit가 '0'으로 단편화되었다는 의미이며, 마지막 More fragment bit 값 '1'로 처음 이거나 중간 단편화라는 뜻이다,
Fragment offset	MTU값이 1,500이므로 시작 값은 1,480(185)이다.

- **[그림 5-29]**의 553번 줄이 마지막 단편화된 데이터그램을 보여주고 있다.
- 마지막 단편화된 IP 헤더에 대한 자세한 설명은 **〈표 5-6〉**에서 볼 수 있다.

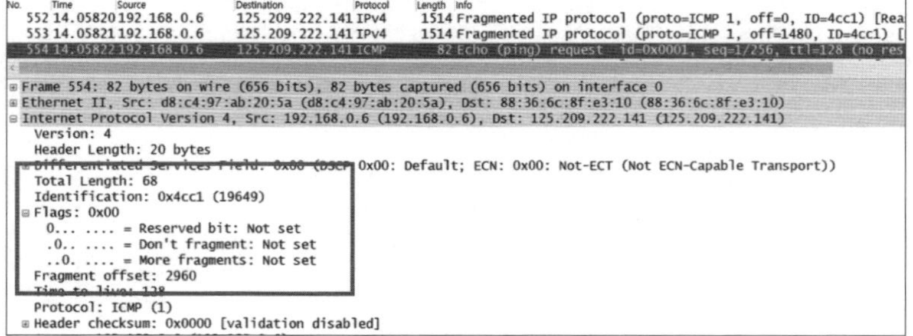

[그림 5-29] 마지막 단편화된 IP 데이터그램 화면

〈표 5-6〉 마지막 단편화된 IP 데이터그램 필드

주요 필드명	값 설명
Total Length	남은 데이터 48바이트와 IP 헤더 20바이트를 포함한 68바이트가 전송된다.
Identification	첫 번째 단편화된 IP 데이터그램과 같은 식별자 값(0x4cc1)을 갖는 것을 볼 수 있다.
Flags	3비트 값이 저장되며, reserved bit는 '0'이, 두 번째 Don't fragment bit가 '0'으로 단편화되었다는 의미이며, 마지막 More fragment bit 값 '0'으로 마지막 데이터라는 뜻이다.
Fragment offset	시작 값은 2,960(370)이다.

5.5 IP 주소

네트워크에 연결되어 있는 호스트 또는 라우터들은 각각 자신의 고유한 주소를 가지고 있어야 데이터를 송수신할 수 있다. 물론 데이터링크 계층에서 사용하는 MAC 주소 형태의 고유한 주소를 가지고 있지만, 여러 네트워크에 걸쳐 있는 호스트들과의 데이터 전송을 위해서는 MAC 주소 체계만으로는 불충분하다. 따라서, 다양한 네트워크에 존재하는 호스트들을 네트워크 계층에서 유일하게 구분할 수 있는 또 다른 주소

체계가 필요하게 되었고 이를 인터넷 주소 또는 IP 주소라고 한다. 결국, 다음과 같은 목표를 갖는 IP 주소가 필요하게 되었다.

- 여러 네트워크에 걸쳐 있는 호스트들을 구분할 수 있는 유일하고 공통의 약속이어야 한다.
- 규모가 다양한 네트워크에 주소 배분이 효율적이어야 한다.

(1) IP 주소 체계

현재 사용하고 있는 IP 버전은 4이다. IPv4 주소 체계의 크기는 32비트로 구성되어 있다. 이는 이론적으로는 2^{32}개(약 43억)의 주소를 생성하여 IP 주소로 사용할 수 있다. 이러한 IP 주소의 표기 방법은 **[그림 5-30]**과 같이 각 바이트의 이진 비트 값을 10진수로 표현하고 중간에 점을 찍어 표현하는 Dotted-Decimal Notation 기법을 사용한다.

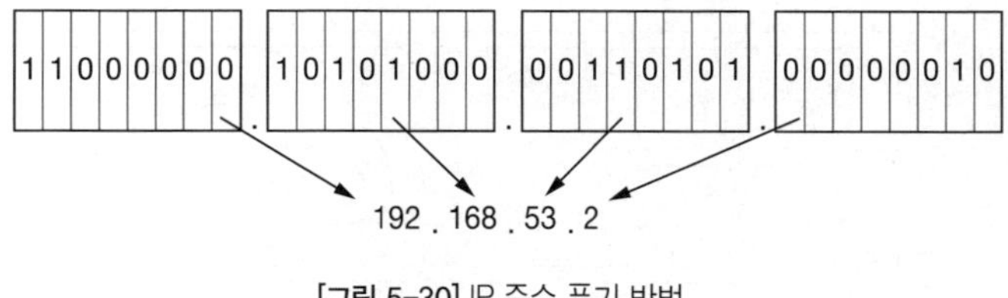

[그림 5-30] IP 주소 표기 방법

이러한 표기법을 사용하여 IP 주소는 다음과 같은 두 가지 정보를 갖고 있다.

- 첫 번째 정보는 전 세계에 있는 네트워크에 대한 주소 정보를 포함하고 있다.
- 두 번째 정보는 해당 네트워크에 포함된 호스트들의 주소 정보를 포함하고 있다.

즉, IP 주소는 네트워크 주소(Network ID)와 호스트 주소(Host ID)로 구분하여 이해할 수 있다. 이러한 IP 주소를 관리하기 위해 IP 주소를 클래스로 구분하는 클래스별 주소지정(classful addressing) 방법과, 클래스없는 주소지정(classless addressing) 방법을 사용하고 있다. 이에 대한 설명은 차후에 설명하기로 한다.

(2) 클래스별 주소지정

클래스별 주소지정 방법은 IP 주소를 지정하고 관리하기 위해 IP 주소를 5개의 클래스로 구분하는 것이다. 즉, 일반적인 주소를 지정할 수 있는 A, B, C 클래스와 멀티캐스트용 주소인 D 클래스, 현재 사용하지 않는 예약 주소인 E 클래스로 나누고 있으며, 이에 대한 구분은 **[그림 5-31]**에서와 같이 첫 번째 비트부터 특별한 비트를 할당함으로써 각 클래스를 구분하고 있다.

또한, **[그림 5-31]**에서 보는 바와 같이 클래스별로 네트워크 ID와 호스트 ID가 갖는 바이트 수가 다르다는 것을 알 수 있다. 가장 적은 네트워크 ID를 갖는 A 클래스와 가장 많은 네트워크 ID를 갖는 C 클래스까지 네트워크 규모에 따라 해당 클래스별 주소를 할당할 수 있다. 클래스별 IP 주소에 대한 설명 및 범위는 **〈표 5-7〉**에서 볼 수 있다.

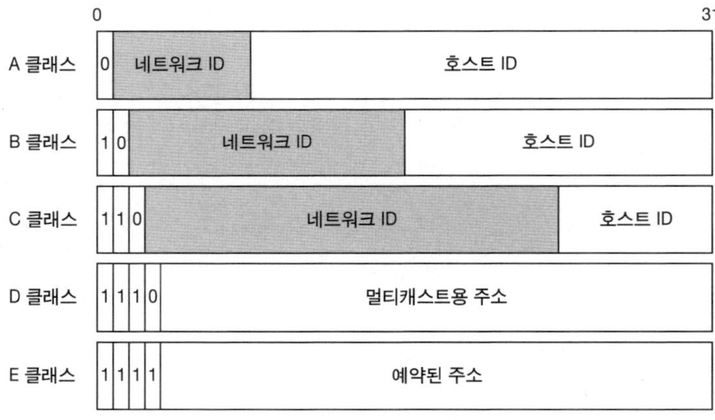

[그림 5-31] 클래스별 IP 주소 체계

〈표 5-7〉 클래스별 IP 주소 설명 및 범위

클래스	설명	범위
A 클래스	첫 한 비트가 '0'으로 시작하는 IP 주소로, 첫 바이트의 나머지 7개 비트가 네트워크 ID이고, 나머지 3바이트가 호스트 ID이다. 이 클래스 주소는 2^7개의 각 네트워크에 $2^{24}-2(16,777,214)$개의 호스트를 포함할 수 있어 이 주소를 사용하는 기관은 많은 주소를 낭비하는 경우가 발생한다.	1.0.0.0 ~ 127.255.255.255
B 클래스	첫 두 비트가 '10'으로 시작하는 IP 주소로, 첫 바이트의 나머지 6비트와 두 번째 바이트가 네트워크 ID이고(2^{14}개), 나머지 두 바이트가 호스트 ID로 사용된다($2^{16}-2$개). 마찬가지로 하나의 네트워크 주소에 최대 65,536개의 호스트를 포함할 수 있어 역시 많은 주소를 낭비하는 경우가 발생한다.	128.0.0.0 ~ 191.255.255.255
C 클래스	첫 세 비트의 값이 '110'으로 시작하는 IP 주소로, 세 번째 바이트까지가 네트워크 ID(2^{21})이고, 마지막 한 바이트로 호스트를 식별하는데 사용한다. 하나의 네트워크마다 $2^8-2(254)$개 호스트까지 표현할 수 있어 주로 소규모의 네트워크에 사용된다.	192.0.0.0 ~ 223.255.255.255
D 클래스	첫 네 비트가 '1110'으로 시작하는 IP 주소로, 네트워크 ID와 호스트 ID의 구분이 없고 멀티캐스트용으로 사용된다.	224.0.0.0 ~ 239.255.255.255
E 클래스	첫 네 비트가 '1111'인 주소를 말하며, 향후 사용을 위해 예약된 주소이다.	240.0.0.0 ~ 247.255.255.255

미니강의 **예외적인 호스트 주소**

〈표 5-7〉에서 클래스별로 하나의 네트워크 안에 포함할 수 있는 호스트 수를 계산할 때 항상 두 개를 빼주는 것을 볼 수 있다. 그 이유는 다음과 같다.

❶ 호스트 주소의 모든 비트가 '0'인 경우 : 해당 네트워크 주소를 의미
❷ 호스트 주소의 모든 비트가 '1'인 경우 : 해당 네트워크의 브로드캐스트 주소를 의미

미니강의 IP 주소 범위 예

클래스별 IP 주소의 개념을 좀 더 자세히 살펴보기 위해 다음의 예를 생각해 보자.
예를 들어, C클래스 주소를 사용하는 호스트 주소가 211.100.53.5인 경우 이 호스트가 속한 네트워크 주소는 211.100.53 네트워크이며(C 클래스의 네트워크 주소 부분은 3바이트이기 때문), 그중 5번째 호스트임을 알 수 있다. 또한, 211.100.53 네트워크 내의 호스트가 사용할 수 있는 주소의 범위는 211.10.53.1 ~ 211.100.53.254이며, 해당 네트워크의 브로드캐스트 주소는 211.100.53.255이다. **[그림 5-32]**는 이를 그림으로 보여주고 있다.

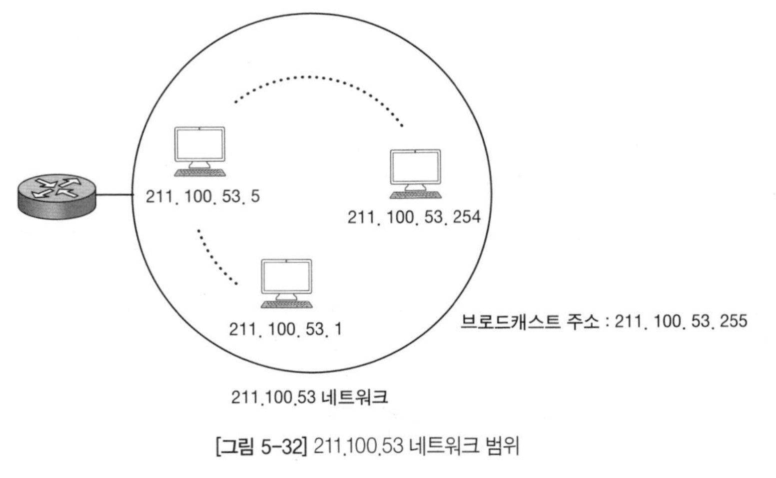

[그림 5-32] 211.100.53 네트워크 범위

핵심요약

IP 주소는 5개의 클래스(A, B, C, D, E)로 구별하여 관리하고 있으며, 네트워크 주소와 호스트 주소를 포함하고 있다.

(3) 네트워크 마스크

앞서 설명했듯이 IP 주소는 네트워크 주소와 호스트 주소로 되어 있다. 이 중에서 네트워크 주소를 알아내는 것은 매우 중요하다. 왜냐하면, 네트워크 주소는 라우터가 경로 배정을 위해서 꼭 알아야 하는 주소이기 때문이다. 물론 클래스별로 네트워크 주소에 할당된 바이트 수가 이미 정해져 있지만 라우터와 같은 시스템은 IP 주소에서 네트워크 주소를 얻어내는 방법이 필요하다. 이때 사용하는 방법이 네트워크 마스크(Network Mask) 또는 디폴트 마스크(Default Mask)값을 사용하는 것이다. 이 값은 네트워크 해당하는 부분에 비트들을 모두 '1' 로 채운 값을 말한다. 이 네트워크 마스크값과 주어진 IP 주소를 비트 AND 연산(모두가 '1' 일때만 '1' 임)로을 통해 나온 결과값이 네트워크 주소가 되는 것이다. **[그림 5-33]**은 각 클래스별 네트워크 마스크값과 **[그림 5-34]**에서는 네트워크 마스크값을 사용해 네트워크 주소를 얻어오는 과정을 보여주고 있다.

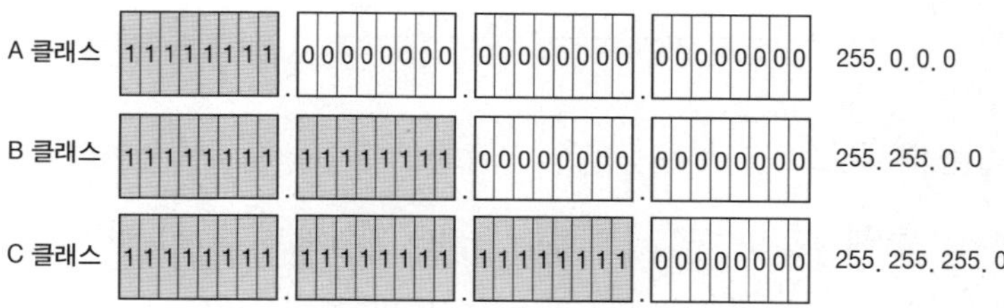

[그림 5-33] 클래스별 네트워크 마스크값(디폴트 마스크)

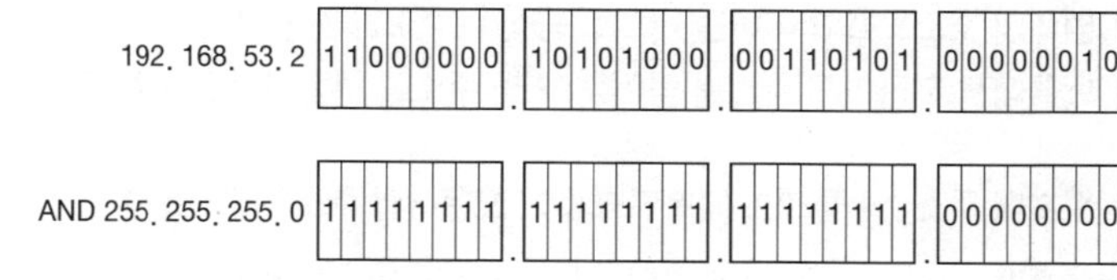

네트워크 주소 ➡ 192. 168. 53. 0 11000000 10101000 00110101 00000000

[그림 5-34] 네트워크 마스크값을 사용해 네트워크 주소 얻어오는 방법

IP 주소에서 네트워크 마스크값을 사용해 네트워크 주소를 계산할 수 있으며, 값은 네트워크 부분에 해당하는 비트들을 모두 '1'로 채운 값을 말하며, 이 네트워크 마스크값과 주어진 IP 주소를 비트 AND 연산을 통해 나온 결과값이 네트워크 주소가 되는 것이다.

미니강의 네트워크 마스크 표기법

임의의 IP 주소를 보고 네트워크 주소와 호스트 주소를 알아내기 위해서는 반드시 네트워크 마스크값이 필요하다. 라우팅하는 라우터는 네트워크 마스크값을 통해 이를 연산할 수 있지만, 사람들에게는 10진수로 표기된 IP 주소의 네트워크 마스크값을 **슬래쉬(/) 표기법**을 사용하여 쉽게 표기하고 있다. 이 슬래쉬 표기법은 IP 주소 뒤에 네트워크 마스크 내에 있는 '1' 비트의 개수를 표기하는 것이다. 예를 들면, 다음과 같다.

❶ 168.192.28.3/16 (네트워크 마스크 내의 '1' 개수가 16개, 255.255.0.0과 같음)
❷ 210.100.23.2/24 (네트워크 마스크 내의 '1' 개수가 24개, 255.255.255.0과 같음)

(4) 특별한 IP 주소

앞서 살펴본 클래스별 IP 주소 중에서는 특별한 의미의 IP 주소들이 존재한다. 이들에 대해 살펴보면 다음과 같다.

❶ 임의의 호스트 - 네트워크 ID와 호스트 ID가 모두 0인 주소(0.0.0.0)

임의의 호스트를 의미하는 것으로 송신 주소로만 사용된다. 주로 동적 IP 할당하는 프로토콜에서 자신의 IP 주소를 얻어올 때 이 주소를 사용하여 전송한다.

❷ 루프백 주소 - A 클래스 네트워크 ID가 모두 1인 주소(127.x.x.x)

루프백(loopback) 주소라고 하여, 이 주소로 데이터 전송 시 데이터는 물리 계층으로 전달되지 않고 다시 상위 계층으로 전달되어 소프트웨어 테스트용으로 사용하는 특수한 주소이다.

❸ 네트워크 주소 - 호스트 ID가 모두 0인 주소(x.x.x.0)

해당 네트워크(x.x.x) 자체를 의미하기 때문에 데이터의 송수신 주소로는 사용할 수 없다.

❹ 직접적 브로드캐스트 주소 - 호스트 ID가 모두 1인 주소(x.x.x.255)

Subnet-directed Broadcast라고 하며, 해당 네트워크(x.x.x)상의 모든 호스트를 의미한다. 해당 네트워크의 브로드캐스트 주소라 한다. **[그림 5-35]**에서 보는 바와 같이 주로 라우터가 연결된 네트워크의 모든 호스트로 데이터를 전송할 때 사용하는 주소이다. 따라서, 수신 주소로만 사용 가능하다.

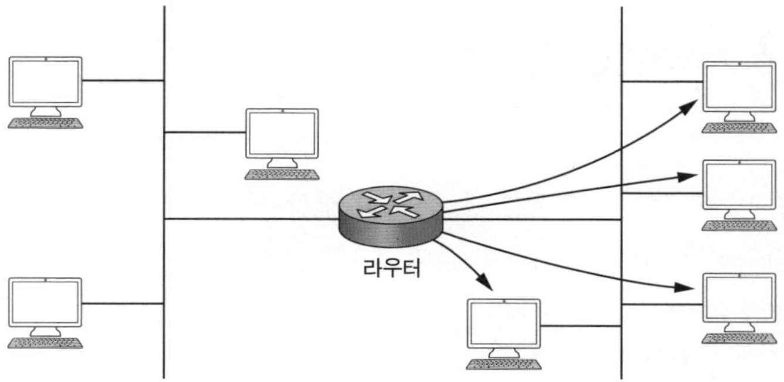

[그림 5-35] 직접적 브로드캐스트

❺ 제한적 브로드캐스트 주소 - 네트워크와 호스트 ID가 모두 1인 주소(255.255.255.255)

Limited Broadcast라고도 하며, 모든 네트워크에 있는 모든 호스트를 의미한다. 수신 주소로만 사용 가능하다. 단, 라우터는 이 주소로 된 데이터는 다른 네트워크로 전달하지 않고 폐기하게 된다. [그림 5-36]과 같다.

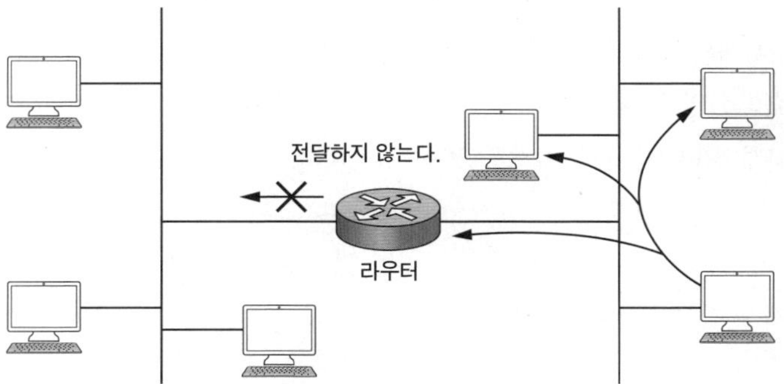

[그림 5-36] 제한적 브로드캐스트

특별한 IP 주소로는 0.0.0.0, 루프백 주소(127.x.x.x), x.x.x.0. x.x.x.255, 255.255.255.255 등이 존재한다.

5.6 서브넷팅 기술

앞서 설명한 바와 같이 IP 주소는 클래스별로 구분하는 방법과 클래스 없이 구분하는 방법으로 사용하고 있다. 또한, 이를 효과적으로 관리하기 위해서 IP 주소를 클래스로 구분하는 방법은 서브넷팅(Subnetting) 기술을, 클래스 없이 구분하는 방법은 슈퍼넷팅(Supernetting) 기술 또는 CIDR(Classless Interdomain Routing) 기술을 사용하고 있다. 이 장에서는 서브넷팅 기술을 사용하여 IP 주소를 효율적으로 사용하는 방법에 대해 알아본다.

(1) 필요성

예를 들어, A 클래스를 할당받은 기관은 하나의 네트워크 주소로 2^{24}-2(16,777,214)개의 호스트들을 가질 수 있고, B 클래스를 할당받은 경우에는 하나의 네트워크 주소로 2^{16}-2(65,534)개의 호스트를 가질 수 있다. 그러나 일반적으로 하나의 기관이 네트워크 안에 이처럼 많은 호스트를 갖고 있지 않기 때문에 대부분의 IP 주소는 사용되지 않고 낭비되게 된다. 따라서, 이렇게 IP 주소 낭비 문제를 해결하기 위한 기술이 필요하게 되었다.

(2) 개념

서브넷팅 기술은 **[그림 5-37]**에서 보는 바와 같이 하나의 큰 물리적 네트워크를 몇 개의 작은 네트워크(서브넷)로 분할하여 관리하는 기술이다. 이때 세분화된 서브넷에 대한 네트워크 주소(서브넷 주소)가 필요한데, 이를 위해 기존에 호스트 주소로 사용하는 부분을 서브넷 주소와 호스트 주소를 다시 세분화하여 사용하게 된다. 이때 전체 네트워크 주소를 식별할 수 있도록 **서브넷 마스크**(Subnet Mask) 값을 설정해야 하는데, 서브넷 마스크 설정 방법은 네트워크 주소에 해당하는 부분을 모두 '1' 로 표현하고, 호스트에 해당하는 부분을 모두 '0' 으로 표현하는 방법을 사용한다. 여기서 중요한 것은 분할하고자 하는 서브넷의 개수와 이를 위해 몇 개의 비트가 필요한지 결정해야 하는 것이다. **[그림 5-38]**에서는 B 클래스 주소를 할당받아 여러개의 서브넷들로 분할하기 위해 호스트 주소에 있는 4개의 비트를 서브넷 주소로 사용하는 모습(2^4개의 서브넷 생성 가능)과 이때 서브넷 마스크값이 255.255.240.0/20이 되는 것을 보여주고 있다.

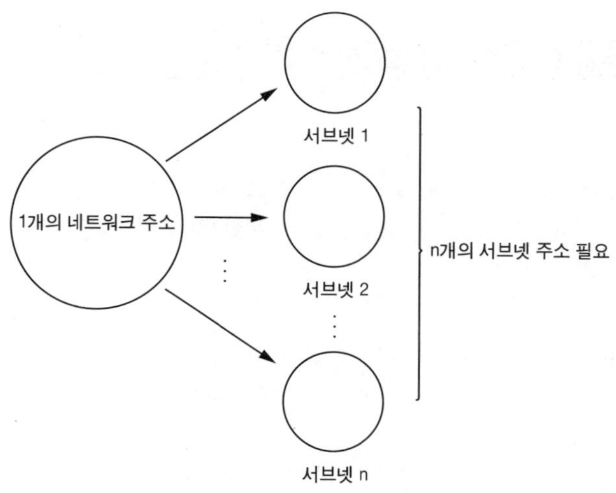

[그림 5-37] 서브넷팅 개념

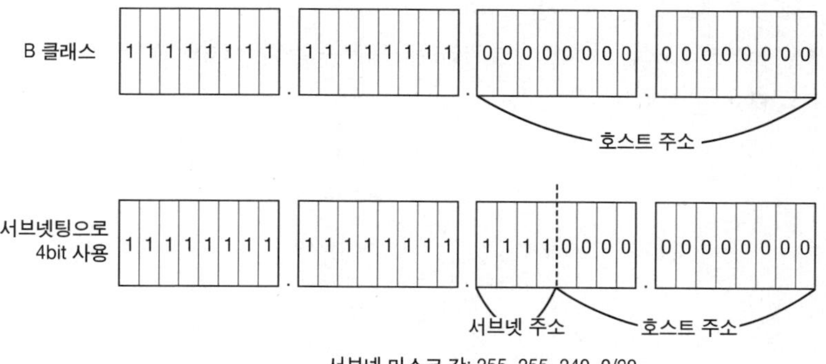

[그림 5-38] 서브넷 마스크값 할당 방법

서브넷팅 기술은 하나의 큰 물리적 네트워크를 몇 개의 작은 네트워크(서브넷)로 분할하여 관리하는 기술이다. 이때 네트워크 주소를 파악하기 위해 서브넷 마스크값을 설정해야 한다.

(3) 서브넷팅 실습

서브넷팅 기술에 대해 좀 더 확실히 이해하기 위해 다양한 실습을 통해 살펴보기로 한다.

실습하기 C 클래스 상의 서브넷팅 기술

❶ 실습 조건

- 하나의 기관이 C 클래스 네트워크 주소 210.100.24.0/24을 할당받았다.
- 관리자는 해당 네트워크를 4개의 서브넷으로 분할하여 관리하자고 한다.

❷ 결과 도출

- 2개 비트($2^2=4$)의 서브넷 주소 공간이 필요하다.
- 기존 호스트 주소 공간(8개 비트)에서 2개 비트의 서브넷 주소와 6개 비트의 호스트 주소로 분할하게 된다.
- 255.255.255.192/26(11111111.11111111.11111111.11000000)로 서브넷 마스크값이 설정됨을 **[그림 5-39]**에서 볼 수 있다.
- 호스트 주소의 크기는 6개 비트이므로 호스트 ID가 모두 0과 1인 경우를 제외한 62개(2^6-2)가 호스트 주소로 사용 가능하다.
- 각 서브넷의 호스트 주소를 사용 가능한 유효 IP 주소와 서브넷의 브로드캐스트 주소는 **[그림 5-39]**와 같음을 알 수 있다.

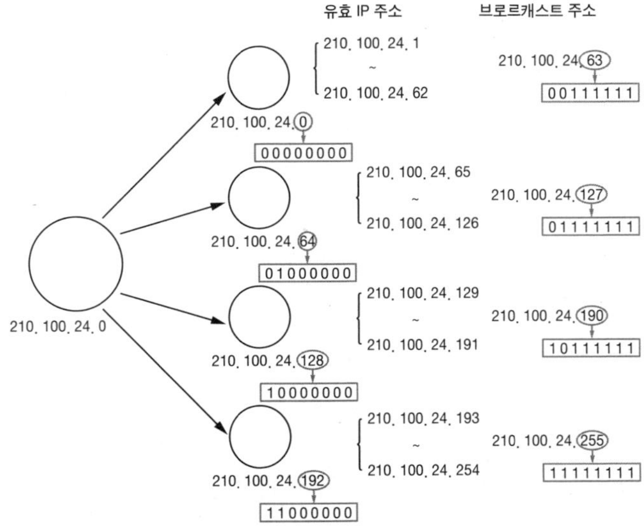

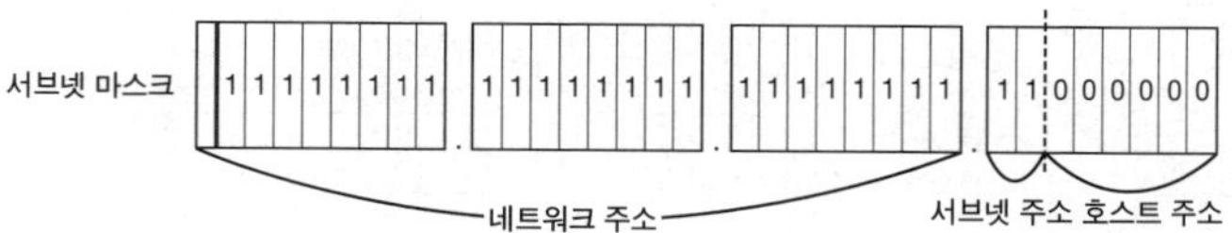

[그림 5-39] 서브넷 구성 예

실습하기 B 클래스 상의 서브넷팅 기술

❶ 실습 조건

- 하나의 기관이 B 클래스 네트워크 주소인 168.201.0.0/16를 할당받았다.
- 관리자는 내부적으로 33개의 서브넷으로 분할하고, 하나의 서브넷에 최대 200개의 호스트를 포함하려고 한다.

❷ 결과 도출

- 33개의 서브넷을 구성하기 위해서는 6개 비트($2^5 < 33 < 2^6$)의 서브넷 주소 공간이 필요하다.
- 이렇게 되면, 호스트를 위해 사용되는 비트 수가 총 10개 비트가 사용되기 때문에 $2^{10}-2$(1022)개의 호스트를 포함할 수 있다.
- 하지만 여기 필요한 호스트 개수는 최대 200개이므로 많은 주소가 낭비됨을 알 수 있다.
- 따라서, 관리자가 향후 서브넷 갯수의 확장을 고려하여 서브넷 주소 공간에 8개 비트를 할당하여 256개의 서브넷을 생성하고(이 중에서 200개의 주소만 사용), 호스트 주소를 위해 8개 비트($2^8-2=254$) 할당하는게 현명한 방법이다.
- **[그림 5-40]**에서 서브넷 마스크값은 255.255.255.0/24이 됨을 알 수 있다.

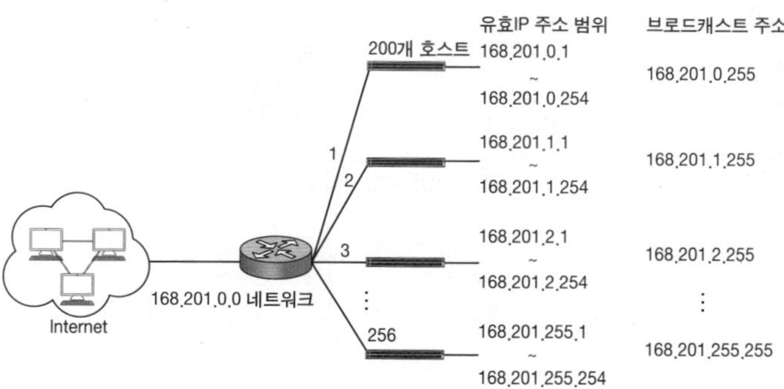

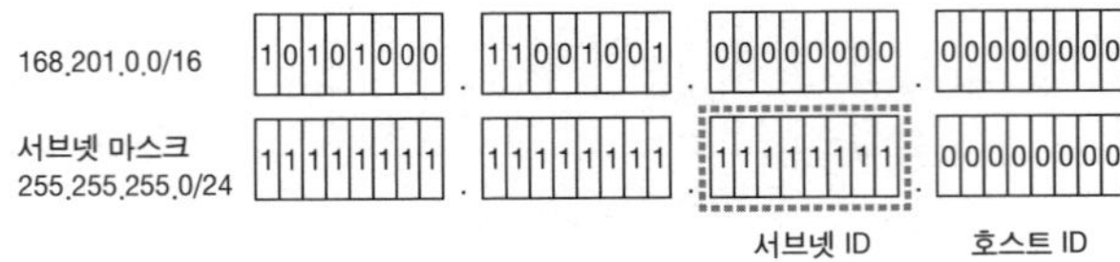

[그림 5-40] 서브넷 및 유효 IP 그리고 브로드캐스트 주소 결정

실습하기 서브넷팅된 주소 파악

❶ 실습 조건

- 임의의 IP 주소(172.150.58.54/20)에서 서브넷 주소와 그 서브넷의 유효 IP 주소 및 브로드캐스트 주소를 알아보자.

❷ 결과 도출

- 서브넷 마스크값이 /20 이므로 255.255.240.0 임을 알 수 있다.
- 이 값을 IP 주소와 비트 AND 연산을 통해 서브넷 주소가 172.150.32.0임을 알아낼 수 있다.
- 이 서브넷 안에 포함할 수 있는 호스트들의 유효 IP 주소와 브로드캐스트 주소는 **[그림 5-41]**에서 볼 수 있다.

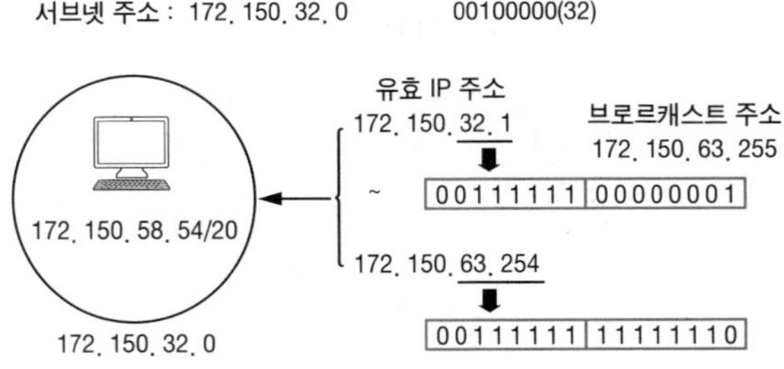

[그림 5-41] 서브넷팅 된 주소 알아내기

(4) 서브넷팅된 네트워크로의 데이터 전달

하나의 기관에서 서브넷팅 기술을 이용해 여러 개의 서브넷으로 분할하여 관리하고 있는 상태에서, 외부 네트워크와 연결되어 있는 라우터에서는 이러한 서브넷 정보를 알고 있어야 한다. 즉, 라우터의 라우팅 테이블 안에는 각 서브넷별로 연결 정보를 저장하고 있어야 한다. 예를 들어, **[그림 5-42]**와 같이 4개의 서브넷(172.150.0.0/20~172.150.64.0/20)으로 분할된 상태에서 목적지 주소가 172.150.13.5인 데이터그램을 라우터가 수신하면 라우터는 서브넷 마스크값(/20)을 사용하여 목적지 네트워크 주소가 172.150.0임을 알게 되고, 라우터의 R2 인터페이스로 데이터를 전달하게 되는 것이다. 따라서, **[그림 5-42]**의 라우팅 테이블 안에는 분할된 서브넷 정보와 연결된 인터페이스 정보가 있음을 알 수 있다.

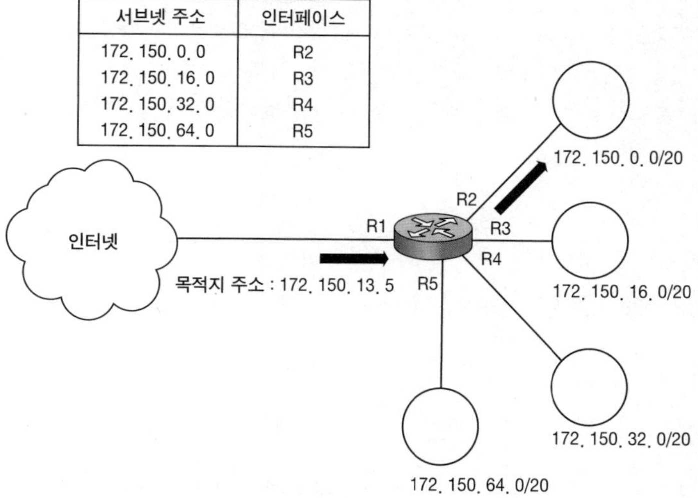

[그림 5-42] 서브넷팅된 네트워크상의 IP 데이터그램 전달

미니강의 서브넷 기술

❶ 서브넷 주소

RFC 950에서는 서브넷 주소로 모든 비트가 '0'이거나 '1'인 경우는 사용하지 않는다고 하였으나, 새로운 표준인 RFC 1812에서는 모든 비트가 '0'인 경우와 '1'인 서브넷 주소도 사용하도록 변경되었다.

❷ **가변 길이 서브넷 마스크**(VLSM : Variable Length Subnet Mask)
관리자에 의해 서브넷을 만들고자 할 때 서브넷의 개수에 따라 서브넷 마스크값이 변하는 것을 볼 수 있는데, 이를 VLSM라 하며 이를 통해 효과적인 주소지정이 가능하다. 이러한 VLSM은 가변 길이를 인식하는 OSPF 라우팅 프로토콜에서는 사용 가능하나, 고정 길이만 인식하는 RIP 라우팅 프로토콜에서는 사용할 수 없다.

❸ **서브넷팅 기술의 한계**
서브넷팅 기술은 네트워크 관리와 IP 주소의 낭비를 막는 장점도 있지만, 여러 개의 서브넷으로 분할되는 문제로 인해 라우팅 테이블 크기가 커지는 문제가 발생하게 된다.

외부 네트워크와 연결되어있는 라우터는 서브넷 정보를 알고 있어야 한다. 즉, 라우터의 라우팅 테이블 안에는 각 서브넷별로 연결 정보를 저장하고 있어야 한다.

5.7 슈퍼넷팅 기술(CIDR)

(1) 필요성

현재 대부분의 A, B 클래스 주소가 소진된 상태에서 요즘은 C 클래스 주소가 많이 부여되고 있다. 하지만 C 클래스 네트워크 주소가 사용할 수 있는 호스트 수가 254(2^8-2)이므로 더 많은 호스트를 관리해야 하는 기관에서는 다른 주소관리 기술이 필요하게 되었으며, 이때 사용하는 기술이 슈퍼넷팅(Supernetting) 기술이다. 이 기술은 여러 개의 C 클래스 네트워크 주소를 논리적으로 결합하여 하나의 커다란 네트워크로 재구성하는 것이며, 더불어 라우터의 라우팅 테이블 크기를 줄일 수 있는 효과도 발생한다.

(2) 개념

슈퍼넷팅 기술은 앞서 살펴봤던 서브넷팅 기술과는 반대의 개념으로 서브넷팅을 통해 라우팅 테이블 크기가 늘어나는 문제를 슈퍼넷팅 기술을 통해 해결할 수 있다. 즉, 슈퍼넷팅 기술은 **[그림 5-43]**과 같이 여러 개의 C 클래스 네트워크(250개의 호스트 포함)를 한 개의 커다란 네트워크(1,000개 호스트)로 논리적으로 결합하는 것을 말하는 것으로, 주로 여러 개의 C 클래스 네트워크를 하나의 네트워크로 구성하는데 사용한다.

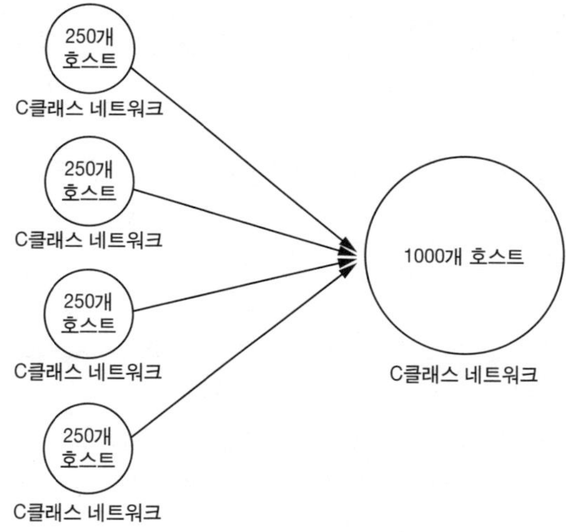

[그림 5-43] 슈퍼넷팅 개념

슈퍼넷팅 기술은 여러 개의 C 클래스 네트워크 주소를 논리적으로 결합하여 하나의 커다란 네트워크로 재구성하는 것이며, 더불어 라우터의 라우팅 테이블 크기를 줄일 수 있는 효과도 발생한다.

(3) 슈퍼넷팅 기술 실습

슈퍼넷팅은 관리자가 호스트 주소 비트들을 조정하는 서브넷팅과는 달리 네트워크 주소 비트들을 조절하는 개념이다. 따라서, 슈퍼넷팅은 네트워크 주소 부분이 변경되기 때문에 라우터가 라우팅을 위해 네트워크 주소를 파악할 때 클래스와 상관없이 슈퍼넷 마스크(Supernet Mask)값을 사용해 결정한다는 뜻에서 CIDR(Classless Interdomain Routing)라고 한다[RFC 1518, 1519].

슈퍼네팅을 하기 위한 슈퍼넷 마스크값은 결합하고자 하는 여러 개의 네트워크 주소 부분에서 연속된 같은 비트를 갖는 부분까지를 '1' 로 지정하면 된다.

실습하기 슈퍼넷팅 기술

❶ 실습 방법

- 여러 개의 C 클래스 네트워크(201.168.32.0 ~ 201.168.63.0)를 슈퍼넷팅 기술을 적용해 본다.

❷ 결과 분석

- **[그림 5-44]**에서 보듯이 201.168.32.0/19로 하나의 네트워크로 결합 된 결과를 보여주고 있다.
- **[그림 5-45]**에서는 슈퍼넷 마스크값(/19)을 결정하는 방법을 보여주고 있다.
- 결국, 슈퍼넷팅 한 결과 라우팅 테이블에 하나의 항목만 필요하게 된다.

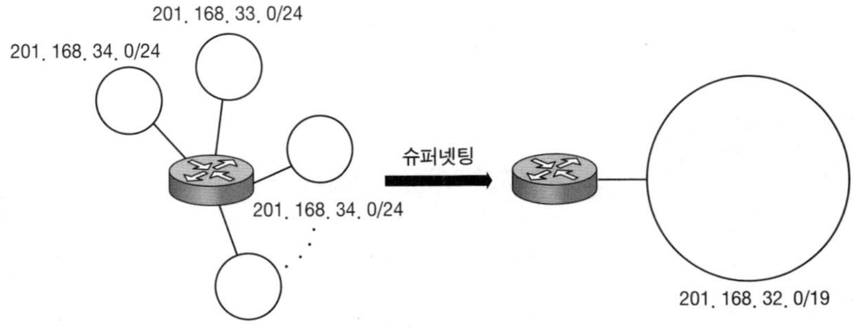

[그림 5-44] 여러 개의 C 클래스 네트워크의 슈퍼넷팅 기술

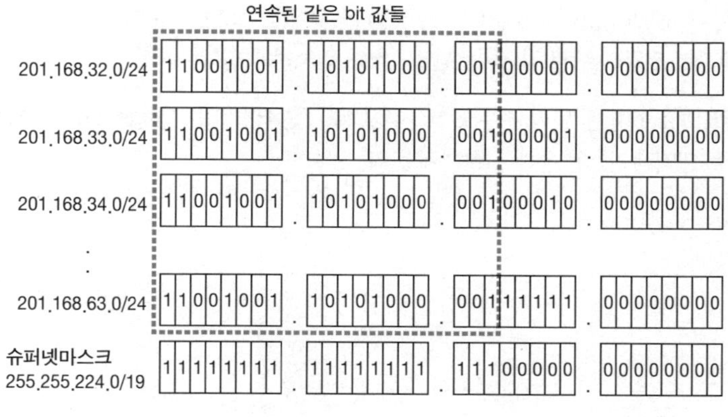

[그림 5-45] 슈퍼넷 마스크값 계산 방법

슈퍼넷팅은 네트워크 주소 부분이 변경되기 때문에 라우터가 라우팅을 위해 네트워크 주소를 파악할 때 클래스와 상관없이 슈퍼넷 마스크값을 사용해 결정한다는 뜻에서 CIDR라고 한다. 슈퍼넷 마스크값은 결합하고자 하는 여러 개의 네트워크 주소 부분에서 연속된 같은 비트를 갖는 부분까지 '1'로 지정하면 된다.

(4) 슈퍼넷팅된 네트워크로의 데이터 전달

슈퍼넷팅 기술은 라우팅 테이블 수를 줄이기 위해 같은 주소를 묶어 관리하는 방법을 사용한다. 이 기법은 클래스 없는 주소 체계를 사용하고 있기 때문에 라우팅 테이블 내에 슈퍼넷 마스크값을 위치시켜야 하는데, 이때 슈퍼넷 마스크값이 제일 긴 데이터를 라우팅 테이블 내의 제일 위에 위치시켜는 순서로 저장하게 된다. **[그림 5-46]**은 이에 대한 예를 보여주고 있다.

❶ 3개의 C 클래스 네트워크를 슈퍼넷팅한 결과 192.168.0.0/16을 얻게 된다.

❷ 라우터 1에서 라우팅 테이블 내의 데이터는 슈퍼넷팅 전과 후로 나눌 수 있는데, 슈퍼넷

팅 한 후에 테이블의 수가 줄어드는 것을 볼 수 있다. 또한, 라우팅 테이블 열의 위치는 슈퍼넷 마스크값이 제일 긴 것이 위에서 부터 위치하게 한다.

❸ 라우터 1로 전송된 목적지 주소 192.168.200.7인 데이터는 **longest match 기법**으로 인해 R5 인터페이스를 통해 전달하게 된다.

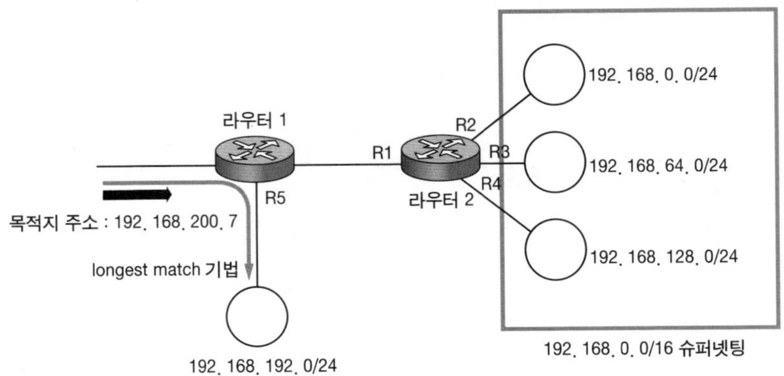

〈라우터 1의 라우팅 테이블〉

Mask	목적지네트워크	인터페이스
24	192. 168. 0. 0	R1
24	192. 168. 64. 0	R1
24	192. 168. 128. 0	R1
24	192. 168. 192. 0	R5

슈퍼넷팅 전

Mask	목적지네트워크	인터페이스
24	192. 168. 192. 0	R5
16	192. 168. 0. 0	R1

슈퍼넷팅 후

[그림 5-46] 슈퍼넷팅된 네트워크상의 IP 데이터그램 전달

미니강의 longest match 기법

클래스 없는 주소 체계상에서는 IP 데이터그램을 전달하기 위해서 데이터의 목적지 주소 비트 값과 라우팅 테이블의 목적지 네트워크 주소의 비트 값을 비교하여 가장 길게 일치하는 테이블을 찾는 것을 말한다. **[그림 5-47]**의 목적지 주소(192.168.200.7)는 라우팅 테이블의 192.168.0.0보다 192.168.192.0 주소가 가장 길게 비트가 일치하기 때문에 선택되는 것이다. 이를 longest match 기법이라 한다.

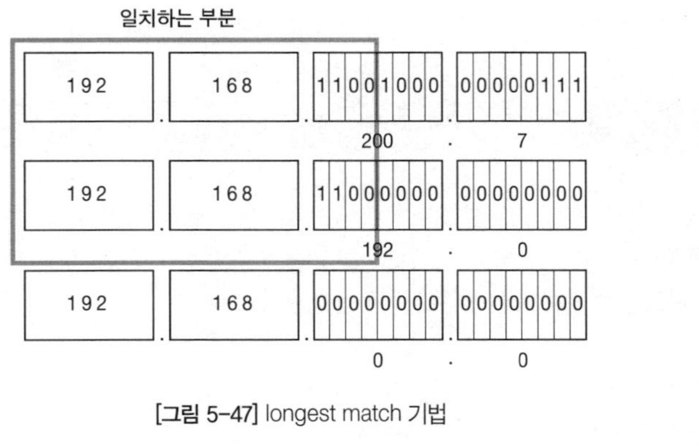

[그림 5-47] longest match 기법

클래스 없는 주소 체계상에서는 IP 데이터그램을 전달하기 위해서 데이터의 목적지 주소 비트 값과 라우팅 테이블의 목적지 네트워크 주소의 비트 값을 비교하여 가장 길게 일치하는 longest match 기법을 사용한다.

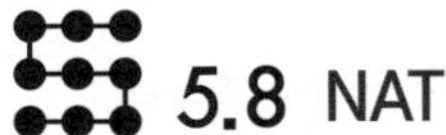

5.8 NAT

(1) 필요성

IP 주소 부족으로 인해 모든 호스트에 공인 IP 주소를 부여할 수 없다. 따라서, 현재 대부분의 기관 및 단체에서는 그 기관에서만 사용할 수 있는 사설 IP 주소를 부여하여 사용하고 있다. 이 사설 IP 주소는 주소관리 기관의 승인을 받지 않고도 기관에서 마음대로 사용할 수 있는 주소로써 단지 내부 네트워크에서만 사용 가능한 주소이다. 하지만 사설 IP 주소를 사용하여 인터넷상에 있는 서버로 데이터를 전송하고자 하는 경우는 반드시 공인 IP 주소로 변환해서 전송해야 서버로부터 데이터 수신이 가능하다. 따라서, 내부 네트워크의 사설 IP 주소를 공인 IP 주소로 변환해야 할 필요성이 생기게 되었으며,

이러한 기능을 수행하는 것이 NAT(Network Address Translation)이다.

미니강의 사설 IP 주소

IP 주소 부족으로 인해 모든 호스트에 공인 IP 주소를 부여할 수 없어 대부분 네트워크에서는 사설 IP 주소를 사용하는데, 이는 주소관리 기관의 승인을 받지 않고도 사용할 수 있다. 클래스별로 사용할 수 있는 사설 IP 주소 범위는 다음과 같다.

- A 클래스 : 10.0.0.0 ~ 10.255.255.255
- B 클래스 : 172.16.0.0 ~ 172.31.255.255
- C 클래스 : 192.168.0.0 ~ 192.168.255.255

(2) 개념

앞서 설명한 바와 같이 내부 네트워크의 사설 IP 주소를 갖는 호스트가 인터넷상의 서버에 데이터를 전송하기 위해서는 공인 IP 주소로 변환해 주는 NAT 기능이 필요하다. 여기서 NAT 기능은 주로 라우터에서 수행하게 되는데, 라우터의 각 인터페이스에 할당되는 주소는 반드시 공인 IP 주소를 사용하게 되므로 송신지가 서버로 데이터를 전송하고자 할 때는 송신지의 사설 IP 주소를 라우터의 해당 공인 IP 주소로 변환하여 전송하고, 수신할 때는 반대로 목적지 주소를 라우터에서 사설 IP 주소로 변환하여 내부적으로 전송하게 된다.

핵심요약

NAT는 사설 IP 주소를 갖는 호스트가 인터넷 상의 서버에 데이터를 전송하기 위해서는 공인 IP 주소로 변환해 주는 기능이다.

(3) 동작 과정

[그림 5-48]에서 보는 바와 같이 사설 IP 주소를 사용하는 내부 네트워크의 호스트

(10.0.0.2)와 인터넷 상의 서버(210.170.62.3)가 데이터를 송수신하고자 할 때, 네트워크 장비인 라우터에서 NAT 기능을 수행하여 송신지 주소인 사설 IP 주소(10.0.0.2)를 라우터의 인터페이스 주소인 공인 IP 주소(150.100.53.1)로 변환하여 서버(210.170.62.3)로 전송하고, 서버에서 전송할 때에는 목적지 주소가 라우터의 주소(150.100.53.1)에서 호스트 주소(10.0.0.2)로 변환하여 전송하게 된다. 이때 라우터에서는 변환 정보를 저장하기 위해서 NAT 변환 테이블을 생성하게 된다. **[그림 5-48]**에 대한 설명은 다음과 같다.

❶ 내부 호스트(10.0.0.2)에서 인터넷상의 서버(210.170.62.3)로 데이터를 전송한다.

❷ 라우터의 NAT 기능으로 내부 호스트의 사설 IP를 라우터의 공인 IP(150.100.53.1)로 변환하여 서버로 전송한다.

❸ 서버는 자신의 수신한 주소를 기반으로 목적지(150.100.53.1)로 데이터를 전송한다.

❹ 라우터는 NAT 변환 테이블을 보고, 내부 호스트 주소로 변환하여 전송한다.

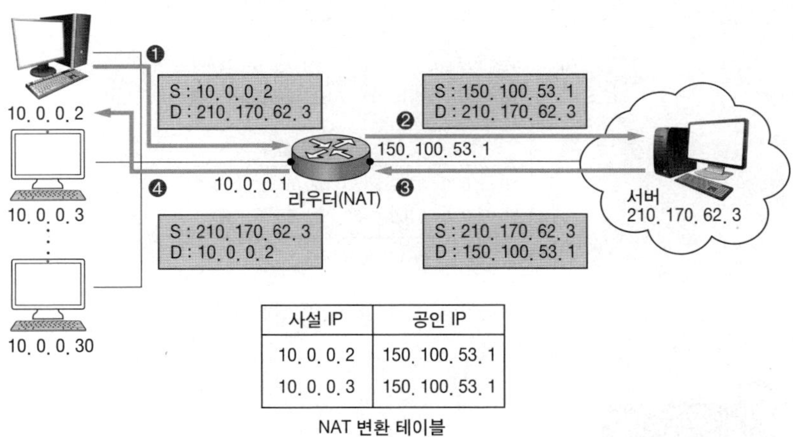

사설 IP	공인 IP
10. 0. 0. 2	150. 100. 53. 1
10. 0. 0. 3	150. 100. 53. 1

NAT 변환 테이블

[그림 5-48] NAT 동작 과정

여기서 문제는, **[그림 5-48]**의 NAT 변환 테이블에서 보듯이 내부의 다른 호스트(10.0.0.3)들도 같은 공인 IP 주소(150.100.53.1)로 변환하여 전송된다는 것이다. 이를 서로 식별하기 위해 추가적인 정보인 포트 번호가 필요하게 된다. 그러나 호스트에서 임의로 사용하는 포트 번호는 다른 호스트에서도 우연히 발생할 수 있어 한 곳(라우터)에서 유일한 포트 번호를 생성하여 관리해야 할 필요가 생겼다. 즉, 라우터에서 모든 연결에 대해 식별이 가능한 유일한 포트 번호를 생성하여 할당함으로써 각 연결을 구별하고, 이를 토대로 주소를 변환하게 된다. 이에 대한 동작 과정은 **[그림 5-49]**와 같다.

❶ 과 같이 호스트에서 임의의 포트 번호(3700)로 전송한다.

❷ 에서와 같이 라우터는 유일한 포트 번호(10000)로 변환하고 이를 NAT 변환 테이블에 저장하게 된다.

❸ 에서 서버는 수신한 데이터를 전송하게 되고, 라우터는 NAT 변환 테이블을 참조하여

❹ 와 같이 변환하여 전송하게 된다. 만약, 다른 호스트(10.0.0.3)에서 우연히 같은 임의의 포트 번호(3700)가 생성이 되더라도, 라우터에서 유일한 포트 번호(15000)를 생성하여 변환하기 때문에 문제가 발생하지 않는다. 즉, NAT 변환 테이블의 핵심 키는 NAT에서 생성하는 유일한 포트 번호(10000, 15000)가 되는 것이다.

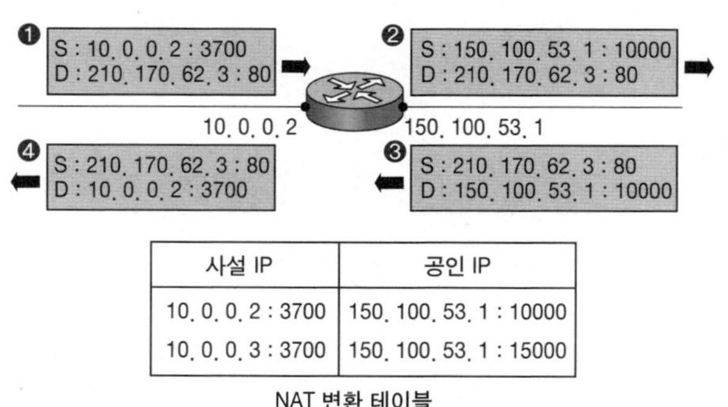

사설 IP	공인 IP
10. 0. 0. 2 : 3700	150. 100. 53. 1 : 10000
10. 0. 0. 3 : 3700	150. 100. 53. 1 : 15000

NAT 변환 테이블

[그림 5-49] 포트 번호를 사용한 NAT 동작 과정

핵심요약

NAT 변환 테이블의 핵심 키는 NAT에서 생성하는 유일한 포트 번호가 된다.

미니강의 NAT 사용 시 고려할 사항

❶ 호스트들은 대부분 클라이언트로 동작하게 되며, 인터넷상의 서버에 연결하기 위해 사용된다. 하지만 내부 네트워크에 서버를 운용하고자 할 때는 외부에서 내부 서버에 연결하는 방법이 매우 어렵다는 문제가 생긴다.

❷ NAT 변환의 핵심은 유일한 포트 번호를 생성하여 변환해야 한다는 것이다. 이는 NAT 장비가 헤더 안에 있는 정보를 직접 변경해야 한다는 문제가 생긴다. 다시 말해, 네트워크 계층에서 동작하는 NAT 장비가 전송 계층의 포트 번호 정보를 직접 수정하는 것은 네트워크 프로토콜 디자인 개념(모듈화를 위한 독립성)에 위반될 수 있다는 논란이 있을 수 있다.

5.9 IP 라우팅

IP 라우팅은 네트워크 계층에서 사용하는 목적지 IP 주소를 사용하여 네트워크상의 여러 경로 중에 최적의 경로를 찾아 목적지까지 데이터를 전송하는 것을 말한다. IP 라우팅 기술을 이해하기 위해 이 장에서는 네트워크상의 한 호스트에서 목적지 호스트로 데이터를 전송할 때 라우터를 통한 주소 변화와 간단한 명령어를 사용한 호스트 내의 라우팅 테이블 정보를 살펴보기로 한다. 참고로 네트워크상에 동작하는 동적 라우팅 기술 및 라우팅 알고리즘들에 대해서는 다음 장에서 좀 더 자세히 살펴보기로 한다.

(1) 개념

IP 라우팅을 수행하는 주체를 생각해 보면 데이터를 송신하고자 하는 호스트와 이를 전달하는 라우터이다. 먼저, 호스트에서의 IP 라우팅은 간단하다. 목적지 호스트가 바로 연결되어 있거나(예로 점대점 링크) 또는 공유 네트워크(예로 이더넷 또는 토큰 링)라면 데이터를 목적지로 바로 보내게 되는데, 이를 **직접 라우팅**(Direct Routing)이라 한다. 반면, 목적지 호스트가 다른 네트워크에 존재하는 경우, 송신지 호스트는 데이터를 디폴트 라우터로 보내어 전송하는데, 이것을 **간접 라우팅**(Indirect Routing)이라 한다. 이는 목적지 네트워크가 어디에 있고, 어느 경로를 선택할 것인지에 대한 판단이 디폴트 라우터에 있기 때문이다. 라우터는 IP 프로토콜이 동작하는 장비이기 때문에 전달받은 데이터의 헤더 부분을 해석하여 자신에게 연결된 여러 경로 중 목적지까지 가장 최적인 경로를 선택하게 된다. 이를 위해 라우터는 **라우팅 테이블**(routing table)과 **라우팅 알고리즘**(routing algorithm)을 사용하게 된다.

미니강의 라우팅 테이블과 라우팅 알고리즘

❶ 라우팅 테이블

각 라우터는 네트워크의 연결 정보를 저장하고, 이를 통해 최적의 경로를 선택하는데 이 때, 라우터들이 저장하고 있는 라우터들의 연결 정보를 라우팅 테이블이라 한다.

❷ 라우팅 알고리즘

라우터 간에 각각 저장된 라우팅 테이블을 서로 교환하는 방법과 이를 통해 여러 경로 중 최적의 경로를 판단하는 알고리즘을 라우팅 알고리즘이라 한다.

(2) IP 데이터그램 전송

[그림 5-50]에서와 같이 송신지 A가 목적지 E로 데이터를 전송한다고 가정해 보자. 송신지 A에서 발생한 IP 데이터그램이 목적지 E에 도달하기까지의 과정은 다음과 같다.

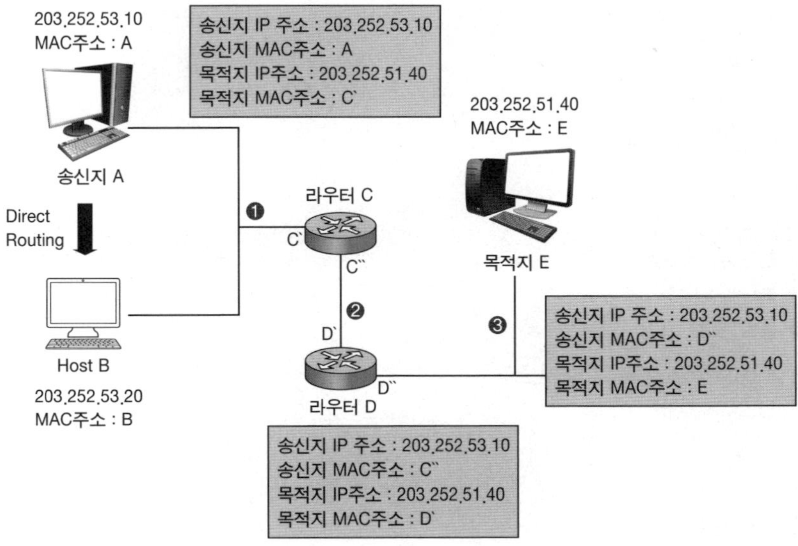

[그림 5-50] IP 데이터그램 전송 과정

❶ 송신지 A는 목적지 E로 IP 데이터그램을 전송하기 위해서는 라우터 C에게 전달해야 한다고 판단하고, ARP 요청을 통해 라우터 C 인터페이스 MAC 주소인 C'를 얻게 된다. 이에 A는 라우터 C의 MAC 주소(C')를 목적지로 하는 IP 데이터그램을 만들어 라우터 C에게 전송한다.

❷ A로부터 IP 데이터그램을 전달받은 라우터 C는 라우팅 테이블을 보고, 이를 라우터 D에게 전달한다. 이때 역시 ARP 요청을 통해 라우터 D의 MAC 주소(D')을 얻어낸다.

❸ 라우터 D는 목적지 E가 자신과 직접 연결된 네트워크에 있음을 판단하고, ARP 요청을 통해 목적지 E의 MAC 주소(E)를 알아낸 다음 IP 데이터그램을 전송한다.

[그림 5-50]과 같은 간접 라우팅(Indirect routing)을 통해 IP 데이터그램을 전송할 때에는 다음 두 가지를 기억해야 한다.

- 데이터링크 계층 주소인 송신지 및 목적지 MAC 주소는 계속 변화된다.
- 네트워크 계층 주소인 송신지 및 목적지 IP 주소는 한 번 설정되면 변하지 않는다.

이것은 데이터링크 단계에서는 MAC 주소를 보고 데이터를 전송하지만, 결국 IP 데이터그램은 목적지 IP 주소를 가지고 경로를 찾아간다는 사실을 알 수 있다.

(3) 관련 명령어 실습

ipconfig

❶ 실습 방법

- cmd 명령 창에서 다음 명령어를 입력한다.

```
c:\ipconfig
```

❷ 결과 분석

- 해당 호스트에 있는 인터페이스별 IP 주소와 서브넷 마스크, 기본 게이트웨이(디폴트 라우터)에 대한 정보를 알려준다.
- Unix와 Linux 계열 시스템에 있는 ifconfig 명령어와 같은 결과를 보여준다.
- [그림 5-51]에서 결과를 알 수 있다.

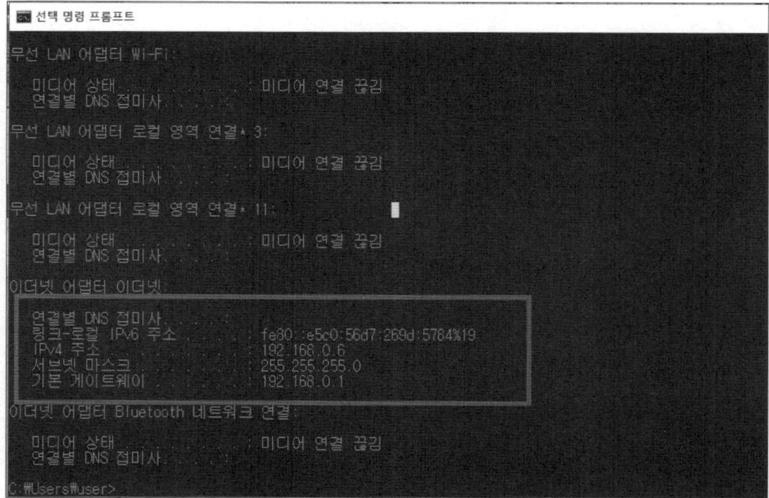

[그림 5-51] ipconfig 명령어 사용

실습하기 netstat -rn

❶ 실습 방법

- cmd 명령 창에서 다음 명령어를 입력한다.

```
c:\netstat -rn
```

❷ 결과 분석

- [그림 5-52]와 같이 해당 컴퓨터의 라우팅 테이블 정보를 표시한다.
- 0.0.0.0 : 간접 라우팅을 의미하는 것으로 default route를 나타내며, 임의의 호스트로 전송하기 위해서는 192.168.0.1(gateway)로 보내도록 설정되어있다.
- 127.0.0.0 : 루프백 주소를 나타내며 127.0.0.0을 목적지로 하는 모든 데이터는 루프백 인터페이스인 127.0.0.1로 보내도록 설정되어있다.
- 192.168.0.0 : 직접 라우팅을 의미하는 것으로, 이 네트워크를 목적지로 하는 모든 데이터그램은 자신의 인터페이스(192.168.0.3)로 보내도록 설정되어있다.
- 192.168.0.255 : 직접적 브로드캐스트 주소를 의미하는 것으로, 192.168.0.0 네트워크에 소속된 모든 호스트에 데이터그램을 전송하고자 할 때 자신의 인터페이스(192.168.0.6)로 보내도록 설정되어있다.
- 224.0.0.0 : 멀티캐스트 주소를 목적지로 하는 데이터그램의 전송 경로이다.
- 255.255.255.255 : 제한적 브로드캐스트의 전송 경로를 의미한다.

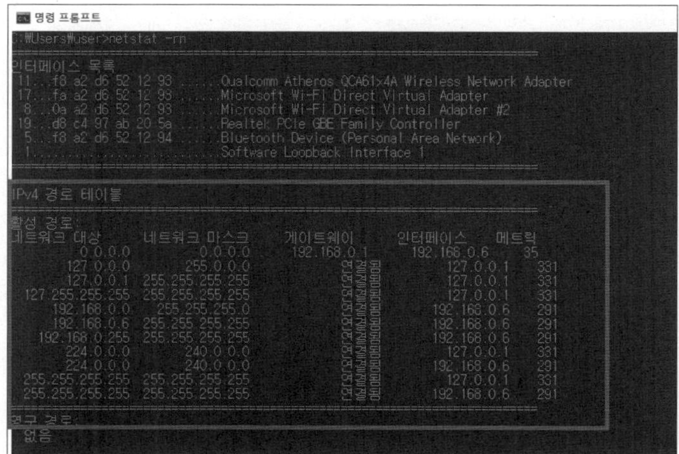

[그림 5-52] netstat -rn 명령어 사용 예

간접 라우팅에서 데이터링크 계층 주소를 연결된 링크를 지날 때마다 변하지만, 네트워크 계층 주소는 목적지로 전달될 때까지 변하지 않는다. 관련된 명령어로써는 ipconfig, netstat 등이 있다.

netstat 명령어

netstat 명령어는 기본적으로 시스템에서 사용하는 라우팅 정보, 프로토콜 통계 정보와 TCP/IP 네트워크 연결 정보를 제공한다. 이렇게 다양한 정보를 제공하기 위해 여러 가지 옵션을 제공하고 있다. 추가적인 옵션과 기능은 **〈표 5-8〉**에서 보여주고 있다.

〈표 5-8〉 netstat 다양한 옵션 및 기능

옵션	기능
-a	모든 연결과 수신 대기 포트를 표시한다.
-n	주소와 포트 번호를 숫자 형식으로 표시한다.
-p	지정한 프로토콜의 연결 통계정보를 표시한다.
-r	라우팅 테이블을 표시한다.

요약정리 SUMMARY

01 IP는 인접한 링크 간의 홉 단위 전송을 담당하는 데이터링크 계층들의 연결을 네트워크 계층 프로토콜인 IP가 고유한 논리적 주소를 사용하여 수신지까지 경로를 찾아가는 라우팅 기능을 제공함으로써 호스트 단위 전송을 수행한다.

02 IP 특징으로는 비신뢰성 서비스, 비연결형 서비스, IP 주소를 통한 경로 배정, 단편화 / 재조립 등을 제공한다.

03 IP는 송신지, 중간 라우터, 수신지에서 수행하는 역할별로 구별하여 생각할 수 있다. 특히, 중간 라우터에서 경로 배정을 위한 IP 기능이 수행된다는 점을 고려해야 한다.

04 IP 헤더는 기본적으로 20바이트이며, 옵션을 포함하여 60바이트까지 가능하다. 또한, IP 헤더는 빅앤디안 저장방식을 사용하며, 이를 네트워크 바이트 순서 방식으로 네트워크에 전송한다.

05 IP 헤더에 있는 필드들은 IP 데이터그램 정보(Version, Header Length, Total Length)와 단편화를 위한 정보(ID, Flags, Fragment offset) 그리고, 역다중화 필드(Protocol), 주소 정보(Dst, Src IP Addr), 데이터그램 생존 기간(TTL), 에러 검사 코드(Header Checksum) 등을 포함하고 있다.

06 단편화된 데이터그램은 식별자를 통해 같은 IP 데이터그램임을 알 수 있고, 플래그 값을 보고 처음과 끝 데이터그램을 알 수 있다. 또한, 단편화 옵셋을 통해 중간 데이터그램들의 순서를 확인함으로써 재조립이 가능한 것이다. 즉, 단편화 옵셋 값은 순서 정보라 생각할 수 있다.

07 IP 체크섬 계산방식은 2바이트씩 나누어 캐리가 있는 연산을 통한 얻어진 결과에 1의 보수를 취하는 방식을 사용한다.

요약정리 SUMMARY

08 IP 헤더 옵션으로는 6가지 종류로 No Operation, End-of-Option, Record Route, Strict Source route, Loose Source route, Timestamp 등이 있으며, TLV(Type-Length-Value) 표현 방식을 사용한다.

09 IP 주소는 5개의 클래스(A, B, C, D, E)로 구별하여 관리하고 있으며, 네트워크 주소와 호스트 주소를 포함하고 있다.

10 IP 주소에서 네트워크 마스크값을 사용해 네트워크 주소를 계산할 수 있으며, 값은 네트워크 부분에 해당하는 비트들을 모두 '1'로 채운 값을 말하며, 이 네트워크 마스크값과 주어진 IP 주소를 비트 AND 연산을 통해 나온 결과값이 네트워크 주소가 되는 것이다.

11 특별한 IP 주소로는 0.0.0.0, 루프백 주소(127.x.x.x), x.x.x.0. x.x.x.255, 255.255.255.255 등이 존재한다.

12 서브넷팅 기술은 하나의 큰 물리적 네트워크를 몇 개의 작은 네트워크(서브넷)로 분할하여 관리하는 방식이다. 이때 사용하는 서브넷 마스크값을 사용하여 네트워크 주소를 파악하게 된다.

13 외부 네트워크와 연결되어있는 라우터는 서브넷 정보를 알고 있어야 한다. 즉, 라우터의 라우팅 테이블 안에는 각 서브넷별로 연결 정보를 저장하고 있다.

14 슈퍼넷팅 기술은 여러 개의 C 클래스 네트워크 주소를 논리적으로 결합하여 하나의 커다란 네트워크로 재구성하는 것이며, 더불어 라우터의 라우팅 테이블 크기를 줄일 수 있는 효과도 발생한다.

15 슈퍼넷팅은 네트워크 주소 부분이 변경되기 때문에 라우터가 라우팅을 위해 네트워크 주소를 파악할 때 클래스와 상관없이 슈퍼넷 마스크값으로 결정한다는 뜻에서 CIDR 라고 한다. 슈퍼넷 마스크값은 결합하고자 하는 여러 개의 네트워크 주소 부분에서 같은 비트를 갖는 부분까지 '1'로 지정하면 된다.

16 클래스 없는 주소 체계상에서는 IP 데이터그램을 전달하기 위해서 데이터의 목적지 주소 비트 값과 라우팅 테이블의 목적지 네트워크 주소의 비트 값을 비교하여 가장 길게 일치하는 longest match 기법을 사용한다.

17 NAT는 사설 IP 주소를 갖는 호스트가 인터넷 상의 서버에 데이터를 전송하기 위해서는 공인 IP 주소로 변환해 주는 기능이다.

18 NAT 변환 테이블의 핵심 키는 NAT에서 생성하는 유일한 포트 번호가 된다.

19 간접 라우팅에서 데이터링크 계층 주소를 연결된 링크를 지날 때마다 변하지만, 네트워크 계층 주소는 목적지로 전달될 때까지 변하지 않는다. 관련된 명령어로써는 ipconfig, netstat 등이 있다.

연습문제 EXERCISE

01 IP는 송신지가 수신지로 데이터 전송을 책임지는 (　　　　　　) 전송을 수행하게 된다.

02 IP 프로토콜의 특징을 간단히 나열하시오.

03 IP가 에러제어와 흐름제어 같은 기능을 제공하지 않기 때문에 데이터의 정확한 전송을 보장하지 않으며, 단지 최선의 노력으로 전송하는 서비스를 무엇이라 하는가?

04 다음 네트워크의 MTU 크기를 쓰시오.

① Token Ring　: (　　　　) 바이트
② Ethernet　　: (　　　　) 바이트
③ Point-to-Point : (　　　　) 바이트

05 IP 헤더의 크기는 기본 (　) 바이트이며, 옵션을 포함할 경우 최대 (　) 바이트까지 가능하다.

06 값 0x12345678을 다음의 방식으로 저장하고 네트워크에 전송하는 순서를 쓰시오.

① 빅 앤디안 방식　:
② 리틀 앤디안 방식　:
③ 네트워크 전송 순서 :

07 IP 헤더 필드 중 (　　　　)는 역다중화에 사용하는 필드이며, 예를 들어 TCP는 (　), UDP는 (　) 값을 사용한다.

08 IP 헤더 필드 중에서 단편화와 관련된 필드를 아는대로 쓰시오..

09 IP 데이터그램 3,000바이트(헤더 포함)를 MTU가 1,220바이트인 네트워크로 전송하려 할 때, 라우터에서 발생되는 단편들의 개수는 몇 개이며, 각 단편들의 IP 헤더 안에 들어가는 (Identification, Flags, Fragment offset(십진수형태로)) 값들을 표시하시오. (단, IP 데이터그램의 Identification = 3333이라고 가정하자)

10 172.16.35.36/20 주소를 갖는 시스템이 속한 네트워크 주소를 쓰고, 그 네트워크에서 사용할 수 있는 유효 IP 주소와 브로드캐스트 주소를 쓰시오.

11 192.168.1.0 ~ 192.168.7.0 네트워크들을 함께 묶어 슈퍼넷팅하려고 한다. 적합한 슈퍼넷 마스크 값은 얼마인가?

12 C 클래스 네트워크에서 6개의 서브넷이 필요하다고 할 때 가장 적당한 서브넷 마스크는?

13 네트워크 ID '210.182.73.0'을 몇 개의 서브넷으로 나누고, 각 서브넷은 적어도 40개 이상의 호스트 ID를 필요로 한다. 적절한 서브넷 마스크 값은?

14 C 클래스의 네트워크를 서브넷으로 나누어 각 서브넷에 4~5 대의 PC를 접속해야 할 때, 서브넷 마스크 값으로 올바른 것은?

15 클래스별로 사설 IP 주소를 쓰시오.

16 임의의 사이트로 ping과 tracert 명령어를 사용하여 결과를 확인해 보자.

6장

라우팅 프로토콜

데이터를 목적지까지 전송하기 위해서 최적의 경로를 선택하는 라우팅 프로토콜을 이해하고, 네트워크의 관리 범위를 정하여 범위 내에 사용하는 라우팅 프로토콜과 범위 간에 동작하는 라우팅 프로토콜로 구분하여 동작을 이해할 수 있어야 한다. 이 장에서는 다양한 라우팅 프로토콜을 개념과 동작 과정을 학습하기로 한다.

- 라우팅 프로토콜의 개념과 종류에 대해 이해할 수 있다.
- RIP 라우팅 프로토콜의 개념과 동작 과정을 이해할 수 있다.
- OSPF 라우팅 프로토콜의 개념과 동작 과정을 이해할 수 있다.
- BGP 라우팅 프로토콜의 개념과 동작 과정을 이해할 수 있다.

6.1 라우팅 개요

(1) 개요

우리가 사용하는 네트워크는 수많은 라우터로 구성되어 있어 데이터들은 목적지에 전송되기 위해 여러 라우터를 통과해야 한다. 여기서, 라우터는 목적지까지 존재하는 여러 경로 중에 최적의 경로를 찾아 데이터를 전송해야 하는데, 이를 라우팅이라 한다. 특히, 최적의 경로를 찾기 위해서 사용하는 네트워크 정보(홉 수, 대역폭, 지연시간 등)를 **비용**(cost) 또는 **메트릭**(metric)이라고 하며, 이 정보를 사용하여 최적의 경로를 찾는 알고리즘을 **라우팅 알고리즘**(Routing Algorithm), 라우팅 알고리즘을 사용하는 프로토콜을 **라우팅 프로토콜**(Routing Protocol)이라고 한다. 라우터는 라우팅 프로토콜을 사용하여 각 목적지 네트워크로의 경로 정보를 유지하게 되는데, 이를 **라우팅 테이블**(Routing Table)이라 한다.

최적의 경로를 찾기 위해서 사용하는 네트워크 정보(홉 수, 대역폭, 지연시간 등)를 비용(cost) 또는 메트릭(metric)이라고 하며, 이 정보를 사용하여 최적의 경로를 찾는 알고리즘을 라우팅 알고리즘(Routing Algorithm), 라우팅 알고리즘을 사용하는 프로토콜을 라우팅 프로토콜(Routing Protocol)이라고 한다. 또한, 라우터는 라우팅 프로토콜을 사용하여 각 목적지 네트워크로의 경로 정보를 유지하게 되는데, 이를 라우팅 테이블(Routing Table)이라 한다.

(2) 정적 라우팅 / 동적 라우팅

라우터가 라우팅 테이블을 생성하고 유지하는 방법에 따라 **정적 라우팅**(Static Routing)과 **동적 라우팅**(Dynamic Routing)으로 구분할 수 있다. 정적 라우팅은 네트워크 관리자가 라우팅 테이블을 직접 생성하고 갱신하기 때문에 간단한 라우팅 방법이지만, 실시간적으로 네트워크 변동상황을 적용하기 어렵고, 네트워크 구성 변경 시 관리자에 의한 수동설정으로 인해 매우 비효율적인 방식이다. 이에 비해 동적 라우팅 방식은 각 라우터의 라우팅 테이블 정보를 메시지 형식으로 주기적으로 전달받아 각 라우터의 라우팅 테이블을 갱신하는 방법을 사용하기 때문에 네트워크 변화에 능동적으로 대처할 수 있는 효율적인 방식이다.

라우터가 라우팅 테이블을 생성하고 유지하는 방법에 따라 정적 라우팅(Static Routing)과 동적 라우팅(Dynamic Routing)으로 구분할 수 있다.

(3) 라우팅 프로토콜

인터넷의 발전으로 네트워크의 크기가 커지고 라우팅 정보가 방대해지자 전체 네트워크를 하나의 라우팅 프로토콜로 관리하는 것이 불가능해졌다. 이에 네트워크를 계층적이고 체계적으로 관리하기 위해 자율 시스템(이하 AS : Autonomous System) 개념이 도입되었다. AS란 하나의 라우팅 정책으로 하나의 관리자에 의해 관리되는 네트워크 범위로 하나의 회사나 조직에서 관리하는 라우터들의 집합을 말한다. 또한 각 AS는 고유한 식별 번호를 가지고 있는데 이를 AS 번호(Autonomous System Number)라고 한다. 현재는 IETF에서 4바이트로 구성된 AS 번호를 사용할 수 있게 정의하고 있다(RFC 6996).

AS 내에서 라우팅을 수행하는 내부 게이트웨이 라우팅 프로토콜을 IGP(Interior Gateway Protocol)라 하며, AS 간의 라우팅을 수행하는 외부 게이트웨이 라우팅 프로토콜을 EGP(Exterior Gateway Protocol)라 한다. IGP에는 RIP(Routing Information Protocol)와 OSPF(Open Shortest Path First) 그리고 IGRP(Interior Gateway Routing Protocol), EIGRP(Enhanced Interior Gateway Protocol) 등이 있으며, EGP에는 BGP(Border Gateway Protocol)가 사용되고 있다. **[그림 6-1]**에서 IGP와 EGP 개념을 보여주고 있다.

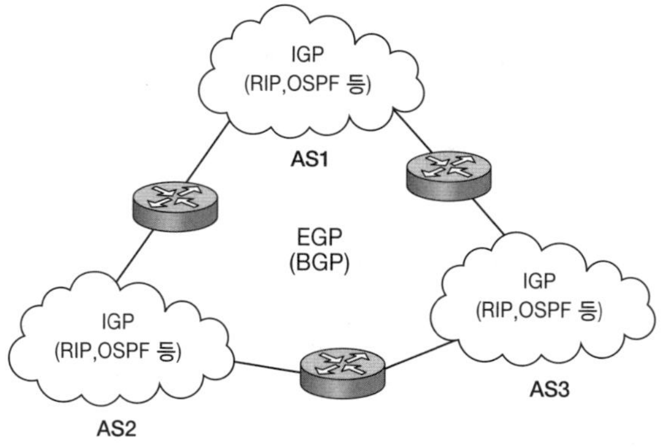

[그림 6-1] IGP와 EGP 개념

네트워크를 계층적이고 체계적으로 관리하기 위해서 AS 개념을 사용하고, AS 내에서 수행하는 라우팅을 내부 게이트웨이 라우팅 프로토콜인 IGP라 하며, 자율 시스템 간의 라우팅을 외부 게이트웨이 라우팅 프로토콜인 EGP라 한다. IGP에는 RIP와 OSPF 그리고 IGRP, EIGRP 등이 있으며, EGP에는 BGP가 사용되고 있다.

6.2 RIP

RIP는 XNS(Xerox Network System)에서 제안한 라우팅 프로토콜로 UNIX BSD 계열 시스템에서 'routed' 데몬 형태로 구현되어 사용되기도 하였다. RIP에서 사용하는 메트릭은 목적지까지 도착하기 위해 거쳐야 하는 링크(또는 라우터)의 수인 홉 수(Hop Count)를 사용하며, 이를 **거리 벡터**(Distance Vector) **라우팅 프로토콜**이라고 한다. 이 방식은 각 목적지까지 도착하기 위한 홉 수 정보를 라우팅 테이블에 저장하고, 이를 인접 라우터와 주기적(일반적으로 30초)으로 교환(브로드캐스트)함으로써 라우팅 테이블을 갱신하여 경로를 선택한다. 또한, RIP는 R.E.Bellman이 제안한 거리 계산 알고리즘을 수정하여 사용하기 때문에 이를 **"Bellman-Ford" 프로토콜**이라고도 한다.
[그림 6-2]에서는 RIP 동작을 위한 간략한 동작 과정을 보여주고 있다.

❶ 라우터 A에서 네트워크 N1까지 홉 수는 1임을 인접 라우터 B에게 전달한다.

❷ 라우터 B는 네트워크 N1까지 라우터 A를 거쳐 홉 수가 2임을 인접 라우터 C, D에 전달한다.

❸ 라우터 C, D는 네트워크 N1까지 홉 수가 3임을 인접 라우터에게 전달한다.

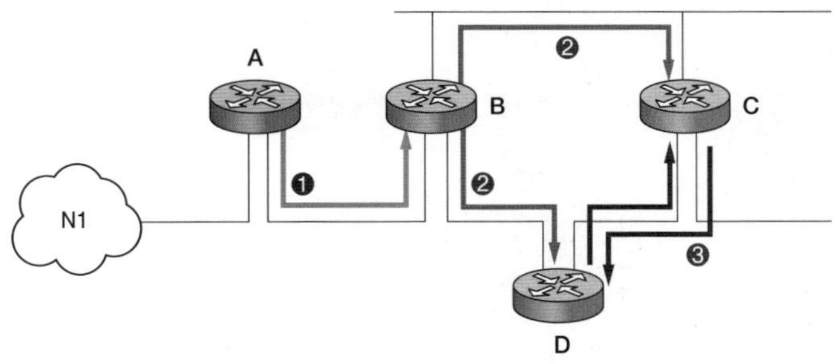

[그림 6-2] RIP 동작 개념

(1) 동작 과정

RIP에서 사용하는 라우팅 테이블 갱신 방법인 Bellman-Ford 알고리즘은 노드와 선으로 연결된 그래프 이론에서 임의의 두 노드 간의 최소 비용(최단 거리)을 계산하는 알고리즘으로, 네트워크 환경에서는 인접 라우터로부터 전송받은 정보로 자신의 라우팅 테이블을 갱신하는 방법으로 사용하고 있다. RIP에서 사용하는 Bellman-Ford 알고리즘은 **[그림 6-3]**과 같다.

❶ 전송받은 목적지 네트워크 주소가 이미 존재할 경우,

- 전송받은 홉 수보다 기존 홉 수가 더 크면 홉 수를 1만큼 증가하고, 송신지 라우터 주소를 다음 라우터 주소로 라우팅 테이블을 갱신한다.
- 전송받은 홉 수가 기존 홉 수보다 크거나 같으면 기존 라우팅 테이블 정보를 그대로 사용한다.

❷ 없으면, 전송받은 목적지 네트워크 주소를 추가하고, 홉 수를 1만큼 증가하며, 송신지 라우터 주소를 다음 라우터 주소로 라우팅 테이블을 갱신한다.

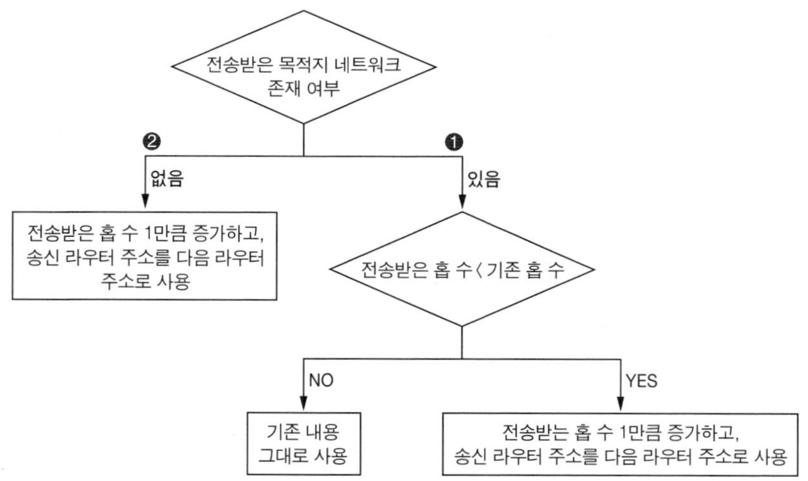

[그림 6-3] RIP 라우팅 테이블 갱신 알고리즘

RIP 동작 과정을 이해하기 위해 **[그림 6-4]**에서는 5개의 네트워크(N1 ~ N5)와 4개의 라우터(A, B, C, D)가 회선으로 연결되어있는 구성과 4개의 라우터의 초기 라우팅 테이블 내용을 보여주고 있다. 예를 들어, 라우터 A와 직접 연결된 네트워크는 N1, N2이므로 홉 수는 1이다. 따라서 라우터 A의 라우팅 테이블 구성은 다음과 같다.

목적지 네트워크 주소	다음 라우터 주소	홉 수
N1	-	1
N2	-	1

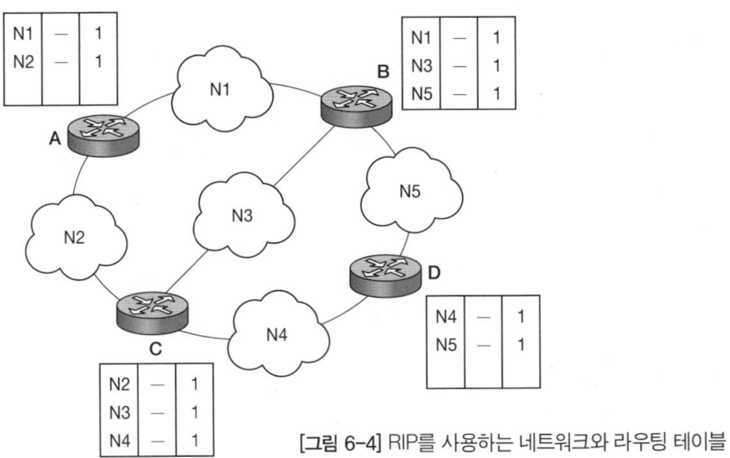

[그림 6-4] RIP를 사용하는 네트워크와 라우팅 테이블

이제, **[그림 6-5]**와 같이 라우터 A의 라우팅 테이블을 인접 라우터로 전송하였다고 가정하면, 라우터 B, C의 라우팅 테이블은 **[그림 6-3]**의 알고리즘에 의해 라우팅 테이블 갱신하게 되고, 갱신 결과는 **[그림 6-5]**에서 볼 수 있다.

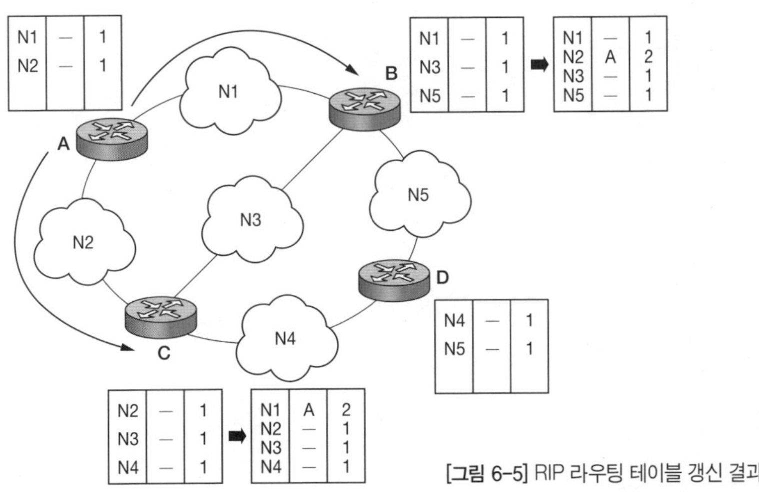

[그림 6-5] RIP 라우팅 테이블 갱신 결과

예를 들어, 라우터 B의 라우팅 테이블 갱신 결과를 살펴보면 다음과 같다.

❶ N1은 이미 존재하고, 홉 수가 같아서 기존 라우팅 테이블 정보를 그대로 사용한다.

❷ N2에 대한 정보가 없어 전송받은 홉 수에 1만큼 증가한 값 2와, 송신 라우터 주소 A를 다음 라우터 주소로 하여 라우팅 테이블을 갱신한다.

❸ N3, N5에 대한 정보가 없어 기존 라우팅 테이블 정보를 그대로 사용한다.

모든 라우터가 이러한 과정을 수행하게 되므로, 각 라우터의 라우팅 테이블에는 목적지 네트워크 주소에 대한 다음 라우터 주소와 홉 수에 대한 정보를 갖게 된다. **[그림 6-6]**에서는 라우터 A, D의 최종 라우팅 테이블 내용을 보여주고 있다.

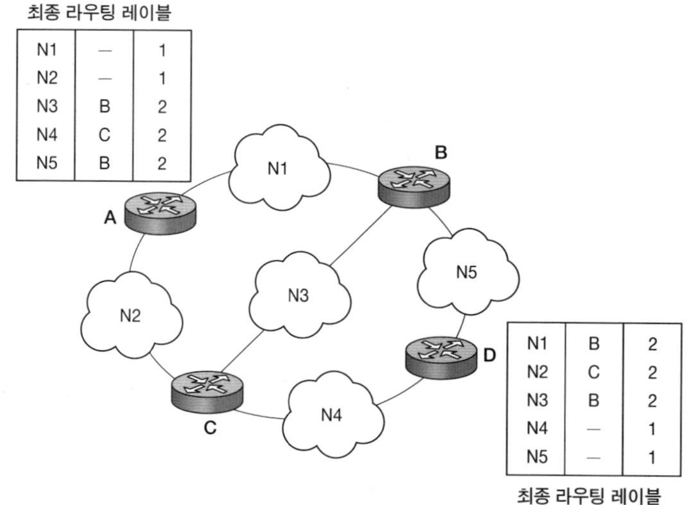

[그림 6-6] 최종 라우팅 테이블 구성 결과

RIP에서 사용하는 라우팅 테이블 갱신 방법은 Bellman-Ford 알고리즘을 사용한다. 이 알고리즘은 네트워크 환경에서 인접 라우터로부터 전송받은 정보로 자신의 라우팅 테이블을 갱신하는 방법을 사용한다.

미니강의 RIP 특징

RIP는 거리 벡터 라우팅 기반의 라우팅 프로토콜로써 다음과 같은 특징을 가지고 있다.

❶ 메트릭으로 홉 수를 사용하므로 주로 소규모 네트워크에서 사용한다.
❷ 인접 라우터들과 30초마다 정보를 교환하기 때문에 120초(30초의 4번) 동안 정보가 수신되지 않을 경우, 그 경로는 단절되었다고 판단한다.
❸ 단절된 경우는 무한대(∞)로 표시하며, 홉 수로는 16을 의미한다. 이것은 RIP를 사용하는 AS 내의 어떠한 경로도 15홉 이상 넘지 못한다는 것을 의미한다.

(2) RIP 문제점

거리 벡터 라우팅 방식인 RIP의 문제점은 경로가 단절되어 홉 수가 무한대로 변경된 경우, 이 변경된 내용이 다른 라우터에 적용되는데 시간이 많이 소요된다는 것이다. 이 문제를 **Count-to-Infinity 또는 Slow Convergence 문제**라고 한다. 다시 말해 경로가 단절된 상황이 느리게 전파되어 모든 라우터가 경로를 변경하는데 많은 시간이 소요된다는 것이 문제점이다. **[그림 6-7]**에서 Slow Convergence 문제를 보여주고 있다.

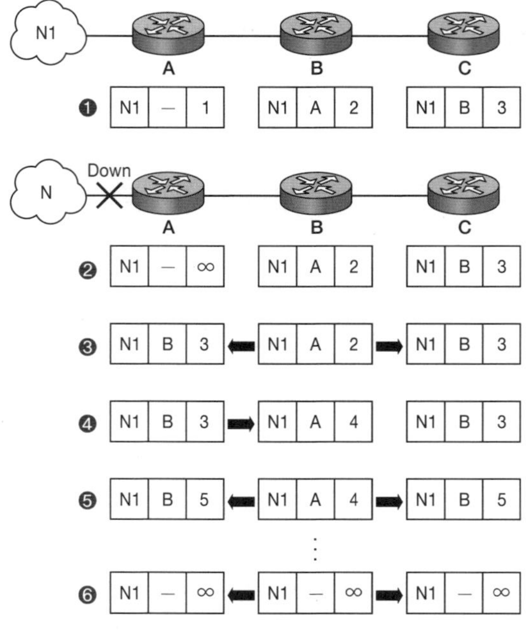

[그림 6-7] RIP 상의 Slow Convergence 문제

❶ 네트워크 N1은 라우터 A에 연결되어 있고, 이때 각 라우터의 라우팅 테이블 정보를 볼 수 있다.

❷ 네트워크 N1과 라우터 A의 연결이 단절된 경우, 라우터 A는 라우터 테이블에 무한대로 표시함으로써 변경 상황을 저장한다.

❸ 이때, 라우터 B가 인접 라우터(A, C)에게 자신의 라우팅 테이블 정보를 전송함으로써 A, C의 라우팅 테이블 정보가 변경되는 것을 볼 수 있다.

❹ 라우터 A는 자신의 라우팅 테이블을 라우터 B에게 전달함으로써 갱신하고 있다.

❺ 라우터 B는 자신의 라우팅 테이블을 인접 라우터에게 전달함으로써 갱신하고 있다.

❻ 많은 시간이 지나고 나서야 라우터 A, B, C의 홉 수가 15 이상이 되어 무한대로 표시되고, 비로써 모든 라우터가 네트워크 N1의 연결이 단절되었다고 판단하게 된다.

네트워크의 변화된 상황(연결 단절과 같은 안 좋은 상황)을 모든 라우터가 판단하기 위해 많은 시간이 소요되는 문제를 해결하기 위해서 RIP에서는 다음과 같은 4가지 방법을 사용한다.

❶ 무한대 홉 수로 16을 사용하는 방법

❷ Split-Horizon 방법

❸ Poison-Reverse 방법

❹ Triggered Update 방법

1) 무한대 홉 수로 16을 사용하는 방법

무한대의 의미로 홉 수를 16으로 정의하는 것이다. 이것은 RIP에서 홉 수가 15 이상 넘을 수 없다는 것을 의미하며, 이로써 네트워크의 변화된 상태가 몇 번의 정보 전달 후에 안정화가 될 수 있어 Slow Convergence 문제를 해결할 수 있다.

2) Split-Horizon 방법

이 방법은 라우터에서 인접 라우터로 전달하는 라우팅 테이블 정보를 특정한 방법으로 구분하여 전송하는 것을 말한다. 즉, 라우터의 라우팅 테이블 정보를 왼쪽 네트워크 정보와 오른쪽 네트워크 정보로 구분하고, 자신의 왼쪽 인터페이스는 오른쪽 네트워크 정보만, 오른쪽 인터페이스로는 왼쪽 네트워크 정보 내용만 전달하는 방법을 사용한다. **[그림 6-8]**에서는 라우팅 테이블 정보를 split-horizon 방법으로 전달하는 모습을 보여주고 있다. 여기서, 라우터 A의 왼쪽 인터페이스로는 네트워크 N2, N3에 대한 정보만, 오른쪽 인터페이스로는 N1 정보만 전달하고, 라우터 B 역시 왼쪽 인터페이스로는 N3 정보가, 오른쪽 인터페이스로는 N1, N2 정보가 전달하는 것을 볼 수 있다.

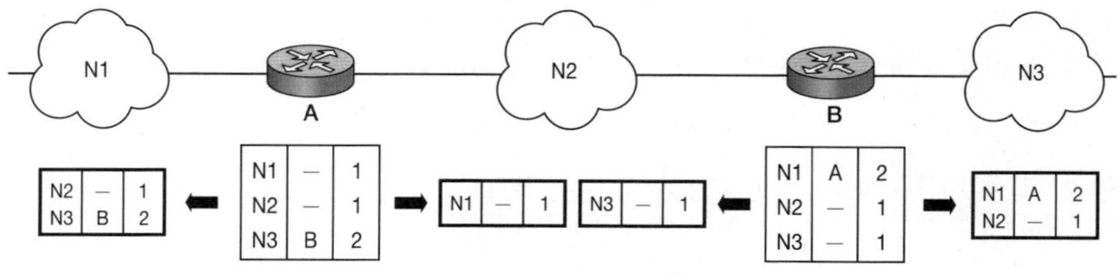

[그림 6-8] Spilt-Horizon 방법을 사용한 라우팅 테이블 전달

이제, 이 방법을 통해 Slow Convergence 문제를 해결하는 과정을 살펴보기로 한다. **[그림 6-9]**에서 이 해결하는 과정을 보여주고 있는데, 라우터 A는 네트워크 N1의 연결이 단절된 것을 파악하고 무한대로 표시하게 되고, 이 정보를 라우터 B에게 전달함으로써 이를 빠르게 통보한다. 하지만 라우터 B에서는 라우터 A에게 N3 정보만 전달하기 때문에 N1 연결이 단절된 정보를 계속 유지할 수 있어 Slow Convergence 문제를 해결할 수 있다.

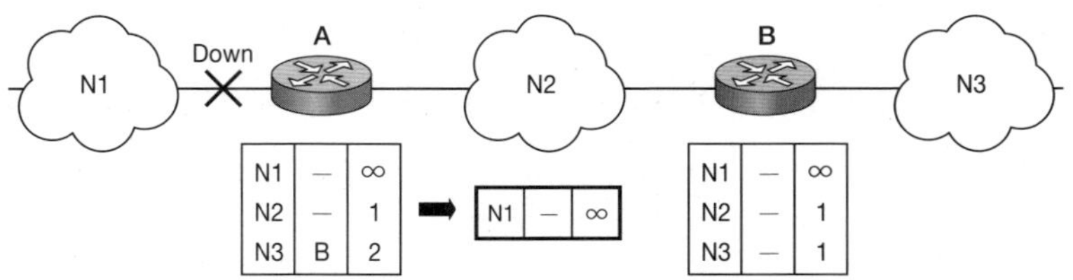

[그림 6-9] Spilt-Horizon을 사용한 Slow Convergence 해결 방법

3) Poison-Reverse 방법

라우터 인터페이스의 반대쪽 네트워크 정보만 전달하는 Split-Horizon 방법과 달리 이 방법은 반대쪽 네트워크에 대한 메트릭 값을 무한대로 설정하여 전송하는 것이다. 이 뜻은 "이 값 사용금지" 라는 것이다.

4) Triggered Update 방법

RIP에서 라우터들의 라우팅 테이블 정보를 30초마다 갱신하게 되는데, 이는 네트워크 변경 상황(안 좋은 상황)을 30초가 지나야 인접 라우터로 전달할 수 있어 Slow Convergence 문제를 발생시킬 수 있다. 하지만 이 Triggered Update 방법은 네트워크 변경 상황이 발생하면 30초 간격과 상관없이 바로 정보를 전달하기 때문에 한 번의 Triggered Update를 통해 Slow Convergence 문제를 해결할 수 있다. **[그림 6-10]**에서 이 방법을 보여주고 있다.

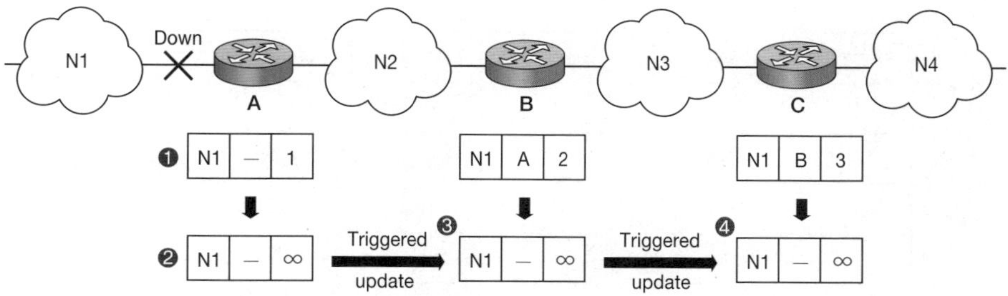

[그림 6-10] Triggered Update 방식을 사용한 Slow Convergence 해결 방법

네트워크의 변화된 상황을 모든 라우터가 판단하기 위해 많은 시간이 소요되는 문제를 해결하기 위해서 RIP에서는 다음과 같은 4가지 방법을 사용한다.

❶ 무한대 홉 수로 16을 사용하는 방법
❷ Split-Horizon 방법
❸ Poison-Reverse 방법
❹ Triggered Update 방법

(3) 메시지 형식

RIP는 UDP 520번 포트를 사용하여 라우팅 프로토콜로, UDP 헤더로 캡슐화하여 전송한다. 이 라우팅 프로토콜은 RIPv1과 RIPv2 두 가지 버전이 있으며, 각 버전에서 전송되는 메시지 형식을 **[그림 6-11]**에서 보여주고 있다. **[그림 6-11]** (a)는 RIPv1에서 사용하는 메시지 형식을 보여주고 있으며, **[그림 6-11]** (b)에서는 (a)에서 RIPv2를 위해 추가된 메시지 형식을 보여주고 있다. RIP 메시지는 기본 헤더와 경로 정보로 구성되며, 경로 정보는 최대 512바이트(최대 25개 경로 정보)까지 사용할 수 있다. **〈표 6-1〉**은 RIP 버전별로 사용하고 있는 필드와 내용을 설명하고 있다.

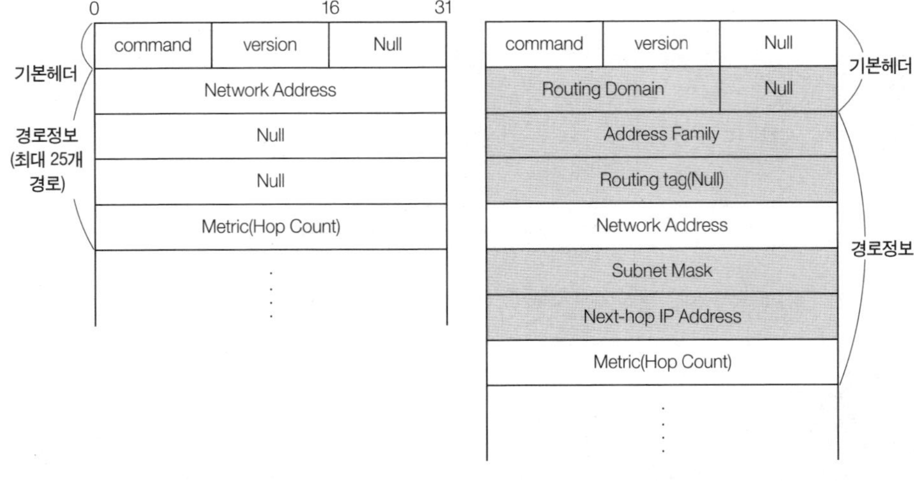

(a) RIPv1 메시지 형식 (b) RIPv2 메시지 형식

[그림 6-11] RIP 메시지 형식

〈표 6-1〉 RIP 메시지 필드 설명

필드명	RIPv1	RIPv2	설명
command	●	●	메시지의 종류를 의미한다. 1 : 요청(request), 2 : 응답(reply)
version	●	●	RIP 버전 정보로 1과 2가 있다.
Routing Domain		●	라우터의 라우팅 프로세스 식별자로 주로 0을 사용한다.
Address Family		●	사용된 프로토콜 계열을 의미하며, IP는 2를 사용한다.
Routing tag		●	AS 번호를 나타낸다.
Network Address	●	●	목적지 네트워크 주소를 의미한다.
Subnet Mask		●	서브넷 마스크값을 사용한다.
Next-hop IP Address		●	다음 라우터 주소를 지정한다.
Metric	●	●	목적지까지의 홉 수로 1~15까지 사용되며, 도달할 수 없는 경우에는 16을 사용한다.

미니강의 RIPv1과 RIPv2 비교

RIPv2는 RIPv1을 사용하여 얻어진 여러 가지 경험을 바탕으로 몇 가지 기능을 대폭 확장한 프로토콜이다. 기본 동작은 RIPv1과 같고, 최대 홉 수도 여전히 16으로 제한하기 때문에 확장성 문제는 여전히 해결되지 못한 단점을 가지고 있기도 하다. RIPv2에서 새로이 추가되고 강화된 기능은 다음과 같다.

❶ CIDR과 VLSM 지원

[그림 6-11] (b)에서 보듯이, Subnet Mask 필드를 사용하여 서브넷을 인식할 수 있도록 지원하고 있다.

❷ 인증

RIPv2에서는 메시지마다 인증이 가능하다.

❷ 멀티캐스트 전달

RIPv1에서는 브로드캐스트 전송방식을 사용하기 때문에 불필요한 메시지 발생과 관련없는 호스트가 메시지를 받은 단점을 가지고 있지만, RIPv2에서는 멀티캐스트 전송으로 특정 라우터에게만 전송할 수 있게 해준다. 이때 사용하는 멀티캐스트 IP 주소는 224.0.0.9를 사용한다.

미니강의 IGRP와 EIGRP

❶ IGRP(Interior Gateway Routing Protocol)

홉 수의 크기를 제한하는 RIP는 대규모 네트워크에 적용하기 어렵다. 이런 문제를 해결하기 위해 시스코(CISCO)에서 제안한 라우팅 프로토콜이 IGRP이다. IGRP는 다양한 메트릭을 사용하는 거리 벡터 라우팅 방식으로, 대역폭(bandwidth), 지연(delay), 신뢰도(reliability), 부하(load), MTU와 같은 요소를 메트릭으로 사용하여 계산할 수 있다. IGRP의 특징으로는 다음과 같다.

- 목적지까지 최대 4개의 경로를 관리할 수 있어 부하 분산이 가능하다.
- 네트워크 구성 변화에 빠르게 반응할 수 있다.

❷ EIGRP(Enhanced IGRP)

IGRP의 문제점으로는 CIDR과 VLSM 같은 서브넷 기술을 지원하지 못하며, 라우팅 정보 전달에 시간이 많이 소요되어 대규모 네트워크에 적용하기 어려웠다. 이를 해결하기 위해

IGRP 기능을 확장한 EIGRP가 개발되었다. EIGRP는 수렴(Convergence) 속도가 빠르며, 부분적인 정보전송으로 불필요한 트래픽 발생을 방지할 수 있다. 또한, VLSM 기술을 지원하며, 다양한 네트워크 프로토콜(IP, AppleTalk, IPX 등)을 지원할 수 있는 장점을 가지고 있다.

6.3 OSPF

RIP로는 감당할 수 없을 만큼 네트워크 규모가 계속해서 커짐에 따라 IETF에서는 대규모 네트워크에 적용 가능한 OSPF 라우팅 프로토콜을 개발하게 되었다. OSPF는 **링크 상태(Link-state) 라우팅** 기법으로, **Dijkstra 알고리즘**을 통해 최적의 경로를 얻어 사용한다.

(1) Dijkstra 알고리즘

Dijkstra 알고리즘을 사용하는 링크 상태 라우팅에서는 AS 내의 전체 토폴로지 정보(노드와의 링크 연결 상태 및 유형, 비용)를 알고 있다는 가정하에 수행된다. 또한, OSPF를 사용하는 라우터는 링크에 대한 유형 및 비용 정보 등을 인접 라우터로 멀티캐스트함으로써 모든 라우터에 대한 최단 경로 트리(Shortest Path Tree)를 생성함으로써 최적의 경로를 계산할 수 있도록 도와준다. 하나의 라우터에서 모든 라우터까지로의 최단 경로를 계산하는 Dijkstra 알고리즘은 다음과 같다.

❶ 먼저, 집합 S를 라우터 R1으로부터의 최단 경로로 이미 발견된 라우터들의 집합이라 정의한다.

❷ 라우터 R1에서 집합 S에 있는 라우터만을 거쳐서 다른 라우터로 가는 최단 거리를 기록하는 distance 배열을 정의한다. 즉, 라우터 R1의 최단 거리인 distance[R1]=0이며, 다른 라우터들에 대한 distance 값은 R1과 해당 라우터와의 메트릭 값으로 정의한다.

❸ 메트릭 값은 보통 메트릭 인접 행렬인 metric에 저장하면 distance[w] = metric[R1][w]가 된다. 또한, 라우터 R1에서 Rn으로의 직접적 연결이 없을 때는 무한대 값을 저장한다.

❹ 이때, 각 단계에서 집합 S 안에 있지 않은 라우터 중에서 distance 값이 가장 작은 라우터를 S에 추가한다. 이에 매 단계에서 집합 S에 속하지 않는 라우터 중에서 distance 값이 가장 작은 라우터들을 추가해 나가면 결국, 시작 라우터에서 모든 라우터까지의 최단 거리를 구할 수 있다.

❺ 새로운 라우터 Rn이 S에 추가되면, S에 있지 않은 다른 라우터들의 distance 값을 다음의 수식을 통해 수정하게 된다. 이에 대한 개념은 **[그림 6-12]**에서 볼 수 있다.

```
distance[Rn] = min(distance[Rn], distance[R1] + metric[R1][Rn])
```

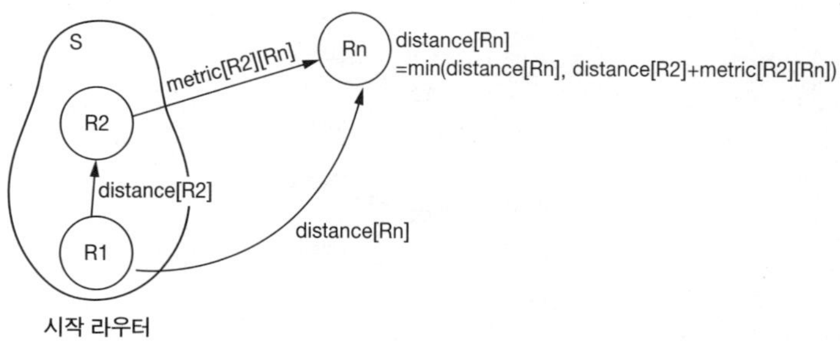

[그림 6-12] Dijkstra 알고리즘의 distance 값 갱신

핵심요약

대규모 네트워크에 대한 라우팅을 위해 OSPF 라우팅 프로토콜을 개발하였다. OSPF는 링크 상태(Link-state) 라우팅 기법으로, Dijkstra 알고리즘을 사용해 최적의 경로를 계산한다.

미니강의 Dijkstra 알고리즘 적용

[그림 6-13]에서는 Dijkstra 알고리즘을 위해 그래프상에서 방문하는 집합 S와 변화되는 distance 배열의 값을 보여주고 있다.

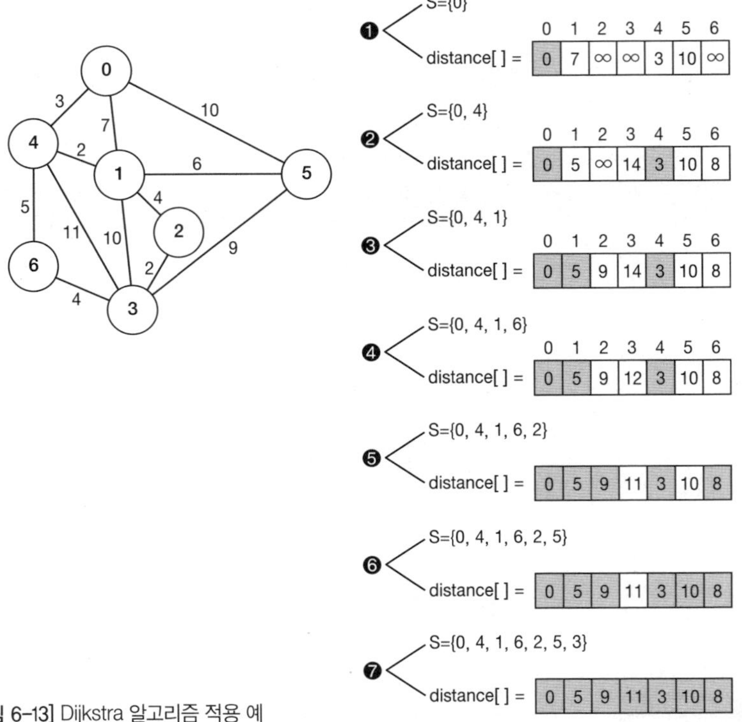

[그림 6-13] Dijkstra 알고리즘 적용 예

또한, **[그림 6-14]**에서는 **[그림 6-13]**의 Dijkstra 알고리즘 결과로, 시작 노드 0에서 각 노드까지의 최단 경로 그래프를 보여주고 있다.

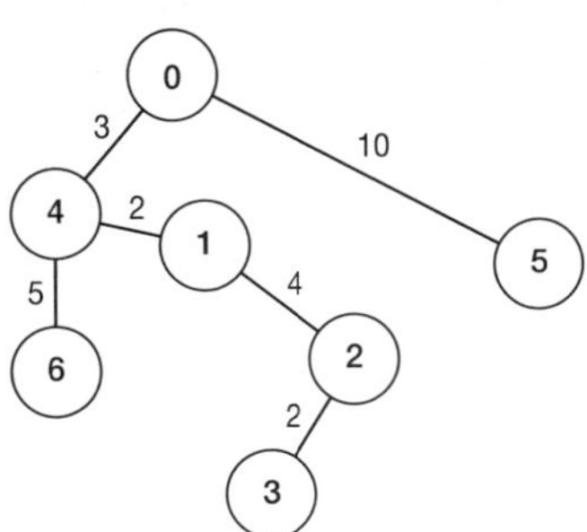

[그림 6-14] Dijkstra 알고리즘 결과인 최단 경로 그래프

(2) 계층적 구조(영역)

OSPF는 라우팅을 더욱 효율적으로 수행하기 위해 하나의 AS를 여러 개의 영역(area)으로 나누며, 각 영역은 독립적으로 OSPF를 수행한다. 따라서, AS 내에 있는 모든 라우터는 같은 라우팅 정보를 가지게 되며 라우팅 테이블을 갱신하게 된다. OSPF의 계층적 구조를 살펴보면 여러 개의 일반 영역들과 이 중에서 다른 AS와 연결을 담당하는 백본 영역(backbone area)으로 구성되어 있다. AS 안에 존재하는 여러 영역 안에 존재하는 라우터들의 개념을 정리해 보면 다음과 같으며, **[그림 6-15]**에서 OSPF의 계층적 구조를 보여주고 있다.

❶ **경계 라우터**(Boundary Router)

백본 영역에 존재하는 라우터로 다른 AS와 라우팅 정보를 교환하는 라우터

❷ **백본 라우터**(Backbone Router)

백본 영역에 존재하는 라우터로 다른 영역 경계 라우터(Area Border Router)들과 연결되어 각 영역의 라우팅 정보 전달을 수행하는 라우터

❸ **영역 경계 라우터**(Area Border Router)

각 영역의 경계에 있는 라우터들로, 각 영역에 대한 라우팅 정보를 요약하여 백본 영역으로 전달하는 라우터

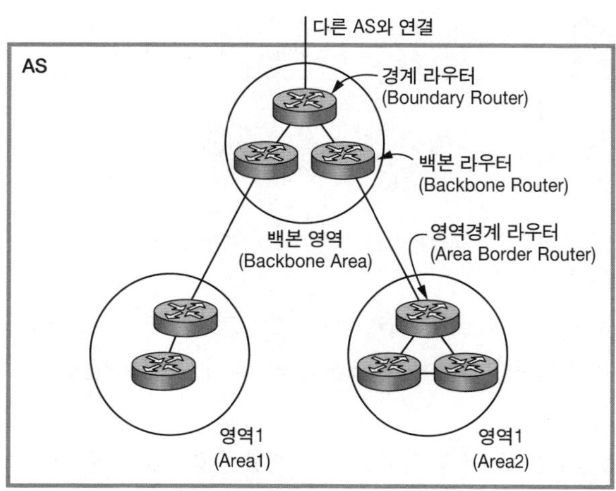

[그림 6-15] OSPF의 계층적 구조

OSPF 네트워크는 경계 라우터, 백본 라우터, 영역 경계 라우터들을 사용하여 계층적으로 구성되어 있다.

(3) 동작 과정(캡슐화)

OSPF 라우팅 프로토콜의 동작 과정을 이해하기 위해 먼저, OSPF의 캡슐화 과정을 살펴본 후, OSPF 동작에서 사용하는 메시지 종류들을 살펴봄으로써 동작을 이해하기로 한다.

OSPF 프로토콜 동작 시 전송되는 메시지들은 IP 헤더로 캡슐화되어 전송된다. OSPF 메시지의 캡슐화 결과를 살펴보면 **[그림 6-16]**과 같이 IP 헤더와 OSPF 공통 헤더, 그리고, 메시지 종류에 따른 특정 OSPF 헤더로 구분하여 볼 수 있다. 각 헤더의 중요 부분만 설명하면 다음과 같다.

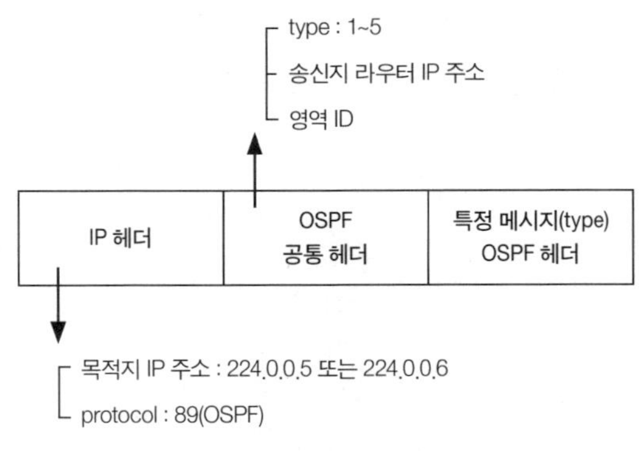

[그림 6-16] OSPF 메시지 캡슐화 결과

❶ IP 헤더 : 목적지 IP 주소로 멀티캐스트 주소인 224.0.0.5 또는 224.0.0.6을 사용하고 있으며, 역다중화를 위한 protocol 필드는 OSPF를 나타내는 89번을 사용하고 있다.

❷ OSPF 공통 헤더 : OSPF 메시지 종류(type), 송신 라우터 IP 주소와 영역 ID를 포함하고 있으며, 그 밖에 인증에 대한 정보도 포함하고 있다. 여기서 OSPF 메시지 종류를 살펴보

면 〈표 6-2〉와 같다.

〈표 6-2〉 OSPF 메시지 종류

값	메시지 종류
0x01	Hello
0x02	Database Description
0x03	Link State Request
0x04	Link State Update
0x05	Link State Acknowledgement

❸ 특정 메시지 OSPF 헤더 : OSPF 메시지 종류에 따라 사용되는 특정 헤더를 포함하고 있다.

미니강의 OSPF 링크 종류

OSPF에서 사용하는 링크에는 point-to-point(점대점), transcient(연결), stub(스터브), virtual(가상) 링크 등 4가지 종류가 있다. **[그림 6-17]**은 하나의 영역 내에 3개의 네트워크를 5개의 라우터로 연결한 모습과, 이때 사용된 링크 종류를 보여주고 있다.

❶ **Point-to-point**(점대점) **링크**
라우터끼리 직접 1:1 연결된 상태를 말한다.

❷ **Transcient**(연결) **링크**
여러 개의 라우터가 하나의 네트워크에 연결된 상태를 말하며, 예로 하나의 LAN에 여러 개의 라우터 연결된 것을 의미한다. 이 상태에서는 여러 개의 라우터 중 하나의 라우터가 나머지 라우터들을 연결하는 대표 라우터(Designated Router)로 지정되어 동작해야 한다.

❸ **Stub**(스터브) **링크**
하나의 라우터가 네트워크에 연결된 링크를 말한다. 이는 특별한 형태의 transcient 링크이기도 하다.

❹ **Virtual**(가상) **링크**
관리자에 의해 지정된 두 라우터 간의 백업 경로를 말한다. 즉, 두 라우터 간의 연결이 끊어지면 백업 경로를 사용하여 연결하기 위해 사용한다.

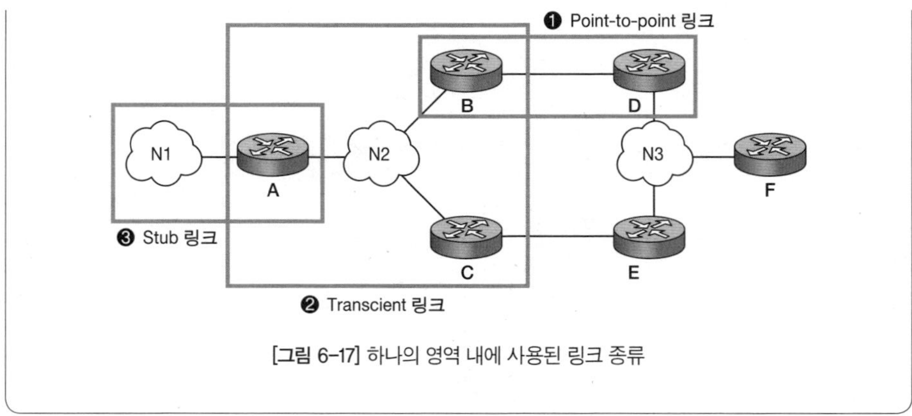

[그림 6-17] 하나의 영역 내에 사용된 링크 종류

(4) 동작 과정(메시지 종류)

OSPF 동작에 사용하는 메시지는 다음과 같이 5가지 종류가 있다.

❶ Hello 메시지

OSPF 라우팅 프로토콜이 동작하는 첫 번째 과정에서 사용하는 메시지로, 인접 라우터로 이 메시지를 전송함으로써 이웃(neighbor) 확인과 동작 여부를 확인하는데 사용한다. Hello 메시지 전송 주기는 10초이다.

❷ Database Description(DD)

새로 연결된 라우터가 Hello 메시지를 통해 이웃을 파악하면, 이웃은 이 메시지를 새로 연결된 라우터로 전송하게 된다. 이 DD 메시지에는 완전한 라우팅 테이블 정보가 아닌 간략한 요약 데이터만 전송한다. 이 메시지를 수신한 라우터는 필요한 정보를 요청하기 위해 Link State Request(LSR) 메시지를 사용한다. 다시 말해 DD 메시지에서 전송하는 정보는 각 링크에 대한 요약 정보가 포함된다.

❸ Link State Request(LSR)

새로 연결된 라우터가 DD 메시지를 수신한 후, 필요한 경로에 대한 더 많은 정보를 요청하고자 할 때 사용하는 메시지이다. 이 메시지를 수신한 라우터는 Link State Update(LSU) 메시지로 응답하게 된다.

❹ Link State Update(LSU)

인접 라우터의 요청을 수신했을 경우, 링크 상태에 변화가 있는 경우에만 경로 정보를 전송하게 되는데, 이때 사용하는 정보를 링크 상태 광고(LSA : Link State Advertisement)라고 한다. 다음 **〈표 6-3〉**은 LSU가 광고하는 정보와 내용을 설명하고 있으며, **[그림 6-18]**에서 각 메시지의 동작을 보여주고 있다.

❺ Link State Acknowledgement(LSAck)

모든 라우터는 수신한 LSU 메시지에 대해 확인 응답함으로써 라우팅을 더욱 안정적으로 동작할 수 있게 한다. 이때 사용하는 확인 응답 메시지이다.

하나의 영역 내에서의 OSPF 동작을 살펴보면, 영역 내 라우터는 인접 라우터와의 접속 확인을 위해 Hello 메시지를 전송한다. 보통 10초에 1번 Hello 메시지를 송신하게 되는데, 4번(40초)까지 기다려도 응답이 오지 않는 경우엔 접속이 끊어졌다고 판단한다. 이렇게 변화된 상태를 라우터가 감지하면 **〈표 6-3〉**의 LSA 정보를 사용하는 LSU 메시지를 다른 라우터로 전송함으로써 변화된 네트워크 상태를 전달하게 된다. 각 라우터는 전달받은 정보들을 사용하여 Link State Database(LSD)를 생성하고, 이를 Dijkstra 알고리즘을 사용해 라우팅 테이블을 생성하게 된다. **[그림 6-19]**에서는 하나의 영역 내의 라우터 A가 LSD를 생성하고, 이를 Dijkstra 알고리즘을 통해 최종 라우팅 테이블을 구성하는 모습을 보여주고 있다.

〈표 6-3〉 LSA 분류 및 내용

종류	사용범위	내용
라우터 링크 LSA	영역 내 라우터들끼리	라우터에 연결된 모든 링크의 정보를 플러딩한다. 링크의 종류로는 [그림 6-17]과 같이 point-to-point, transient, Stub, Virtual 등이 있다.
네트워크 링크 LSA	영역 내 라우터들끼리	링크의 종류 중 transient 링크에서 지정된 대표 라우터가 연결된 모든 라우터들의 정보를 플러딩한다.
네트워크 요약 링크 LSA	영역 경계 라우터들끼리	영역 경계 라우터에서 영역 내의 간단한 라우팅 정보(네트워크 마스크 및 메트릭 값)를 다른 영역으로 플러딩한다.
AS 요약 링크 LSA	경계 라우터들끼리	경계 라우터에서 생성하는 정보로, 임의의 라우터에서 경계 라우터까지의 경로를 알 수 있도록 경계 라우터로의 정보(네트워크 마스크 및 메트릭 값)를 생성하여 영역 경계 라우터로 전송하고, 영역 경계 라우터는 연결된 라우터로 플러딩한다.
외부 링크 LSA	경계 라우터들끼리	하나의 AS 내 경계 라우터는 다른 AS의 경계 라우터의 정보(네트워크 마스크 및 메트릭 값) 전달받아 AS 내의 라우터로 플러딩한다.

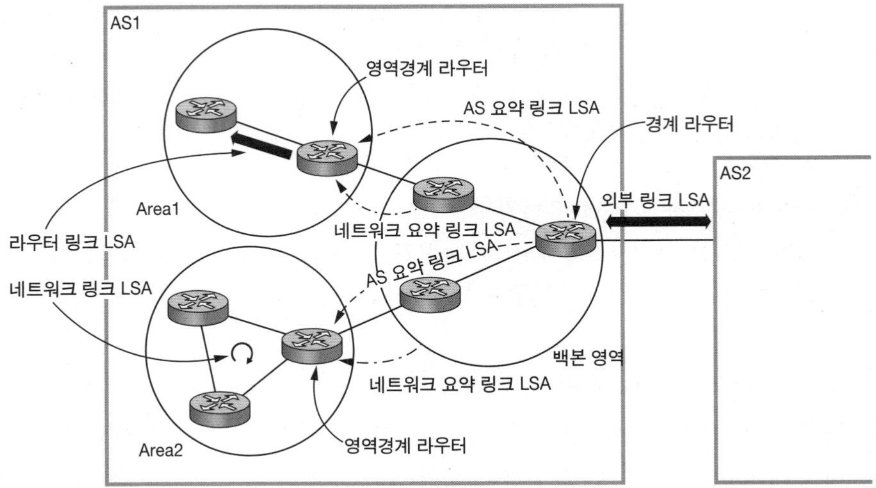

[그림 6-18] LSA 동작 및 범위

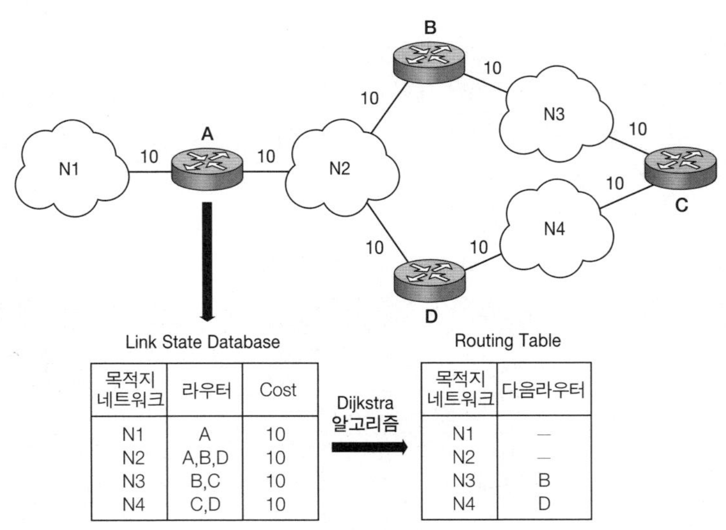

목적지 네트워크	라우터	Cost
N1	A	10
N2	A,B,D	10
N3	B,C	10
N4	C,D	10

목적지 네트워크	다음라우터
N1	—
N2	—
N3	B
N4	D

[그림 6-19] 하나의 영역 내의 OSPF 동작 예

OSPF 메시지로는 Hello, Database Description, Link State Request, Link State Update, Link State Acknowledgment 메시지 등이 있다.

미니강의 RIP와 OSPF 메시지 종류

RIP에서 사용하는 메시지는 하나밖에 없었다. 이 메시지는 라우팅 테이블 정보를 이용하여 인접 라우터의 동작도 함께 전송하는 것이다. 이러한 방식은 라우터 수가 많아지면서 매번 교환하는 라우팅 테이블 정보가 커지는 단점을 가지게 되며, 경로가 안정화되어 변화가 없는 경우에도 라우팅 테이블 정보를 반복해서 주기적으로 전송하여 대역폭을 낭비하는 단점을 가지게 된다.
이와 달리 OSPF에서는 각 기능을 정의한 5가지 메시지를 통해 역할을 분담하기 때문에 트래픽을 감소시키면서 신속하게 경로를 갱신할 수 있는 장점을 갖는다.

6.4 BGP

RIP와 OSPF의 네트워크 크기가 커짐에 따른 확장성 문제와 서로 교환하는 라우팅 테이블 정보의 양이 많아지는 문제를 해결하기 위해 여러 AS들끼리 라우팅을 위한 새로운 라우팅 프로토콜이 필요하게 되었다. 이에 AS 간의 라우팅 프로토콜로 BGP가 1989년 RFC 1105에서 처음 제안되었고, 이후 BGPv2, BGPv3를 거쳐 현재에는 1995년 RFC 1771에 제안한 BGPv4가 사용되고 있다.
AS 간 라우팅 프로토콜인 BGP는 **경로 벡터 라우팅(Path Vector Routing)** 방식을 사용한다. 이 방식은 목적지까지 전달하기 위해 지나가는 AS 번호들을 메트릭으로 사용하여 경로를 설정하는 것이다.

(1) 경로 벡터 라우팅

각 AS 안에는 다른 라우터들을 대신하여 경로 벡터 라우팅을 하기 위한 특별한 라우터가 지정되는데, 이를 스피커 노드(speaker node)라 하며, 하나의 AS 안에는 한 개 또는 여러 개의 스피커 노드를 지정할 수 있다. 경로 벡터 라우팅에서는 같은 AS 내의 스피커 노드끼리 전송을 담당하는 IBGP(Internal BGP) 연결과, 다른 AS의 스피커 노드끼리 전송을 담당하는 EBGP(External BGP) 연결이 존재한다. **[그림 6-20]**에서는 각 AS(AS1 ~ AS5)의 스피커 노드들은 EBGP로 연결되어 있고, AS4, AS5 내의 스피커 노드들은 IBGP로 연결되어있는 모습을 볼 수 있다. 또한, AS1 안에 두 개의 네트워크가 존재하며, AS3에 역시 두 개의 네트워크가 존재한다고 가정한다. 네트워크 정보를 보면 BGP는 클래스 주소 없는 방식과 VLSM을 지원하고 있음을 알 수 있다.

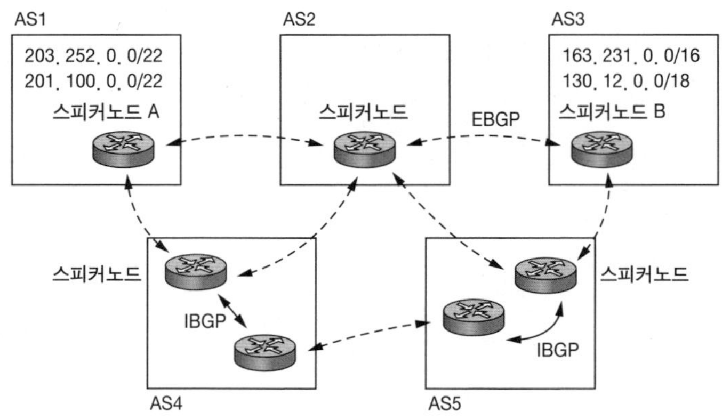

[그림 6-20] 경로 벡터 라우팅 연결 모습

각 스피커 노드들은 경로 벡터 라우팅에 사용하는 라우팅 테이블을 생성하여 다른 AS 내의 스피커 노드에게 전달하게 되는데, 이때 전달되는 정보는 목적지까지의 AS 번호들을 전달하게 된다.

AS 간 라우팅 프로토콜인 BGP는 경로 벡터 라우팅(Path Vector Routing) 방식을 사용한다. 이 방식에서는 목적지까지 전달하기 위해 지나가는 AS 번호들을 메트릭으로 사용하여 경로를 설정한다.

(2) 동작 과정

BGP를 사용하는 스피커 노드 간에는 라우팅 정보를 교환하기 위해 연결을 설정하게 된다. 즉, BGP는 연결을 유지하고 정보를 교환하기 위해 TCP 179번 포트를 사용한다. **[그림 6-20]**의 AS 구조에서 BGP 동작 과정을 살펴보면 다음과 같다.

❶ AS 내의 스피커 노드는 AS 내의 존재하는 모든 네트워크 정보(연결 정보)를 유지하게 된다. 이때 네트워크 정보는 클래스 없는 주소지정 방법과 VLSM을 사용해 간단히 표현할 수 있다.

❷ 각 AS 내의 스피커 노드에서 유지하는 정보는 다른 AS 내의 스피커 노드에게 서로 교환되어 안정화된 최종 라우팅 테이블을 유지하게 된다. 이때 안정화된 라우팅 테이블 정보에는 목적지 네트워크까지 지나가는 AS 번호들의 리스트(경로)를 가지게 된다.

[그림 6-20]의 스피커 노드(A, B)에서의 라우팅 테이블 변화 모습을 **[그림 6-21]**에서 보여주고 있다. 여기서 참고할 사항은 AS1에서 AS3에 있는 목적지 네트워크(163.231.0.0/16)로 여러 경로가 존재하는 경우에는 짧은 경로(경로1)를 선택하여 전송한다는 것을 유의하도록 한다.

- 경로 1 : AS1 -> AS2 -> AS3
- 경로 2 : AS1 -> AS4 -> AS5 -> AS3
- 경로 3 : AS1 -> AS2 -> AS5 -> AS3

이것이 거리 벡터 라우팅과 유사한 점이라 할 수 있다.

[그림 6-21] 스피커 노드(A, B)에서 라우팅 테이블 변화 모습

BGP는 연결을 유지하고 정보를 교환하기 위해 TCP 179번 포트를 사용한다.

(3) 메시지 종류

BGP 동작 과정에서 사용하는 메시지는 Open, Update, Keepalive, Notification 메시지 등 총 4가지 종류를 사용하고 있다. 여기서는 이들 메시지에 대해 간략히 살펴보기로 한다.

❶ Open 메시지

BGP로 동작하는 라우터가 인접 라우터와 이웃 관계 설정을 위해 TCP 연결 후 관련 파라미터들을 협상하기 위해 사용하는 메시지이다. 이웃 관계가 성립되면 Keepalive 메시지를 전송하고, 거절하게 되면 그 원인과 설명을 Notification 메시지로 전송하게 된다.

❷ Update 메시지

BGP 동작에 사용하는 가장 중요한 메시지로, 기존 목적지 주소가 취소되거나, 새로운 목적지 경로가 발생 된 경우 즉, 경로의 변동이 발생한 경우 이 메시지를 통해 알려준다.

❸ keepalive 메시지

Open 메시지의 확인 메시지로 사용되며, 서로 인접 라우터로 자신의 동작을 알려주기 위해 주기적으로 전송하는 메시지이다.

❹ Notification 메시지

오류 상황이 감지되거나 연결을 닫고자 할 때 사용하는 메시지이다.

BGP 메시지 종류로는 Open, Update, Keepalive, Notification 메시지로 구성되어 있다.

미니강의 BGP 장점

RIP와 OSPF과 같은 AS 내의 라우팅 프로토콜은 AS 내의 목적지까지의 경로 중에 최적의 경로를 찾아주지만, BGP는 목적지까지 가기 위해 어떤 AS들을 거쳐야 하는지에 대해 알려주는 프로토콜이다.
BGP의 장점으로는 거리 벡터 라우팅에서 발생할 수 있는 경로의 루프 발생을 방지할 수 있으며, VLSM과 이를 통한 CIDR를 지원하기 때문에 라우팅 테이블 크기를 줄일 수 있는 장점을 갖는다.

요약정리 SUMMARY

01 최적의 경로를 찾기 위해서 사용하는 네트워크 정보(홉 수, 대역폭, 지연시간 등)를 비용(cost) 또는 메트릭(metric)이라고 하며, 이 정보를 사용하여 최적의 경로를 찾는 알고리즘을 라우팅 알고리즘(Routing Algorithm), 라우팅 알고리즘을 사용하는 프로토콜을 라우팅 프로토콜(Routing Protocol)이라고 한다. 또한, 라우터는 라우팅 프로토콜을 사용하여 각 목적지 네트워크로의 경로 정보를 유지하게 되는데, 이를 라우팅 테이블(Routing Table)이라 한다.

02 라우터가 라우팅 테이블을 생성하고 유지하는 방법에 따라 정적 라우팅(Static Routing)과 동적 라우팅(Dynamic Routing)으로 구분할 수 있다.

03 네트워크를 계층적이고 체계적으로 관리하기 위해서 AS 개념을 사용하고, AS 내에서 수행하는 라우팅을 내부 게이트웨이 라우팅 프로토콜인 IGP라 하며, AS 간의 라우팅을 외부 게이트웨이 라우팅 프로토콜인 EGP라 한다. IGP에는 RIP와 OSPF 그리고 IGRP, EIGRP 등이 있으며, EGP에는 BGP가 사용되고 있다.

04 RIP에서 사용하는 라우팅 테이블 갱신 방법은 Bellman–Ford 알고리즘을 사용한다. 이 알고리즘은 네트워크 환경에서 인접 라우터로부터 전송받은 정보로 자신의 라우팅 테이블을 갱신하는 방법을 사용한다.

05 네트워크의 변화된 상황을 모든 라우터가 판단하기 위해 많은 시간이 소요되는 문제를 해결하기 위해서 RIP에서는 다음과 같은 4가지 방법을 사용한다.

❶ 무한대 홉 수로 16을 사용하는 방법
❷ Split–Horizon 방법
❸ Poison–Reverse 방법
❹ Triggered Update 방법

06 대규모 네트워크에 대한 라우팅을 위해 OSPF 라우팅 프로토콜을 개발하였다. OSPF는 링크 상태(Link-state) 라우팅 기법으로, Dijkstra 알고리즘을 사용해 최적의 경로를 계산한다.

07 OSPF는 경계 라우터, 백본 라우터, 영역 경계 라우터들을 사용하여 계층적으로 구성되어 있다.

08 OSPF 메시지로는 Hello, Database Description, Link State Request, Link State Update, Link State Acknowledgment 메시지 등이 있다.

09 AS 간 라우팅 프로토콜인 BGP는 경로 벡터 라우팅(Path Vector Routing) 방식을 사용한다. 이 방식에서는 목적지까지 전달하기 위해 지나가는 AS 번호들을 메트릭으로 사용하여 경로를 설정한다.

10 BGP는 연결을 유지하고 정보를 교환하기 위해 TCP 179번 포트를 사용한다.

11 BGP 메시지 종류로는 Open, Update, Keepalive, Notification 메시지로 구성되어 있다.

연습문제 EXERCISE

01 RIP에서 사용하는 메트릭은 무엇인가?

① 홉 수　　② 대역폭
③ 에러율　　④ 지연시간

02 RIP에서 최대 통과할 수 있는 라우터 수는 얼마인가?

① 13　　② 14
③ 15　　④ 16

03 다음 중 내부 라우팅 프로토콜이 아닌 것은?

① RIP　　② OSPF
③ IGRP　　④ BGP

04 RIP에서 Slow Convergence 문제를 해결하기 위한 방법을 모두 나열하시오.

05 다음 중 RIP와 관련된 키워드가 아닌 것은?

① 거리 벡터 라우팅　　② Bellman-Ford 알고리즘
③ TCP 520번　　④ 브로드캐스트

06 OSPF는 (　　　　) 라우팅 기법으로 (　　　　) 알고리즘을 사용해 최적의 경로를 계산한다.

07 OSPF 계층적 구조에서 사용되고 있는 라우터들의 종류 3가지를 나열하시오.

08 OSPF 메시지 중에서 이웃 관계를 생성하고, 이웃으로의 도달 가능성을 시험하기 위해서 사용하는 메시지는 무엇인가?

09 OSPF 메시지 중에서 완전한 데이터베이스 정보가 아닌 요약 정보만을 전송하는 메시지는 무엇인가?

10 OSPF 메시지 중에 Link State Update 메시지가 전송하는 정보로 링크의 상태와 변화된 경로 정보를 무엇이라 하는가?

11 AS 간 라우팅 프로토콜인 (   )는 (   ) 라우팅 방식을 사용한다.

12 다음 중 BGP와 관련된 키워드가 아닌 것은?

① 스피커 노드 ② 경로 벡터 라우팅
③ UDP 179번 ④ VLSM 지원

13 다음 용어를 설명하시오.

① 라우팅 프로토콜
② 라우팅 알고리즘
③ 메트릭
④ 라우팅 테이블

14 BGP 메시지 중에서 경로에 변화가 생겼을 때 알려주는 메시지는 무엇인가 ?

15 다음 중 OSPF에서 사용하는 링크의 종류가 아닌 것은?

① 점대점 링크 ② 멀티드롭 링크
③ 가상 링크 ④ 스터브 링크

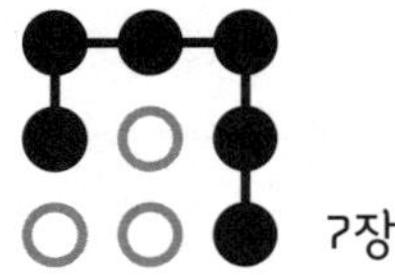

7장

ICMP

IP를 사용한 데이터 전송은 전송 중 발생한 여러 가지 문제들에 대해 처리를 못하는 비신뢰성 서비스를 제공한다. 이에 송신지에게 데이터 전송 중 네트워크상에 발생한 문제들을 알 수 있게 하거나, 네트워크 상황을 미리 진단하는 것이 매우 중요하다. 이 장에서는 네트워크 상황을 진단하거나 전송 중에 발생한 문제를 보고하는데 사용하는 ICMP 프로토콜에 대해 학습하기로 한다.

- ICMP의 필요성과 개념에 대해 이해할 수 있다.
- 다양한 ICMP 질의 메시지들을 살펴보고, 동작 과정을 이해한다.
- 다양한 ICMP 에러 메시지들을 살펴보고, 동작 과정을 이해한다.

7.1 ICMP 개요

(1) 개요

IP는 에러제어와 흐름제어를 제공하지 않는 비신뢰성 전송 서비스를 제공하기 때문에 송신지 IP는 전송 중 데이터그램에 발생한 문제에 대해 알지 못한다. 참고로, 전송 중에 발생 가능한 문제들의 예를 살펴보면, 전송 중 데이터그램에 에러가 발생하여 라우터에서 폐기되거나, 라우터에서 IP 헤더의 TTL 값이 0이 되어 데이터그램을 폐기하는 경우, 또는 최종 목적지에서 단편화된 데이터그램을 모두 수신하지 못해 폐기하는 경우 등을 생각할 수 있다. 이러한 여러 가지 이유로 데이터그램이 목적지까지 제대로 전송되지 못했을 경우나 목적지에서 폐기되는 경우에 송신지 IP는 이 사실을 알 수 있는 방법이 없다는 것이다. 이런 IP의 부족한 점을 보완해 줄 필요성이 생기게 되었는데, 이를 위해 개발된 프로토콜이 ICMP(Internet Control Message Protocol) 프로토콜이다.
결론적으로, ICMP 프로토콜은 데이터그램 전송 중 발생 된 여러 가지 에러 상황에 대해 송신지 IP에게 보고하는 기능을 제공하고 있으며, 더불어 특정 호스트 및 네트워크 상태를 진단할 수 있는 기능을 제공하고 있다.

ICMP 프로토콜은 데이터그램 전송 중 발생 된 여러 가지 에러 상황에 대해 송신지 IP에게 보고하는 기능을 제공하고 있으며, 더불어 특정 호스트 및 네트워크 상태를 진단할 수 있는 기능을 제공하고 있다.

(2) 기능

ICMP는 송신지에게 네트워크상의 다양한 에러 상황을 통보하거나 네트워크 상태를 진단할 수 있는 기능을 제공하고 있다. 하지만, ICMP는 이러한 상황을 판단할 수 있는 근거 데이터만 제공할 수 있어 문제 해결을 위한 기능은 상위 계층 프로토콜이 담당해야 한다. ICMP 프로토콜은 다음과 같은 두 가지 기능을 제공한다.

❶ **에러 보고**(Reporting) **기능**

데이터그램 전송 중에 발생 된 여러 가지 에러 상황을 송신지 IP에게 통보하는 기능이다.

❷ **질의**(Query) **기능**

사용자가 특정 호스트 또는 네트워크의 여러 가지 상황을 진단하기 위해 질의하는 기능이다.

ICMP는 에러 보고 기능과 질의 기능으로 구성되어 있다.

(3) 캡슐화 및 헤더

네트워크 계층 프로토콜인 ICMP는 메시지 형식으로 전송된다. 특이한 점은 ICMP가 네트워크 계층 프로토콜임에도 불구하고 IP 헤더로 캡슐화되어 IP 데이터그램 형식으로 전송된다는 것이다. 따라서 역다중화를 위해 사용하는 IP 헤더 내의 protocol 필드 값은 1로 설정된다. **[그림 7-1]**에서는 ICMP 캡슐화와 헤더 형식을 보여주고 있다.

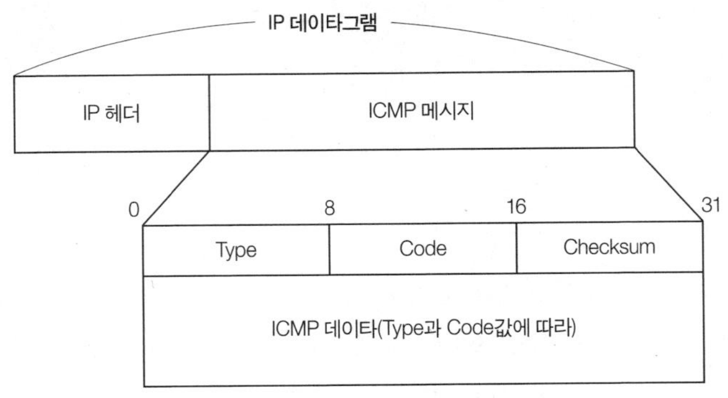

[그림 7-1] ICMP 캡슐화 및 헤더 형식

[그림 7-1]에서 보는 바와 같이 ICMP 헤더는 4바이트 공통 헤더와 ICMP 메시지 종류에 따라 달라지는 ICMP 데이터 부분으로 구분되고 있다. **〈표 7-1〉**에서는 ICMP 헤더 내용을 설명하고 있다.

〈표 7-1〉 ICMP 헤더 내용

필드명	설명
Type	ICMP 메시지 유형을 의미한다. 참고로 유형은 크게 에러(Error)와 질의(Query)로 구분된다.
Code	Type 값의 세부 내용을 나타내며, Type과 Code 값을 조합하여 ICMP 메시지의 유형과 내용을 정의한다.
Checksum	ICMP 메시지에 대한 에러검사 필드이다.
ICMP data	Type과 Code 값에 따라 다른 데이터가 포함되는데, 특히 에러 메시지인 경우는 해당 에러를 발생시킨 IP 데이터그램의 IP 헤더와 데이터의 처음 8바이트(특히, TCP 또는 UDP 헤더 부분)를 포함한다.

네트워크 계층 프로토콜인 ICMP는 메시지 형식으로 전송되며, IP 헤더로 캡슐화되어 IP 데이터그램 형식으로 전송된다.

(4) 메시지 종류

ICMP 프로토콜에서 사용하는 메시지의 종류는 **〈표 7-2〉**에서 보는 바와 같이 크게 질의와 에러 메시지로 나눌 수 있다.

〈표 7-2〉 ICMP 메시지 종류

Type	Code	설명	용도	
			Query	Error
0	0	Echo Reply	●	
3		Destination Unreachable		
	0	Network Unreachable		●
	1	Host Unreachable		●
	3	Port Unreachable		●
	4	Fragmentation Needed and DF bit set		●
4	0	Source quench		●
5		Redirect		
	1	Redirect for host		●
8	0	Echo request	●	
9	0	Router advertisement	●	
10	0	Router solicitation	●	
11		Time Exceeded		
	0	time-to-live equals 0 during transit		●
	1	time-to-live equals 0 during reassembly		●
12		Parameter Problem		
	0	IP header bad		●
	1	required option missing		●
13	0	Timestamp request	●	
14	0	Timestamp reply	●	
15	0	Information request	●	
16	0	Information reply	●	
17	0	Address mask request	●	
18	0	Address mask reply	●	

미니강의 폐기된 ICMP 메시지

현재 IETF에서는 다음과 같은 ICMP 메시지가 폐기되었음을 알리고 있다.

- Router advertisement / solicitation 메시지 : ARP가 대체
- Information 요청 / 응답 메시지 : DHCP가 대체
- Address mask 요청 / 응답 메시지 : DHCP가 대체

또한, 라우터 요구사항 RFC(Router Requirement RFC)에서는 다음 ICMP 메시지를 사용하지 않도록 권고하고 있다.

- Source quench 메시지(네트워크 자원 소모 및 TCP에서 혼잡제어 기능 제공)

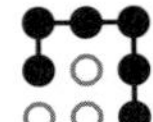

7.2 ICMP 질의 메시지

(1) Echo 요청 / 응답 메시지

ICMP의 대표적인 질의 메시지로, 작은 데이터(32바이트)를 원격 호스트에 보내 이에 대한 응답이 오는지를 기다려 작동 여부를 확인하는 메시지이다. 이 메시지를 사용하는 대표적인 프로그램이 **ping**(Packet InterNet Groper) 프로그램으로, 만약 원격 호스트에 접속(예를 들어, web 또는 telnet이나 FTP)이 되지 않을 때 사용자가 가장 먼저 확인해 볼 수 있는 프로그램이다. 사용자가 ping 명령어를 사용하여 Echo 요청 메시지를 전송하면 원격 호스트가 동작할 경우 Echo 응답 메시지를 사용하여 응답하게 된다.

1) 메시지 형식

ping 프로그램이 사용하는 Echo 요청 / 응답 메시지 형식은 **[그림 7-2]**와 같고, 각 필드에 대한 설명은 **〈표 7-3〉**과 같다.

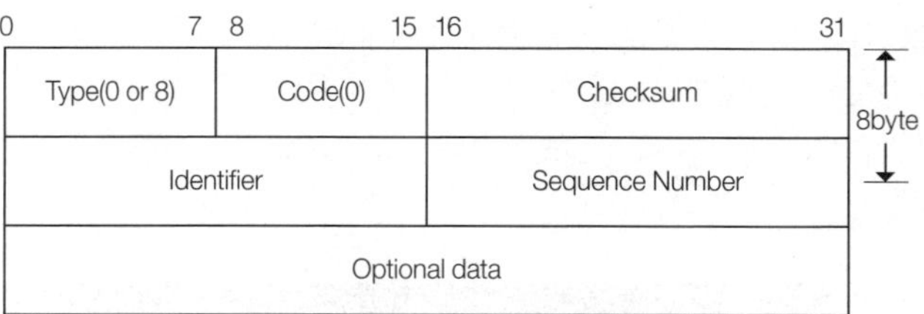

[그림 7-2] Echo 요청 / 응답 메시지 형식

〈표 7-2〉 Echo 요청 / 응답 메시지 필드 설명

필드명	설명
Type	요청은 8, 응답은 0을 갖는다.
Code	요청 / 응답 모두 0을 갖는다.
Identifier	요청일 때 ping 프로세스 ID를 갖고, 응답은 같은 값을 갖는다.
Sequence number	임의의 값부터 시작되며, 순차적으로 증가한다. 요청과 응답은 같은 값을 갖는다.
Optional data	요청일 때 보내는 임의의 데이터로 크기는 32바이트이다. 응답은 받은 데이터를 그대로 보낸다.

2) 동작 실습

실습하기 ping 명령어

❶ 실습 방법

- 특정 호스트(www.booksr.co.kr)에 대해 ping 명령어를 실행한다.

```
c:\ping www.booksr.co.kr
```

❷ 결과 분석

- ARP 수행 여부를 확인하기 위해 먼저, ARP 캐시를 삭제하는 절차를 진행한다.
- 특정 호스트로 4개의 32바이트 echo 요청 메시지를 보냄으로써 4개의 응답 메시지가 수신된 것을 볼 수 있다. 시간(RTT : Round Trip Time)을 보면 첫 번째 메시지가 10ms로 가장 오래 걸린 것을 볼 수 있다. 이는 ARP가 동작한 것으로 판단할 수 있다.

- 전송된 요청 메시지와 응답 메시지에 대한 통계 정보를 보여주고 있다. 4개의 메시지가 모두 손실 없이 도착했음을 알 수 있다.
- 왕복 시간(RTT)에 대한 통계 정보로 최대 10ms, 최소 5ms, 평균 7ms 걸린 것을 보여주고 있다.

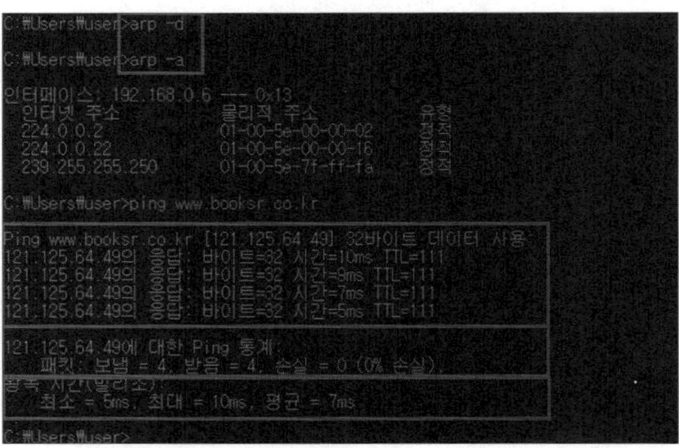

[그림 7-3] ping 명령어 동작 실습

- **[그림 7-4]**는 첫 번째 ping 요청(echo 요청) 메시지를 나타내며, **[그림 7-5]**는 응답 메시지인 ping 응답(echo 응답) 메시지를 보여주고 있다.

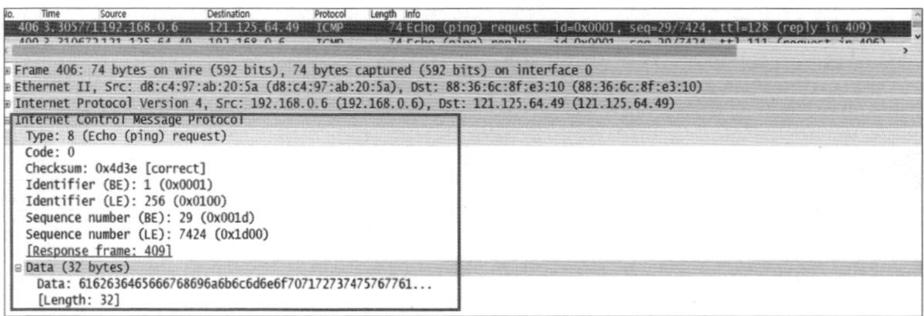

[그림 7-4] ping 요청 메시지 화면

```
No. Time     Source         Destination    Protocol Length Info
406 3.305771 192.168.0.6    121.125.64.49  ICMP     74 Echo (ping) request  id=0x0001, seq=29/7424, ttl=128 (reply in 409)
409 3.310672 121.125.64.49  192.168.0.6    ICMP     74 Echo (ping) reply    id=0x0001, seq=29/7424, ttl=111 (request in 406)

Frame 409: 74 bytes on wire (592 bits), 74 bytes captured (592 bits) on interface 0
Ethernet II, Src: 88:36:6c:8f:e3:10 (88:36:6c:8f:e3:10), Dst: d8:c4:97:ab:20:5a (d8:c4:97:ab:20:5a)
Internet Protocol Version 4, Src: 121.125.64.49 (121.125.64.49), Dst: 192.168.0.6 (192.168.0.6)
Internet Control Message Protocol
  Type: 0 (Echo (ping) reply)
  Code: 0
  Checksum: 0x553e [correct]
  Identifier (BE): 1 (0x0001)
  Identifier (LE): 256 (0x0100)
  Sequence number (BE): 29 (0x001d)
  Sequence number (LE): 7424 (0x1d00)
  [Request frame: 406]
  [Response time: 4.901 ms]
  Data (32 bytes)
    Data: 6162636465666768696a6b6c6d6e6f707172737475767761...
    [Length: 32]
```

[그림 7-5] ping 응답 메시지 화면

- 이 들 각 필드 값에 대한 설명은 **〈표 7-4〉**에서 설명하고 있다.

〈표 7-4〉 ping 요청 / 응답 메시지 필드 설명

필드명	설명
Type과 Code	요청은 (8,0)이, 응답은 (0,0)을 갖는다.
Identifier	모두 같은 값(0x0001, 십진수로 1)을 가지고 있다.
Sequence number	메시지 하나당 같은 순서 번호를 갖는다. (0x001d, 십진수로 29)
Data	32바이트 크기의 데이터를 사용함으로 볼 수 있다.

- 실습에서 보여준 ping 프로그램의 전체적인 동작 과정을 살펴보면 **[그림 7-6]**과 같다. 4개의 메시지 모두 Identifier 값은 같고, Sequence Number는 순차적인 값을 갖는다는 것을 볼 수 있다.

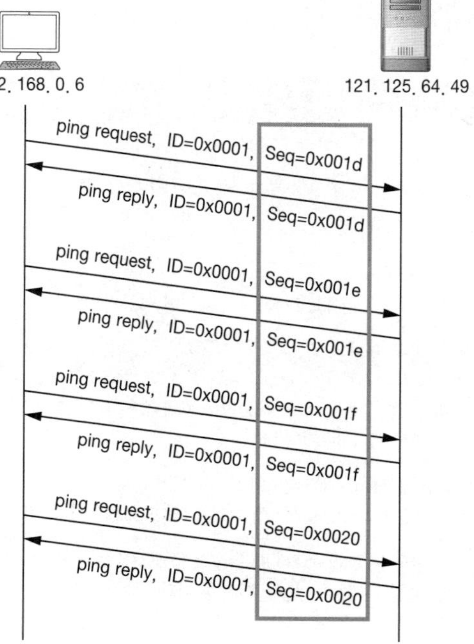

[그림 7-6] ping 명령어의 전체 동작 과정

3) 결론

Echo 요청 / 응답 메시지를 사용하는 ping 명령어를 통해 우리가 알 수 있는 정보는 다음과 같다.

❶ 원격지 호스트 및 라우터의 동작 여부를 알 수 있다. (최근에는 보안 문제로 인해 방화벽이나 라우터 또는 해당 호스트가 ICMP 프로토콜의 접근을 막는 경우가 있어, 원격지 호스트가 동작하여도 응답 메시지가 오지 않을 때도 있다.)

❷ 원격지 호스트까지 왕복 시간을 알 수 있으며, 이를 통해 네트워크 상황(idle or busy)을 짐작할 수 있는 근거로 사용할 수 있다.

❸ 기본적으로 4개의 요청 메시지가 전송되는데 네트워크 상황에 따라 몇 개의 메시지가 수신되고, 중간에 손실되는지를 통계 정보를 통해 알 수 있다.

❹ ping 명령어의 옵션(-r)을 통해 원격지 호스트 도착까지 존재하는 라우터의 IP 주소(단, 9개까지 가능)도 확인할 수 있다.

미니강의 ping 명령어 옵션들

ping 명령어의 사용법은 〈표 7-5〉에서 보는 바와 같이 여러 옵션을 사용하여 여러 가지 정보를 얻을 수 있다.

〈표 7-5〉 ping 명령어 사용법

옵션	설명
`-n count`	목적지로 전송될 echo 요청 메시지의 개수를 지정할 수 있다. count 값은 보내고자 하는 메시지 개수이다.
`-l size`	기본적으로 ping 메시지의 크기는 32바이트이지만, 이 옵션을 사용하면 메시지의 크기를 지정하여 발생시킬 수 있다(최대 65,500바이트).
`-r count`	IP 옵션 중 Record Route 옵션과 함께 사용하여 목적지까지 중간에 존재하는 라우터를 출력할 수 있는 옵션이다. 이때, count 값은 최대 9까지 가능하다.

이 중에서 -r 옵션을 사용한 예를 보면, **[그림 7-7]**에서 보듯이 특정 호스트까지 존재하는 3개의 라우터 주소(Outgoing interface)가 출력되는 것을 볼 수 있다.

```
C:₩Users₩user>ping -r 3 www.booksr.co.kr

Ping www.booksr.co.kr [121.125.64.49] 32바이트 데이터 사용:
121.125.64.49의 응답: 바이트=32 시간=91ms TTL=111
    경로: 210.102.149.161 ->
           192.168.2.60 ->
           210.102.151.171
121.125.64.49의 응답: 바이트=32 시간=73ms TTL=111
    경로: 210.102.149.161 ->
           192.168.2.60 ->
           210.102.151.171
121.125.64.49의 응답: 바이트=32 시간=59ms TTL=111
    경로: 210.102.149.161 ->
           192.168.2.60 ->
           210.102.151.171
121.125.64.49의 응답: 바이트=32 시간=71ms TTL=111
    경로: 210.102.149.161 ->
           192.168.2.60 ->
           210.102.151.171

121.125.64.49에 대한 Ping 통계:
    패킷: 보냄 = 4, 받음 = 4, 손실 = 0 (0% 손실),
왕복 시간(밀리초):
    최소 = 59ms, 최대 = 91ms, 평균 = 73ms
```

[그림 7-7] ping -r 옵션 사용 예

ping 명령어를 사용하여 echo 요청 메시지(8,0)를 전송하면 원격 호스트가 동작할 경우 echo 응답 메시지(0,0)를 사용하여 응답하게 된다.

(2) Timestamp 요청 / 응답 메시지

Timestamp 메시지를 사용하는 목적은 다음과 같다.

- 두 시스템 간의 메시지 왕복 시간을 계산할 수 있다.
- 두 시스템의 시간을 동기화 할 수 있다.

이때, 사용하는 시간은 그리니치 표준시(Greenwich Mean Time)인 세계 표준시를 밀리세컨드(milliseconds) 단위로 표현하여 사용하고 있다. 참고로, 이 값은 86,400,000(24시간 X 60분 X 60초 X 1000ms)보다는 작아야 한다.

1) 메시지 형식

Timestamp 요청 / 응답 메시지 형식은 **[그림 7-8]**과 같고, 각 필드에 대한 설명은 **〈표 7-6〉**과 같다. 참고로, Identifier와 Sequence Number는 echo 요청 / 응답과 같은 내용이라 설명은 생략하기로 한다.

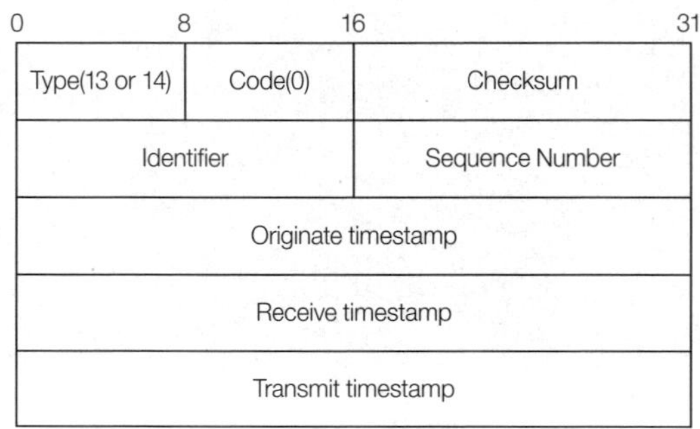

[그림 7-8] Timestamp 요청 / 응답 메시지 형식

〈표 7-6〉 Timestamp 요청 / 응답 메시지 필드 설명

필드명	설명
Type	요청은 13, 응답은 14를 갖는다.
Code	요청 / 응답 모두 0을 갖는다.
Originate Timestamp	송신지에서 요청 메시지가 전송되는 시간을 의미한다.
Receive Timestamp	수신지에서 요청 메시지를 수신한 시간을 의미한다.
Transmit Timestamp	수신지에서 응답 메시지를 전송하는 시간을 의미한다.

참고로, 현재 대부분 시스템에서는 Receive Timestamp와 Transmit Timestamp 값이 같은 값을 사용하고 있다.

2) 동작 내용

송신지에서는 Originate Timestamp(*orig*) 필드에 시간을 채워 Timestamp 요청 메시지를 전송하고, 수신지에서는 Receive Timestamp(*recv*)와 Transmit Timestamp(*xmit*) 필드에 값을 채워 Timestamp 응답 메시지를 전송하게 된다. 이를 통해 다음 두 가

지 기능을 수행할 수 있다.

❶ **왕복 시간**(RTT) **계산**

다음과 같은 방식으로 왕복 시간을 계산할 수 있다.

- 왕복 시간(RTT) = xmit - orig

❷ **시간 동기화**(Clock Synchronization)

시간 동기화를 위해서는 시간 차이 값만큼 송신지에서 보정을 수행하면 된다.

- Difference = recv–orig
- 편도 시간 = 왕복 시간 / 2
- 시간 차이 = Difference–편도 시간

핵심요약

Timestamp 메시지는 두 시스템 간의 메시지 왕복 시간을 계산하거나, 두 시스템의 시간을 동기화하기 위해 사용한다.

미니강의 **폐기된 메시지**

❶ Address mask 요청 / 응답 메시지

Diskless System 상에서 터미널 장비가 부팅 시에 서브넷 마스크값을 얻고자 할 때 네트워크상에 Address mask 요청 메시지를 브로드캐스트하며, 이 정보를 알고 있는 서버 시스템이 Address mask 응답 메시지로 응답한다.

❷ Router Solicitation / Advertisement

호스트가 부팅될 때 Router Solicitation 메시지를 브로드캐스트나 멀티캐스트 형식으로 전송하여 주변 라우터의 정보를 요청하면 라우터는 Router Advertisement 메시지를 사용하여 자신뿐만 아니라 같은 네트워크에 있는 모든 라우터의 정보를 전송한다.

7.3 ICMP 에러 메시지

ICMP는 여러 에러 상황들을 직접 수정하는 것이 아니라 단지 송신지에게 에러를 보고함으로써 이에 대한 처리를 송신지의 사용자나 상위 계층이 처리하도록 근거자료를 제공하는 것이다. ICMP 에러 메시지의 특징은 다음과 같다.

- 여러 상황에 의해 발생된 에러 메시지는 송신지에게 전달된다.
- 모든 에러 메시지의 데이터 부분에는 원래 데이터그램의 IP 헤더와 (상위 계층 프로토콜) 데이터 부분 중에서 처음 8바이트가 포함되어 전송된다. 처음 8바이트는 주로 TCP와 UDP의 포트 번호가 포함되어 송신지에서 원인 파악의 근거자료로 활용할 수 있다.

[그림 7-9]에서 보듯이 ICMP 에러 메시지에 사용되는 메시지 형식은 Type과 Code 값으로 구분할 뿐 모두 같은 형식(몇몇 메시지마다 다른 값)을 갖는다.

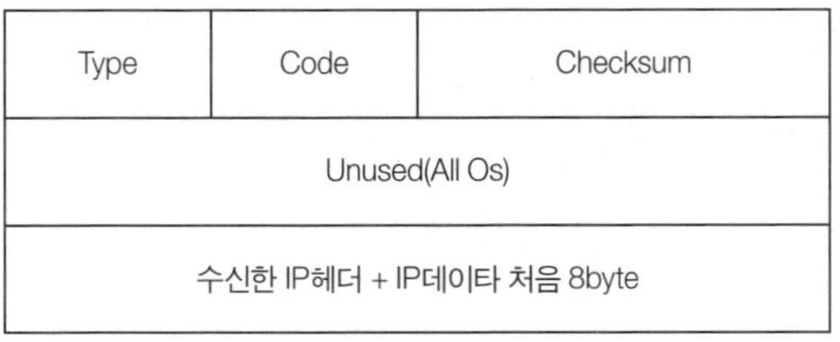

[그림 7-9] ICMP 에러 메시지 형식

ICMP 에러 메시지에는 Destination Unreachable, Source quench, Time Exceeded, Redirection, Parameter Problem 등 5가지 종류가 있다.

미니강의 **에러 메시지 발생하지 않는 경우**

ICMP 에러 메시지는 다음과 같은 경우에 발생하지 않는다. 이것은 ICMP 에러 메시지를 계속적으로 발생하는 Broadcast Storm을 방지하기 위함이다.

❶ ICMP 에러 메시지

❷ IP 브로드캐스트 주소나 멀티캐스트 주소로 가는 데이터그램
❸ 링크계층의 브로드캐스트로 주소로 전송되는 데이터그램
❹ 단편화된 것 중 처음 부분이 아닌 데이터그램
❺ 송신지 주소가 단일 호스트로 지정되지 않은 데이터그램 (Zero, 루프백 주소)

(1) Destination Unreachable 에러 메시지

Destination Unreachable 에러 메시지는 다음과 같은 상황에 발생되어 송신지로 전송된다.

- 라우터가 발생시키는 경우로, 특정 호스트나 네트워크로의 경로가 존재하지 않거나 전송을 실패한 경우로 실패한 라우터가 에러 메시지를 발생시킨다.
- 목적지 호스트가 발생시키는 경우로, 목적지의 특정 포트가 존재하지 않아 연결이 실패한 경우에 목적지가 에러 메시지를 발생시킨다.

〈표 7-2〉에서 보았듯이, Destination Unreachable 에러 메시지의 Type 값은 3이지만, Code 값은 유형에 따라 다르다(0~15), 여기서는 Code 값이 0~4인 중요한 유형만 살펴보기로 한다. Code 값에 따른 유형을 〈표 7-7〉에서 설명하고 있다.

〈표 7-7〉 Destination Unreachable 유형별 종류

Code	유형	설명
0	Network Unreachable	네트워크 회선이 단절되어 네트워크 연결이 불가능할 때 라우터에서 발생하는 에러 메시지이다.
1	Host Unreachable	라우터에서 특정 호스트로의 경로를 찾지 못했을 경우, 라우터에서 발생하는 에러 메시지이다. 예로, 특정 호스트가 네트워크 연결되지 않거나 존재하지 않는 시스템일 때이다.
3	Port Unreachable	목적지 호스트의 특정 포트(TCP 또는 UDP)가 동작하지 않아 목적지 호스트가 발생시키는 에러 메시지이다.
4	Fragmentation Needed and DF bit set	송신지에서 발생한 IP 데이터그램을 단편화해야 하나, IP 헤더의 DF(Don't Fragment) 필드가 '1'로 설정되어 단편화하지 못하는 경우 이 데이터그램을 전송받은 라우터가 발생시키는 에러 메시지이다. 이 에러 메시지는 **path MTU Discovery** 메커니즘에서 사용된다.

Destination Unreachable 에러 메시지는 다음과 같은 상황에 발생된다.

- 라우터가 발생시키는 경우로, 특정 호스트나 네트워크로의 경로가 존재하지 않거나 전송을 실패한 경우로 실패한 라우터가 에러 메시지를 발생시킨다.
- 목적지 호스트가 발생시키는 경우로, 목적지의 특정 포트가 존재하지 않아 연결이 실패한 경우에 목적지가 에러 메시지를 발생시킨다.

1) Host Unreachable 에러 메시지

Host Unreachable 에러 메시지

❶ 실습 방법

- 존재하지 않는 임의의 호스트(210.102.150.219)에 대해 ping 명령어의 실행한다.

```
c:\ping 210.103.150.219
```

❷ 결과 분석

- [그림 7-10]에서 4개의 ping 요청 메시지가 전송되지만, 각 메시지(4개의 ping 요청 메시지)에 대해서 라우터에서 경로를 찾지 못함으로써 전송에 실패하여 라우터가 전송한 에러 메시지를 볼 수 있다.

```
C:\Documents and Settings\Administrator>ping 210.102.150.219

Pinging 210.102.150.219 with 32 bytes of data:

Reply from 210.102.150.220: Destination host unreachable.
Reply from 210.102.150.220: Destination host unreachable.
Reply from 210.102.150.220: Destination host unreachable.
Reply from 210.102.150.220: Destination host unreachable.

Ping statistics for 210.102.150.219:
    Packets: Sent = 4, Received = 4, Lost = 0 (0% loss),
Approximate round trip times in milli-seconds:
    Minimum = 0ms, Maximum = 0ms, Average = 0ms
```

[그림 7-10] Host Unreachable 실습 화면

- [그림 7-11]에서 보듯이 특정 호스트(210.102.150.219)에 연결된 라우터(210.102.150.220)가 Host Unreachable 메시지를 송신지(192.168.0.3)로 전송한 결과를 볼 수 있다.
- Type 값은 3이고, Code 값은 1이다.

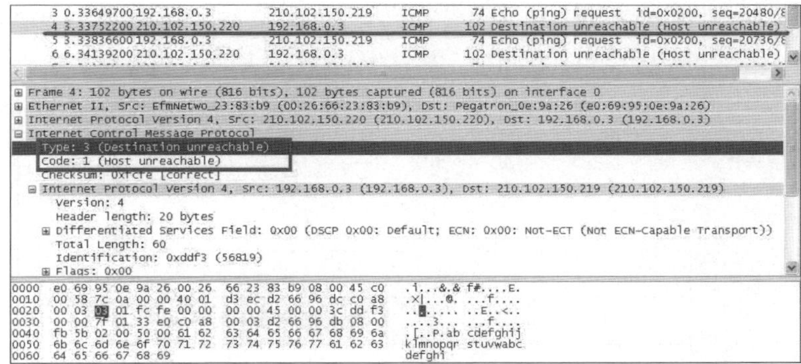

[그림 7-11] Host Unreachable 실습 결과 화면

- [그림 7-12]에서 보는 바와 같이 송신지에서 발생한 IP 헤더와 상위 계층 프로토콜 데이터(ping 요청 메시지의 처음 8바이트) 부분이 포함된 것을 알 수 있다.

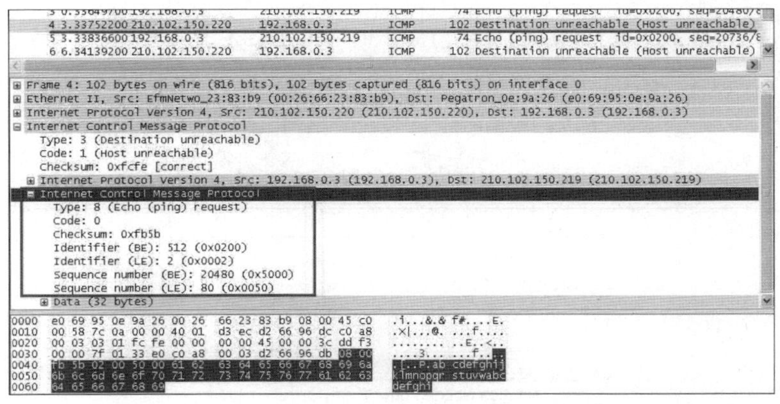

[그림 7-12] Host Unreachable 메시지의 IP 데이터그램 처음 8바이트 화면

2) Fragmentation Needed and DF bit set 에러 메시지

이 에러 메시지는 전송 경로상의 path MTU 크기를 알아내는데 사용한다. 이를 위해서 IP 헤더 내의 DF 비트를 '1'로 설정한 후 전송한다. **[그림 7-13]**은 path MTU를 알아낼 때 사용하는 메시지 형식을 보여주고 있다. MTU of next-hop network 필드에는 라우터에 연결된 MTU 값이 저장되어 전송되고, 이를 전송받은 송신지는 이들 중 가장 작은 MTU 크기를 선택하여 IP 데이터그램 크기를 결정하여 전송하게 된다.

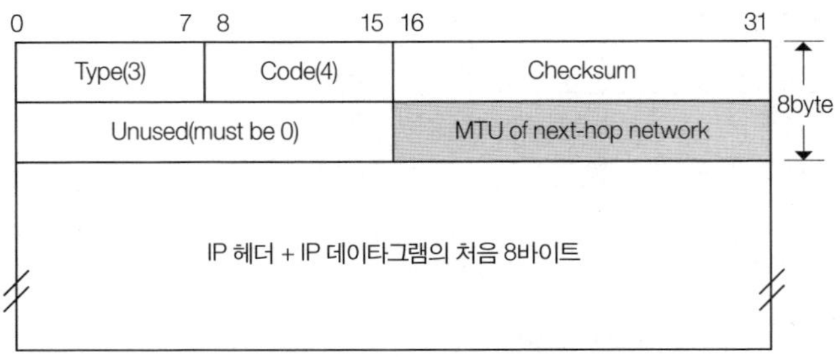

[그림 7-13] path MTU를 위한 에러 메시지 형식

이 에러 메시지의 동작 과정을 살펴보면 **[그림 7-14]**와 같다.

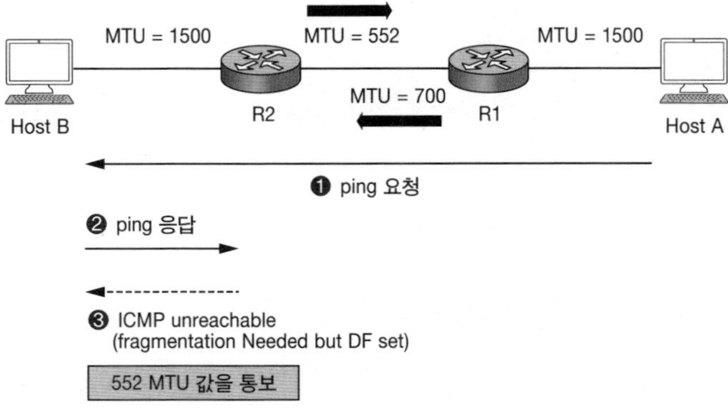

[그림 7-14] path MTU 결정을 위한 동작 과정

❶ Host A는 Host B에게 ping 요청 메시지(DF bit = 1로 설정)를 전송한다. 단, 여기서 데이터 크기를 600바이트로 하여 전송한다고 가정하자. 네트워크상의 MTU 크기가 더 크기 때문에 단편화되지 않고 Host B까지 전송된다.
❷ ping 요청 메시지를 받은 Host B는 ping 응답 메시지(DF bit = 1)를 전송하게 되는데, 이 때 전송되는 데이터 크기는 수신한 데이터 크기와 같다. 따라서 600바이트의 응답 메시지를 전송하게 된다.

❸ R2의 MTU 크기가 552(송수신 경로 상의 MTU는 서로 다르다는 점에 유의하자)이므로 단편화해야 되지만 DF bit = 1이기 때문에 이 에러 메시지가 Host B로 전송되며, 이때 MTU = 552 값이 Host B에게 통보된다.

(2) Time Exceeded 에러 메시지

Type 값이 11인 이 에러 메시지는 다음과 같은 두 가지 경우에 발생하게 된다.

❶ 첫 번째 경우는 중간 라우터에서 발생하여 송신지로 전송하는 경우이다(Code=0).
IP 데이터그램은 라우터를 통해 목적지로 전송되는데, 만약 목적지에 도착하지 못했는데 TTL 값이 0이 되면 IP 데이터그램은 폐기되고 해당 라우터는 이 에러 메시지를 송신지로 전송하게 된다(TTL equals 0 during transit).

❷ 두 번째 경우는 최종 목적지에서 발생하여 송신지로 전송하는 경우이다(Code=1).
여러 개로 단편화된 데이터그램들이 각각의 경로를 따라 목적지에 전송되는데, 여러 가지 이유로 중간 라우터에서 데이터그램이 폐기되거나 정해진 시간 내에 목적지에 도착하지 못해 최종 목적지에서 재조립하지 못하는 경우 최종 목적지에서 이 에러 메시지를 송신지로 전송하게 된다(TTL equals 0 during reassembly).

1) TTL equals 0 during transit(Code = 0)

IP 헤더 내에 설정된 TTL 값이 전송 경로 중에 있는 라우터에서 0이 되는 주된 이유는 라우터에 존재하는 라우팅 테이블 정보가 잘못 설정되어 루프가 발생하기 때문이다(IP 헤더 TTL 설명 참조). 이때, Code 값이 0인 이 에러 메시지가 라우터가 발생하여 송신지에게 전송한다.

실습하기 TTL equals 0 during transit

❶ 실습 방법

- 송신지에서 임의의 목적지(210.220.163.83)로 ping을 실행.

```
c:\ping 210.220.163.83
```

❷ 결과 분석

- [그림 7-15]와 같이 4개의 ping 요청 메시지에 대한 Time Exceeded 에러 메시지가 수신된 것을 볼 수 있다.

```
C:\Documents and Settings\Administrator>ping 210.220.163.83

Pinging 210.220.163.83 with 32 bytes of data:

Reply from 210.94.11.2: TTL expired in transit.
Reply from 210.94.11.2: TTL expired in transit.
Reply from 210.94.11.2: TTL expired in transit.
Reply from 210.94.11.2: TTL expired in transit.

Ping statistics for 210.220.163.83:
    Packets: Sent = 4, Received = 4, Lost = 0 (0% loss),
Approximate round trip times in milli-seconds:
    Minimum = 0ms, Maximum = 0ms, Average = 0ms
```

[그림 7-15] Time Exceeded 에러 메시지 발생 실습

- 수신한 Time Exceeded 에러 메시지를 캡처하여 분석한 화면은 [그림 7-16]과 같다. 이때, Type=11이고, Code=0인 것을 볼 수 있다.
- TTL=1인 데이터그램을 수신한 라우터(210.94.11.2)가 TTL 값을 하나 감소하여 0이 되면, 이 에러 메시지를 발생시켜 송신지(192.168.25.54)에게 전송하게 된 것이다.

```
1 0.00000000 192.168.25.54   210.220.163.83  ICMP  74 Echo (ping) request  id=0x0200, seq=62208/243, ttl=128
2 0.00841100 210.94.11.2     192.168.25.54   ICMP  70 Time-to-live exceeded (Time to live exceeded in transit)
3 1.00079800 192.168.25.54   210.220.163.83  ICMP  74 Echo (ping) request  id=0x0200, seq=62464/244, ttl=128
4 1.01017600 210.94.11.2     192.168.25.54   ICMP  70 Time-to-live exceeded (Time to live exceeded in transit)
5 2.00077200 192.168.25.54   210.220.163.83  ICMP  74 Echo (ping) request  id=0x0200, seq=62720/245, ttl=128

Frame 2: 70 bytes on wire (560 bits), 70 bytes captured (560 bits) on interface 0
Ethernet II, Src: Mercury_25:27:53 (00:27:1c:25:27:53), Dst: Elitegro_38:f8:4d (00:21:97:38:f8:4d)
Internet Protocol Version 4, Src: 210.94.11.2 (210.94.11.2), Dst: 192.168.25.54 (192.168.25.54)
Internet Control Message Protocol
  Type: 11 (Time-to-live exceeded)
  Code: 0 (Time to live exceeded in transit)
  Checksum: 0x9fa3 [correct]
  Internet Protocol Version 4, Src: 192.168.25.54 (192.168.25.54), Dst: 210.220.163.83 (210.220.163.83)
    Version: 4
    Header length: 20 bytes
    Differentiated Services Field: 0x00 (DSCP 0x00: Default; ECN: 0x00: Not-ECT (Not ECN-Capable Transport))
    Total Length: 60
    Identification: 0xe990 (59792)
    Flags: 0x00
    Fragment offset: 0
    Time to live: 1
    Protocol: ICMP (1)

0000  00 21 97 38 f8 4d 00 27  1c 25 27 53 08 00 45 c0   .!.8.M.' .%'S..E.
0010  00 38 50 21 00 00 fa 01  b8 a4 d2 5e 0b 02 c0 a8   .8P!.... ...^....
0020  19 36 0b 00 9f a3 00 00  00 00 45 00 00 3c e9 90   .6...... ..E..<..
0030  00 00 01 01 80 22 c0 a8  19 36 d2 dc a3 53 08 00   ....."..  .6...S..
0040  58 5b 02 00 f3 00                                  X[....

Type (icmp.type), 1 byte    Packets: 8 Displayed: 8 Marked: 0 Dropped: 0    Profile: Default
```

[그림 7-16] Time Exceeded 에러 메시지 화면

- 이에 대한 원인으로 라우터의 라우팅 테이블 설정을 생각할 수 있는데, 원인 분석을 위해 **[그림 7-17]**과 같이 tracert 명령어를 실행해 보니 7 ~18번 라인에 걸쳐서 계속 같은 IP 주소가 반복되는 것을 볼 수 있다. 이는 두 라우터의 라우팅 테이블 설정이 잘못되었다는 것을 쉽게 알 수 있다.

```
C:₩Documents and Settings₩Administrator>tracert 210.220.163.83

Tracing route to qns107.hananet.net [210.220.163.83]
over a maximum of 30 hops:

  1     1 ms    <1 ms    <1 ms  192.168.25.1
  2     4 ms     3 ms     3 ms  211.44.224.1
  3     1 ms     1 ms     1 ms  110.11.28.177
  4     1 ms     1 ms     1 ms  58.229.67.5
  5     3 ms     3 ms     3 ms  1.255.23.37
  6     2 ms     2 ms     2 ms  211.176.50.10
  7     3 ms     2 ms     2 ms  210.94.11.4
  8     2 ms     2 ms     2 ms  210.94.11.2
  9     3 ms     3 ms     3 ms  210.94.11.4
 10     2 ms     2 ms     2 ms  210.94.11.2
 11     3 ms     3 ms     3 ms  210.94.11.4
 12     2 ms     2 ms     2 ms  210.94.11.2
 13     3 ms     3 ms     3 ms  210.94.11.4
 14     2 ms     2 ms     2 ms  210.94.11.2
 15     3 ms     3 ms     3 ms  210.94.11.4
 16     3 ms     2 ms     2 ms  210.94.11.2
 17     3 ms     3 ms     3 ms  210.94.11.4
 18     3 ms     3 ms     3 ms  210.94.11.2
^C
```

[그림 7-17] tracert 명령어 실행 결과

2) tracert 명령어

Time Exceeded 에러 메시지를 사용하여 사용자에게 유용한 정보를 제공하는 명령어가 **tracert**(Unix 또는 Linux는 **traceroute**)이다. 이 tracert 명령어는 사용자에게 송신지와 목적지 사이에 있는 중간 라우터의 상황(IP 주소, 왕복 시간, 연결유무) 정보를 제공함으로써 목적지까지로의 경로를 추적할 수 있는 기능을 제공한다. 이때, tracert 명령어는 다음 두 가지 에러 메시지를 사용하여 동작한다.

- Echo 요청 / 응답 메시지
- Time Exceeded 메시지

tracert 명령어의 동작을 살펴보면 **[그림 7-18]**과 같다.

❶ Host A에서 'tracert Host B'를 실행하면, 먼저 TTL=1로 설정된 ping 요청 메시지를 전

송한다. 그러면, 첫 번째 라우터 R1은 TTL 값을 하나 감소한 값이 0이기 때문에 Time Exceeded 에러 메시지를 Host A에게 전송한다. 이때, Host A에서는 왕복 시간(RTT)를 계산하여 제공한다. 이와 같은 동작을 3번 반복한다.

❷ Time Exceeded 메시지를 수신한 Host A는 TTL=2로 설정하여 ping 요청 메시지를 전송하게 된다. 마찬가지로 R2가 Time Exceeded 에러 메시지를 Host A에게 전송한다. 마찬가지로 3회 반복한다.

❸ Host A가 TTL=3으로 하여 3회 반복한다.

❹ TTL=4로 하여 Host A가 전송하면, 목적지인 Host B는 ping 응답 메시지를 전송함으로써 종료된다.

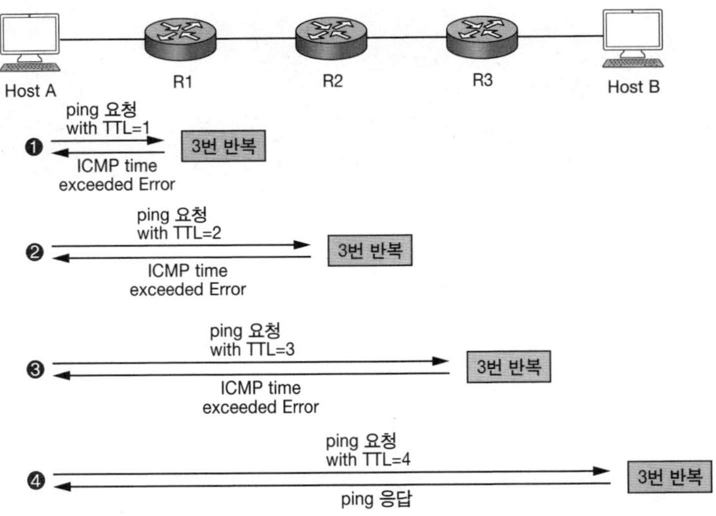

[그림 7-18] tracert 프로그램 동작 과정

만약, **[그림 7-19]**와 같이 중간 라우터에 장애가 발생하였거나, 중간 라우터에서 ICMP 데이터를 받아들이지 않도록 필터링되어 있는 경우에는 에러 메시지는 발생하지 않게 되며, 따라서 왕복 시간을 계산할 수 없어 '*' 로 표시하게 된다.

```
C:\Documents and Settings\Administrator>tracert 116.145.170.15

Tracing route to 116.145.170.15 over a maximum of 30 hops

  1    <1 ms    <1 ms    <1 ms  192.168.0.1
  2    16 ms    17 ms    16 ms  210.102.150.1
  3    29 ms    <1 ms    <1 ms  192.168.2.1
  4     1 ms     1 ms    <1 ms  210.102.151.169
  5     1 ms     1 ms     1 ms  210.102.151.161
  6     *        *        *     Request timed out.
  7     *        *        *     Request timed out.
```

[그림 7-19] tracert 무응답 동작 화면

실습하기 Tracert 명령어

❶ 실습 방법

- 임의의 목적지(www.hankooki.co.kr)에 tracert 명령어를 사용한다.

```
c:\tracert www.hankooki.co.kr
```

❷ 결과 분석

- [그림 7-20]에서 보듯이 총 10개의 중간 라우터를 거쳐 최종 목적지(202.31.187.204)에 도착하는 것을 볼 수 있다.
- -d 옵션은 라우터 주소를 도메인 주소가 아닌 IP 주소(10진수)로 표현하는 옵션이다.

```
C:\Documents and Settings\Administrator>tracert -d www.hankooki.co.kr

Tracing route to hankooki.co.kr [202.31.187.204]
over a maximum of 30 hops:

  1    <1 ms    <1 ms    <1 ms  192.168.25.1
  2     4 ms     3 ms     3 ms  211.44.224.1
  3     1 ms     1 ms     1 ms  110.11.28.177
  4     1 ms     1 ms     1 ms  58.229.66.241
  5     7 ms    11 ms    11 ms  58.229.119.145
  6     3 ms     2 ms     2 ms  211.176.50.102
  7     2 ms     2 ms     2 ms  211.44.125.34
  8     2 ms     2 ms     2 ms  210.92.194.10
  9     3 ms     3 ms     3 ms  211.174.48.62
 10     2 ms     2 ms     3 ms  211.234.120.26
 11     3 ms     3 ms     2 ms  202.31.187.204

Trace complete.
```

[그림 7-20] tracert 명령어 동작 실습

- [그림 7-21]에서 59번 줄까지는 중간 라우터에 대한 ping 요청 메시지와 그에 대한 Time Exceeded 에러 메시지 전송에 관한 내용이다.

- 또한, 61~66번 줄까지가 목적지에 대한 ping 요청과 응답 메시지이다.

```
55 9.03027000 192.168.25.54    202.31.187.204   ICMP   106 Echo (ping) request  id=0x0200, seq=32512/127, ttl=10
56 9.03313400 211.234.120.26   192.168.25.54    ICMP    70 Time-to-live exceeded (Time to live exceeded in transit)
57 9.03319600 192.168.25.54    202.31.187.204   ICMP   106 Echo (ping) request  id=0x0200, seq=32768/128, ttl=10
58 9.03599300 211.234.120.26   192.168.25.54    ICMP    70 Time-to-live exceeded (Time to live exceeded in transit)
59 9.03604800 192.168.25.54    202.31.187.204   ICMP   106 Echo (ping) request  id=0x0200, seq=33024/129, ttl=10
60 9.03920200 211.234.120.26   192.168.25.54    ICMP    70 Time-to-live exceeded (Time to live exceeded in transit)
61 10.0302420 192.168.25.54    202.31.187.204   ICMP   106 Echo (ping) request  id=0x0200, seq=33280/130, ttl=11
62 10.0333140 202.31.187.204   192.168.25.54    ICMP   106 Echo (ping) reply    id=0x0200, seq=33280/130, ttl=54
63 10.0333750 192.168.25.54    202.31.187.204   ICMP   106 Echo (ping) request  id=0x0200, seq=33536/131, ttl=11
64 10.0368850 202.31.187.204   192.168.25.54    ICMP   106 Echo (ping) reply    id=0x0200, seq=33536/131, ttl=54
65 10.0369420 192.168.25.54    202.31.187.204   ICMP   106 Echo (ping) request  id=0x0200, seq=33792/132, ttl=11
66 10.0398410 202.31.187.204   192.168.25.54    ICMP   106 Echo (ping) reply    id=0x0200, seq=33792/132, ttl=54

⊞ Frame 60: 70 bytes on wire (560 bits), 70 bytes captured (560 bits) on interface 0
⊞ Ethernet II, Src: Mercury_25:27:53 (00:27:1c:25:27:53), Dst: Elitegro_38:f8:4d (00:21:97:38:f8:4d)
⊞ Internet Protocol Version 4, Src: 211.234.120.26 (211.234.120.26), Dst: 192.168.25.54 (192.168.25.54)
⊟ Internet Control Message Protocol
    Type: 11 (Time-to-live exceeded)
    Code: 0 (Time to live exceeded in transit)
    Checksum: 0xf4ff [correct]
  ⊞ Internet Protocol Version 4, Src: 192.168.25.54 (192.168.25.54), Dst: 202.31.187.204 (202.31.187.204)
  ⊟ Internet Control Message Protocol
      Type: 8 (Echo (ping) request)

0000  00 21 97 38 f8 4d 00 27  1c 25 27 53 08 00 45 c0   .!.8.M.' .%'S..E.
0010  00 38 7e 76 00 00 f6 01  1f ab d3 ea 78 1a c0 a8   .8~v.... ....x...
0020  19 36 0b 00 f4 ff 00 00  00 00 45 00 00 5c d8 67   .6...... ..E..\.g
0030  00 00 01 01 81 6f c0 a8  19 36 ca 1f bb cc 08 00   .....o.. .6......
0040  74 ff 02 00 81 00                                  t.....
```

[그림 7-21] tracert 명령어 동작 결과 화면

핵심요약

Type=11인 Time Exceeded 에러 메시지는 IP 데이터그램이 목적지에 도착하지 못했는데 라우터에서 TTL=0이 될 때 데이터그램을 폐기하고 그 라우터가 이 에러 메시지를 송신지에게 전송하게 된다. 이를 이용하여 경로상의 라우터에 대한 정보를 얻을 수 있는 명령어가 tracert이다.

미니강의 traceroute 동작(Unix/Linux)

traceroute 명령어는 다음과 같은 2개의 에러 메시지를 사용하여 동작하게끔 구현되었다.

- Time Exceeded 에러 메시지
- Port Unreachable 에러 메시지

traceroute는 UDP 프로토콜(사용하지 않는 큰 port 번호)을 사용하여 전송한다. 즉, traceroute 데이터가 목적지에 도착하면 존재하지 않는 port 번호로 인해 Port Unreachable 에러 메시지가 송신지로 전송하게 되는 것이다.

(3) Redirect 에러 메시지

이 에러 메시지는 라우터가 수신한 데이터그램에 대한 최적의 경로를 위해 자신이 아닌 다른 라우터로 데이터그램을 전송하라고 송신지 호스트에게 알려주는 메시지이다. 그 이유는 호스트에서는 라우터와 달리 항상 최신의 라우팅 정보를 유지할 수 없기 때문이다. 즉, 라우터는 라우팅 프로토콜을 통해 주기적으로 최신의 정보를 교환하지만, 호스트는 관리자에 의해 설정하지 않으면 라우팅 테이블이 변경되지 않기 때문이다. 결론적으로, 이 에러 메시지는 호스트와 연결된 라우터에서 발생되어 송신지에게 전송하지만, 그에 대한 원인은 호스트가 최신의 라우팅 정보를 유지하지 못하기 때문이다. 이 에러 메시지의 동작 과정을 살펴보면 **[그림 7-22]**와 같다.

❶ Host A에서 목적지로 데이터그램을 전송하려 할 때, 자신의 라우팅 테이블에 있는 디폴트 라우터(Router A)로 데이터그램을 전송하게 된다.

❷ 데이터그램을 수신한 Router A는 라우팅 테이블을 살펴본 후, 자신(목적지까지 4홉)보다 Router B(목적지까지 3홉)가 목적지에 더 최적의 경로라고 판단한 후, Host A에게 Redirect 에러 메시지를 전송하며, 이를 통해 Host A는 자신의 라우팅 테이블을 변경하게 된다.

❸ Router A는 데이터그램을 Router B에게 전송한다.

❹ Redirect 메시지를 수신한 Host A는 나머지 데이터그램을 Router B에게 전송한다.

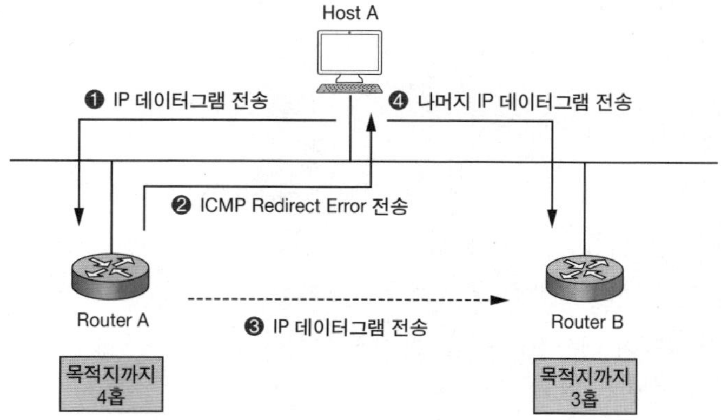

[그림 7-22] Redirect 에러 메시지 동작 과정

앞서 말했듯이 라우터들은 라우팅 프로토콜을 통해 주기적으로 최적의 경로를 유지하기 때문에 라우터들은 이 Redirect 메시지는 무시한다. 즉, 이 메시지는 라우팅 프로토콜을 사용하지 못하는 호스트들을 위한 메시지이다. Redirect 메시지 형식을 보면 **[그림 7-23]**과 같다.

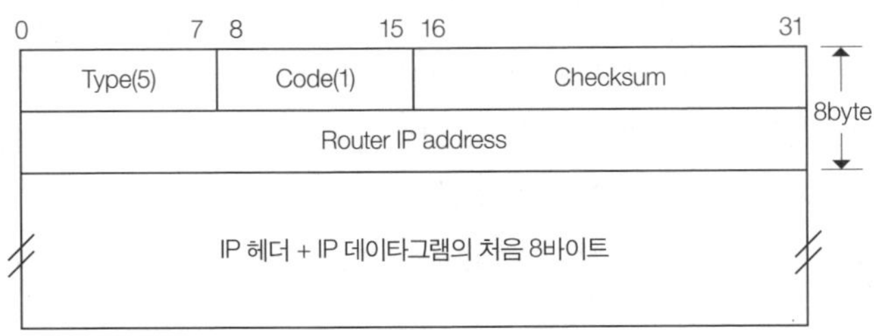

[그림 7-23] Rediect 에러 메시지 형식

여기서, Type = 5, Code = 1, Router IP address에는 Redirect 된 라우터 IP 주소가 포함된다.

Redirect 에러 메시지는 라우터가 수신한 데이터그램에 대한 최적의 경로를 위해 자신이 아닌 다른 라우터로 데이터그램을 전송하라고 송신지 호스트에게 알려주는 메시지이다.

(4) Source quench 에러 메시지

IP에는 흐름제어 기능이 없어 이 에러 메시지를 사용하여 전송 중에 데이터그램이 폐기되면(TCP에서는 이를 혼잡이 발생되었다고 판단한다) 송신지에게 이 에러 메시지를 전송하게 된다. 참고로, 이 에러 메시지는 데이터그램이 폐기될 때마다 발생한다. Source quench 에러 메시지는 다음 두 가지 목적이 있다.

❶ 송신지에게 데이터그램이 폐기되었다는 것을 알려준다.

❷ 송신지에게 데이터 전송 속도를 조절하도록 유도한다.

참고로, 송신지 TCP 입장에서는 데이터그램이 폐기되면 재전송이 발생하고 이로 인해 결국 TCP에서 혼잡제어 기능이 동작하게 된다.

핵심요약

Source quench 에러 메시지는 송신지에게 데이터그램이 폐기된 것을 알려주거나, 데이터 전송 속도를 조절하도록 유도하도록 한다.

미니강의 Source quench 발생 유무

현재 라우터 요구사항 RFC[Almquist 1993]에서는 라우터는 이 에러 메시지를 발생시키지 않도록 명시하고 있다. 즉 현재에는 폐기된 에러 메시지라고 보는 것이 바람직하다. 왜냐하면, 이 에러 메시지로 인해 불필요하게 네트워크 자원이 소모될 수 있으며 또한, 상위 계층인 TCP에서 혼잡제어 기능이 존재하기 때문이다.

(5) Parameter Problem 에러 메시지

전송되는 데이터그램의 헤더 정보가 불명확하거나(Code=0), 빠져 있는 경우(Code=1) 라우터나 목적지에서 이 데이터그램을 폐기하고 이 에러 메시지를 송신지에 전송하게 된다. Type 값은 12이다.

요약정리 SUMMARY

01 ICMP 프로토콜은 데이터그램 전송 중 발생 된 여러 가지 에러 상황에 대해 송신지 IP에게 보고하는 기능을 제공하고 있으며, 더불어 특정 호스트 및 네트워크 상태를 진단할 수 있는 기능을 제공하고 있다.

02 ICMP는 에러 보고 기능과 질의 기능으로 구성되어 있다.

03 네트워크 계층 프로토콜인 ICMP는 메시지 형식으로 전송되며, IP 헤더로 캡슐화되어 IP 데이터그램 형식으로 전송된다.

04 ping 명령어를 사용하여 echo 요청 메시지(8,0)를 전송하면 원격 호스트가 동작할 경우 echo 응답 메시지(0,0)를 사용하여 응답하게 된다.

05 Timestamp 메시지는 두 시스템 간의 메시지 왕복 시간을 계산하거나, 두 시스템의 시간을 동기화하기 위해 사용한다.

06 Destination Unreachable 에러 메시지는 다음과 같은 상황에 발생된다.

- 라우터가 발생시키는 경우로, 특정 호스트나 네트워크로의 경로가 존재하지 않거나 전송을 실패한 경우로 실패한 라우터가 에러 메시지를 발생시킨다.
- 목적지 호스트가 발생시키는 경우로, 목적지의 특정 포트가 존재하지 않아 연결이 실패한 경우에 목적지가 에러 메시지를 발생시킨다.

07 Type=11인 Time Exceeded 에러 메시지는 IP 데이터그램이 목적지에 도착하지 못했는데 라우터에서 TTL=0이 될 때 데이터그램을 폐기하고 그 라우터가 이 에러 메시지를 송신지에게 전송하게 된다. 이를 이용하여 경로상의 라우터에 대한 정보를 얻을 수 있는 명령어가 tracert이다.

08 Redirect 에러 메시지는 라우터가 수신한 데이터그램에 대한 최적의 경로를 위해 자신이 아닌 다른 라우터로 데이터그램을 전송하라고 송신지 호스트에게 알려주는 메시지이다.

09 Source quench 에러 메시지는 송신지에게 데이터그램이 폐기된 것을 알려주거나, 데이터 전송 속도를 조절하도록 유도하도록 한다..

연습문제 EXERCISE

01 ICMP에 대한 설명으로 알맞은 것은?

① 네트워크 상의 에러와 상태를 진단하는 프로토콜이다.
② 네트워크 문제를 진단하고 수정할 수 있는 프로토콜이다.
③ 네트워크 문제를 진단하여 목적지로 전달하는 방식을 사용한다.
④ 네트워크 모든 상태와 문제를 예측할 수 있는 프로토콜이다.

02 ICMP 프로토콜이 제공하는 기능 두 가지를 간략히 설명하시오.

03 다음 중 ping 명령어로 알 수 있는 정보가 아닌 것은?

① 왕복 시간 ② 전달 가능 유무
③ TTL ④ 지연시간

04 다음 중 ping 명령어에 대한 설명 중 틀린 것은?

① ICMP echo 메시지를 사용한다.
② 목적지까지 도달할 수 없는 경우 송신지로 에러 메시지가 전송된다.
③ 목적지까지 평균 왕복 시간을 측정할 수 있다.
④ 옵션을 사용하면 전송하는 데이터의 크기를 조절할 수 있다.

05 다음 중 ICMP 에러 메시지가 발생하지 않는 경우로 틀린 것은?

① ICMP 에러 메시지
② 목적지 주소가 멀티캐스트 주소인 경우
③ 단편화된 모든 데이터그램
④ 송신지 주소가 루프백 주소인 경우

06 다음 중 ICMP 메시지 중 폐기된 메시지가 아닌 것은?

① Address mask 요청 / 응답 메시지
② Redirect 에러 메시지
③ Information 요청 / 응답 메시지
④ Router advertisement / solicitation 메시지

07 ICMP 에러 메시지 중 Destination Unreachable이 발생할 수 있는 상황 두 가지에 대해 간단히 설명하시오.

08 윈도우 상에서 tracert 명령어가 사용하는 두 가지 ICMP 메시지를 쓰시오.

09 다음 중 tracert 명령어로 알 수 있는 정보가 아닌 것은?

① 경유 라우터 수　　② 응답 시간
③ TTL　　④ 경유 라우터 IP 주소

10 다음 중 송신지에게 다른 경로를 알려주는 ICMP 메시지는 무엇인가?

11 임의의 사이트에 대한 ping 명령어 수행한 결과를 통해 **[그림 7-4]**, **[그림 7-5]**와 같이 캡처해보고 이를 바탕으로 **[그림 7-6]**과 같은 동작 과정을 그려보자.

12 임의의 사이트에 대해 tracert 명령어를 수행해 보고, **[그림 7-20]**과 같은 수행결과 화면과 **[그림 7-21]**과 같은 화면 캡처를 생성해 보자.

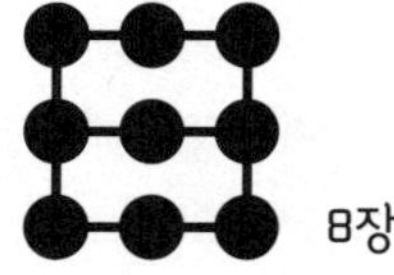 8장

IGMP

현재 많이 서비스되는 VOD 서비스, 화상 및 영상회의 등과 같은 새로운 서비스들을 전송하기에 적합한 멀티캐스트 방식에 대해 살펴보고, 멀티캐스트 방식에서 사용하는 그룹을 관리하기 위한 IGMP 프로토콜 학습하기로 한다.

- 멀티캐스트 전송방식 개념을 이해할 수 있다.
- 멀티캐스트 전송방식에서 사용하는 주소 및 경로설정을 이해할 수 있다.
- IGMP 개념 및 동작 방식을 이해할 수 있다.

8.1 멀티캐스트

(1) 개요

현재 인터넷 상에서 데이터를 전송을 위해 가장 많이 사용하는 방식은 유니캐스트 방식으로, 하나의 송신지에서 하나의 목적지로 데이터를 전송하는 일대일(1:1) 전송방식을 사용하는 것이다. 하지만, 이 방식으로는 현재 VOD 서비스, 화상 및 영상회의 등과 같은 새로운 서비스들을 전송하기에는 적합하지 않다. 왜냐하면, 이러한 서비스들은 송신지에서 같은 정보를 여러 곳에 떨어져 있는 여러 명의 특정 사람들(목적지)에게 전송해야 하는 서비스이기 때문에, 송신지에서 모든 목적지까지 정보 전송을 책임지는 유니캐스트 전송방식을 사용하면 송신지의 부하가 커지게 됨과 동시에 대역폭 낭비를 초래할 수 있는 단점을 가지게 된다. 예를 들어, 여러 네트워크에 퍼져 있는 10곳의 특정 목적지로 같은 정보를 전송하고자 할 경우, 송신지는 같은 정보를 10개 생성하여 10곳의 특정 목적지로 각각 전송하게 된다. 결국, 이 방식은 송신지에서 부하가 발생하게 되고, 더불어 불필요한 중복 전송으로 인한 대역폭 낭비 문제가 발생하게 된다. 더욱이 같은 정보를 많은 수신자에게 전송해야 하는 경우, 송신지가 처음 전송하는 정보와 마지막으로 전송하는 정보의 전송 시간의 차가 많이 발생하여 실시간 영상 서비스 및 화상 회의와 같이 지연시간에 민감한 서비스에 문제가 발생할 수 있다.

(2) 전송방식

[그림 8-1]에서는 유니캐스트 전송방식을 사용하여 여러 목적지로 전송하는 방법에 대해 보여주고 있다. 여기서, 송신지(S1)가 여러 목적지(D1, D2, D3)로 전송할 때 각 패킷마다 목적지 주소가 다르며, 송신지가 각각의 패킷을 전송해야 하는 부담과 더불어 이로 인해 대역폭이 낭비되고 있는 것을 볼 수 있다.

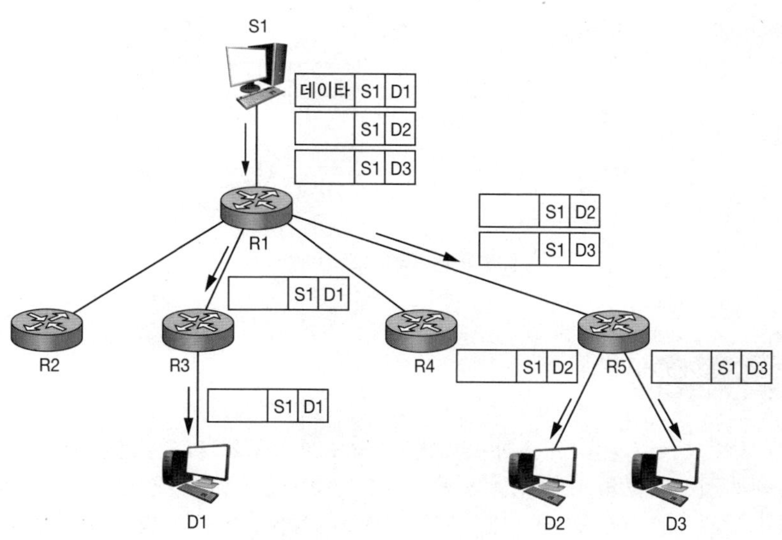

[그림 8-1] 유니캐스트 전송방식

이 문제를 해결하기 위해 멀티캐스트 전송방식을 사용하면 송신지의 부담을 줄일 수 있으며, 불필요한 정보 전송으로 인한 대역폭 낭비를 줄일 수 있다. 이것은 멀티캐스트 방식에서 송신지는 하나의 정보만을 전송하고, 목적지에 연결된 라우터에서 여러 개의 정보로 복사하여 전송하는 방식을 사용하기 때문이다. 또한, 라우터 간 전송 시에는 단지 하나의 정보만을 전송하게 되기 때문에 유니캐스트 방식에서의 대역폭 낭비 문제를 해결할 수 있다. **[그림 8-2]**에서는 멀티캐스트 전송방식을 사용하여 여러 목적지로 전송하는 방법을 보여주고 있는데, 각 패킷마다 목적지 주소가 멀티캐스트 주소(G1)로 모두 같으며, 목적지에 연결된 라우터(R5)에서 패킷을 복사하여 해당 목적지로 전송되고 있는 것을 볼 수 있다.

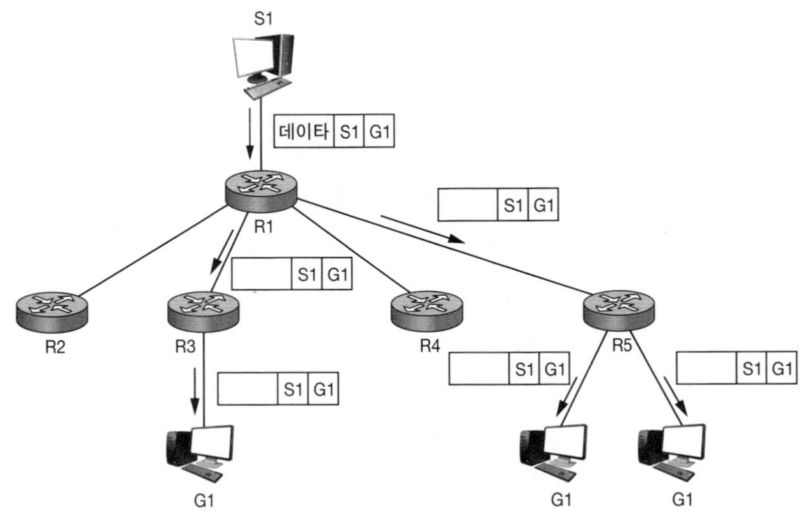

[그림 8-2] 멀티캐스트 전송방식

멀티캐스트 방식에서 송신지는 하나의 정보만을 전송하고, 목적지에 연결된 라우터에서 여러 개의 정보로 복사하여 전송하는 방식을 사용한다. 이 때문에 라우터 간 전송 시에는 단지 하나의 정보만을 전송하게 되기 때문에 유니캐스트 방식에서의 대역폭 낭비 문제를 해결할 수 있다.

(3) 그룹

멀티캐스트 전송에서는 여러 개의 목적지를 논리적인 하나의 그룹(Group)으로 묶어 관리하며, 하나의 그룹에 속한 목적지들은 동적으로 추가 또는 삭제될 수 있다. 따라서 이렇게 변동이 가능한 그룹 관리를 송신지가 수행한다면 부하가 많이 발생하기 때문에 그룹 관리를 위해 IGMP(Internet Group Management Protocol) 프로토콜을 사용한다.

멀티캐스트 전송에서 그룹 관리를 위해 IGMP 프로토콜을 사용한다.

8.2 멀티캐스트 주소 체계

멀티캐스트 주소는 멀티캐스트 전송을 위해 목적지 호스트들이 가입한 그룹에 대한 주소를 말한다. 현재 IPv4 프로토콜에서 사용하는 멀티캐스트 주소는 D 클래스를 사용한다.

(1) 멀티캐스트 주소

멀티캐스트 주소로 사용하는 D 클래스는 **[그림 8-3]**에서와 같이 최상위 비트가 '1110' 으로 고정된 주소를 사용한다. 따라서, 32비트 중 4개의 최상위 비트를 제외한 28비트를 사용하여 멀티캐스트 주소를 사용하고, 사용 가능한 주소 범위는 224.0.0.0~239.255.255.255이다.

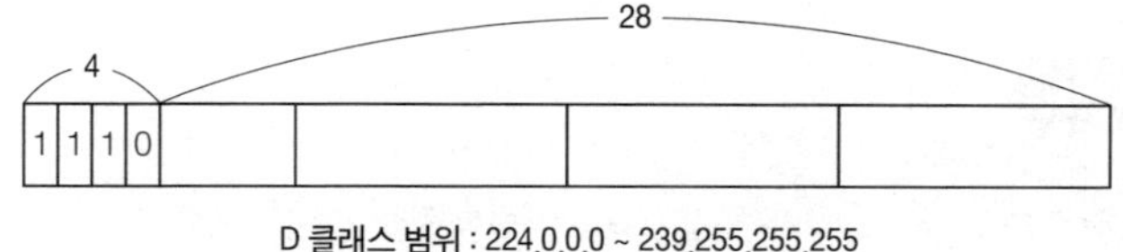

[그림 8-3] IPv4 상의 멀티캐스트 주소 형식 및 범위

<표 8-1>에서는 사용 가능한 멀티캐스트 주소 범위 중 사용 용도에 따른 다양한 주소

범위를 보여주고 있다.

〈표 8-1〉 멀티캐스트 사용 용도에 따른 주소 범위

주소 범위	사용 용도
224.0.0.0 ~ 224.0.0.255 (Local Network Control Block)	내부 네트워크에서 멀티캐스트 관련된 프로토콜들이 사용하는 내부 네트워크 제어용 주소이다. 이 주소를 목적지로 사용하는 IP 데이터그램은 TTL=1로 설정하여 라우터를 통과하지 못하도록 제한한다. 〈표 8-2〉에서 이 주소를 사용하는 프로토콜들을 보여주고 있다.
224.0.1.0 ~ 224.0.1.255 (Internet Control Block)	인터넷망 제어용 주소로써, 이 주소를 목적지로 하는 IP 데이터그램은 인터넷을 통해 전달될 수 있다.
224.1.0.0 ~ 224.1.255.255 (Stream Multicast Group Block)	멀티미디어 스트림 서비스 주소용으로 사용한다.

〈표 8-2〉 내부 네트워크 제어용 멀티캐스트 주소 및 용도

주소	사용 용도
224.0.0.0	기본 주소(예약)
224.0.0.1	내부 네트워크 안의 모든 호스트들
224.0.0.2	내부 네트워크 안의 모든 라우터들
224.0.0.5	OSPF 라우터들
224.0.0.9	RIPv2 라우터들
224.0.0.10	IGRP 라우터들
224.0.0.12	DHCP 서버들

멀티캐스트 주소는 D 클래스를 사용하며 사용 가능한 주소 범위는 224.0.0.0~239.255.255.255이다.

(2) 이더넷 상의 멀티캐스트 주소 변환

IP 데이터그램을 전송하기 위해서는 ARP 프로토콜을 통해 목적지의 MAC 주소를 획득해야 한다. 하지만, 목적지 주소가 멀티캐스트 주소일 때는 ARP를 사용하여 목적지 MAC 주소를 획득할 수 없다. 따라서, 목적지 멀티캐스트 주소를 목적지 MAC 주소로 변환하는 방식이 필요하게 된다. 대부분의 LAN은 다음과 같은 목적지 MAC 주소 변환 방식을 지원하고 있다. **[그림 8-4]**에서는 멀티캐스트 IP 주소를 멀티캐스트 MAC 주소로 변환하는 방식을 보여주고 있다.

- 먼저, MAC 주소의 앞부분 25비트를 00000001 00000000 01011110 0으로 채운다.
- 나머지 MAC 주소 23비트를 멀티캐스트 IP 주소 중 23비트 부분 그대로 사용한다.
- 이때, 멀티캐스트 IP 주소 5비트 부분은 사용하지 않기 때문에 2^5(32)개 멀티캐스트 IP 주소는 한 개의 멀티캐스트 MAC 주소를 사용하게 된다. 때문에, 멀티캐스트 데이터를 목적지가 아닌 다른 호스트가 수신할 수 있어 멀티캐스트 데이터의 IP 주소를 확인하여 폐기하는 과정이 필요하다.

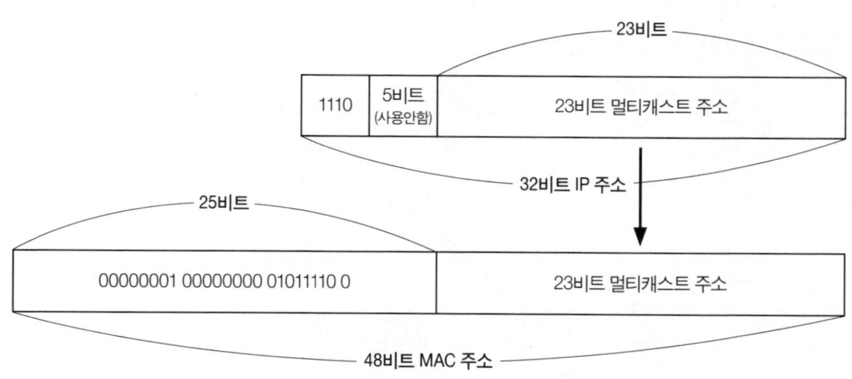

[그림 8-4] 멀티캐스트 주소 변환 방식

8.3 멀티캐스트 라우팅

멀티캐스트 전송에서는 목적지들이 하나 이상의 네트워크에 퍼져 있을 수 있다. 이렇게 널리 퍼져 있는 목적지에 멀티캐스트 데이터를 전송하기 위해서는 목적지까지로의 최단 경로(Shortest Path)가 필요하다. 결국, 하나의 송신지가 m개의 목적지를 갖는 멀티캐스트 그룹을 가지게 된다면 m개의 최단 경로가 필요하게 된다. 이를 위해 전송 가능한 최적의 경로를 찾기 위한 멀티캐스트 라우팅은 송신지를 기반으로 하는 경로설정과 공유 경로를 사용하는 방법을 사용한다.

(1) 송신지 기반 경로설정(Source-based Tree)

이 방식은 송신지에 연결된 라우터에서 멀티캐스트 그룹에 대한 최단 경로를 유지하는 방식이다. **[그림 8-5]**에서 보는 바와 같이 송신지(S1)에 연결된 라우터(R1)에서 3개 그룹(G1, G2, G3)에 대한 3개의 최단 경로를 볼 수 있다. 즉, m개의 그룹에 대한 m개의 최단 경로가 필요하다. 이 방법을 사용하는 멀티캐스팅 라우팅 프로토콜로는 다음과 같다.

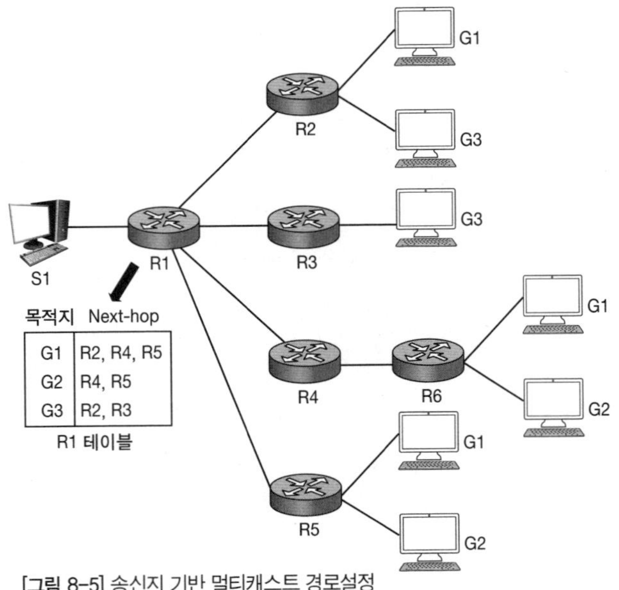

[그림 8-5] 송신지 기반 멀티캐스트 경로설정

- DVMRP(Distance Vector Multicast Routing Protocol) : RIP 기반 확장 라우팅
- MOSPF(Multicast Open Shortest Path First) : OSPF 기반 확장 라우팅
- PIM-DM(Protocol Independent Multicast-Dense Mode)

미니강의 송신지 기반 경로설정 라우팅

❶ **DVMRP**(Distance Vector Multicast Routing Protocol)

거리 벡터 알고리즘을 사용하는 멀티캐스트 라우팅 프로토콜로써, 멀티캐스트 포워딩인 Reverse Path Forwarding 기법을 사용한다. 이 방식은 멀티캐스트 라우터에서 수신한 패킷을 모든 인터페이스로 포워딩하고, 해당 인터페이스에 멤버가 없으면 prune 메시지를 전송하여 최단 경로에서 배제하고, 새로운 멤버가 존재하면 graft 메시지를 전송하여 최단 경로를 갱신하는 방법을 사용한다(IGMP 프로토콜 기능). 따라서, 멀티캐스트 라우터는 최단 경로를 미리 정해놓지 않고, 패킷을 수신했을 때 최단 경로를 계산하는 방식이다.

이 방식의 특징으로는 네트워크 토폴로지 변화에 반응이 늦고, 송신지가 많아지면 확장성에 문제가 발생한다. 또한, 주기적인 플러딩으로 인해 트래픽이 많이 발생되는 단점이 있다. 특히, DVMRP는 MBONE을 지원하기 위해 터널링 기법을 사용한다.

❷ **MOSPF**(Multicast OSPF)

OSPF 유니캐스트 라우팅 프로토콜을 확장한 멀티캐스트 라우팅 프로토콜로써, 이 방식은 유니캐스트 주소와 그룹의 멀티캐스트 주소를 연결하기 위한 새로운 링크 상태 광고(LSA) 메시지를 사용한다. 그룹에 속하는 멤버들을 위한 최단 경로는 멀티캐스트 데이터를 수신한 경우에만 생성되고, 추후 다시 사용하기 위해 잠시 캐시에 저장하는 방식이다. 즉, 멀티캐스트 라우터가 데이터를 수신했을 경우만 Dijkstra 알고리즘을 사용하여 최단 경로를 계산하는 방식이다.

❸ **PIM**(Protocol Independent Multicast)-DM(Dense Mode)

유니캐스트 프로토콜과는 독립적으로 동작하는 프로토콜로써, 대부분의 라우터가 멀티캐스트 기능을 갖는 경우에 사용된다. 즉, LAN과 같은 환경에 적합하다. 이 방식은 DVMRP와 유사하나 유니캐스팅 프로토콜에는 의존하지 않는다.

송신지 기반 경로설정 방식은 송신지에 연결된 라우터에서 멀티캐스트 그룹에 대한 최단 경로를 유지하는 것을 말하며, 사용하는 프로토콜로는 DVMRP, MOSPF, PIM-DM 등이 있다.

(2) 공유 경로설정(Group-Shared Tree)

이 방식은 각 라우터가 여러 최단 경로를 가지는 방식이 아니라, 단지 하나의 라우터만이 여러 최단 경로를 유지하는 방식이다. 이 라우터를 랑데부 라우터(Rendezvous-point) 또는 코어 라우터(Core Router)라고 한다. 즉, 멀티캐스트 데이터를 수신한 다른 라우터들은 모두 랑데부 라우터로 전송함으로써 랑데부 라우터 내의 최단 경로를 이용하여 전송하게 된다. 이 방식은 송신지가 달라도 멀티캐스트 데이터는 모두 랑데부 라우터에 연결된 최단 경로(공유 경로)를 사용하여 전송하는 방식이다. 즉, 이 방식의 최단 경로는 송신지가 아닌 그룹이 결정하는 방식인 것이다. **[그림 8-6]**에서 랑데부 라우터 내의 각 멀티캐스트 그룹에 대한 최단 경로 정보를 보여주고 있다.

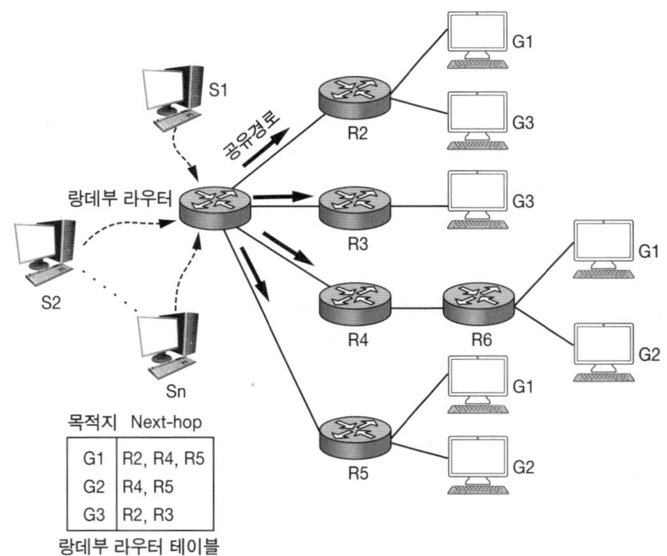

목적지	Next-hop
G1	R2, R4, R5
G2	R4, R5
G3	R2, R3

[그림 8-6] 공유 경로설정

이 방법을 사용하는 멀티캐스팅 라우팅 프로토콜로는 다음과 같다.

- CBT(Core-Based Tree)
- PIM-SM(Protocol Independent Multicast-Spare Mode)

핵심요약

공유 경로설정 방식은 각 라우터가 여러 개의 최단 경로를 가지는 방식이 아니라, 단지 하나의 라우터(랑데부 또는 코어 라우터)만이 여러 개의 최단 경로를 유지하는 방식으로, 최단 경로는 송신지가 아닌 그룹이 결정하는 방식이다.

미니강의 공유 경로설정 라우팅

❶ CBT(Core-Based Tree)
공유 경로를 사용하는 방식으로, 그룹마다 하나의 트리를 형성하는 코어 라우터 기반의 프로토콜이다. 이 방식에서는 송신지로부터 멀티캐스트 데이터를 수신한(유니캐스트 주소 사용) 코어 라우터는 멀티캐스트 라우터로 전송하는 방식을 사용한다.

❷ PIM(Protocol Independent Multicast)-SM(Sparse Mode)
각 라우터들이 멀티캐스트 전송 기능을 갖지 경우에 사용되며, 이러한 환경에서는 멀티캐스트 데이터는 CBT처럼 그룹 공유 경로를 사용하는 것이 더 적절하다. 주로 WAN과 같은 환경에 사용된다.

미니강의 MBONE(멀티캐스트 백본)

현재 사용 중인 대부분의 라우터는 멀티캐스트 기능을 지원하지 않기 때문에 멀티미디어 및 화상 회의와 같은 멀티캐스팅 서비스들을 지원하기 위해서는 별도의 해결책이 필요하다. 이때 사용할 수 있는 해결책이 터널링(tunneling) 기법을 사용하는 MBONE(Multicast Backbone)을 생성하는 것이다.
즉, 중간에 존재하는 라우터들이 멀티캐스트 전송을 지원하지 않는 경우, 멀티캐스트 데이터를 유니캐스트 데이터로 다시 캡슐화하여 전송하는 터널링 기법을 사용한다. 이때, 터널링 기법을 사용해 전송하는 구간을 MBONE 이라고 한다. **[그림 8-7]**에서 MBONE과 터널링 개념을 보여주고 있다.

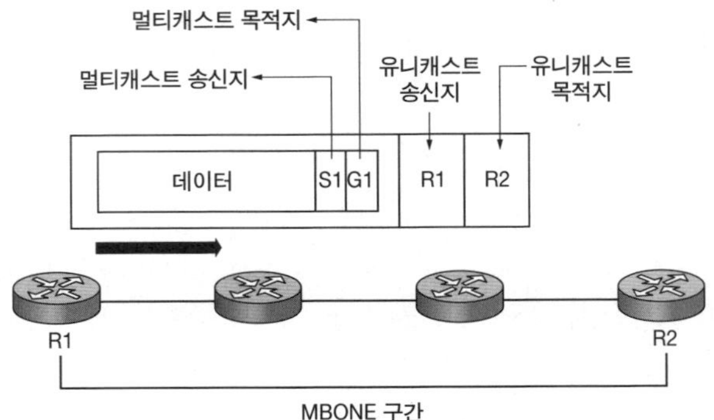

[그림 8-7] 터널링 기법을 사용한 MBONE

- R1, R2는 멀티캐스트를 지원하는 라우터이며, 중간 라우터들은 멀티캐스트를 지원하지 않는 라우터이다. 따라서 이들 간의 전송을 위해서는 유니캐스트 데이터로 다시 캡슐화하여 중간 라우터들을 통과하게 되고, R2에서 디캡슐화하여 전송하는 터널링 기법을 사용하고 있다.
- 이 구간(R1 ~ R2)을 MBONE 이라 한다.

참고로 현재까지 MBONE과 터널링 기법을 지원하는 멀티캐스트 라우팅 프로토콜은 DVMRP 뿐이다.

8.4 IGMP

(1) 개요

멀티캐스트 전송은 **[그림 8-2]**에서 설명한 바와 같이 송신지가 하나의 데이터를 전송하고, 연결된 멀티캐스트 라우터가 이를 여러 개로 복사하여 그룹의 멤버(목적지)들에게 전송하는 방식이다. 이를 위해서 멀티캐스트 라우터는 자신의 인터페이스에 연결된 그룹 멤버들에 대한 정보를 알고 있어야 한다. 이에 IGMP는 멀티캐스트 라우터가 자신의 인터페이스에 연결된 그룹의 멤버의 목록을 생성하고, 추가, 삭제, 관리하기 위해 사용하는 그룹 관리 프로토콜이다. 특히, IGMP는 자신의 네트워크에만 국한하여 동작하는 지역적인 프로토콜이라는 점이다.

IGMP는 멀티캐스트 라우터가 자신의 인터페이스에 연결된 그룹의 멤버들 목록을 생성하고, 추가, 삭제, 관리하기 위해 사용하는 그룹 관리 프로토콜이다. 특히, IGMP는 자신의 네트워크에만 국한하여 동작하는 지역적인 프로토콜이다.

(2) 캡슐화 및 헤더

네트워크 계층 프로토콜 중 하나인 IGMP는 IP 헤더로 캡슐화되어 IP 데이터그램으로 전송된다. 따라서 역다중화를 위해 사용하는 IP 헤더 내의 protocol 필드 값은 2(0x02)로 설정하여 전송한다. **[그림 8–8]**에서는 IGMP 캡슐화 및 헤더 형식을 보여주고 있다.

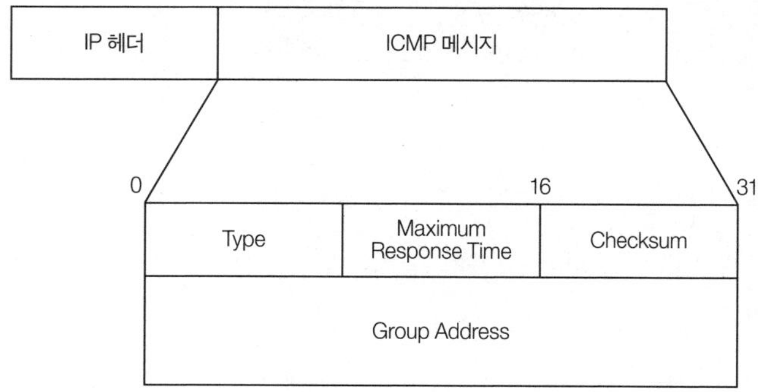

[그림 8–8] ICMP 캡슐화 및 헤더 형식

[그림 8–8]에서 보는 바와 같이 IGMP 헤더는 8바이트이며, IGMP 헤더 필드 내용은 **〈표 8–3〉**에서 설명하고 있다.

〈표 8-3〉 IGMP 헤더 필드 내용

<table>
<tr><th>필드명</th><th>설명</th></tr>
<tr><td>Type</td><td>IGMP 메시지의 유형을 정의하며, 유형 값에 따른 설명은 다음과 같다.
<table>
<tr><th>값</th><th>유형</th><th>설명</th></tr>
<tr><td>0x11</td><td>General / Special Query</td><td>멀티캐스트가 전송하는 질의 메시지로 호스트들의 그룹 가입 여부를 질의한다.</td></tr>
<tr><td>0x16</td><td>Membership Report</td><td>질의 메시지에 호스트가 응답하는 보고 메시지이다.</td></tr>
<tr><td>0x17</td><td>Leaving Report</td><td>그룹 탈퇴를 위해 호스트가 전송하는 메시지이다.</td></tr>
</table></td></tr>
<tr><td>Maximum Response Time</td><td>멀티캐스트 라우터가 질의한 후, 보고 메시지(0x16)를 기다리는 최대 응답 시간을 의미한다. 따라서, 호스트는 이 시간 내에 보고 메시지로 응답해야 한다.</td></tr>
<tr><td>Checksum</td><td>IGMP 8바이트에 대한 에러검사 코드이다.</td></tr>
<tr><td>Group Address</td><td>특별한(Special) 질의나 보고, 탈퇴 메시지에 특정 그룹 주소를 사용하고, 일반적(General) 질의 경우에는 0.0.0.0 주소를 사용한다.</td></tr>
</table>

IGMP는 IP 헤더로 캡슐화되어 IP 데이터그램으로 전송하며 역다중화를 위해 사용하는 IP 헤더 내의 protocol 필드 값은 2(0x02)로 설정하여 전송된다.

(3) 동작 과정

여기서는 멀티캐스트 라우터가 그룹의 멤버들을 동적으로 등록, 추가, 탈퇴하기 위해 사용하는 동작 과정을 살펴보기로 한다.

1) 그룹 등록

호스트나 라우터는 멀티캐스트 서비스를 위해 그룹에 등록할 수 있다. 이를 위해 Membership Report 메시지를 멀티캐스트 라우터에 전송하게 된다. **[그림 8-9]**는 그룹 등록을 위한 절차 및 메시지 형식을 보여주고 있다. 이때, 헤더 내의 Group Address는 등록하고자 하는 특정 그룹 주소를 기입한다. 참고로, 이 메시지는 몇 초 단위로 연속해서 두 번 전송한다. 그 이유는 첫 번째 메시지가 전송 중 손실되거나 폐기되었을 경우, 두 번째 메시지가 이를 대체하기 위해서이다.

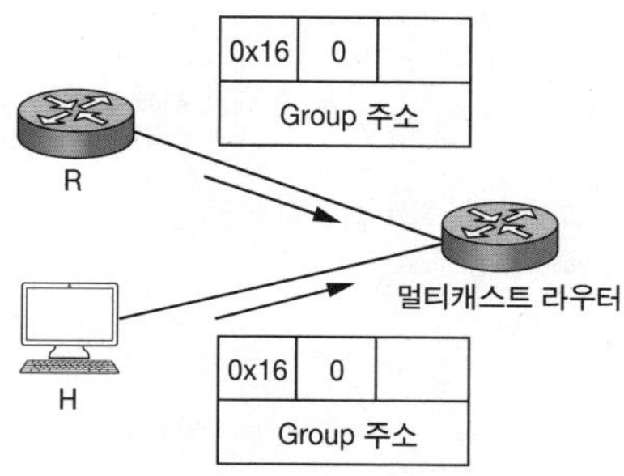

[그림 8-9] 그룹 등록 절차 및 메시지 형식

2) 그룹 탈퇴

호스트나 라우터는 특정 그룹에서 탈퇴하기를 원할 수 있다. [그림 8-10]에서는 그룹 탈퇴를 위한 절차와 이때 사용하는 메시지 형식을 보여주고 있다.

❶ 그룹 탈퇴를 위해 호스트나 라우터는 Leaving Report 메시지를 멀티캐스트 라우터에 전송한다

❷ 멀티캐스트 라우터는 다른 멤버들의 탈퇴의향을 물어보기 위해 Special Query 메시지를 모든 멤버들에게 전송한다.

❸ 정해진 시간(Maximum Response Time) 내에 Membership Report 메시지가 수신되기를 기다린다.

❹ 만약 모든 멤버들이 정해진 시간 내에 응답하지 않으면 해당 그룹은 폐기하게 된다. 이것은 특정 그룹을 바로 폐기하기 전에 다른 멤버들의 의향을 물어보는 절차를 거치는 것이다.

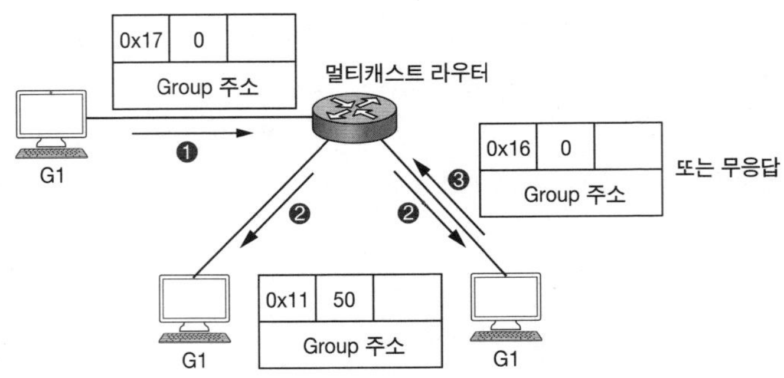

[그림 8-10] 그룹 탈퇴 절차 및 메시지 형식

3) 그룹 관리

그룹을 관리하기 위해서는 등록 및 탈퇴뿐만 아니라 멀티캐스트 라우터에서 주기적으로 그룹 멤버들의 의향 및 동작 여부를 확인할 필요가 있다. 만약, 그룹의 멤버로 한 개의 호스트인 경우(최악의 경우), 이 호스트가 다운되거나 네트워크 연결이 불가능할 때에 멀티캐스트 라우터에서는 이 상황을 알 방법이 없다. 따라서, 그룹 관리를 위해서는 다음과 같은 과정을 거치게 된다.

❶ 멀티캐스트 라우터는 주기적(매 125초)으로 General Query 메시지를 멤버들에게 전송한다.

❷ 정해진 시간 내에 Membership Report 메시지를 기다리게 될 것이다

❸ 정해진 시간(Maximum Response Time) 내에 Membership Report 메시지가 수신되기를 기다린다.

이에 대한 동작 절차 및 메시지 형식은 **[그림 8-11]**에서 보여주고 있다. 이때, General Query 메시지 내의 Group Address로 0.0.0.0 주소를 사용한다. 이것은 이 호스트가 속한 모든 그룹에 대해 멤버쉽 의향을 묻는 것을 의미한다.

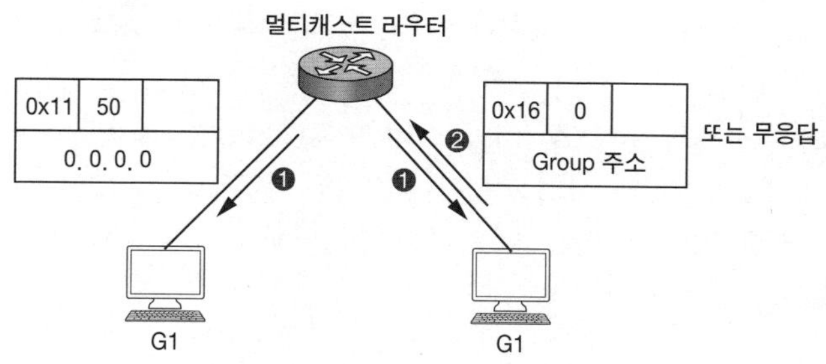

[그림 8-11] 그룹 관리 절차 및 메시지 형식

4) 그룹 응답

멀티캐스트 라우터로부터 Query 메시지를 수신한 멤버들은 바로 응답 메시지인 Membership Report 메시지를 전송하지 않는다. 그 이유는 수많은 응답 메시지들로 인한 대역폭 낭비를 방지하기 위해서이다. 이를 위해 각 그룹마다 타이머를 설정하며 응답 메시지 전송에 시간 차이를 두는 방식을 사용한다. 예를 들어, A 그룹은 2초, B 그룹은 5초로 설정하여 응답을 위한 대기 시간을 타이머 내에서 임의로 선택하게 하는 것이다. 또한, 하나의 멤버가 응답 메시지를 전송하면 다른 멤버들이 이 응답 메시지를 수신할 수 있어 다른 멤버들이 불필요하게 응답 메시지를 전송하지 않음으로써 대역폭 낭비를 방지할 수 있다.

IGMP에서 그룹의 멤버 관리를 위한 동작 과정으로는 그룹 등록, 그룹 탈퇴, 그룹 관리, 그룹 응답 등이 있다.

요약정리 SUMMARY

01 멀티캐스트 방식에서 송신지는 하나의 정보만을 전송하고, 목적지에 연결된 라우터에서 여러 개의 정보로 복사하여 전송하는 방식을 사용한다. 이 때문에 라우터 간 전송 시에는 단지 하나의 정보만을 전송하게 되기 때문에 유니캐스트 방식에서의 대역폭 낭비 문제를 해결할 수 있다.

02 멀티캐스트 전송을 위한 그룹 관리를 위해 IGMP 프로토콜을 사용한다.

03 멀티캐스트 주소는 D 클래스를 사용하며 사용 가능한 주소 범위는 224.0.0.0～239.255.255.255이다.

04 송신지 기반 경로설정 방식은 송신지에 연결된 라우터에서 멀티캐스트 그룹에 대한 최단 경로를 유지하는 것을 말하며, 사용하는 프로토콜로는 DVMRP, MOSPF, PIM-DM 등이 있다.

05 공유 경로설정 방식은 각 라우터가 여러 개의 최단 경로를 가지는 방식이 아니라, 단지 하나의 라우터(랑데부 또는 코어 라우터)만이 여러 개의 최단 경로를 유지하는 방식으로, 최단 경로는 송신지가 아닌 그룹이 결정하는 방식이다.

06 IGMP는 멀티캐스트 라우터가 자신의 인터페이스에 연결된 그룹의 멤버들 목록을 생성하고, 추가, 삭제, 관리하기 위해 사용하는 그룹 관리 프로토콜이다. 특히, IGMP는 자신의 네트워크에만 국한하여 동작하는 지역적인 프로토콜이다.

07 IGMP는 IP 헤더로 캡슐화되어 IP 데이터그램으로 전송하며 역다중화를 위해 사용하는 IP 헤더 내의 protocol 필드 값은 2(0x02)로 설정하여 전송된다.

08 IGMP에서 그룹의 멤버 관리를 위한 동작 과정으로는 그룹 등록, 그룹 탈퇴, 그룹 관리, 그룹 응답 등이 있다.

연습문제 EXERCISE

01 인터넷에서 멀티캐스트를 위하여 사용되는 프로토콜은?

① IGMP ② ICMP
③ SMTP ④ DNS

02 IGMP에 대한 설명으로 올바른 것은?

① 여러 목적지로 데이터를 전송하기 위한 프로토콜이다.
② 목적지 IP 주소를 MAC 주소로 매핑한다.
③ 네트워크 문제를 진단할 수 있는 기능을 제공한다.
④ 대용량 정보를 전송하는 기능을 제공한다.

03 멀티캐스트 주소는 ( ) 클래스를 사용하며 가능 주소 범위는 얼마인가?

04 그룹에 대한 멀티캐스트 주소가 224.88.12.8인 경우, 이더넷 멀티캐스트 주소를 16진수로 표기하시오.

05 다음 중 멀티캐스트 라우팅 기술 중 송신지 기반 경로 설정 기법이 아닌 것은?

① DVMRP ② MOSPF
③ IM-DM ④ CBT

06 다음 중 멀티캐스트 라우팅 기술 중 공유 경로 설정 기법에 해당되는 것은?

① PIM-SM ② MOSPF
③ IM-DM ④ DVMRP

연습문제 EXERCISE

07 다음 중 멀티캐스트 전송 기술에 대한 설명으로 틀린 것은?

① 멀티캐스트를 지원하지 않는 라우터들을 위해서 MBONE 기술을 사용한다.
② 멀티캐스트 데이터를 목적지가 아닌 호스트가 수신할 수 없다.
③ 멀티캐스트 전송을 위해서 목적지를 그룹으로 관리한다.
④ DVMRP 라우팅 기술은 MBONE을 지원한다.

08 다음 중 IGMP에 대한 설명으로 틀린 것은?

① IP 헤더로 캡슐화되어 IP 데이터그램으로 전송된다.
② 그룹의 멤버들 목록을 생성하고, 추가, 삭제, 관리하기 위해 사용하는 그룹 관리 프로토콜이다
③ 동작 과정에는 그룹 생성, 탈퇴, 관리 등이 있다.
④ 가능한 한 넓은 범위의 네트워크를 포함할 수 있다.

09 다음 중 MBONE에서 사용하는 기술로 중간에 존재하는 라우터들이 멀티캐스트 전송을 지원하지 않는 경우, 멀티캐스트 데이터를 유니캐스트 데이터로 다시 캡슐화하여 전송하는 기술을 무엇이라 하는가?

III. 전송 계층 프로토콜

9장

TCP

전송 계층의 가장 대표적인 프로토콜인 TCP는 사용자의 데이터를 목적지까지 신뢰성있는 전송 기능을 제공하고 있다. 따라서 TCP를 사용하는 응용 서비스는 신뢰성 있는 서비스를 제공할 수 있다. TCP는 신뢰성 있는 서비스를 제공하기 위해 다양한 기능을 제공하고 있다. 이 장에서는 TCP 특징과 신뢰성 서비스를 위한 다양한 기능들에 대해 학습하기로 한다.

- TCP 개념과 특징을 이해할 수 있다.
- 포트와 소켓에 대한 개념과 헤더를 이해할 수 있다.
- TCP 연결설정 및 종료 과정을 이해할 수 있다.
- TCP 흐름제어와 혼잡제어 개념과 동작을 이해할 수 있다.
- TCP 타이머들의 종류와 동작을 이해할 수 있다.

9.1 TCP 개요

(1) 개요

앞서 TCP/IP 프로토콜에서 설명한 바와 같이 데이터링크 계층이 홉 단위 전송 서비스로 자신과 연결된 다음 홉(라우터)까지의 신뢰성 있는 데이터 전송을 보장하고, 네트워크 계층 프로토콜은 호스트 단위 전송을 담당했다면, 전송 계층 프로토콜은 **프로세스 단위**(Process-to-Process) 데이터 전송 서비스를 제공한다. 특히, TCP는 대표적인 전송 계층 프로토콜로 송수신지의 프로세스 단위 신뢰성있는 데이터 전송 서비스를 제공한다.

전송 계층 프로토콜은 프로세스 단위(Process-to-Process) 데이터 전송 서비스를 제공하게 된다. 특히, TCP는 대표적인 전송 계층 프로토콜로 송수신지의 프로세스 단위 신뢰성있는 데이터 전송 서비스를 제공한다.

(2) 기능

신뢰성 있는 데이터 전송을 위해 TCP는 다음과 같은 기능을 제공하고 있다.

❶ **연결형 서비스**(Connection-Oriented Service) **제공**

TCP는 데이터를 전송하기 전에 먼저 연결설정을 하고, 데이터 전송이 완료 후에는 연결 종료 과정을 갖는 연결형 서비스를 제공한다. 이는 마치 일반 전화를 생각하면 되는데, 상대방 전화번호를 누르면 신호음이 들리는 것과 같이 상대방과 데이터를 교환하기 전에 연결을 설정하는 과정이다. 다만, 다른 점은 일반 전화에서 사용하는 물리적 연결이 아닌 가상의 연결, 즉 논리적 연결을 사용한다는 점이다.
여기서 중요한 점은 TCP 세그먼트는 실제로 네트워크 계층에서 IP 데이터그램으로 전송되기 때문에 각 세그먼트는 서로 다른 경로로 전송되기도 하고, 에러가 발생되어 중간에서 폐기되기도 하지만 TCP 서비스는 응용 프로세스(사용자)에게 연결형 서비스를 제공함으로써 신뢰성 있게 데이터 전송을 하고 있다고 믿게 한다는 점이다.

❷ **전이중**(Full duplex) **바이트 스트림**(Byte Stream) **전송 서비스 제공**

TCP는 송수신을 동시에 서비스할 수 있는 전이중 서비스를 제공한다. 또한, 송신지 TCP는 응용 프로세스로부터 바이트 단위로 데이터를 받아, 이를 적당한 크기인 TCP 세그먼트로 구성하여 논리적 연결을 통해 마치 물리적인 파이프에 물 흐르듯이 데이터를 바이트 단위로 전송하게 된다. 이를 바이트 스트림 전송 서비스라고 한다. 물론 데이터 전송은 바이트 스트림으로 전송되지만 TCP 세그먼트는 실제 IP 계층을 통해 전송된다. **[그림 9-1]**과 같이 TCP가 데이터 바이트들을 마치 파이프에 물 흐르듯이 전송하는 모습을 보여주고 있다.

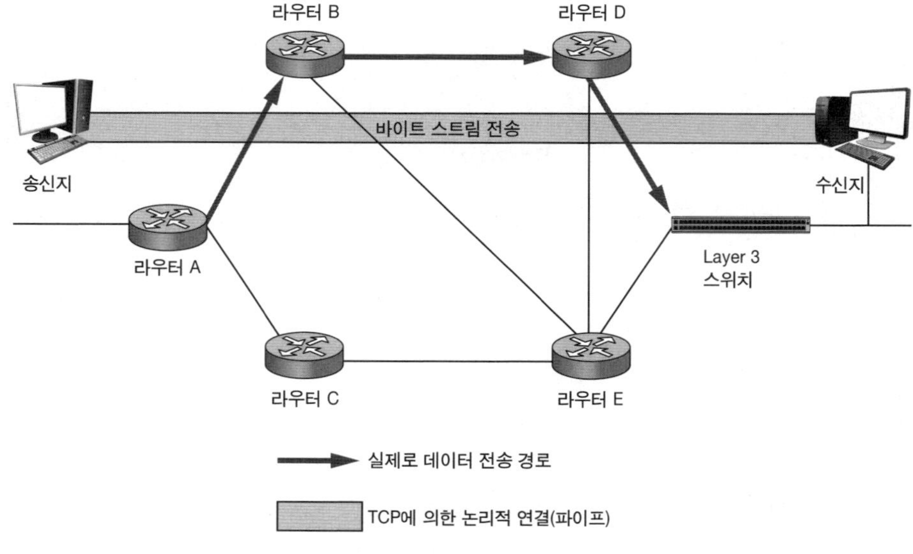

[그림 9-1] TCP의 전이중 바이트 스트림 전송

❸ 순서번호(Sequence Number)를 통한 확인응답(Acknowledgement) 제공

앞서 말한 바와 같이 TCP 세그먼트는 IP 계층으로 전달되고, 이는 IP 데이터그램으로 비연결형 서비스를 사용하여 수신지로 전송된다. 이 때문에 전송되는 데이터가 중간에 유실되거나 순서가 바뀌어 도착할 수 있다는 것이다. 이에 TCP는 전송되는 세그먼트에 순서번호(Seq)라는 고유한 번호를 부여하고 목적지에서 이 번호를 통해 재조립하거나 유실된 데이터를 확인함으로써 신뢰성 있는 전송을 제공한다. **[그림 9-2]**에서 순서번호가 500(Seq=500)인 세그먼트가 전송되면 수신지에서는 ACK=800을 전송함으로써 수신된 데이터가 500~799바이트까지 잘 받았음을 알려준다(참고로 순서번호는 바이트마다 붙은 고유한 번호이다). 이때 사용하는 것이 누적된 확인응답(Cumulative Acknowledgement) 방식이다. 이에 대한 자세한 설명은 TCP 헤더의 순서번호에서 설명하기로 한다

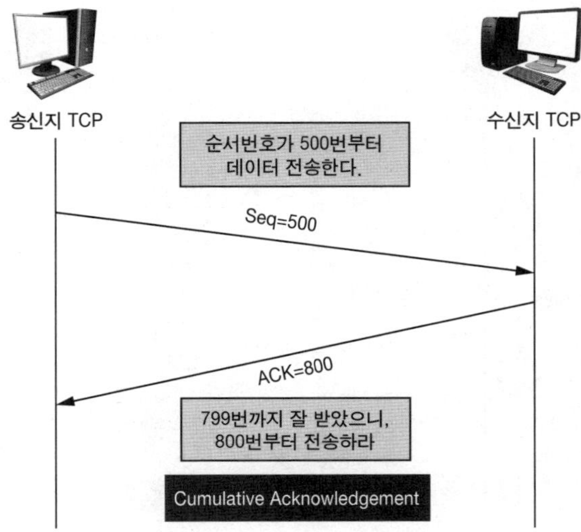

[그림 9-2] TCP 순서번호를 통한 확인응답 동작

❹ TCP 재전송 타이머(Retransmission Timer)를 통한 재전송 서비스 제공

송신지 TCP에서는 세그먼트를 수신지에 전송하자마자 타이머가 동작하게 된다. 이는 정해진 시간 안에 목적지에서 해당 세그먼트에 대한 확인응답이 오지 않는 경우 해당 세그먼트를 재전송을 하기 위한 것이다. 재전송이 발생하는 경우를 **[그림 9-3]**에서 보여주고 있다.

- 세그먼트가 중간에 유실된 경우
- 전송된 세그먼트에 에러가 발생되어 수신지에서 폐기된 경우
- 확인응답이 중간에 유실된 경우(수신지에서 중복된 세그먼트는 폐기)

참고로, 같은 세그먼트(Seq=500)에 대한 첫 번째 재전송 타이머보다 두 번째 재전송 타이머가 더 길다는 점에 유의하자. 재전송 타이머 시간에 대해서는 차후에 자세히 설명하기로 한다.

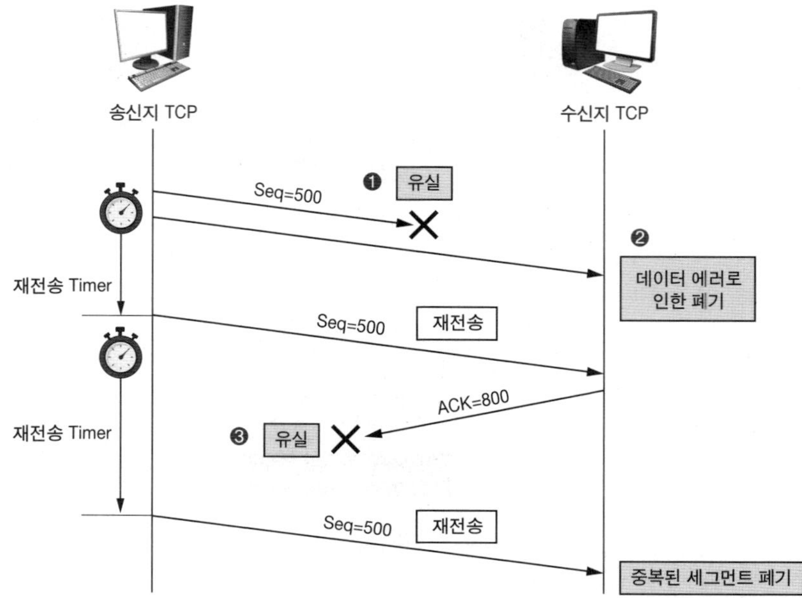

[그림 9-3] TCP Timer 통한 재전송 동작

❺ **에러제어**(Error Control) **서비스 제공**

TCP 헤더에 있는 Checksum 필드를 사용하여 헤더와 데이터에 대한 에러를 검사한다. 이는 세그먼트가 전송되는 도중에 에러가 발생했는지를 확인할 수 있으며, 만약 에러가 발생한 것을 확인하면 그 세그먼트는 폐기하고, 확인응답 메시지를 전송하지 않는다. 결국, 해당 세그먼트에 대한 재전송 타이머가 만료되어 재전송되게 된다.

❻ **흐름제어**(Flow Control) **서비스 제공**

흐름제어 서비스는 송신측으로 하여금 수신측이 처리할 수 있는 범위 내에서 데이터를 보내도록 제어하여 처리 속도가 느린 수신측의 버퍼 오버플로우로 인한 데이터의 유실을 방지하는 서비스이다. 이를 위해 TCP 연결을 맺는 송수신측은 일정한 크기의 버퍼(Sliding Window) 용량을 갖고 있는데 이러한 송수신측의 버퍼 용량은 수시로 변경된다. 따라서, TCP 통신을 하는 두 응용 프로세스는 연결 초기에 서로의 버퍼 용량에 대한 정보를 교환해야 하며, 또한 데이터 교환과정 중에도 변화된 자신의 버퍼 용량에 대한 정보를 계속 교환해야 한다. TCP에게 자신의 버퍼 용량 정보를 서로 교환하는 것을 **윈도우 광고**(Window Advertisement) **기법**이라 한다.

❼ **혼잡제어**(Congestion Control) **서비스 제공**

네트워크 내에 데이터의 수가 과도하게 증가하여 데이터의 유실이 발생하는 현상을 혼잡(Congestion) 상황이라고 하며 혼잡 상황을 방지하거나 해결하고자 하는 기능을 혼잡제어라고 한다. 간략하게 이 기능은 네트워크의 상황에 맞게 통신량을 조절하여 혼잡 상황을 제어하고자 하는 것이다. 흐름제어가 송신지와 수신지 사이의 전송 속도에 관한 문제라면 혼잡제어는 호스트와 라우터를 포함한 보다 넓은 네트워크 관점에서의 전송 문제이다.

핵심요약

TCP는 신뢰성을 제공하기 위해 연결형 서비스, 전이중 바이트 스트림 서비스, 확인응답 서비스, 타이머를 사용한 재전송 서비스, 에러제어, 흐름제어, 혼잡제어 등을 제공하고 있다.

미니강의 TCP가 신뢰성을 제공하는 이유

네트워크 환경(Network Environment)은 비신뢰성 환경이다. 이는 네트워크를 구성하는 회선과 장비들로 인해 에러(Error)와 유실(Loss)이 발생하여 신뢰성있는 데이터 전송을 보장할 수 없는 환경이기 때문이다. 특히 데이터를 전송하는 라우터 장비는 데이터를 받아 저장하고 이를 처리하기 위해 유한(finite)한 버퍼를 가지고 있어 이로 인해 발생할 수밖에 없는 지연(delay)과 유실은 항상 존재하게 된다. 하지만 사용자 입장에서는 신뢰성을 제공하는 서비스를 원하고 있어 TCP에서는 에러와 유실을 처리할 수 있는 기법들을 사용하여 신뢰성 서비스를 제공하는 것이다.

9.2 포트와 소켓

TCP는 프로세스 단위 전송을 위해서 송신지 응용 프로세스와 수신지 응용 프로세스와의 연결이 필요하며, 이를 위해서는 수신지 응용 프로세스를 위한 주소가 필요하다. 수신지의 시스템 주소는 IP 주소를 통해 식별하며, 응용 프로세스에 대한 주소는 전송 계층에서 제공하는 포트(port) 번호를 사용하여 서로를 식별한다. 따라서 송수신지 응용 프로세스들의 연결은 IP 주소와 포트 번호를 모두 사용한 소켓(socket)을 통해 연결하게 된다.

(1) 포트 번호

모든 응용 프로세스는 자신을 식별할 수 있는 식별자(process identifier)가 존재하는데, 이를 포트 번호라 한다. 전송 계층에서는 포트 번호를 위해 16비트를 사용하며 이는 0~2^{16}–1(65,535)의 값을 가질 수 있다. TCP/IP에서 사용하는 포트의 종류로는 잘 알려진 포트(well-known port)와 임시포트(ephemeral port)로 구분한다.

❶ 잘 알려진 포트(Well-known port)

인터넷 서비스를 제공하는 응용 프로세스의 종류에 따라 이미 정해진 포트 번호를 말한다. 포트 번호 범위는 1~1,023으로 국제 인터넷 주소 관리 기구인 IANA(Internet Assigned Number Authority)에서 지정하고 관리한다. 이 포트는 주로 서버용으로 사용되며, TCP를 사용하는 대표적인 응용 프로토콜의 잘 알려진 포트 번호는 〈표 9–1〉과 같다.

〈표 9–1〉 TCP에서 사용하는 대표적인 잘 알려진 포트 번호

응용 프로토콜	포트 번호	설명
FTP(Data)	20	FTP의 데이터 전송 채널
FTP(Control)	21	FTP의 제어 신호 전송 채널
Telnet	23	원격지 호스트 연결 서비스
SMTP	25	간단한 메일 전송 프로토콜
pop3	110	메일 송수신 프로토콜
HTTP	80	웹 서비스 제공 프로토콜

❷ 임시 포트(Ephemeral port)

인터넷 서비스를 요청하는 클라이언트가 사용할 수 있는 포트 번호로 1,024~65,535 값 중에서 동적으로 할당받는 번호를 말한다. 따라서 서비스 사용 중에만 유효하고 서비스 종료 이후에는 다른 클라이언트 프로그램에서 사용할 수 있다.

실습하기 TCP 서비스 상태 및 포트 번호

❶ 실습 방법

- netstat 명령어와 옵션을 사용한다.

```
c:\netstat -a -n -p tcp
```

-a : 모든 연결 및 수신 대기 포트를 표시
-n : 주소 및 포트 번호를 숫자로 표시
-p : 지정된 프로토콜 연결만 표시

❷ 결과 분석

- **[그림 9-4]**의 박스로 표시된 바와 같이 클라이언트(192.168.0.3)에서 임시 포트 4485번을 사용하여 서버(202.31.187.204)의 잘 알려진 포트인 80번 웹 서비스 연결이 설정(ESTABLISHED)된 것을 볼 수 있다.

```
C:\Documents and Settings\Administrator>netstat -a -n -p tcp

Active Connections

  Proto  Local Address          Foreign Address        State
  TCP    0.0.0.0:135            0.0.0.0:0              LISTENING
  TCP    0.0.0.0:445            0.0.0.0:0              LISTENING
  TCP    0.0.0.0:8443           0.0.0.0:0              LISTENING
  TCP    0.0.0.0:22350          0.0.0.0:0              LISTENING
  TCP    0.0.0.0:55021          0.0.0.0:0              LISTENING
  TCP    127.0.0.1:843          0.0.0.0:0              LISTENING
  TCP    127.0.0.1:1047         0.0.0.0:0              LISTENING
  TCP    127.0.0.1:2559         0.0.0.0:0              LISTENING
  TCP    127.0.0.1:5152         0.0.0.0:0              LISTENING
  TCP    192.168.0.3:139        0.0.0.0:0              LISTENING
  TCP    192.168.0.3:1044       210.102.151.23:55004   ESTABLISHED
  TCP    192.168.0.3:1075       23.12.224.60:443       CLOSE_WAIT
  TCP    192.168.0.3:3854       182.162.56.60:443      CLOSE_WAIT
  TCP    192.168.0.3:4459       111.221.70.24:80       CLOSE_WAIT
  TCP    192.168.0.3:4485       202.31.187.204:80      ESTABLISHED
```

[그림 9-4] 동작 중인 TCP 서비스 모습

모든 응용 프로세스는 자신을 식별할 수 있는 식별자(process identifier)가 존재하며, 이를 포트 번호라 한다. 포트 번호는 16비트로 표현되며, $0 \sim 2^{16}-1(65,535)$의 값을 가질 수 있으며, 잘 알려진 포트(well-known port)와 임시포트(ephemeral port)로 구분된다.

(2) 소켓

응용 프로세스가 전송 계층 서비스를 이용하여 원격 호스트와 통신하려 할 때, 전송 계층 서비스는 이들의 요구를 받아들일 수 있는 인터페이스가 있어야 하며, 이 인터페이스를 통해 원격지에 있는 응용 프로세스와 통신을 수행하게 된다. 여기서 이 인터페이스를 소켓이라고 하며, 송신지 소켓 구성은 〈**프로토콜, IP 주소, 포트 번호**〉로 되어 있다. 즉 〈tcp, 192.168.0.2, 4485〉와 〈tcp, 202.31.187.204, 80〉로 표현한다.
TCP 연결을 형성하는 두 프로세스의 소켓은 〈**프로토콜, 로컬 IP 주소, 로컬 포트 번호, 원격지 IP 주소, 원격지 포트 번호**〉로 식별할 수 있다. **[그림 9-5]**는 **[그림 9-4]** 예제에 대한 소켓 생성 모습을 보여주고 있다. 이로써 두 응용 프로세스 간에 전이중 바이트 스트림 서비스를 가능하게 해준다.

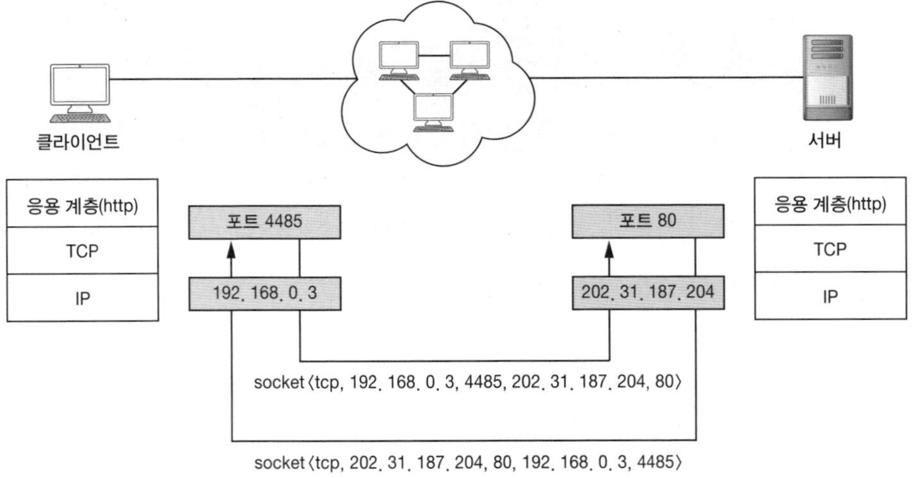

[그림 9-5] TCP 소켓 생성 모습

응용 프로세스가 전송 계층 서비스를 이용하여 원격 호스트와 통신하려 할 때, 인터페이스가 필요하며, 인터페이스를 소켓(socket)이라고 한다. 구성은 〈프로토콜, IP 주소, 포트 번호〉로 되어 있으며, 연결을 위한 두 인터페이스 소켓은 〈프로토콜, 로컬 IP 주소, 로컬 포트 번호, 원격지 IP 주소, 원격지 포트 번호〉를 사용한다.

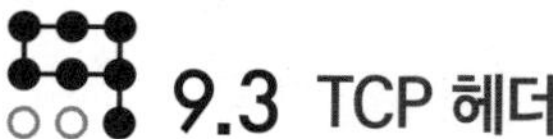

9.3 TCP 헤더

(1) 캡슐화

TCP는 응용 프로세스로부터 바이트 스트림을 받아 TCP 헤더를 포함한 TCP 세그먼트를 생성한 후 IP로 내려보내 IP 데이터그램으로 캡슐화한다. **[그림 9-6]**은 TCP 세그먼트가 IP 데이터그램으로 캡슐화된 모습을 보여주고 있다. 따라서 수신지에서 수행하는 역다중화를 위해 IP 헤더 내의 protocol 필드 값은 TCP 세그먼트를 나타내는 6을 설정하게 된다.

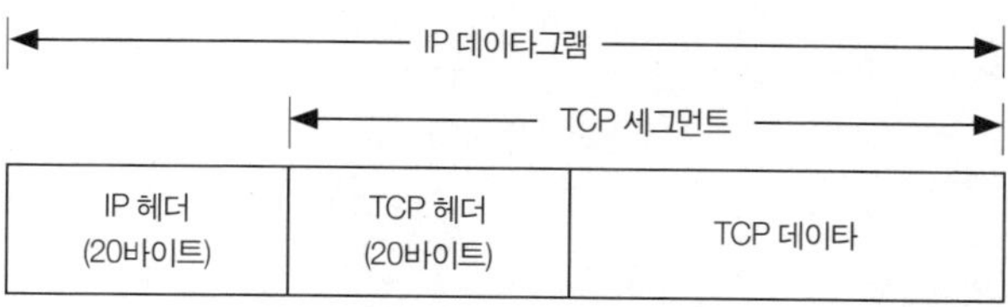

[그림 9-6] TCP 캡슐화 모습

TCP는 응용 프로세스로부터 바이트 스트림을 받아 TCP 헤더를 포함한 TCP 세그먼트를 생성한 후 IP로 내려보내 IP 데이터그램으로 캡슐화하게 된다(역다중화 값은 6이다).

(2) 헤더

또한, TCP 헤더는 **[그림 9-7]**과 같이 기본 20바이트 크기이며, 최대 40바이트까지 옵션을 사용할 수 있어, TCP 헤더는 20~60바이트까지 구성할 수 있다. **〈표 9-2〉**에서 TCP 헤더 필드 내용을 설명하고 있다.

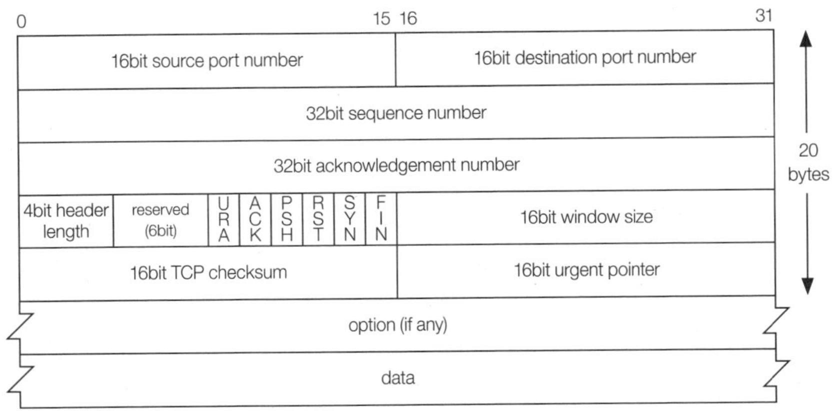

[그림 9-7] TCP 헤더

TCP 헤더는 기본 20바이트 크기이며, 최대 40바이트까지 옵션을 사용할 수 있다.

〈표 9-2〉 TCP 헤더 필드 내용

<table>
<tr><th>필드명</th><th>설명</th></tr>
<tr><td>source port number
(송신지 포트 번호)</td><td>송신지 응용 프로세스의 포트 번호이다.</td></tr>
<tr><td>destination port number
(목적지 포트 번호)</td><td>수신지 응용 프로세스의 포트 번호이다.</td></tr>
<tr><td>sequence number
(순서번호)</td><td>TCP 세그먼트 안에 전송되는 데이터의 첫 번째 바이트 번호이다. 이 번호를 사용해 데이터 순서, 세그먼트의 중복 수신 여부, 수신한 세그먼트 확인에 사용한다. 특히, 두 호스트가 TCP 연결 시 처음 사용할 순서번호를 ISN(Initial Sequence Number)이라고 하며, 이후 전송할 바이트의 번호는 ISN부터 시작되며, $2^{32}-1$ 값을 초과하면 다시 0부터 시작한다.</td></tr>
<tr><td>acknowledgement number
(확인응답 번호)</td><td>신뢰성 있는 데이터 전송을 제공하기 위해 수신지에서는 몇 번째 바이트까지 수신했는지 송신지에 이 확인응답 번호를 사용하여 알려준다. 이 값은 수신지에서 다음으로 받고자 하는 데이터의 바이트 순서번호로, 수신된 마지막 바이트 번호에 1을 더한 값을 전송하여, 그 이전 바이트까지는 정상 수신되었음을 나타내게 된다.</td></tr>
<tr><td>header length
(헤더 길이)</td><td>4바이트 단위로 헤더 길이를 지정한다. 이것은 TCP 헤더 중에 옵션 필드가 가변적이기 때문에 정확한 헤더 길이를 파악하기 위해 필요하다. 길이는 4개 비트로 이루어져 있으므로, TCP 헤더가 20바이트인 경우는 0101을, 60바이트인 경우는 1111 값을 갖게 된다.</td></tr>
<tr><td>Flag
(플래그)</td><td>다음과 같이 총 6개 비트로 구성된다.
<table>
<tr><th>플래그</th><th>설명</th></tr>
<tr><td>URG</td><td>수신지에서 다른 데이터보다 먼저 긴급히 처리해야 할 데이터가 있음을 표시하는 것으로, 이 비트가 1로 설정되어있는 경우, Urgent pointer 필드의 값을 사용하여 전송되는 총 데이터 중에서 긴급 데이터의 위치를 파악할 수 있다.</td></tr>
<tr><td>ACK</td><td>수신지에서 확인응답하고자 할 때 사용한다.</td></tr>
<tr><td>PSH</td><td>수신지 TCP에서 데이터를 최대한 빨리 응용 계층으로 전달하도록 표시하며, 주로 데이터 전송 시 사용한다.</td></tr>
<tr><td>RST</td><td>연결 요청을 거절하거나, 연결 중단 등과 같은 비정상 종료를 위해 사용하는 비트이다. 이 비트를 수신한 수신지 TCP는 반드시 연결을 끊기 때문에 송수신되던 데이터가 유실되는 결과가 발생할 수 있다.</td></tr>
<tr><td>SYN</td><td>TCP 연결설정을 위해 사용하는 비트이며, 이때 사용하는 순서번호는 ISN이 된다.</td></tr>
<tr><td>FIN</td><td>TCP 연결종료를 위해 사용하는 비트이다.</td></tr>
</table></td></tr>
</table>

필드명	설명
window size (윈도우 크기)	TCP에서 흐름제어를 위해 사용하는 필드로써, 수신지 TCP는 수신 가능한 데이터의 바이트 양(윈도우 크기)을 송신지 TCP에게 알려줌으로써 데이터 전송량을 조절할 수 있게 도와준다. 만약 0 값의 window size를 수신했다면, 여분 공간이 생길 때까지 데이터 전송이 보류된다(9.8 TCP 타이머 참조).
checksum (체크섬)	TCP 헤더와 데이터에 대해 체크섬 방식으로 계산한 결과값을 이 필드에 저장하여 전송하고(계산을 위해 이 필드는 0으로 채워서 계산하고 결과를 다시 저장한다), 수신지에서는 전송된 TCP 헤더와 데이터를 다시 체크섬 방식으로 계산하여 0인지 아닌지를 확인함으로써 에러를 검사한다. TCP 헤더의 체크섬은 항상 검사하는 필수(mandatory)기능이다. 특이한 점은 TCP 체크섬 값은 [그림 9-8]과 같이 12바이트 가상 헤더(pseudo header)를 포함해서 계산해야 한다. TCP 세그먼트 가상헤더 (12바이트) | TCP 헤더 (20바이트) | TCP 데이타 **[그림 9-8]** TCP 가상 헤더
urgent pointer (긴급 포인터)	Flag 필드의 URG 비트 설정과 함께 사용하는 것으로, 데이터 스트림을 제어하거나 비정상 연결 중단과 같은 긴급 데이터(urgent data)를 전송하고자 할 때 사용하는 필드이다. 이와 같은 방식이 In-bound 신호 방식 기법이다.

미니강의 ISN(초기 순서번호)

두 호스트에서 각 TCP 연결 시 처음 사용하는 순서번호를 ISN이라 한다. 이 ISN 값은 TCP에서 $0 \sim 2^{32}-1$ 값 중에 임의로 선택하며 전송하고자 하는 첫 바이트에 적용하게 된다. 예를 들어 ISN 값이 2,000이고, 전송하고자 하는 총 바이트가 1,000바이트인 경우, 첫 번째 TCP 세그먼트 안에 있는 첫 바이트 번호 즉, ISN 번호는 2,000이며, TCP 세그먼트의 순서번호 범위는 2,000 ~ 2,999까지이다. 이때 순서번호는 세그먼트 번호가 아니라 전송하는 바이트에 대한 번호이다.

미니강의 가상 헤더

TCP 체크섬 계산은 일반 체크섬 계산방식과 다른 방식으로 계산한다. 즉 가상 헤더를 추가로 포함하여 TCP 세그먼트와 같이 계산하는 것이다. 이러한 가상 헤더는 총 12바이트로 구성되며, 내용은 **[그림 9-10]**에서 보는 바와 같이 IP 헤더에 있는 필드 중에서 라우터를 통과하면서도 값이 변하지 않는 필드(송수신 IP 주소, 역다중화를 위한 protocol 필드)와 TCP 세그먼트 정보(TCP 세그먼트 길이)를 포함하고 있다. 참고로 protocol 값은 TCP는 6이고, UDP는 17이다(10.2 UDP 헤더 참조).

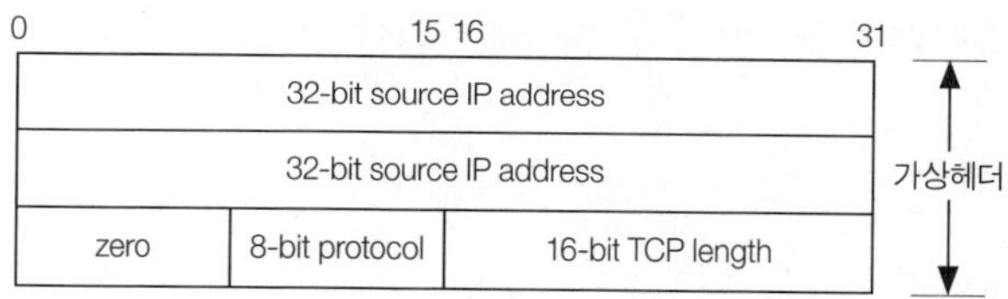

[그림 9-10] TCP 가상 헤더 형식

또한, 가상 헤더는 TCP 체크섬 계산에만 사용하고 실제로 전송은 되지 않기 때문에 수신지에서는 같은 값을 갖는 가상 헤더를 생성하여 TCP 체크섬을 계산해야 한다. TCP 체크섬 계산을 위해 가상 헤더를 사용함으로써 다음과 같은 추가적인 에러에 대해 검출이 가능하다.

❶ 송수신지가 잘못된 세그먼트
❷ 다른 전송 계층 프로토콜로 전달되는 세그먼트
❸ 전송 중 TCP 세그먼트 길이가 변경된 세그먼트

(3) 데이터 전송

데이터 전송을 위해 송수신지 TCP는 각각 송신 버퍼와 수신 버퍼를 가지고 있다. **[그림 9-9]**는 송신지에서 수신지로의 한 방향 연결만 고려한 것으로, 송신지 응용 프로세스는 바이트 단위로 쓰기(write)를 하여 송신 버퍼에 저장하고, 송신지 TCP에서는 송신 버퍼의 내용을 적당한 크기의 세그먼트로 캡슐화하여 수신지로 전송하게 된다. 수신지 TCP는 수신한 세그먼트를 수신 버퍼에 저장하고 응용 프로세스는 바이트 단위로 읽기(read)를 수행하게 된다. 따라서, 효율적인 전송을 위해 버퍼를 사용하여 적당한 크기의 세그먼트를 구성하여 전송하게 되는 것이다. 이제 두 가지 Flag 비트(PSH, URG)

를 사용한 데이터 전송에 대해 살펴보기로 한다.

❶ PSH 비트를 사용한 푸싱 데이터

송신지가 작은 데이터 전송을 전송하여 수신지의 응용 프로세스에게 빠른 처리를 요구해야 하는 경우 송신지는 송신 버퍼가 채워질 때까지 기다리지 않고 작은 세그먼트에 PSH 비트를 '1'로 설정하여 바로 전송한다. 그러면, 수신 TCP에서는 PSH 비트가 '1'로 설정된 세그먼트를 즉시 응용 프로세스로 전달하게 함으로써 처리할 수 있게 한다.
가장 대표적인 예로는 Telnet과 같은 상호 대화형 프로그램이나 채팅 프로그램 그리고, HTTP의 요청 데이터와 같은 작은 데이터에서 PSH 비트가 '1'로 설정된 것을 볼 수 있다.

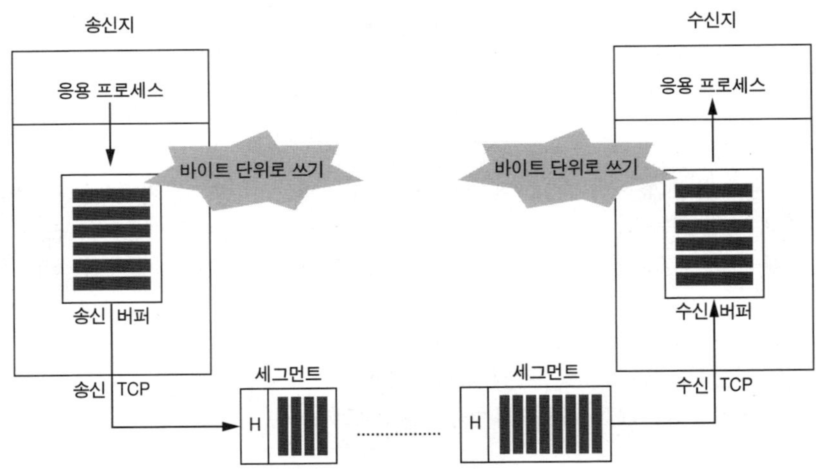

[그림 9-9] 쓰기와 읽기를 통한 데이터 송수신

❷ URG 비트를 사용한 긴급 데이터

긴급 데이터는 Urgent Pointer와 URG 비트가 같이 설정되어 전송되며, 송신지에서 수신지가 긴급하게 처리를 해주길 원하는 긴급한 데이터를 보내고자 할 때 사용한다(일반 데이터와 함께 보내기도 한다).
예를 들어 URG 비트가 '1'로 설정된 상태에서 TCP 세그먼트의 순서번호가 1,000이고 Urgent Pointer 값이 2,000일 경우, TCP 세그먼트 중 전송되는 총 데이터 중에서 긴급 데이터는 순서번호 1,000부터 긴급 포인터 값을 합한 3,000(순서번호 + 긴급 포인터)까지가 해당하며, 그 후 순서번호 3,001은 일반 데이터를 의미한다.

미니강의 URG 비트 처리

수신지는 URG 비트가 '1'로 설정된 것을 보고 긴급 데이터를 찾아 다른 데이터보다 먼저 처리하도록 구현할 수 있다. 하지만 대부분의 TCP는 이 기능을 지원하지 않으며, 만약 긴급 데이터를 처리하고자 할 경우는 TCP가 아닌 상위 계층인 응용 프로세스에서 처리하는 것이 일반적이다. 대표적인 예로 Telnet 프로그램에서 강제로 연결을 종료하는 방식인 [Ctrl+z]가 이에 해당한다. 참고로 현재 많은 프로토콜 상에서 URG 비트는 사용되지 않고 있다.

핵심요약

수신지의 응용 프로세스에게 빠른 처리를 요구해야 하는 경우 송신 버퍼가 채워질 때까지 기다리지 않고 작은 세그먼트에 PSH 비트를 설정하여 전송한다. 또한, 송신지가 수신지에서 긴급하게 처리하길 원하는 긴급한 데이터를 보내고자 할 때 URG 비트를 설정하여 사용한다.

미니강의 In-band / Out-of band 신호

❶ In-band 신호 기법

데이터 전송과 제어 신호가 하나의 채널에서 이뤄지는 것을 말하며, 대표적인 예로는 T1 시스템, TCP 전송 등이 있다.

❷ Out-of-band 신호 기법

데이터 전송 채널과 제어 신호 전송 채널이 각각 구분되어 있어 데이터 전송과 제어 신호 전송이 각각 다른 채널에서 이뤄지는 것을 말한다. 대표적인 예로는 E 디지털 계층, EIA-232D, FTP 전송(제어 신호는 21번 포트, 데이터 전송은 20번 포트) 등이 여기에 속한다.

9.4 TCP 연결설정

(1) 개요

TCP는 신뢰성 있는 데이터 전송을 제공하기 위해 연결형 서비스를 제공한다. 이는 데이터 전송 전에 반드시 연결설정하는 과정을 수행하고, 데이터 전송이 완료된 후에는 연결 종료하는 과정을 수행하는 것이다. 더불어, TCP는 전이중 서비스를 제공하고 있어 송수신을 동시에 할 수 있는 양방향 연결을 설정해야 한다. TCP는 전이중 서비스를 위한 양방향 연결설정을 위해 Three-way handshake(3단계 핸드쉐이크) 방식을 사용한다. 이는 송신과 수신을 동시에 수행할 수 있는 연결설정을 위해 3단계 과정을 거친다는 것이다.

핵심요약

TCP는 두 호스트 사이에 전이중 서비스를 제공하기 위한 연결설정을 위해 3단계 연결설정 과정을 거치는 Three-way handshake(3단계 핸드쉐이크) 방식을 사용한다.

(2) 연결 과정

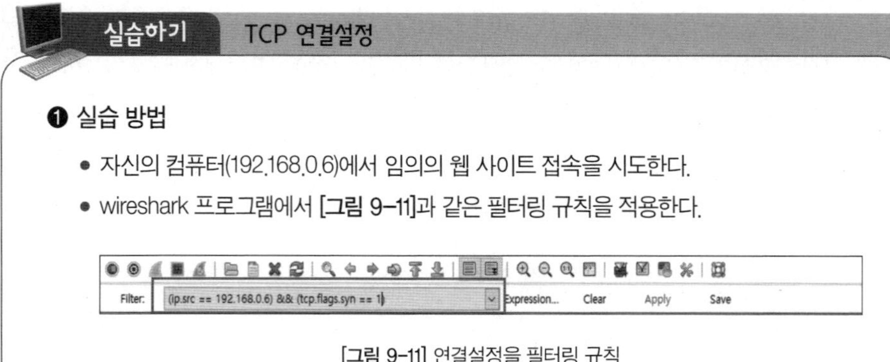

실습하기 TCP 연결설정

❶ 실습 방법

- 자신의 컴퓨터(192.168.0.6)에서 임의의 웹 사이트 접속을 시도한다.
- wireshark 프로그램에서 **[그림 9-11]**과 같은 필터링 규칙을 적용한다.

[그림 9-11] 연결설정을 필터링 규칙

❷ 실습 방법

- 연결설정 데이터를 캡처한 화면 **[그림 9-12]**와 이에 대한 동작을 **[그림 9-13]**에서 보여주고 있다.

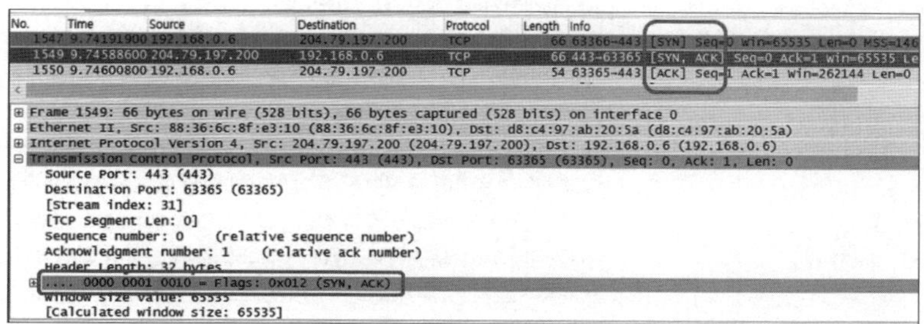

[그림 9-12] TCP 연결설정 과정 화면

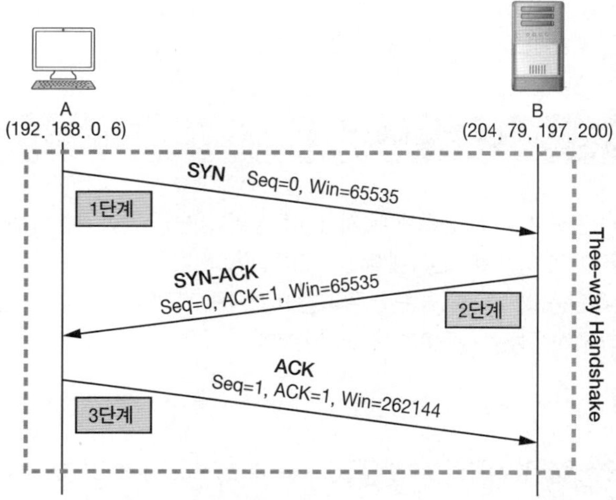

[그림 9-13] TCP 연결설정 단계

- 1단계에서 192.168.0.6에서 204.79.197.200으로 연결설정을 위해 SYN 비트가 설정된다.
- 2단계에서 이에 대한 확인응답 ACK 데이터와 반대로의 연결설정을 위해 SYN 비트가 설정된 데이터가 전송된다.
- 3단계에서 ACK 데이터를 전송함으로써 송수신의 전이중 연결이 성립된다.
- **[그림 9-12]**에서는 **[그림 9-13]**의 2단계에서 SYN 비트와 ACK 비트가 같이 설정되어 전송되는 화면이다(**piggyback**).
- 3단계 동작에 대한 자세한 내용은 캡처된 일련번호(No)별로 〈**표 9-3**〉에서 설명하고 있다.

〈표 9-3〉 TCP 연결설정 설명

일련번호	단계	설명
1547	1단계	A에서 B로 연결설정을 요청하는 세그먼트이다. 이것은 SYN 비트가 '1'로 설정된 세그먼트로 순서번호가 0, 윈도우 크기(Win)는 65,535로 설정하여 전송되고 있는 것을 볼 수 있다. 참고로, 이전에 수신된 세그먼트가 없어 ACK가 없음에 유의하자. 이때 Header length = 32(옵션 12바이트 포함)이다.
1549	2단계	B에서는 A로부터 수신한 SYN 데이터에 대한 ACK와 전이중 전송을 위한 연결설정 SYN을 같이 전송하고 있다(**piggyback**). 이때, SYN 데이터에 Seq=0, ACK=1, Win=65,535 값이 전송되고 있다. 또한, Header length = 32(옵션 12바이트 포함)이다.
1550	3단계	A에서는 B에서 받은 연결 요청에 대한 확인응답 세그먼트를 전송하고 있으며, Seq=1, ACK=1, Win=262,144 값이 전송되고 있다. Header length = 20(옵션 없음)이다.

미니강의 피기백(piggyback)

피기백 기능은 하나의 세그먼트에 두 개의 서로 다른 기능을 같이 전송하는 것을 말한다. 즉, 연결 요청(SYN)과 이전 세그먼트에 대한 확인응답(ACK)를 같이 전송하거나, 데이터를 전송함과 동시에 확인응답(ACK)을 하는 경우와 같이 하나의 세그먼트에 다른 기능을 갖는 플래그 비트들을 함께 전송하는 것을 피기백이라 말한다.

미니강의 TCP 헤더 옵션

TCP 헤더 옵션은 최대 60바이트까지 사용할 수 있다. 옵션에 사용되는 필드는 5가지로 다음과 같다.

❶ 옵션 종료(EOP : End-of-OPtion)
❷ 무동작(NOP : No-OPeration)
❸ 최대 세그먼트 크기(MSS : Maximum Segment Size)
❹ 윈도우 확장 인자(window scale factor)
❺ 타임 스탬프(timestamp)

이 옵션들은 주로 TCP 연결설정 시 서로 교환되는 정보들로 SYN 비트가 전송되는 연결설정 세그먼트에서만 볼 수 있다. 특히, MSS 값은 연결설정 시 양측의 합의에 의해 결정되어 최대 TCP 세그먼트 크기를 결정하게 되고, 윈도우 확장 인자 역시 연결 초기 단계에서 사용되는 것으로, 헤더에 있는 윈도우 크기보다 더 많은 윈도우 크기를 전송할 경우 사용하는 필드이다. 참고로, MSS와 윈도우 확장 인자 값은 한 번 정해지면 연결이 지속되는 한 변하지 않는다. 타임스탬프 필드는 데이터의 왕복 시간(RTT)을 계산할 때 사용하는 필드이다.

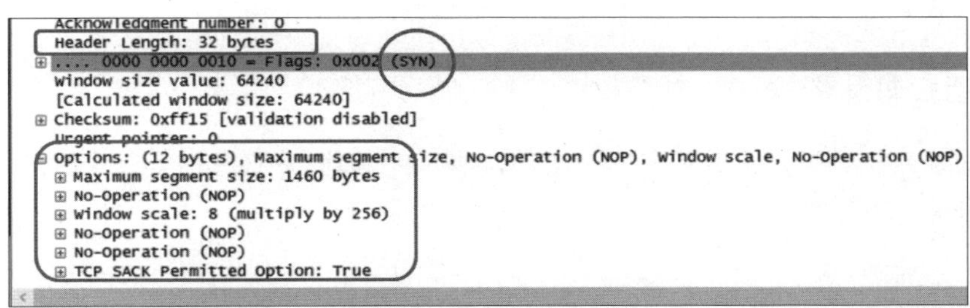

[그림 9-14] 연결설정 시 옵션 필드

[그림 9-14]에서 보는 바와 같이 연결설정(SYN) 세그먼트의 헤더 크기가 기본 20바이트에 옵션 필드를 합한 32바이트임을 볼 수 있다.

9.5 TCP 연결종료

(1) 개요

일반적인 TCP의 연결종료 과정은 TCP가 전이중 전송을 제공하기 때문에 양방향 연결을 하나씩 종료하는 것이며, 연결을 종료하고자 할 때 FIN 비트를 '1' 로 설정한 세그먼트를 전송한다.

TCP 연결종료를 위해서는 FIN 비트를 '1'로 설정하며, 일반적으로 양방향 연결을 종료하기 위해서는 4단계 과정이 필요하다.

(2) 종료 과정

양쪽 TCP가 연결을 종료하기 위해서는 3단계와 4단계를 생각할 수 있으며 실습을 통해 살펴보기로 한다.

3단계 연결종료

❶ 실습 방법

- 자신의 컴퓨터(192.168.0.6)에서 임의의 웹 사이트 접속 후 즉시 종료한다.
- wireshark 프로그램에서 **[그림 9-15]**와 같은 필터링 규칙을 적용한다.

[그림 9-15] 연결종료를 필터링 규칙

❷ 결과 분석

- 이 경우 연결설정 방식과 유사하게 **3단계**를 사용하여 연결을 종료하고 있다.
- **[그림 9-16]**은 연결종료 과정 화면이며, **[그림 9-17]**은 이를 도식화한 그림이다.

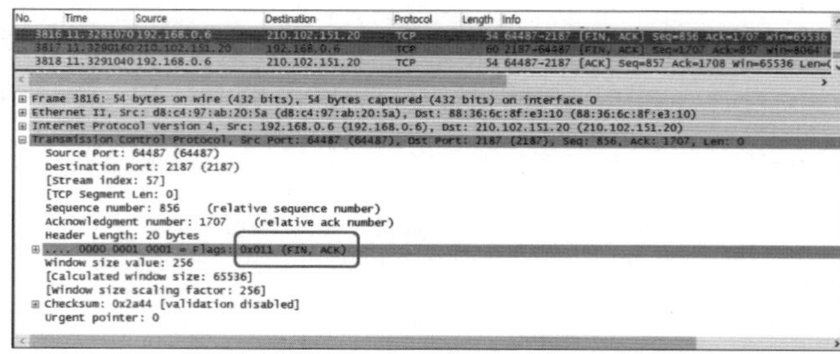

[그림 9-16] 3단계 연결종료 화면

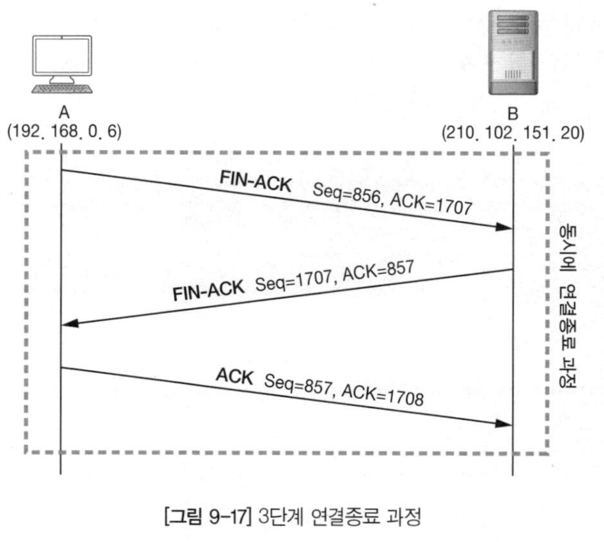

[그림 9-17] 3단계 연결종료 과정

실습하기 4단계 연결종료

❶ 실습 방법

- 자신의 컴퓨터에서 임의의 웹 사이트 접속 후 데이터 전송 완료 후 종료한다.
- wireshark 프로그램에서 **[그림 9-18]**과 같은 필터링 규칙을 적용한다.

[그림 9-18] 연결종료를 필터링 규칙

❷ 결과 분석

- 한쪽에서 데이터 전송이 완료되어 연결을 종료해도 다른 한쪽이 연결을 종료하지 않는다면 계속해서 데이터 수신은 가능한 상태가 될 수 있다. 이때 양쪽 연결을 종료하기 위해서는 **4단계**를 사용한다.
- 예를 들어, 웹브라우저를 통해 클라이언트가 웹서버에 접속할 때, 클라이언트는 GET 명령을 통해 데이터를 요청하고 나면 곧 클라이언트에서 웹서버로의 연결이 종료되지만, 웹서버로부터 모든 데이터 수신이 완료될 때까지 계속해서 웹서버에서 클라이언트로의 연결은 지속될 것이다. 이런 경우를 **TCP Half-Close** 상태라고 한다.

- 웹서버로부터 데이터 전송이 완료되면 클라이언트에 연결종료를 요청하게 되고, 클라이언트가 응답함으로써 둘 사이의 연결은 종료된다.
- [그림 9-19]는 4단계 연결종료 과정 화면이다.

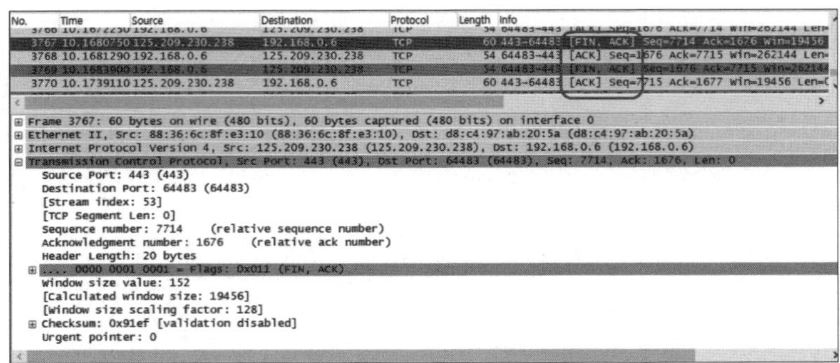

[그림 9-19] 4단계 연결종료 화면

- [그림 9-20]은 [그림 9-19] 화면을 도식화한 것이다.

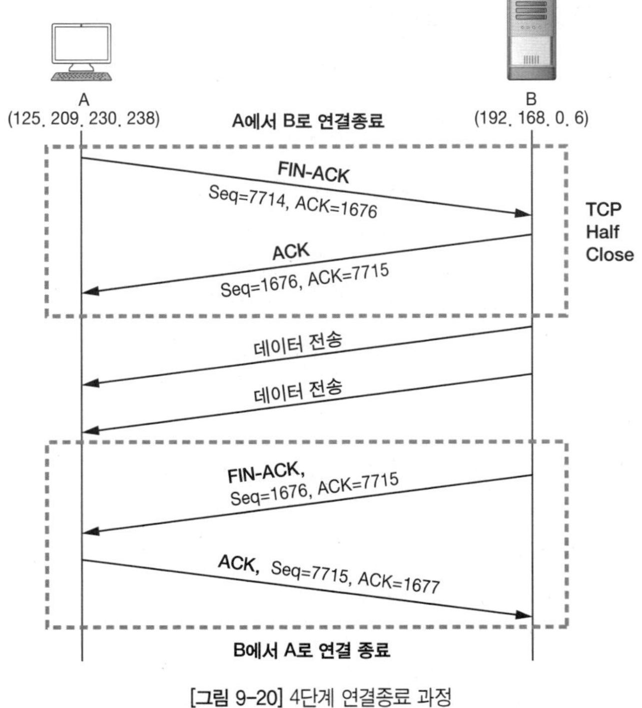

[그림 9-20] 4단계 연결종료 과정

미니강의 TCP 비정상 종료(연결거절)

TCP의 정상적인 연결종료와 달리 비정상적인 종료는 RST 비트를 사용해 비정상 종료하게 된다. TCP 연결을 비정상 종료하는 경우로는 다음과 같은 3가지 경우를 생각할 수 있다.

❶ 존재하지 않는 포트에 연결 요청하는 경우(연결거절)

비정상 종료하는 대표적인 경우로 송신지에서 수신지의 존재하지 않는 포트로 TCP 연결을 요청하는 경우이다. 이 경우 수신지에서는 RST 비트가 설정된 세그먼트를 송신지에 전송함으로써 연결이 비정상 종료되었음을 알린다. 예를 들어 **[그림 9-21]**과 같이 송신지에서 수신지의 9999번 포트 번호로 FTP 접속을 요청한 경우이다.

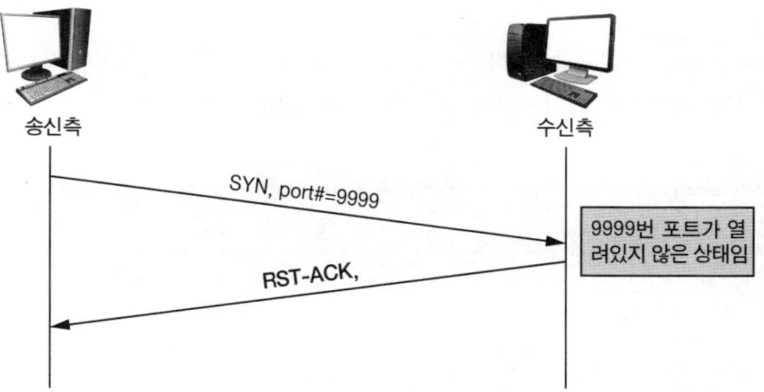

[그림 9-21] 존재하지 않는 포트로 연결 요청하는 경우

❷ 비정상적인 종료가 발생하는 경우(비정상 종료)

TCP 연결이 되어있는 상태에서 송신지에서 비정상적인 종료를 해야 할 때 FIN 비트 대신에 RST 비트를 이용하여 비정상 종료할 수 있다. 이때 송신지에서는 전송하려는 데이터를 모두 버리고 RST 비트가 설정된 세그먼트를 즉시 전송하게 된다. 예를 들어 **[그림 9-22]**와 같이 송신지(192.168.0.6)에서 수신지(211.115.106.78)로 HTTP 연결(웹 사이트 접속시도)을 시도하다가 바로 종료하고자 한 경우이다. 참고로 RST 세그먼트에 대한 수신지의 ACK가 없다는 것에 유의하자.

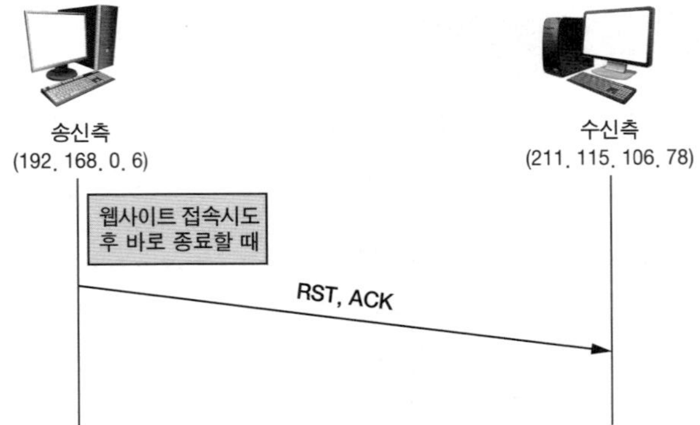

[그림 9-22] 비정상 종료 요청하는 경우

[그림 9-23]은 [그림 9-22]에 대한 데이터 화면이다. TCP 헤더의 Flags 필드에 RST, ACK 비트가 '1'로 설정되어 전송되어 비정상 종료됨을 알 수 있다.

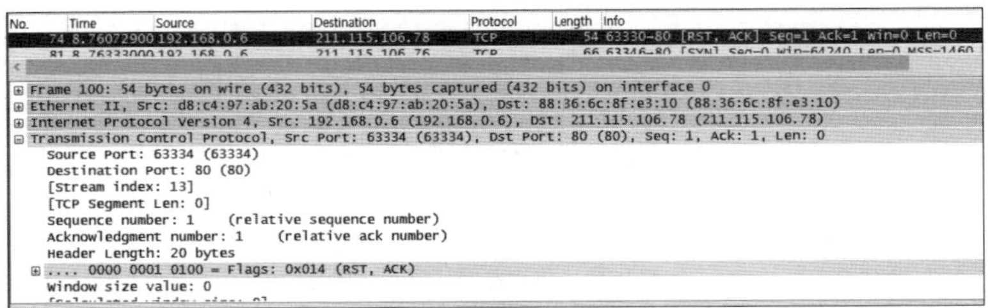

[그림 9-23] 수신측에서 송신측으로 비정상 종료 데이터 화면

❸ Half-Open 연결 상태를 발견하는 경우(비정상 종료)

TCP에서는 송수신지 중 한쪽 시스템이 종료되었거나 어떠한 이유로 동작하지 않을 때(응용 프로세스가 종료되었을 때도), 다른 시스템은 이 상태를 알 수 없게 된다. 이 상태를 **Half-Open 상태**라고 하며, 이에 다른 시스템의 TCP에서는 TCP Keepalive 타이머를 사용하여 한쪽 시스템의 연결이 종료되었음을 알 수 있다. 이에 RST 세그먼크를 전송하여 연결을 비정상 종료하게 되는 것이다(9.18 TCP 타이머 참조). **[그림 9-23]**은 이러한 과정을 보여 주고 있다.

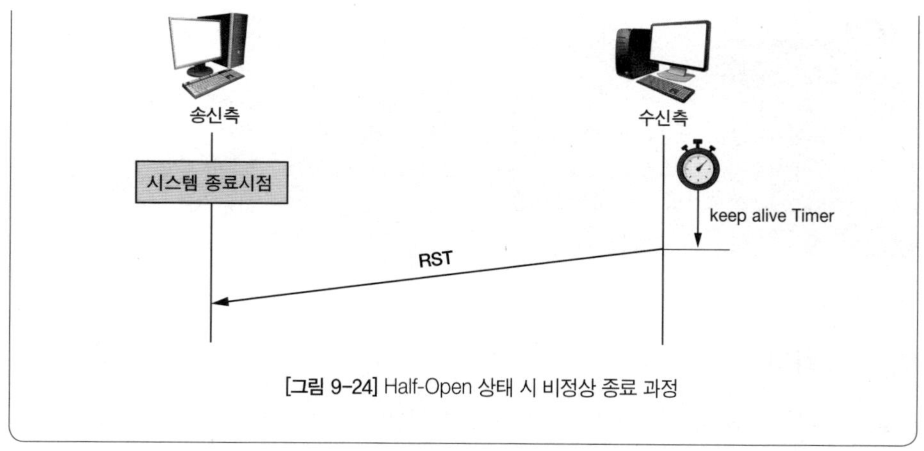

[그림 9-24] Half-Open 상태 시 비정상 종료 과정

9.6 TCP 흐름제어

(1) 개요

일반적인 흐름제어(Flow Control)는 송수신지의 처리능력이 달라 이로 인해 유실되는 데이터를 방지하기 위한 기법이다. 즉, 송신지에서 데이터를 전송하는 속도보다 수신지에서 데이터를 수신하는 능력이 떨어지면 전송되는 데이터를 유실할 가능성이 생기게 되며, 이를 방지하기 위한 기법이 흐름제어 기법이다. TCP에서는 흐름제어를 위해 각 송수신지에 있는 슬라이딩 윈도우(Sliding Window, 이하 윈도우)를 사용한다. 즉, TCP는 매 전송시마다 서로의 처리능력(윈도우 크기)을 상대방에게 알려주는 방법인 윈도우 광고 기법을 사용함으로써 데이터의 유실을 방지하고자 한다. 결국, 송신지 윈도우 크기는 수신지의 확인응답 없이도 전송할 수 있는 데이터의 양을 말하며, 송신지 윈도우 크기는 수신지에 있는 수신 버퍼의 여유 공간(rwnd : Receiver Window)이다.

TCP 흐름제어를 위해 각 송수신지에 있는 슬라이딩 윈도우(Sliding Window)를 사용한다. 즉, TCP는 매 전송시 서로의 처리능력(윈도우 크기)을 상대방에게 알려주는 방법 윈도우 광고 기법을 사용함으로써 데이터의 유실을 방지한다.

(2) 동작 과정

[그림 9-25]는 송신지에서 수신지로의 한쪽 연결만 고려한 상황에서 슬라이딩 윈도우 동작 과정을 설명하고 있다. 이 과정에서 수신지는 자신의 윈도우 크기(rwnd)를 전송해 줌으로써 흐름제어를 하고 있다.

❶ 송신지에서 수신지로 연결설정을 요청한 후 수신지에서는 이에 대한 확인응답과 수신지 윈도우 크기(500)를 송신지에게 보내고 있다.

❷ 송신지는 200바이트를 수신지에 전송하고 있다. (win=200은 송신지 윈도우 크기를 의미한다.)

❸ 수신지는 전송받은 200바이트를 버퍼에 저장하기 때문에 사용 가능한 버퍼의 크기는 300이며, 이 크기는 확인응답 ACK=201와 함께 송신지로 전송하게 된다.

❹ 송신지는 100바이트를 수신지에 전송한다.

❺ 수신지는 전송받은 100바이트를 버퍼에 저장하게 되고, 동시에 수신지 응용 프로세스가 버퍼에 저장된 데이터 중 100바이트를 읽게 되어 사용 가능한 윈도우 크기는 300이 되며 확인응답 ACK=301과 함께 송신지로 전송하게 된다.

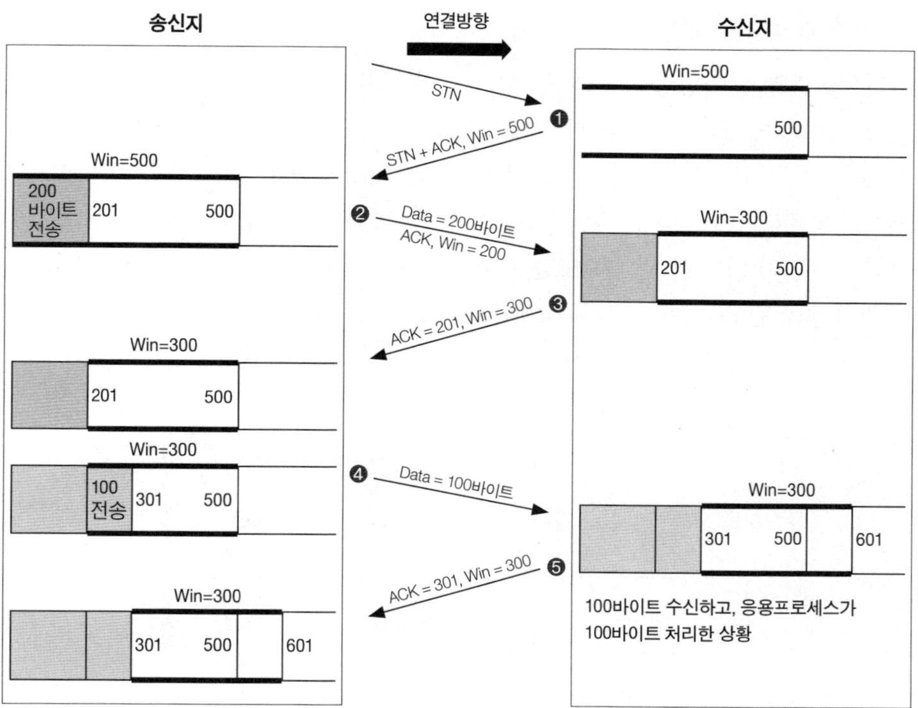

[그림 9-25] 슬라이딩 윈도우 동작 과정

미니강의 윈도우 크기

❶ 수신지 윈도우 크기(rwnd)

수신지 윈도우 크기는 수신지에 존재하는 수신 버퍼 크기에서 실제 수신되어 응용 프로세스에 의해 처리를 기다리는 바이트의 수를 뺀 크기이다.

rwnd = 수신 버퍼 크기 - 응용 프로세스의 처리를 기다리는 바이트 수

❷ 송신지 윈도우 크기

수신지의 확인응답 없이도 전송할 수 있는 데이터 양을 의미하며, 송신지 윈도우 크기는 수신지에 있는 수신 버퍼의 여유 공간(rwnd)이다. 즉 수신지가 송신지의 윈도우의 크기를 결정하는 것이다.

(3) 비정상 윈도우 현상

슬라이딩 윈도우 기법으로 인해 예상치 못한 문제가 발생할 수 있다. 특히, 송신지 응용 프로세스가 전송하려는 데이터 크기가 작거나, 또는 수신지 응용 프로세스의 데이터 처리 속도가 느린 경우 문제가 발생하게 된다. **[그림 9-26]**와 같이 1바이트 데이터를 전송하기 위해 TCP 헤더(20바이트)와 IP 헤더(20바이트)가 캡슐화되어 41바이트로 전송되어 상당히 비효율적인 전송효율을 나타낸다. 이로 인해 발생하는 윈도우 크기 현상을 **비정상 윈도우 현상**(Silly Window Syndrome)이라 한다. 이를 송수신지에서 발생하는 문제로 구분하여 살펴보기로 한다.

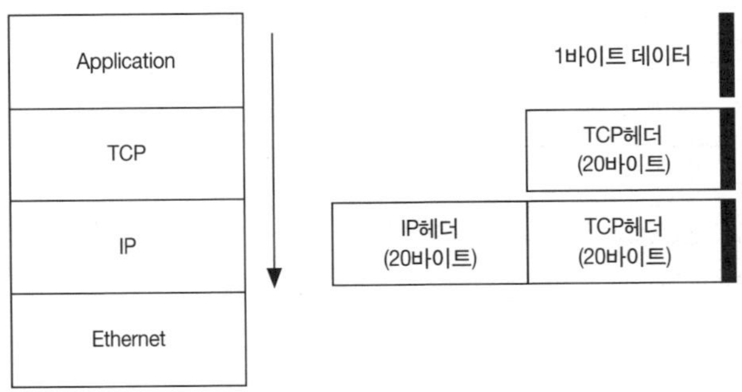

[그림 9-26] 캡슐화를 사용한 1바이트 데이터 전송

❶ 송신지에서 비정상 윈도우 현상

예를 들어 대화식 응용 프로그램(예, telnet 또는 채팅 프로그램)을 사용하는 송신지에서 1바이트씩 전송한다고 가정해 보자. 이를 위해 40바이트 헤더 크기를 포함한 41바이트 세그먼트가 전송하게 된다. 그러면 수신지에서는 전송되는 1바이트에 대해서만 확인응답하게 되고, 송신지에서는 또 1바이트 크기를 갖는 세그먼트를 전송하게 되어 결국 송신데이터가 1바이트로 제한되는 비정상적인 전송형태를 갖게 된다. 이를 해결하는 방법은 송신지에서 1바이트씩 전송하지 않고, 버퍼에서 충분히 쌓아 큰 블록으로 데이터를 구성하여 전송하는 것이며, 이때 사용하는 기법이 **Nagle 알고리즘**이다.

송신지에서 비정상 윈도우 현상을 해결하기 위한 방법이 Nagle 알고리즘이다.

미니강의 Nagle 알고리즘

Nagel 알고리즘은 다음과 경우에 세그먼트를 구성하여 전송하는 방식이다.

❶ **수신지로부터 확인응답을 받은 경우**
❷ **전송할 수 있는 최대 세그먼트 크기가 되었을 경우**

즉, 송신지에서 처음에는 1바이트 전송하지만, 다음부터는 위의 두 조건에 따라 세그먼트를 구성하여 전송한다. 이는 간단한 방식이지만 네트워크 상태와 응용 프로세스의 처리 속도를 동시에 고려할 수 있다. 즉, 네트워크 속도가 빨라 확인응답이 빨리 오면 작은 세그먼트가 전송되지만, 네트워크 속도가 느린 경우 송신지에서 데이터를 충분히 모아 최대 세그먼트 크기를 형성하여 전송하므로 네트워크에 불필요한 오버헤드를 줄일 수 있다.

❷ 수신지에서 비정상 윈도우 현상

수신지의 경우, 많은 데이터를 전송받아 수신 버퍼가 꽉 찬 상황에서 수신 응용 프로세스가 1바이트씩 천천히 처리하게 되는 경우, 확인응답과 함께 win=1이 전송하게 되고, 송신지에서는 1바이트 세그먼트만 전송하게 되어 송수신 데이터가 1바이트로 제한되는 비정상 윈도우 현상이 발생하게 된다. 수신지에서 이를 방지하기 위해 **Clack** 방식과 **지연된 확인응답(Delayed Acknowledgement) 방식**을 사용한다.

미니강의 Clack 방식과 지연된 확인응답

❶ Clack 방식
수신 버퍼가 꽉 차게 되어 윈도우 크기가 0이 되었을 경우, 윈도우 여유 공간이 최대 세그먼트 크기(MSS)가 되거나, 버퍼의 여유 공간이 절반 크기가 될 때까지 송신지로 윈도우 크기를 계속 0(win=0)으로 전송하는 방법이다.

❷ 지연된 확인응답 방식
수신지에서 확인응답을 지연하는 것이다. 즉, 세그먼트가 수신되더라고 바로 확인응답하지 않고 수신지의 수신 버퍼에 충분한 공간이 있을 때까지 시간을 두어 송신지에게 적당한 윈도우 크기를 전송하는 것이다. 하지만 수신지의 확인응답 지연으로 인해 송신지에서 재전송이 발생할 수 있는 단점이 있다. 따라서 대부분의 TCP는 지연시간을 500ms로 제한하고 있다.

수신지에서 비정상 윈도우 현상을 방지하기 위해 Clack 방식과 지연된 확인응답 방식을 사용한다.

9.7 TCP 혼잡제어

(1) 개요

TCP에서 사용하는 혼잡제어(Congestion Control) 기법은 혼잡이 발생하기 전에 사용하는 기술과 혼잡이 발생했을 경우 사용하는 기술로 나누어 생각할 수 있다. 즉, TCP는 혼잡이 발생하기 전에 **Slow Start** 기법과 **Additive Increase** 기법(혼잡 회피 : Congestion Avoidance 기법이라고도 한다)을 사용하여 데이터를 전송하다가, 혼잡이 발생했을 경우는 **Multiplicative Decrease** 기법을 사용하여 혼잡 상황을 해결하고자 한다. 또한, Multiplicative Decrease 기법은 다음 두 가지 혼잡 발생 상황에 따라 약간씩 다르게 동작하는데, 이는 차후에 자세히 설명하기로 한다.

❶ 세그먼트 전송 후 재전송 타이머가 타임아웃(time-out)되었을 경우

❷ 하나의 세그먼트에 대해서 3개의 중복된 ACK를 수신했을 경우

[그림 9-27]은 혼잡 발생 전후로 TCP에서 사용하는 혼잡제어 기법에 대해 표현한 그림이다.

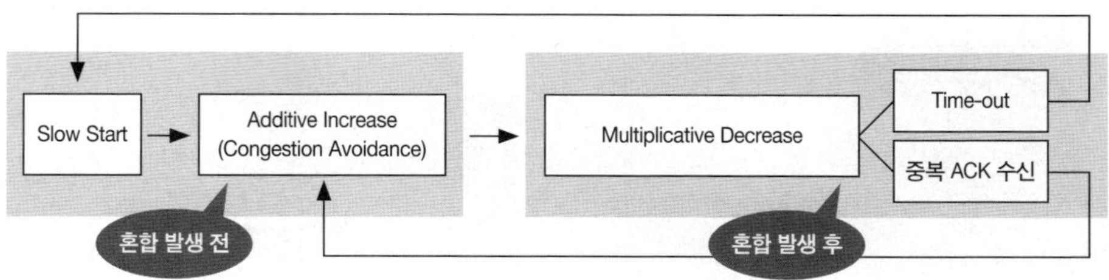

[그림 9-27] TCP에서 사용하는 혼잡제어 방식

TCP는 혼잡이 발생하기 전에 Slow Start 기법과 Additive Increase 기법(혼잡 회피 : Congestion Avoidance 기법이라고도 한다)을 사용하여 데이터를 전송하다가, 혼잡이 발생했을 경우는 Multiplicative Decrease 기법을 사용하여 혼잡 상황을 해결하고자 한다.

TCP에서 사용하는 혼잡제어 방식을 설명하기 전에 다음 두 가지 개념을 설명하기로 한다. 첫 번째는 TCP가 혼잡 발생을 인식하는 방법과 두 번째는 혼잡제어 방식에서 사용하는 혼잡 윈도우(cwnd : Congestion Window)이다.

❶ TCP가 혼잡 발생 인식하는 방법

송신지 TCP가 혼잡이 발생했다고 인식하는 방법은 전송한 세그먼트를 재전송해야 할 경우이다. 즉, TCP는 재전송 상황이 발생하면 네트워크가 혼잡하다고 판단하는 것이다. 데이터의 재전송은 주로 라우터에 처리능력을 초과하는 많은 데이터가 유입되어 이를 처리하지 못하고 데이터가 버리는 결과가 발생하게 된다. 즉, 송신지의 재전송 타이머가 타임아웃 되어 재전송을 수행하게 되고, 송신지 TCP는 이를 혼잡이 발생했다고 인식하는 것이다. 물론 재전송은 중복된 ACK를 수신한 경우에도 발생하게 되며 TCP는 이를 혼잡 상황이라고 인식하기도 한다. 중복된 ACK를 수신했을 때의 TCP 동작 및 처리 방법은 빠른 재전송(Fast Retransmission) / 빠른 복구(Fast Recovery) 부분에서 설명하기로 한다.

송신지 TCP가 혼잡이 발생했다고 인식하는 방법은 전송한 세그먼트를 재전송해야 할 경우와 중복된 ACK를 수신한 경우이다.

❷ 혼잡 윈도우

TCP 흐름제어에서 사용하는 윈도우는 수신지로부터 광고된 윈도우 크기로 결정되었다. 이 방법은 수신지의 처리능력만 고려하고 네트워크 상황(처리능력)에 대해서는 고려하지 않는 방법이다. 즉, 네트워크가 송신지에서 전송하는 속도보다 느리게 데이터를 처리하면, 네트워크는 송신지로 하여금 데이터 송신 속도를 늦추도록 고려해야 한다는 것이다. 결국, 송신지는 네트워크의 전송 처리능력을 고려한 혼잡 윈도우를 사용하여 전송량을 조절해야 한다.

결과적으로, 송신지의 실제 윈도우 크기는 수신지에서 광고된 윈도우 크기(rwnd)와 네트워크 상황을 고려한 혼잡 윈도우(cwnd) 중에서 최소인 것을 선택해서 정해야 한다.

송신지 윈도우 크기 = MIN(rwnd, cwnd)

참고로, cwnd의 단위는 MSS를 기본으로 하고 있다. 즉 cwnd=1이면 MSS 크기를 갖는 한 개의 세그먼트를 의미하며, cwnd=2는 MSS 크기를 갖는 두 개의 세그먼트를 의미하는 것이다.

이제, TCP에서 제공하는 혼잡제어 방식을 순서대로 알아보기로 한다.

송신지는 네트워크의 전송 처리능력을 고려한 혼잡 윈도우(wnd)를 사용하여 혼잡제어를 수행한다.

송신지 윈도우 크기 = MIN(rwnd, cwnd)

(2) Slow Start

TCP는 연결설정 후 세그먼트들을 Slow Start 방식으로 하나씩 전송하게 된다. 이 방식은 송신지에서 cwnd=1로 설정하여 세그먼트를 전송하고 수신지로부터 ACK를 수신한 경우에만 송신지의 cwnd=2로 늘리게 된다. 다시, cwnd=2인 상태에서 세그먼트들을 전송하고 수신지로부터 ACK를 수신한 경우, 송신지의 cwnd=4로 늘어난다. 즉, 증가하는 cwnd 크기가 두 배씩 증가(1, 2, 4, 8, 16...)하게 되어, 이를 **지수적 증가(Exponential Increase)** 기법이라고도 한다. 이러한 증가는 송신지가 설정한 **임계값(slow start threshold : ssthresh)**까지 증가하게 된다. 즉, cwnd ≦ ssthresh가 되면 Slow Start 방식은 끝내고 혼잡 회피 단계인 Additive Increase 방식을 진행하게 된다.

TCP는 처음에는 Slow Start 방식을 사용하여 천천히 전송한다. 이 방식은 cwnd 크기가 두 배로 증가하는 Exponential Increase 기법을 사용하여 세그먼트를 임계값까지 전송한다.

(3) Additive Increase(혼잡 회피 기법)

Slow Start에 의해 cwnd 크기가 지수적으로 증가하다가 ssthresh에 도달하면 TCP는 혼잡을 피하기 위한 방법으로 Additive Increase 기법을 사용하여 전송하게 된다. 따라서 이 기법을 혼잡 회피 기법이라고 한다. 이는 TCP가 cwnd=ssthresh 상태가 되면 혼잡이 발생할 가능성이 높다고 판단하는 것이다. 이 Additive Increase 기법은 cwnd 크기의 모든 세그먼트들을 전송하고 이들에 대한 ACK를 수신하였을 때 1씩 증가하는 방법을 사용한다. 즉, cwnd=1인 상태에서 하나의 세그먼트를 전송하고 이에 대한 ACK를 수신하였을 경우 cwnd=2가 되며, cwnd=2인 상태에서 두 개의 세그먼트를 전송하고 이에 대한 ACK를 수신하게 되면 cwnd=3이 되는 방식으로 계속해서 하나씩(4, 5, 6...) 증가하는 방식이다. **[그림 9-28]**은 혼잡을 감지하기 전까지 cwnd 크기가 Slow Start 하다가 ssthresh에 도달하였을 때 Additive Increase 하는 모습을 보여주고 있다. 여기서 ssthresh=16으로 임의로 정하였다.

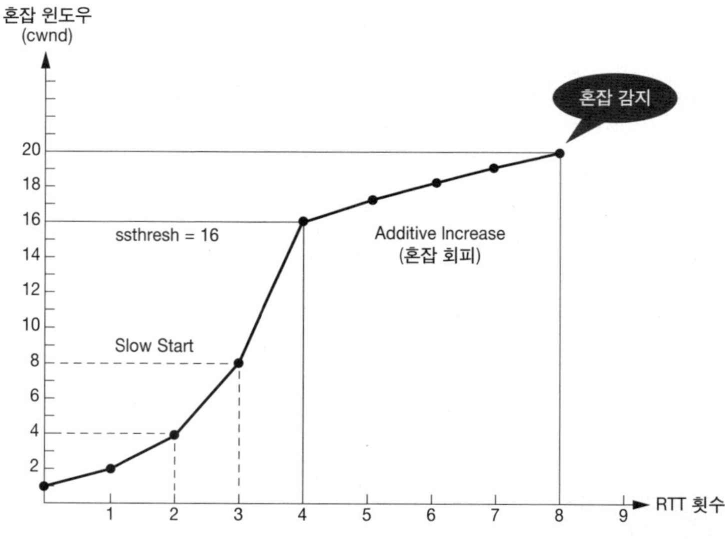

[그림 9-28] 혼잡 상황이 감지되기 전까지 cwnd 증가하는 모습

[그림 9-28]과 같이 증가하면서 세그먼트들을 전송하다 보면 결국에는 혼잡이 발생하게 되고, 이를 감지하게 되면(세그먼트의 재전송이 발생하는 경우) 다음 단계인 Multiplicative Decrease 방식을 수행하게 된다.

Slow Start 방식으로 cwnd 크기가 증가하다가 cwnd=ssthesh 값에 도달하면 혼잡 회피 방식인 Additive Increase 기법을 사용한다. 이 방식은 cwnd 크기를 하나씩 증가한다.

(4) Multiplicative Decrease

송신지 TCP는 세그먼트의 재전송이 발생하게 되면 혼잡이 발생했다고 간주한다. 앞서 설명했듯이 재전송은 두 가지 상황에서 발생하게 되며, 각 상황에서 Multiplicative Decrease 기법 알고리즘은 약간씩 다르게 동작한다.

첫 번째 상황은 세그먼트 전송 후 재전송 타이머가 타임아웃 되어 재전송이 발생하는데, 이때 Multiplicative Decrease 방식은 **[그림 9-29]**와 같이 동작한다.

❶ ssthresh 값은 혼잡이 발생한 cwnd 크기의 1/2이 된다(Multipllicative Decrease).

❷ cwnd 크기는 1로 재설정된다.

❸ 이후, Slow Start와 Additive Increase 기법을 차례로 수행한다.

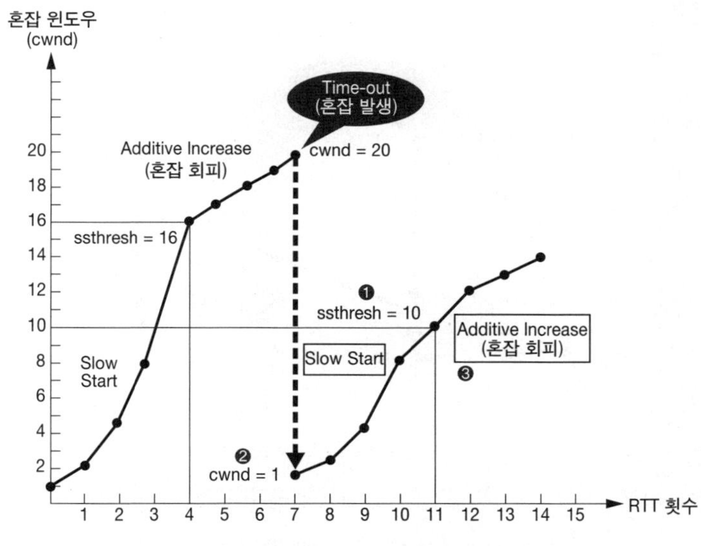

[그림 9-29] 타임아웃을 통한 혼잡 감지한 경우

참고로 Slow Start와 Additive Increase 기법은 서로 다른 기법이지만, 타임아웃 상황에서는 두 기법이 마치 하나의 기법처럼 동작하게 된다.

두 번째 상황은 하나의 세그먼트에 대해서 3개의 중복된 ACK를 수신한 경우로 **[그림 9-30]**과 같이 동작한다.

❶ sthresh 값은 혼잡이 발생한 cwnd 크기의 1/2이 된다(Multipllicative Decrease).

❷ cwnd 크기는 현재 ssthresh 값으로 재설정된다.

❸ 이후, Additive Increase 기법(혼잡 회피)만 수행한다(Fast Recovery 기법).

여기서는 세그먼트의 손실이 발생할 때마다 cwnd 크기가 계속 줄어들 것이며, 이 때문에 전송되는 세그먼트 양은 계속해서 줄어들면서 혼잡 상황을 해결하고자 하는 것이다.

혼잡이 발생하는 두 가지 경우 모두 ssthresh 값을 혼잡이 발생한 시점의 cwnd 크기의 1/2로 축소하는데 이를 **Multiplicative Decrease 기법**이라고 한다.

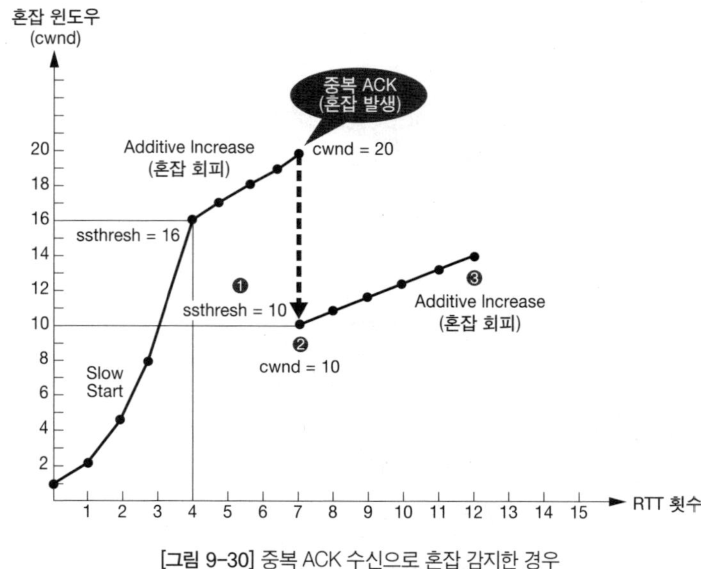

[그림 9-30] 중복 ACK 수신으로 혼잡 감지한 경우

참고로 TCP가 네트워크 혼잡 상황을 2가지로 구분하는 이유는 2가지 상황에 따른 네트워크 상황이 다르다고 판단하기 때문이다. 즉, 중복된 ACK 수신 상황보다 타임아웃될 때의 네트워크 상황이 더욱 좋지 않다고 생각해 cwnd=1로 줄이는 것이다.

혼잡이 발생하는 두 가지 경우에서 ssthresh 값을 혼잡이 발생한 시점의 cwnd 크기의 1/2로 축소하는데 이를 Multiplicative Decrease 기법이라고 한다.

미니강의 **빠른 재전송 / 빠른 복구**

혼잡이 발생했다고 판단하는 3개의 중복된 ACK 수신은 **[그림 9-31]**과 같은 상황에서 발생할 수 있다.

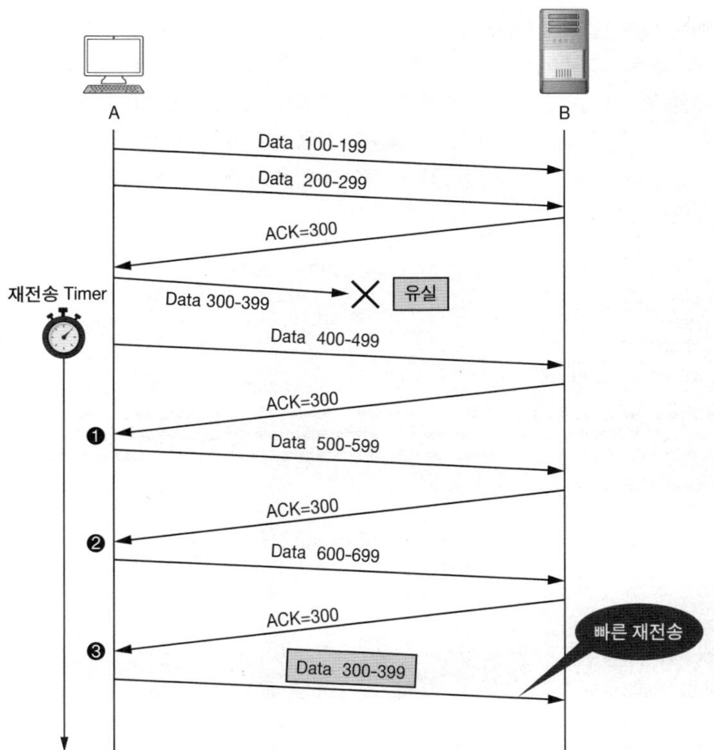

[그림 9-31] 3개의 중복된 ACK 수신하는 상황

실제로 TCP에서 사용하는 재전송 타이머의 시간이 길어 타임아웃 되기 전에 중복된 ACK를 3번 수신할 수 있다. **[그림 9-31]**에서 보는 바와 같이

❶ 송신지는 첫 번째 ACK=300 수신 시 이미 Data 200-299를 전송했기 때문에 언젠가는 전송될 거라고 생각하여 재전송하지 않는다.

❷ 두 번째 ACK=300 수신은 Data 200-299가 유실되었다고 판단하나, 최신 TCP(TCP Reno버전)에서는 세 번째 중복 ACK를 수신할 때까지 기다릴 것을 권고하고 있다. 왜냐하면 전송지연 때문에 늦게라도 전달될 거라고 생각하기 때문이다.

❸ 세 번째 중복된 ACK 수신게 되면 재전송 타이머가 타임아웃 되기 전이지만 **빠른 재전송 (Fast Retransmission)**을 하게 되고, 송신지는 이를 혼잡 상황이 발생되었다고 판단하게 된다.

[그림 9-32]에서 482, 486, 487번 줄의 중복된 ACK에 대한 488번 줄의 빠른 재전송 데이터를 보여주고 있다.

특히, 빠른 재전송을 수행하면서 Slow Start 기법은 사용하지 않기 때문에 이것을 **빠른 복구 (Fast Recovery)** 기법이라고도 한다. 즉, cwnd 크기를 1/2로 줄이기만 하는 것이다. 그 이유는 중복된 ACK를 수신했지만 다른 세그먼트들은 정상적으로 전송하고 있어 네트워크 상황이 매우 나쁜 상황은 아니라고 판단하기 때문이다. 즉, 빠른 복구 기법은 두 호스트 사이에 전송되고 있는 세그먼트의 전송량을 급격히 줄이지 않음으로써 원활한 데이터 전송에 도움을 주는 효과가 있다.

Filter: Expression... Clear Apply Save

No.	Time	Source	Destination	Protocol	Length	Info
473	3.2787010	216.58.199.110	192.168.0.6	TCP	60	443→52618 [ACK] Seq=1080 Ack=405 Win=1902 Len=0
474	3.2793950	216.58.199.110	192.168.0.6	TLSv1.2	167	Application Data
475	3.2794800	192.168.0.6	216.58.199.110	TCP	54	52618→443 [ACK] Seq=405 Ack=1193 Win=1783 Len=0
476	3.2801290	216.58.199.110	192.168.0.6	TLSv1.2	983	Application Data
477	3.2801300	216.58.199.110	192.168.0.6	TLSv1.2	100	Application Data
478	3.2801980	192.168.0.6	216.58.199.110	TCP	54	52618→443 [ACK] Seq=405 Ack=2168 Win=1780 Len=0
479	3.2804460	192.168.0.6	216.58.199.110	TLSv1.2	100	Application Data
480	3.2958000	222.122.36.83	192.168.0.6	TCP	481	14811→50615 [PSH, ACK] Seq=38361 Ack=1 Win=358 Len=427
481	3.3237230	216.58.199.110	192.168.0.6	TCP	60	443→52618 [ACK] Seq=2168 Ack=451 Win=1902 Len=0
482	3.3358310	192.168.0.6	222.122.36.83	TCP	54	50615→14811 [ACK] Seq=1 Ack=38788 Win=254 Len=0
483	3.4884020	192.168.0.6	216.58.199.110	TLSv1.2	132	Application Data
484	3.4976610	222.122.36.83	192.168.0.6	TCP	1514	[TCP Previous segment not captured] 14811→50615 [ACK] Seq=39816 Ack=1 Win=358 Len=1460
485	3.4976790	222.122.36.83	192.168.0.6	TCP	213	14811→50615 [PSH, ACK] Seq=41276 Ack=1 Win=358 Len=159
486	3.4977190	192.168.0.6	222.122.36.83	TCP	66	[TCP Dup ACK 482#1] 50615→14811 [ACK] Seq=1 Ack=38788 Win=254 Len=0 SLE=39816 SRE=41276
487	3.4977380	192.168.0.6	222.122.36.83	TCP	66	[TCP Dup ACK 482#2] 50615→14811 [ACK] Seq=1 Ack=38788 Win=254 Len=0 SLE=39816 SRE=41435
488	3.5089570	222.122.36.83	192.168.0.6	TCP	1082	[TCP Fast Retransmission] 14811→50615 [PSH, ACK] Seq=38788 Ack=1 Win=358 Len=1028
489	3.5090680	192.168.0.6	222.122.36.83	TCP	54	50615→14811 [ACK] Seq=1 Ack=41435 Win=256 Len=0
490	3.5365170	216.58.199.110	192.168.0.6	TCP	60	443→52618 [ACK] Seq=2168 Ack=529 Win=1902 Len=0
491	3.5365200	216.58.199.110	192.168.0.6	TLSv1.2	167	Application Data

[그림 9-32] 빠른 재전송을 통한 빠른 복구 화면

미니강의 TCP 혼잡제어 기술

❶ TCP 버전(Tahoe와 Reno버전)**에 따른 TCP 혼잡제어 기술**

1988년 Van Jacobson에 의해 제안된 TCP 초기 버전인 TCP Tahoe에서는 혼잡 상황에 대한 두 가지 상황을 구분하지 않았다. 즉, 타임아웃 상황과 중복된 ACK 수신에 대한 상황을 구분하지 않고 cwnd 크기를 1로 줄였다. 하지만 1990년경에 제안된 TCP Reno 버전에서는 좀 더 효율적인 혼잡제어 기술을 제공하기 위해 두 가지 상황을 구분하여 중복된 ACK 수신 시에 빠른 복구 기법을 추가하게 되었다.

❷ TCP 혼잡제어 기술의 목적

혼잡이 발생하였을 때 만약 TCP에서 혼잡제어 기술이 없다면 네트워크상의 혼잡 상황은 더욱 악화되어 결국에는 모두 호스트들의 통신은 불가능할 것이다. 왜냐하면 네트워크상의 혼잡 상황으로 인해 수신지로 데이터 전송이 어려울 것이며, 이는 결국 송신지에서 계속해서 재전송이 발생하기 때문이다. 따라서, 송신지의 수 많은 재전송 데이터로 인해 혼잡 상황이 더욱 악화될 것이라는 것이다. 이에, TCP 혼잡제어 기술은 궁극적으로 네트워크에 연결된 모든 호스트들이 최대한 공평하게 데이터를 전송하기 위해 사용하는 기술이라고 말할 수 있다. 즉, TCP에서는 모든 호스트들의 데이터 전송에 대한 공평성을 제공하기 위한 가장 좋은 성능을 나타내는 기법으로써 Additive Increase / Multilpicative Decrease를 제공하고 있는 것이다.

9.8 TCP 타이머

TCP에서는 효과적인 연결 및 데이터 전송을 위해 다음 4가지 타이머를 사용한다.

❶ TCP Retransmission Timer

❷ TCP Persist Timer

❸ TCP Keepalive Timer

❹ TCP Time-Waited Timer

(1) TCP Retransmission Timer

송신지 TCP에서는 세그먼트를 전송하자마자 TCP 재전송 타이머(Retransmission Timer)가 동작하게 된다. 이는 정해진 시간 안에 송신지가 해당 세그먼트에 대한 확인응답을 수신하지 못한 경우 재전송을 하기 위한 것이다. 이때 사용하는 정해진 시간인 **재전송 타임아웃**(RTO : Retransmission Time-Out) 값은 데이터가 전송되는데 걸리는 시간이 네트워크 상황에 따라 매우 가변적이어서 현실적으로 정확히 예측하는 것이 매우 어렵다. 따라서 TCP는 네트워크 상황에 적응적인 재전송 알고리즘을 사용하여 전달 지연의 차이에 따른 적절한 RTO 값을 계산해야 한다.

RTO 값을 계산하기 위해서는 먼저, 재전송 타이머는 RTO을 결정하기 위한 왕복 시간(RTT)을 측정해야 한다. 여기서, RTT 값은 세그먼트를 전송하고 그 세그먼트에 대한 확인응답을 수신하는데 걸리는 시간을 의미한다. 하지만 이렇게 **측정된 RTT**(measured RTT, 이하 M) 값은 네트워크의 심한 변동으로 인해 RTO 값으로 바로 사용하는 것은 무리가 있다. 따라서 TCP에서는 다소 **정제된 RTT**(smoothed RTT, 이하 S) 값과 그 값들의 **표준 편차값**(smoothed mean deviation, 이하 D)을 사용하여 새롭게 RTO 값을 계산하게 된다. 참고로 RTT 값은 TCP 옵션 헤더의 타임스탬프 값을 사용하여 측정할 수 있다. 먼저 재전송이 발생하지 않은 정상적인 데이터 전송 시 TCP RTO 계산은 다음과 같다.

첫 번째 세그먼트 전송 시 RTO 값은 다음의 절차를 따른다.

❶ S = M
❷ D = M/2
❸ RTO = S + 4D

다음 세그먼트 전송부터 RTO 값은 다음과 같이 계산한다.

❹ $S = \alpha S + (1-\alpha)M$
❺ $D = (1-\beta)D + \beta|S-M|$
❻ RTO = S + 4D

여기서 α는 **정제 factor**(smoothed factor)로 대부분 0.8 ~ 0.9를 사용하며, β는 **편차 factor**(deviation factor)라 하고, 대부분 0.25를 사용한다.

실습하기 재전송 없는 RTO 계산

❶ 실습 방법

- TCP 연결 후 재전송이 발생하지 않은 정상적인 데이터 전송에 대한 실습

❷ 결과 분석

- 재전송 없는 TCP 재전송 타이머의 동작을 **[그림 9-33]**에서 보여주고 있다.
- 최초 SYN 데이터 전송 시 재전송 타이머가 동작하게 되며, RTO 값은 ❶~❸ 계산을 통해 얻어지게 된다.
- 이후 세그먼트 전송(Data 100~199) 시 재전송 타이머가 다시 시작되며 ACK=400 수신 후 RTO 값은 ❹~❻ 계산으로 얻을 수 있다.
- 이때 사용하는 α 값은 0.8, β 값은 0.25를 사용하기로 한다.
- **[그림 9-33]**에서 볼 수 있듯이 RTO 값의 변화가 거의 없는 것을 볼 수 있다.

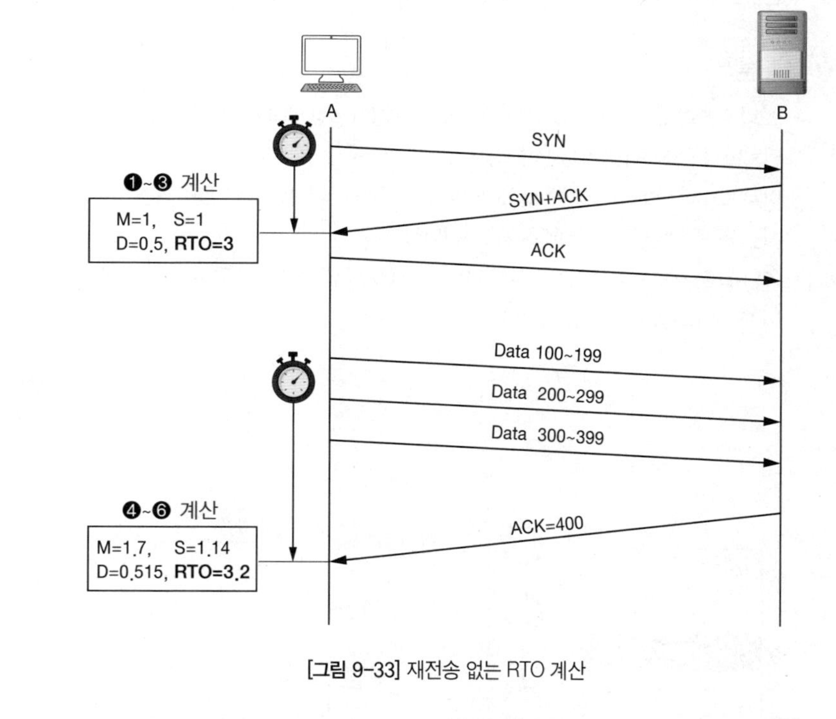

[그림 9-33] 재전송 없는 RTO 계산

다음으로는 송신지에서 확인응답을 수신하지 못하여 재전송이 발생하는 경우를 살펴보기로 한다. 이때 **Karn 알고리즘**과 **Exponential Backoff 알고리즘**을 사용하여 RTO 값을 계산하게 된다.

Karn 알고리즘은 재전송이 발생한 경우, RTT 값은 계산하지 않는다는 간단한 개념을 사용한다. 이는 송신지가 수신한 확인응답 데이터가 원래의 세그먼트에 확인응답

인지, 아니면 재전송 세그먼트에 대한 확인응답인지 명확히 구분할 수 없어 RTT 값은 계산하지 않고 RTO 값만 증가한다는 개념이다. 이때 RTO 값의 증가는 **Exponential Backoff 알고리즘**을 사용하여 두 배씩 증가하게 된다.

실습하기 재전송 발생한 RTO 계산

❶ 실습 방법

- 전송한 세그먼트가 유실되어 재전송이 발생한 경우 RTO 값 계산

❷ 결과 분석

- **[그림 9-34]**의 세그먼트 Data 400-499의 유실이 발생되어 ❼번 RTO 값이 3.2 안에 확인응답이 없어 재전송이 시작된다.
- 이때, Exponential Backoff 알고리즘에 의해 두 배의 RTO 값인 ❽이 계산되었으며, 이 시간 안에 확인응답(ACK=500)이 수신되었다.
- ❾와 같이 새로운 RTO 값이 계산되어 Data 500-599가 전송되며 4.04 안에 ACK=600이 수신되고 있는 것을 볼 수 있다.

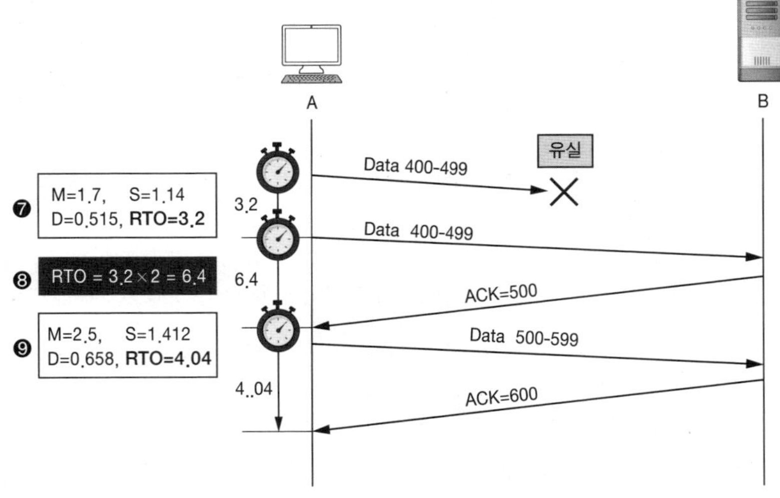

[그림 9-34] 재전송 발생 시 TCP 재전송 타이머 동작

송신지 TCP에서는 세그먼트를 수신지에 전송하자마자 TCP 재전송 타이머가 동작하게 된다. 이는 RTO 안에 해당 세그먼트에 대한 확인응답이 오지 않을 경우 재전송을 수행한다. 이때 새로운 RTO 계산은 Karn 알고리즘과 Exponential Backoff 알고리즘을 사용한다.

(2) TCP Persist Timer

각 송수신지 TCP에서는 연결 시마다 각각 TCP Persist Timer가 동작하게 된다. 이는 **[그림 9-35]**와 같이 윈도우 크기가 0이어서 발생할 수 있는 교착(Deadlock) 상태를 해결하기 위해 사용되며, 다음과 같이 동작을 하게 된다.

❶ 수신지에서 수신받은 데이터에 대한 확인응답과 함께 윈도우 크기를 0으로 전송한다. 이는 수신지에서 더 이상 수신 데이터를 저장할 버퍼 크기가 없다는 뜻이다. 송신지는 윈도우 크기가 0인 데이터를 수신하면 Persist Timer가 동작하게 되며, 타임아웃 전에 윈도우 크기가 0이 아닌 확인응답을 수신하길 기다리며 데이터 전송을 중지하게 된다.

❷ 수신지에서는 윈도우 크기가 증가하여 확인응답을 하지만, 불행히도 이 데이터가 유실될 경우가 발생한다.

❸ 송신지는 TCP Persist Timer가 타임아웃 되어 작은 데이터(Probe)를 전송하여 수신지의 확인응답을 유도하게 된다. 그렇지 않으면 송신지에서는 수신지의 증가된 윈도우 크기를 영원히 받지 못해 계속해서 데이터 전송을 할 수 없는 교착 상태에 빠지게 되는 것이다.

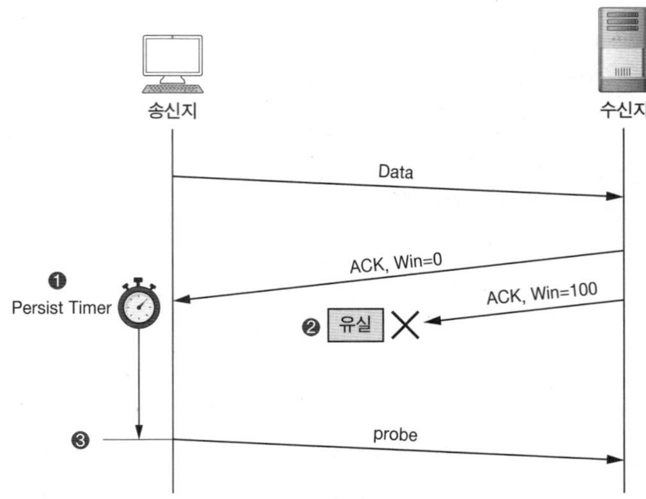

[그림 9-35] TCP Persist Timer 동작

TCP Persist Timer는 윈도우 크기가 0이어서 발생할 수 있는 교착(Deadlock) 상태를 해결하기 위해 각 송수신지 TCP에서는 연결 시마다 동작하게 된다.

(3) TCP Keepalive Timer

TCP Keepalive Timer는 상대방이 이 타이머가 타임아웃 되기 전까지 아무런 데이터 전송이 없는 경우, 상대방 시스템의 TCP 연결이 비정상 종료되었다고 판단하여 연결을 강제 종료할 수 있는 타이머이다. **[그림 9-36]**과 같이 동작을 하게 된다.

❶ 데이터 수신하게 되면 TCP Keepalive Timer가 동작한다.

❶ 송신지의 TCP 연결이 비정상 종료(시스템 다운) 되어 아무런 전송이 발생되지 않는다.

❶ 수신지에서는 이 타이머가 만료(대략 2시간)되고, 연결을 확인하기 위해 작은 데이터(Probe)를 전송하지만 아무런 확인응답이 없을 경우, 송신지가 종료되었다고 판단하여 TCP 연결을 강제 종료하게 된다.

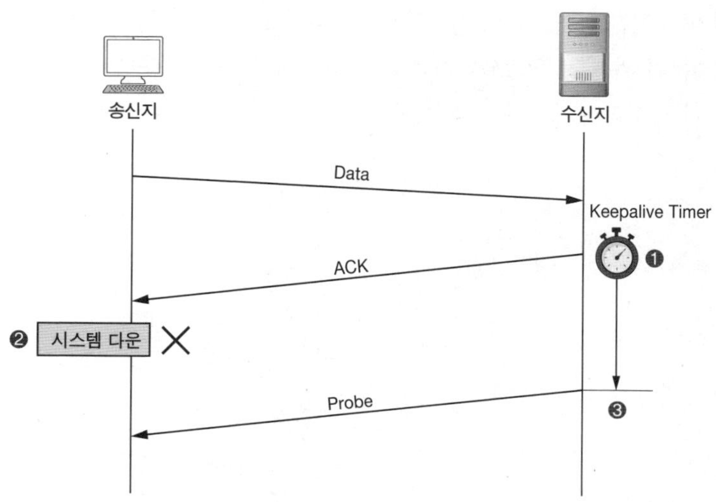

[그림 9-36] TCP Keepalive Timer 동작

TCP Keepalive Timer는 상대방이 이 타이머가 만료되기 전까지 아무런 데이터 전송이 없는 경우, 상대방 시스템의 TCP 연결이 비정상 종료되었다고 판단하여 연결을 강제 종료할 수 있는 타이머이다.

(4) TCP Time-Waited Timer

이 타이머는 TCP 연결종료 과정에서 사용하는 타이머이다. **[그림 9-37]**과 같이 일단 송신지에서 수신지로의 연결이 종료되고, 수신지에서 종료하고자 FIN-ACK 데이터를 전송하면, 송신지에서는 TCP Time-Waited Timer가 시작된다. 이 타이머가 만료되기 전에 송신지의 확인응답이 수신지에 전송되어 정상종료되게 한다. 만약 이 타이머를 사용하지 않으면 ❶에서 송신지가 전송한 확인응답을 수신지가 수신하지 못할 경우 계속해서 FIN 데이터를 전송하게 될 것이다. 즉, 수신지에서는 계속해서 연결종료를 요청하는 FIN 데이터를 전송하게 되어 정상종료를 할 수 없는 상황이 될 것이다. 따라서 이 타이머는 송신지로 하여금 하나의 FIN 데이터가 없어지고, 또 다른 FIN이 도착하는데 걸리는 시간 동안 기다릴 수 있게 해준다. 또 다른 이유로는 TCP 연결들의 모호성을 해결하기 위해 2MSL(Maximum Segment Lifetime) 시간 동안 다른 연결(동일한 소켓 주소)이 설정되지 않도록 도와준다.

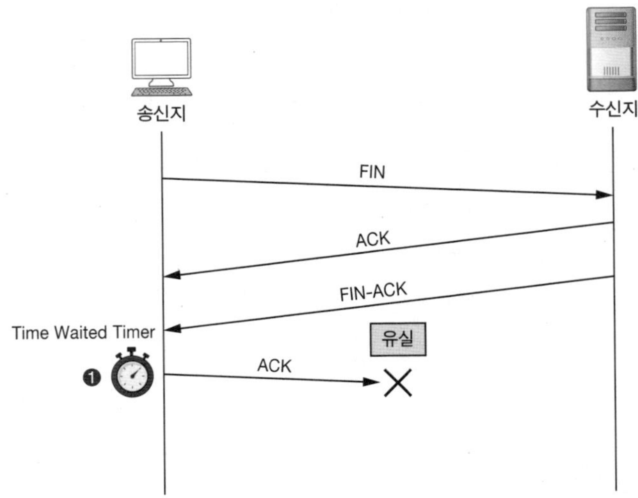

[그림 9-37] TCP Time-Waited Timer 동작

Time-Waited Timer는 TCP 연결종료 과정에서 사용하는 타이머이다.

요약정리 SUMMARY

01 전송 계층 프로토콜은 프로세스 단위(Process-to-Process) 데이터 전송 서비스를 제공하게 된다. 특히, TCP는 대표적인 전송 계층 프로토콜로 송수신지의 프로세스 단위 신뢰성있는 데이터 전송 서비스를 제공한다.

02 TCP는 신뢰성을 제공하기 위해 연결형 서비스, 전이중 바이트 스트림 서비스, 확인응답 서비스, 타이머를 사용한 재전송 서비스, 에러제어, 흐름제어, 혼잡제어 등을 제공하고 있다.

03 모든 응용 프로세스는 자신을 식별할 수 있는 식별자(process identifier)가 존재하며, 이를 포트 번호라 한다. 포트 번호는 16비트로 표현되며, $0\sim2^{16}-1$(65,535)의 값을 가질 수 있으며, 잘 알려진 포트(well-known port)와 임시포트(ephemeral port)로 구분된다.

04 응용 프로세스가 전송 계층 서비스를 이용하여 원격 호스트와 통신하려 할 때, 인터페이스가 필요하며, 인터페이스를 소켓(socket)이라고 한다. 구성은 〈프로토콜, IP 주소, 포트 번호〉로 되어 있으며, 연결을 위한 두 인터페이스 소켓은 〈프로토콜, 로컬 IP 주소, 로컬 포트 번호, 원격지 IP 주소, 원격지 포트 번호〉를 사용한다.

05 TCP는 응용 프로세스로부터 바이트 스트림을 받아 TCP 헤더를 포함한 TCP 세그먼트를 생성한 후 IP로 내려보내 IP 데이터그램으로 캡슐화하게 된다(역다중화 값은 6이다).

06 TCP 헤더는 기본 20바이트 크기이며, 최대 40바이트까지 옵션을 사용할 수 있다.

07 수신지의 응용 프로세스에게 빠른 처리를 요구해야 하는 경우 송신 버퍼가 채워질 때까지 기다리지 않고 작은 세그먼트에 PSH 비트를 설정하여 전송한다. 또한, 송신지가 수신지에서 긴급하게 처리하길 원하는 긴급한 데이터를 보내고자 할 때 URG 비트를 설정하여 사용한다.

요약정리 SUMMARY

08 TCP는 두 호스트 사이에 전이중 서비스를 제공하기 위한 연결설정을 위해 3단계 연결설정 과정을 거치는 **Three-way handshake**(3단계 핸드쉐이크) 방식을 사용한다.

09 TCP 연결종료를 위해서는 FIN 비트를 '1'로 설정하며, 일반적으로 양방향 연결을 종료하기 위해서는 4단계 과정이 필요하다.

10 TCP 흐름제어를 위해 각 송수신지에 있는 슬라이딩 윈도우(Sliding Window)를 사용한다. 즉, TCP는 매 전송시마다 서로의 처리능력(윈도우 크기)을 상대방에게 알려주는 방법 윈도우 광고 기법을 사용함으로써 데이터의 유실을 방지한다.

11 송신지에서 비정상 윈도우 현상을 해결하기 위한 방법이 Nagle 알고리즘이다.

12 수신지에서 비정상 윈도우 현상을 방지하기 위해 Clack 방식과 지연된 확인응답 방식을 사용한다.

13 TCP는 혼잡이 발생하기 전에 Slow Start 기법과 Additive Increase 기법(혼잡 회피 : Congestion Avoidance 기법이라고도 한다)을 사용하여 데이터를 전송하다가, 혼잡이 발생했을 경우는 Multiplicative Decrease 기법을 사용하여 혼잡 상황을 해결하고자 한다.

14 송신지 TCP가 혼잡이 발생했다고 인식하는 방법은 전송한 세그먼트를 재전송해야 할 경우와 중복된 ACK를 수신한 경우이다.

15 송신지는 네트워크의 전송 처리능력을 고려한 혼잡 윈도우(wnd)를 사용하여 혼잡제어를 수행한다.

송신지 윈도우 크기 = MIN(rwnd, cwnd)

16 TCP는 처음에는 Slow Start 방식을 사용하여 천천히 전송한다. 이 방식은 cwnd 크기가 두 배로 증가하는 Exponential Increase 기법을 사용하여 세그먼트를 임계값까지 전송한다.

17 Slow Start 방식으로 cwnd 크기가 증가하다가 cwnd=ssthesh 값에 도달하면 혼잡 회피 방식인 Additive Increase 기법을 사용한다. 이 방식은 cwnd 크기를 하나씩 증가한다.

18 송신지는 세그먼트의 재전송이 발생하게 되면 혼잡이 발생했다고 간주한다. 혼잡이 발생되면 Multiple Decrease 기법을 사용한다.

19 송신지 TCP에서는 세그먼트를 수신지에 전송하자마자 TCP 재전송 타이머가 동작하게 된다. 이는 RTO 안에 해당 세그먼트에 대한 확인응답이 오지 않을 경우 재전송을 수행한다. 이때 새로운 RTO 계산은 Karn 알고리즘과 Exponential Backoff 알고리즘을 사용한다.

20 TCP Persist Timer는 윈도우 크기가 0이어서 발생할 수 있는 교착(Deadlock) 상태를 해결하기 위해 각 송수신지 TCP에서는 연결 시마다 동작하게 된다.

21 TCP Keepalive Timer는 상대방이 이 타이머가 만료되기 전까지 아무런 데이터 전송이 없는 경우, 상대방 시스템의 TCP 연결이 비정상 종료되었다고 판단하여 연결을 강제 종료할 수 있는 타이머이다.

22 Time-Waited Timer는 TCP 연결종료 과정에서 사용하는 타이머이다.

연습문제 EXERCISE

01 TCP의 기능으로 옳지 않은 것은?

① 흐름 제어를 위해 윈도우 방식을 사용한다.
② 한 번에 많은 데이터의 전송에 유리하기 때문에 화상 통신과 같은 실시간 통신에 사용된다.
③ 연결지향 서비스를 제공한다.
④ 네트워크에서 송신측과 수신측 간에 신뢰성 있는 전송을 확인한다.

02 TCP 헤더 중에서 에러제어를 위한 필드는 무엇인가?

① Urgent Pointer ② Window Size
③ Acknowledgement Number ④ Checksum

03 다음 중 TCP의 잘 알려진 포트(Well-known port) 번호 연결이 잘못된 것은?

① FTP - 21 ② POP – 110
③ SMTP - 23 ④ WWW - 80

04 TCP 헤더의 6개의 플래그 비트가 아닌 것은?

① ART ② URG
③ ACK ④ SYN

05 TCP에 대한 설명으로 옳지 않은 것은?

① 연결설정을 위해 3단계 과정이 필요하다.
② 네트워크가 혼잡해지면 이를 해결하기 위한 조치를 취한다.
③ 에러제어를 위해서 자체적인 에러 수정기능을 제공하고 있다.
④ TCP 타이머를 통해 상대방의 연결 종료 상황을 알 수 있다.

06 다음 중 TCP 재전송 타이머에 의한 재전송 발생 상황으로 맞지 않은 것은?

① 전송되는 데이터가 중간에 에러가 발생되어 폐기되었을 경우
② 수신지에서 전송받은 데이터가 에러가 있어 폐기한 경우
③ 수신된 데이터에 대한 확인응답이 중간에 유실된 경우
④ 수신지에서 중복된 데이터를 수신했을 경우

07 TCP에서 흐름제어를 위해 자신의 버퍼 용량 정보를 서로 교환하는 것을 (　　　　　　　) 기법이라 한다.

08 TCP가 신뢰성 서비스를 제공하기 위한 기능을 3가지 이상 쓰시오.

09 다음 중 TCP Checksum 필드에 대한 설명으로 맞는 것은?

① TCP 헤더에 대해서만 에러 검사를 수행한다.
② 가상헤더 12바이트를 포함하여 검사한다.
③ 항상 검사하는 코드가 아니기 때문에 신뢰성은 떨어진다.
④ 논리적 XOR 연산을 수행한 결과를 포함하여 전송한다.

10 다음 중 TCP 플래그 비트에 대한 설명으로 맞지 않은 것은?

① ACK – 수신된 데이터의 확인응답 시 사용한다.
② SYN – 정상적인 연결설정을 위해 사용한다.
③ RST – 정상적인 연결종료를 위해 사용한다.
④ PSH – 수신지에서 빠른 데이터 처리를 요구할 때 사용한다.

연습문제 EXERCISE

11 다음 중 TCP 비정상 종료에 해당하지 않은 것은?

① 수신지의 존재하지 않는 포트로 연결을 요청할 때
② 송신지에서 갑자기 연결을 종료할 때
③ 한쪽 시스템이 갑자기 다운되었을 때
④ 수신지의 버퍼가 꽉 차서 데이터 수신이 불가능할 때

12 임의의 사이트에 연결을 수행한 결과를 통해 **[그림 9-12]**와 같이 화면을 캡처해보고 이를 바탕으로 **[그림 9-13]**과 같은 동작 과정을 그려보자.

13 임의의 사이트에 연결 종료를 수행한 결과를 통해 **[그림 9-19]**와 같이 화면을 캡처해보고 이를 바탕으로 **[그림 9-20]**과 같은 동작 과정을 그려보자.

14 TCP의 송신지에서 비정상 윈도우 현상을 해결하기 위해 사용하는 알고리즘은 무엇이며, 이 알고리즘에서 사용하는 두 가지 방식을 설명하시오.

15 TCP의 수신지에서 비정상 윈도우 현상을 해결하기 위해 사용하는 두 가지 방식을 쓰시오

16 TCP에서 혼잡 발생했다고 판단하는 근거는 무엇인지 간단히 설명하시오.

17 TCP에서 혼잡 발생 전에 수행하는 두 가지 혼잡 제어 기법은 무엇인가?

18 TCP에서 혼잡이 발생한 경우 이를 해결하기 위한 두 가지 경우를 간단히 설명하시오

19 TCP에서 재전송 타이머가 타임아웃되었을 때 다음의 가정을 생각해 보자.

가정) ssthresh = 8, cwnd =10일 때 혼잡이 발생한 경우

이때, 혼잡을 해결하기 위한 기법을 수행했을 때 다음의 값들은 얼마인가?

① cwnd
② ssthresh

20 TCP에서 중복된 ACK 수신되었을 때 다음의 가정을 생각해 보자.

가정) ssthresh = 8, cwnd =10일 때 혼잡이 발생한 경우

이때, 혼잡을 해결하기 위한 기법을 수행했을 때 다음의 값들은 얼마인가?

① cwnd
② ssthresh

21 TCP에서 세그먼트 전송 후 RTO 값을 다음의 가정하에 계산하시오. 또한, 이를 재전송이 발생되었을 경우 이를 위한 RTO 값은 얼마인가?

가정) M = 2

22 다음의 용어를 설명하시오.

① piggyback
② ISN
③ MSS
④ TCP Half-Close
⑤ rwnd
⑥ cwnd
⑦ TCP Persist Timer
⑧ TCP Keepalive Timer

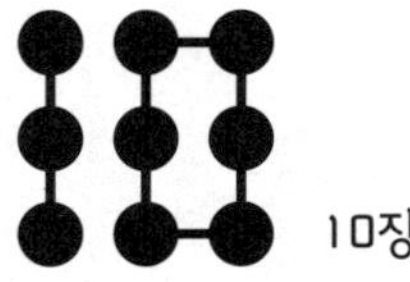

10장

UDP

10.1 UDP 개요
10.2 UDP 헤더
10.3 UDP 동작 실습

UDP는 TCP와 달리 사용자에게 비신뢰성 서비스와 함께 매우 단순한 기능만을 제공한다. 그러나 UDP의 간단하고 빠른 전송 특징을 원하는 특정 응용 서비스에게는 매우 유용한 프로토콜이다.

- UDP 개념과 특징을 이해할 수 있다.
- UDP 헤더와 사용하는 포트 번호를 이해할 수 있다.

10.1 UDP 개요

(1) 개요

전송 계층 프로토콜 중 하나인 UDP(User Datagram Protocol)는 TCP와는 달리 비연결형, 비신뢰성 서비스를 제공하는 프로토콜이다. 이는 UDP 프로토콜이 프로세스 단위 데이터 전송 서비스를 제공하는 것 외에는 별도의 역할이 없음을 의미하기도 하며, 또한 프로토콜 자체가 매우 간단하며 단순하다는 말이기도 하다. 따라서, 주로 작은 양의 데이터를 전송하거나 에러에 덜 민감한 방송형 스트림 서비스에 UDP 프로토콜을 많이 사용하고 있다.

주로 작은 양의 데이터를 전송하거나 에러에 덜 민감한 방송형 스트림 서비스에 UDP 프로토콜을 많이 사용하고 있다.

(2) 특성

UDP 특징으로는 다음과 같다.

❶ **비연결형 서비스**(Connectionless Service)

UDP는 TCP와 달리 데이터 전송을 위해 연결과 관련된 어떠한 서비스도 제공하지 않는다. 즉, 연결설정 및 종료 과정 없이 바로 데이터를 전송한다. 이러한 특징 때문에 연결설정을 위한 시간 지연이 없어 작은 양의 데이터를 빠르게 전송할 수 있는 특징이 있다. 또한, 비연결형 서비스로 인해 각 UDP 데이터그램은 독립적으로 전송되어 서로 다른 경로를 통해 전달된다.

❷ **비신뢰성 서비스**(Unreliable Service)

신뢰성 서비스를 제공하는 TCP와 달리 어떠한 기능도 제공하지 않는다. 즉, 순서번호를 통한 확인응답 및 재전송을 통한 에러제어, 흐름제어, 혼잡제어 등 어떠한 기능도 제공하지 않는다. 또한, UDP는 응용 프로세스에서 받은 메시지를 각각 독립적인 UDP 데이터그램 형식으로 전송할 뿐 정확한 전송을 보장하지 않는다. 그리고 UDP 헤더에서 제공하는 에러검사를 통해 수신한 UDP 데이터그램의 에러만 검사하여 에러 발견 시 데이터그램을 폐기할 뿐 송신지에게 어떠한 요구도 하지 않는다.

❸ **응용 프로세스를 통한 프로세스 단위 데이터 전송 서비스**

UDP도 TCP와 같이 프로세스 단위 전송 서비스를 제공한다. 즉, 송수신지의 응용 프로세스의 포트 번호와 IP 주소를 사용한 소켓을 통해 프로세스 단위 데이터 전송 서비스를 제공한다는 것이다. 하지만 각 UDP 데이터그램은 독립적으로 목적지에 전송되기 때문에 중간에 경로가 달라지거나 유실될 경우가 발생할 수 있다. 이들에 대한 처리는 상위 계층인 응용 프로세스에서 제공해야 한다.

전송 계층 프로토콜 중 하나인 UDP는 프로세스 단위 비연결형, 비신뢰성 데이터 전송 서비스를 제공하는 프로토콜이다.

미니강의 UDP를 사용하는 서비스

비연결형, 비신뢰성 서비스인 UDP 프로토콜을 사용하여 데이터를 전송하는 응용 서비스들은 다음과 같다. 주로 작은 양의 데이터 전송 또는 에러나 데이터 유실이 전체 서비스에 큰 영향을 미치지 않는 응용 서비스들이 이에 해당된다.

❶ 작은 데이터를 전송하는 TFTP
❷ 네트워크를 관리정보를 송수신하는 SNMP
❸ 경로를 설정하는 RIP
❹ IP 주소 동적 할당하는 DHCP
❺ 실시간 화상 및 영상 스트림 서비스

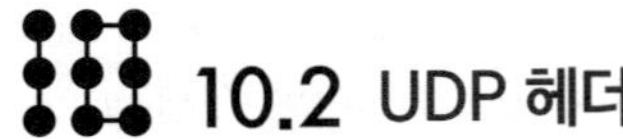

10.2 UDP 헤더

(1) 헤더

UDP는 IP 데이터그램으로 캡슐화되어 전송되며, 따라서 역다중화를 위한 IP 헤더 내의 protocol 필드 값 17을 설정한다. UDP 헤더는 **[그림 10-1]**에서 보는 바와 같이 8바이트로 구성되어 있다. 이것은 UDP가 비연결형, 비신뢰성 서비스를 제공하는 매우 간단한 프로토콜이기 때문에 기본적인 필드들만 제공하고 있다. **〈표 10-1〉**은 UDP 헤더 필드를 설명하고 있다.

0 15	16 31
16bit source port number	16bit destination port number
16bit total length	16bit UDP checksum

[그림 10-1] UDP 헤더

UDP 헤더는 8바이트로 구성되며, 역다중화를 위해 IP 헤더의 protocol 필드 값은 17이다.

〈표 10-1〉 UDP 헤더 필드 설명

필드명	설명
source port number	송신지 응용 프로세스의 포트 번호이다.
destination port number	수신지 응용 프로세스의 포트 번호이다.
Total Length	UDP 데이터그램의 전체 길이를 나타낸다. 16비트 길이로 최대 65,535바이트까지 표현될 수 있다. 따라서, UDP 데이터그램은 UDP 헤더(8바이트)와 IP 헤더(20바이트)를 포함해서 전송되므로 최대 65,507바이트까지 데이터를 포함할 수 있다.
UDP Checksum	UDP 헤더와 데이터에 대한 에러를 검사할 수 있다. 이 계산은 TCP 체크섬 계산과 마찬가지로 가상 헤더 12바이트를 포함하여 UDP 체크섬을 계산하게 된다. 따라서, [그림 9-10]의 가상 헤더 값 중 protocol = 17로, 그리고 UDP Total Length로 변경하면 된다.

(2) 포트 번호

UDP를 사용하는 대표적인 응용 서비스의 잘 알려진 포트 번호는 〈표 10-2〉와 같다.

〈표 10-2〉 UDP를 사용하는 대표적인 잘 알려진 포트 번호

응용 서비스	포트 번호	설명
DNS	53	도메인과 IP 주소 정보 연결 서비스
RIP	520	도메인 내의 라우팅 프로토콜
DHCP	67	동적 IP 주소 할당 프로토콜(서버용)
DHCP	68	동적 IP 주소 할당 프로토콜(클라이언트용)
TFTP	69	간단한 데이터 전송 프로토콜
SNMP	161	네트워크 관리 프로토콜(정상 데이터)
SNMP	162	네트워크 관리 프로토콜(trap 정보)

미니강의 UDP 체크섬

1980년대의 UDP 프로토콜은 UDP 체크섬을 대부분 검사하지 않았다. 그 이유는 체크섬을 검사하지 않음으로써 더 빠른 전송을 제공하길 원했고, 더불어 데이터링크 계층에서 CRC와 같은 에러검사 코드를 사용하고 있어 불필요했던 것이다. 하지만 그 이후 여러 가지 이유로 UDP 체크섬 기능은 TCP 체크섬과 같이 항상 검사하는 것으로 구현이 변경되었다. 즉, 요즘 UDP는 송신지에서 체크섬을 계산하여 전송하며, 수신지에서 이를 검사함으로써 에러 유무를 확인하고 있다. 다만, 에러가 발생된 데이터그램의 처리는 상위 계층에서 제공해야 한다.

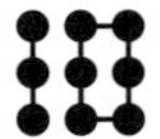

10.3 UDP 동작 실습

UDP 동작은 관련 서비스가 동작할 때 발생하기 때문에 **〈표 10-2〉**의 서비스를 사용하면 UDP 동작 실습이 가능하다. UDP 동작 실습의 가장 쉬운 방법이 DNS를 사용하는 것이다.

실습하기 UDP 동작

❶ 실습 방법

- UDP 동작 실습을 위해 DNS 동작을 살펴보면 된다. 임의의 사이트에 접속할 때는 DNS 동작이 기본적으로 실행된다.

❷ 결과 분석

- **[그림 10-2]**는 UDP 동작 실습 화면을 보여주고 있다.
- Destination Port 번호가 53번이므로 DNS 서비스임을 알 수 있다.

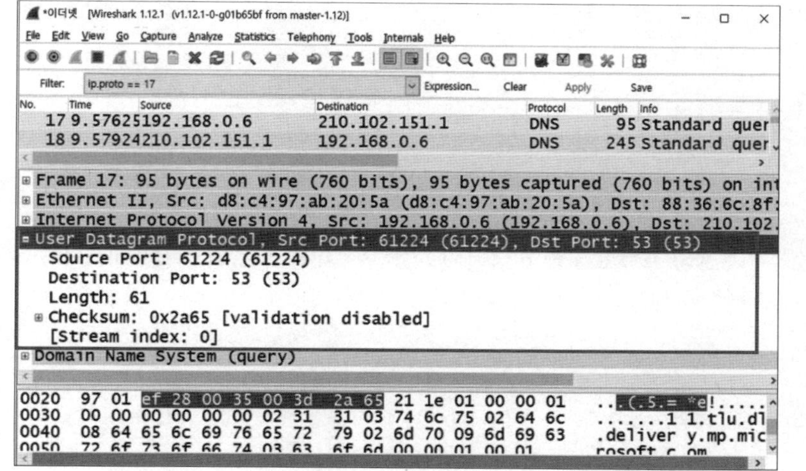

[그림 10-2] UDP 동작 실습 화면

요약정리 SUMMARY

01 주로 작은 양의 데이터를 전송하거나 에러에 덜 민감한 방송형 스트림 서비스에 UDP 프로토콜을 많이 사용하고 있다.

02 전송 계층 프로토콜 중 하나인 UDP는 프로세스 단위 비연결형, 비신뢰성 데이터 전송 서비스를 제공하는 프로토콜이다.

03 UDP 헤더는 8바이트로 구성되며, 역다중화를 위해 IP 헤더의 protocol 필드 값은 17이다.

연습문제 EXERCISE

01 다음 중 UDP에 대한 설명으로 맞지 않은 것은?

① 비연결형 서비스를 지원한다.
② 자체적인 타이머를 사용하여 재전송을 지원한다.
③ 대용량 화상 서비스와 같은 응용에 사용한다.
④ 체크섬을 통해 에러를 확인할 수 있다.

02 UDP 헤더에 대한 설명으로 옳지 않은 것은?

① Source Port : 송신지의 응용 프로세스 포트 번호이다.
② Destination Port : 수신지의 응용 프로세스 포트 번호이다.
③ Total Length : UDP 데이터그램 총 길이 나타낸다.
④ Checksum : 에러를 확인할 수 있으나, 신뢰할 수 없는 경우가 많다.

03 TCP와 UDP의 차이를 설명한 것 중 맞지 않은 것은?

① TCP는 연결설정 과정이 필요하지만 UDP는 필요하지 않다.
② TCP는 중요한 데이터 전송에 이용이 되지만 UDP는 작은 메시지 전달에 주로 사용된다.
③ UDP가 전송하는 데이터그램은 항상 경로가 같다.
④ UDP는 에러검사 기능을 제공하고 있다.

04 UDP를 사용하는 응용 서비스들의 잘 알려진 포트번호를 적으시오.

① DNS :
② TFTP :
③ RIP :
④ SNMP :

Ⅳ. 응용 계층 프로토콜

11장

DHCP

IP 주소의 부족으로 인해 효율적인 IP 주소 사용 및 관리에 대한 필요성이 증가함에 따라, 현재 대부분 가정이나 조직에서 IP 주소를 효율적으로 사용하기 위한 동적 할당 프로토콜인 DHCP를 사용하게 되었다. 이 장에서는 DHCP의 개념과 동작 과정에 대해 학습하고자 한다.

- DHCP 개념과 주소할당 방법을 이해할 수 있다.
- DHCP 동작 과정을 이해할 수 있다.

11.1 DHCP 개요

(1) 개요

현재 네트워크에 연결된 수많은 호스트와 장비로 인해 IP 주소가 부족하게 되었다. 이 때문에 동적인 IP 주소 할당을 통해 문제를 해결하고자 DHCP(Dynamic Host Configuration Protocol) 프로토콜이 사용되고 있다. DHCP는 클라이언트-서버 모델로 동작하며, 네트워크에 연결된 모든 클라이언트에게 주소를 할당하는 것이 아니라, 실제로 네트워크에 접속하여 동작하고자 하는 클라이언트에게만 주소를 할당하는 방식을 사용한다. 즉, 실제 동작하는 클라이언트에 IP 주소를 일시적으로 할당하고, 전원이 종료되면 IP 주소를 회수하여 다른 클라이언트에게 제공하는 방식이다. 여기서 클라이언트가 재가동하는 경우에는 이전 IP 주소와 다른 주소를 할당받아 사용할 수 있다. DHCP는 클라이언트에게 IP 주소와 더불어 데이터 전송에 필요한 다음과 같은 4개의 정보를 함께 할당해 준다.

❶ 사설 IP 주소

❷ 서브넷 마스크 주소

❸ 디폴트 라우터(게이트웨이) 주소

❹ DNS 주소

핵심요약

DHCP는 실제로 네트워크에 접속하여 동작하고자 하는 클라이언트에게만 주소를 동적 할당하는 방식을 통해 IP 주소를 효율적으로 관리하며, 클라이언트에게 IP 주소와 더불어 서브넷 마스크 주소, 디폴트 라우터(게이트웨이) 주소, DNS 주소를 할당해 준다.

(2) 주소할당 방법

DHCP에서 제공하는 주소할당 방식으로는 정적 할당, 동적 할당 방식이 있다.

❶ **정적 할당 방식**

관리자의 입력으로 클라이언트 MAC 주소와 IP 주소의 매핑 정보를 유지하는 방식으로, RARP, BOOTP(Bootstrap Protocol) 프로토콜에서도 같은 방식을 사용한다.

❷ **동적 할당 방식**

가장 대표적인 주소할당 방식으로, 클라이언트에서 DHCP 서버로 IP 주소를 요청하면 사용 가능한 임의의 IP 주소를 임대 기간 동안 클라이언트에게 할당하는 방식이다. 이 방식에서 IP 주소는 클라이언트가 다른 네트워크로 이동하거나 전원을 종료한 경우 다른 클라이언트에게 다시 할당할 수 있다.

핵심요약

DHCP에서 제공하는 주소할당 방식은 정적 할당, 동적 할당 두 가지 방식이 있다.

미니강의 RARP, BOOTP, DHCP 비교

DHCP 이전에 IP 주소를 할당하기 위해서 사용했던 RARP, BOOTP 프로토콜과 서로 비교해 보면 〈**표 11-1**〉과 같다.

〈표 11-1〉 다양한 주소할당 프로토콜 비교

분류	RARP	BOOTP	DHCP
서버 위치	내부망에 RARP 서버가 존재함.	내부 및 외부에 서버가 존재 가능	내부 및 외부에 서버가 존재 가능
특징	디스크 없는 시스템에 정보를 할당	디스크 없는 시스템에 정보를 할당	효율적인 주소 배분을 위해 정보를 할당
제공정보	IP 주소만 할당받음	4가지 정보 모두 제공	4가지 정보 모두 제공
할당 방법	고정 할당 방식	고정 할당 방식	고정 및 동적 할당 방식

디스크 없는 시스템(Diskless)이란 메모리나 하드 디스크와 같이 데이터를 저장하는 저장소가 없는 터미널 시스템을 말한다. 따라서 이러한 시스템들은 여러 가지 설정 정보들(위의 4가지 정보)을 저장할 저장소가 없어 네트워크 연결된 서버들로부터 할당받아 사용해야 한다.

(3) 캡슐화 및 메시지 형식

DHCP 메시지는 UDP 프로토콜을 사용하여 전송된다. 따라서, 클라이언트는 UDP 68번 포트를, 서버는 UDP 67번 포트를 사용하여 메시지를 전송한다. 또한, DHCP 메시지 형식은 기본적으로 BOOTP 메시지 형식을 그대로 사용한다. **[그림 11-1]**에서는 DHCP 메시지의 캡슐화 형식을, **[그림 11-2]**에서는 메시지 형식을 보여주고 있다.

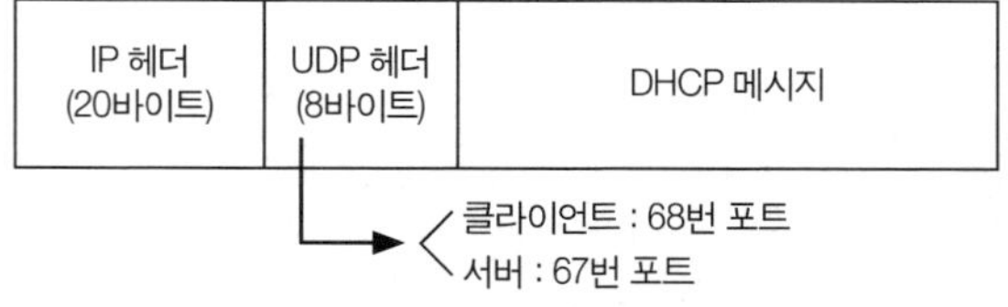

[그림 11-1] DHCP 메시지 캡슐화

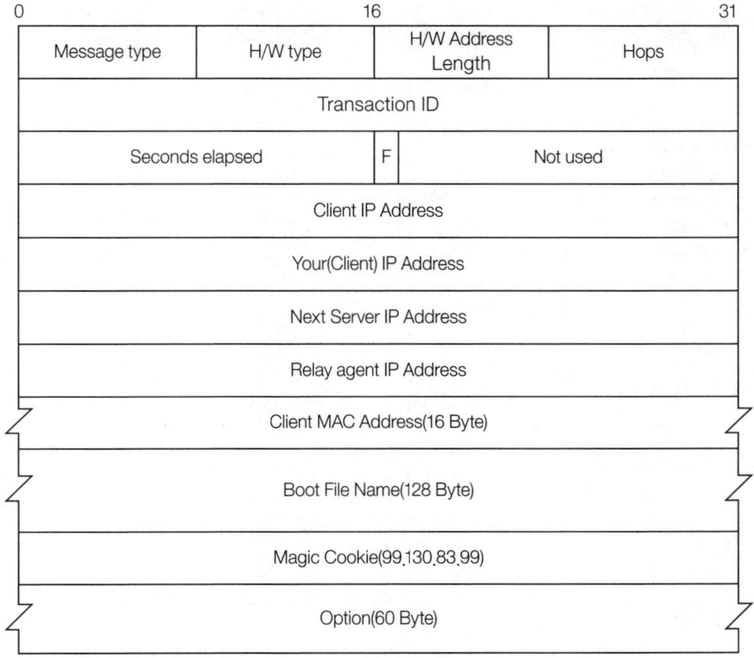

[그림 11-2] DHCP 메시지 형식

〈표 11-2〉에서는 DHCP 메시지 필드를 설명하고 있다.

〈표 11-2〉 DHCP 메시지 필드 내용

필드명	설명
Message type	DHCP 메시지의 종류를 나타내며, 요청(discover, request)은 1, 응답(offer, ACK)은 2를 갖는다.
H/W type	네트워크 유형을 의미하며, 이더넷 경우는 1을 갖는다.
H/W Address Length	하드웨어 주소의 길이를 나타내며, 이더넷 MAC 주소로 6을 갖는다.
Hops	메시지가 통과할 수 있는 최대 홉 개수를 의미한다.
Transaction ID	메시지의 ID로, 요청과 응답은 같은 ID 값을 갖는다.
Seconds elapsed	클라이언트가 부팅 후 경과된 시간을 초 단위로 기록한다.
F	0은 유니캐스트, 1은 브로드캐스트를 의미한다.
Client IP Address	클라이언트 IP 주소를 의미하며, 대부분 0.0.0.0을 설정한다.

필드명	설명
Your(Client) IP Address	클라이언트에게 할당된 IP 주소를 의미하며, 응답 메시지에서 사용한다.
Next Server IP Address	다음 서버 IP 주소를 의미하며, 대부분 0.0.0.0을 설정한다.
Relay agent IP Address	DHCP 서버가 다른 네트워크에 있는 경우, 클라이언트의 요청 메시지를 중계해 줄 relay agent IP 주소를 의미한다. 같은 네트워크에 있는 경우에는 0.0.0.0 값을 갖는다.
Client MAC Address	클라이언트 MAC 주소를 의미한다.
Server host name	응답 메시지에서 사용하는 옵션 사항으로, 64바이트 크기로 서버의 도메인 이름을 포함한다. 만약 사용하지 않는 경우 0을 채운다.
Boot File Name	응답 메시지에서 사용하는 옵션 사항으로, 128바이트 크기로 부트 파일명을 포함한다. 만약 사용하지 않는 경우 0을 채운다.
Magic Cookie	옵션이 시작됨을 알리는 고정된 값으로 IP 주소 형태(99.130.83.99)를 사용하며, 16진수 값으로는 63:82:53:63이다.
Option	클라이언트에게 제공할 추가 정보를 담고 있다. 예를 들면 임대 기간, 서브넷 마스크값, DNS 주소 등을 포함한다.

핵심요약

DHCP 메시지는 UDP 프로토콜을 사용해 전송한다. 즉, 클라이언트는 UDP 68번 포트를, 서버는 UDP 67번 포트를 사용하여 메시지를 전송한다.

미니강의 Option 필드 형식과 내용

Option 필드는 TLV 형식(Tag, Length, Value)을 사용하고 있다. 즉 Tag(0~255) 값을 사용해 정보의 유형을 나타내며, Length는 정보의 크기를, Value는 정보의 값을 저장한다. 주로 사용하는 Option 내용은 〈표 11-3〉과 같다.

〈표 11-3〉 DHCP Option 내용

Tag	Length	Value
1	4	Subnet Mask
3	4	Router
6	4	DNS Server
12	가변적	Host Name
50	4	Requested IP Address
51	가변적	IP Address Lease Time
53	1	DHCP Message Type
54	가변적	DHCP Server Identifier
55	가변적	Parameter Request List
61	가변적	Client Identifier
255	가변적	End

11.2 DHCP 동작

(1) 동작 과정

DHCP 동작 과정을 살펴보면 **[그림 11-3]**과 같다.

❶ **임대 요청**(Discover)

DHCP 서버를 찾기 위해서 클라이언트가 전송하는 요청 메시지이다. IP 주소를 할당받기 전이기 때문에 송신지 IP 주소는 0.0.0.0이고, 목적지 주소는 제한적 브로드캐스트 주소인 255.255.255.255로 전송한다.

❷ **임대 제공**(Offer)

이를 수신한 DHCP 서버가 응답하는 메시지로 클라이언트에게 제공하고자 하는 정보들을 포함하고 있다. 즉, IP 주소, 임대 기간(보통 2시간), 서브넷 마스크값, DNS 주소 등을 포함하고 있다. 이때, 클라이언트가 IP 주소를 할당받기 전이므로 제한적 브로드캐스트 주소로 전송한다.

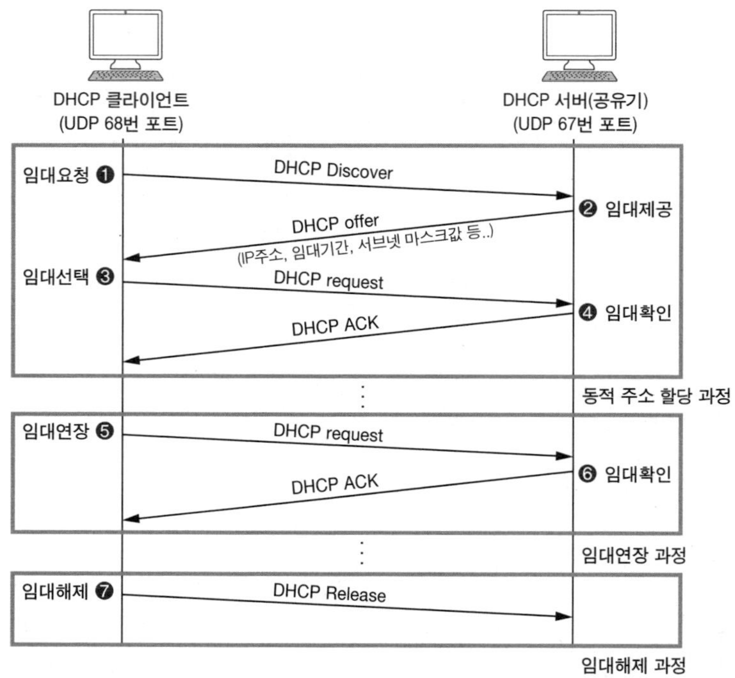

[그림 11-3] DHCP 동작 과정

❸ **임대 선택**(Request)

만약 여러 개의 DHCP 서버가 응답할 경우, 클라이언트는 가장 먼저 도착한 응답 메시지를 선택하고, 해당 서버로 DHCP 요청 메시지를 전송하게 된다. 이때 옵션 필드에 자신이 선택한 IP 주소를 포함하여 전송하게 된다(아래의 동작 실습 참조).

❹ **임대 확인**(ACK)

DHCP 서버가 전송하는 응답 메시지로, 이로써 일련의 IP 주소할당 과정이 종료된다. 만약, 정해진 시간 안에 이 메시지를 수신하지 못하면 모든 과정을 처음부터 시작해야 한다. 참고로, 이 응답 메시지의 옵션 필드에는 offer 메시지와 같은 정보를 포함하고 있다.

❺ 임대 연장

클라이언트가 임대 기간의 50%가 경과 되면 임대 기간 연장을 위해 사용하는 연장 요청 메시지이다.

❻ 임대 확인

임대 연장을 허락하는 응답 메시지이다. 만약, DHCP 서버가 응답하지 않는 경우에는 클라이언트는 임대 기간의 87.5%가 경과 후에는 다시 처음부터 임대 요청을 시작한다.

❼ 임대 해제

클라이언트가 임대 기간 안에 할당받은 IP 주소를 반환하기 위해 사용하는 메시지이다.

핵심요약

DHCP 동작 과정은 크게 동적 주소할당 과정, 임대 연장 과정, 임대 해제 과정으로 구분할 수 있다.

미니강의 무선 공유기 / Relay Agent

요즘은 대부분 가정에서 인터넷 연결을 위해 ISP 업체로부터 받은 무선 공유기를 사용하고 있다. 또한, 직장 및 학교에서는 여러 대의 컴퓨터 및 무선 단말 장비의 WIFI 연결을 위해 개인적으로 무선 공유기를 사용하는 것을 쉽게 볼 수 있다. 즉, 이런 무선 공유기로부터 컴퓨터 및 무선 단말 장비는 주소를 동적으로 할당받아 인터넷 연결을 할 수 있는 것이다. 따라서, 같은 네트워크 안에 있는 무선 공유기는 DHCP 서버로 동작하여 동적으로 주소를 할당하고 있는 것이다.
물론, 서로 다른 네트워크에 DHCP 서버가 있는 경우도 있다. 이 경우에는 해결할 사항이 하나 있는데 클라이언트의 요청 메시지가 브로드캐스트 전송하기 때문에 라우터를 통과하지 못해 DHCP 서버가 요청 메시지를 수신하지 못한다는 것이다. 이를 해결하기 위해 클라이언트와 같은 네트워크 내에 Relay Agent를 두어, Relay Agent가 클라이언트 요청 메시지를 유니캐스트 데이터로 캡슐화하여 라우터로 전송해주고, 응답 메시지를 다시 클라이언트로 중계함으로써 해결하고 있다. **[그림 11-4]**에서 Relay Agent 동작을 보여주고 있다.

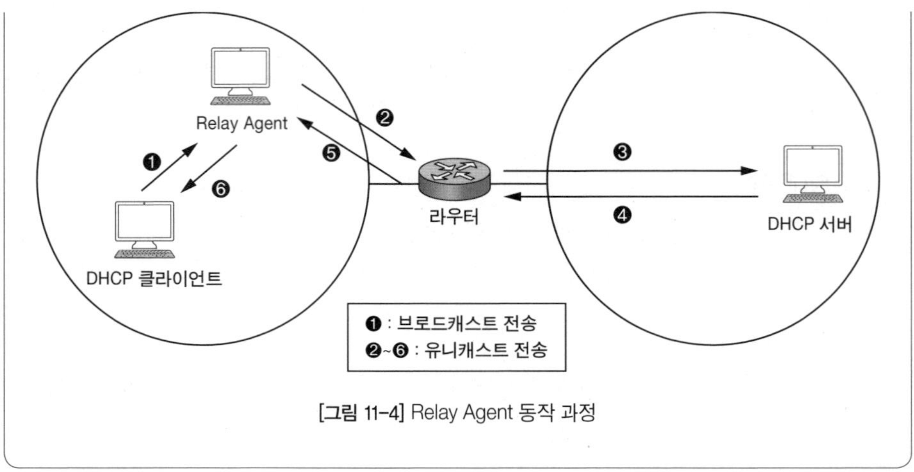

[그림 11-4] Relay Agent 동작 과정

(2) 동작 실습

앞서 동작 과정에서 알 수 있듯이, DHCP 서버의 위치에 따라 전송방식이 달라지는 것을 볼 수 있는데, 여기서는 DHCP 동작 실습을 위해서는 같은 네트워크 내에 무선 공유기를 사용하여 동적으로 주소를 할당하는 상황을 실습해 보기로 한다.

실습하기 DHCP 동작(무선 공유기)

❶ 실습 방법

- 일단 DHCP 동작을 확인하기 위해서는 같은 네트워크 내의 무선 공유기를 사용하여 인터넷 연결을 하고자 하는 두 대의 컴퓨터를 준비한다.
- 먼저, 하나의 컴퓨터는 wireshark 프로그램을 실행시켜서 데이터를 캡처한다.
- 전원이 종료되어 있던 다른 컴퓨터를 부팅시킴으로써 주소할당을 유도한다.
- wireshark을 통해 캡처한 내용을 **[그림 11-5]**와 같이 protocol 항목을 선택하여 DHCP 메시지만 필터링한다. 참고로, Transaction ID가 모두 같은 4개의 DHCP 메시지를 볼 수 있다. 이들은 **[그림 11-3]**의 동적 주소 할당과정에서 사용된 메시지임을 알 수 있다.

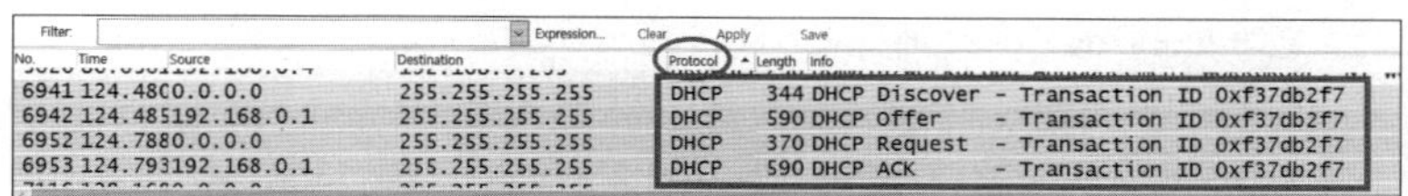

[그림 11-5] 동적 주소할당 과정 화면

❷ 결과 분석

- **임대 요청(DHCP Discover) 메시지**

클라이언트가 요청하는 브로드캐스트 메시지로, **[그림 11-6]**에서 결과 화면을 보여주고 있다. 또한, **〈표 11-4〉**에서 중요한 필드 및 값을 설명하고 있다.

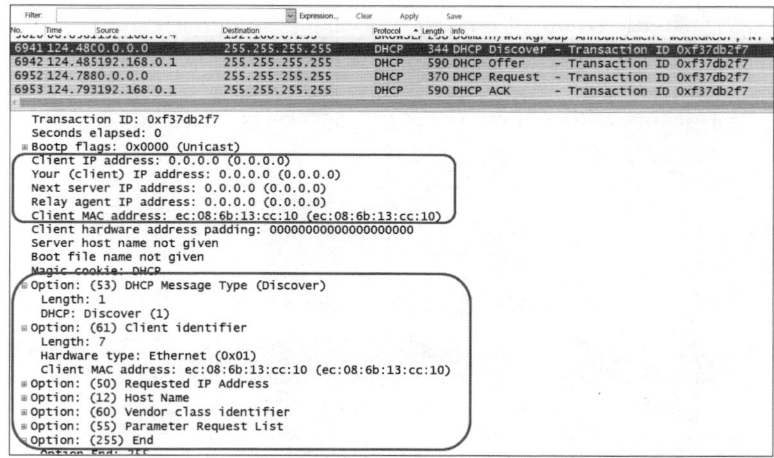

[그림 11-6] 임대 요청(DHCP Discover) 메시지 화면

〈표 11-4〉 임대 요청(DHCP Discover) 메시지 필드 설명

필드명	설명
Client IP Address ~ Relay agent IP Address	클라이언트에서 정보를 알 수 없어 모두 0.0.0.0 값을 갖는다.
Option (DHCP Message type)	Discover(1) 값을 갖는다.
Option (Client Identifier)	클라이언트의 MAC 주소를 갖는다.

- **임대 제공(DHCP offer) 메시지**
  DHCP 서버가 응답하는 메시지로, 옵션 필드를 사용하여 클라이언트에 추가 정보를 동적으로 할당하고 있다. **[그림 11-7]**에서 결과 화면을 보여주고 있다. 또한, **〈표 11-5〉**에서는 중요한 필드 및 값을 설명하고 있다.

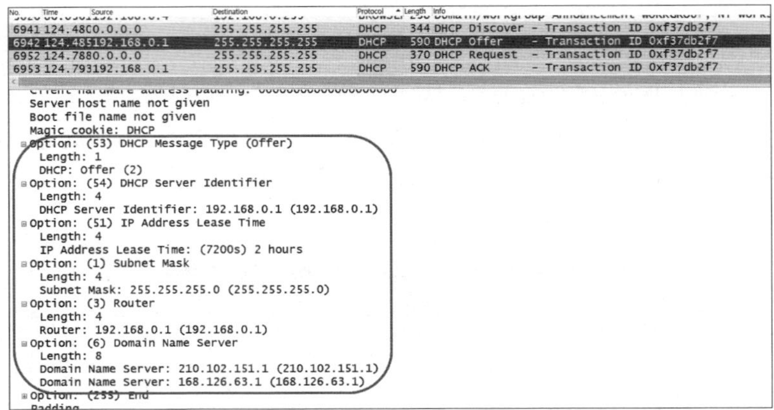

[그림 11-7] 임대 제공(DHCP offer) 메시지 화면

〈표 11-4〉 임대 요청(DHCP Discover) 메시지 필드 설명

필드명	설명
DHCP Message type	offer(2) 값을 갖는다.
Server Identifier	DHCP 서버 주소를 갖는다.
IP Address Lease Time	임대 기간(2시간)을 의미한다.
Subnet Mask	서브넷 마스크 값을 갖는다.
Router	디폴트 라우터 주소를 갖는다.
Domain Name Server	DNS 서버 주소를 갖는다.

- **임대 선택(DHCP Request) 메시지**
  클라이언트가 선택하는 메시지로, 옵션을 통해 자신의 IP 주소를 전송하는 것을 볼 수 있다. **[그림 11-8]**에서 결과 화면을 보여주고 있다. 또한, **〈표 11-6〉**에서는 중요한 필드 및 값을 설명하고 있다.

```
No.  Time     Source          Destination      Protocol  Length Info
6941 124.4800.0.0.0           255.255.255.255  DHCP      344 DHCP Discover - Transaction ID 0xf37db2f7
6942 124.485192.168.0.1       255.255.255.255  DHCP      590 DHCP Offer    - Transaction ID 0xf37db2f7
6952 124.7880.0.0.0           255.255.255.255  DHCP      370 DHCP Request  - Transaction ID 0xf37db2f7
6953 124.793192.168.0.1       255.255.255.255  DHCP      590 DHCP ACK      - Transaction ID 0xf37db2f7

  Magic cookie: DHCP
⊟Option: (53) DHCP Message Type (Request)
   Length: 1
   DHCP: Request (3)
⊟Option: (61) Client identifier
   Length: 7
   Hardware type: Ethernet (0x01)
   Client MAC address: ec:08:6b:13:cc:10 (ec:08:6b:13:cc:10)
⊟Option: (50) Requested IP Address
   Length: 4
   Requested IP Address: 192.168.0.5 (192.168.0.5)
⊟Option: (54) DHCP Server Identifier
   Length: 4
   DHCP Server Identifier: 192.168.0.1 (192.168.0.1)
⊟Option: (12) Host Name
   Length: 15
   Host Name: DESKTOP-AEBTFFE
⊞Option: (81) Client Fully Qualified Domain Name
⊟Option: (60) Vendor class identifier
   Length: 8
   Vendor class identifier: MSFT 5.0
⊞Option: (55) Parameter Request List
⊟Option: (255) End
   Option End: 255
```

[그림 11-8] 임대 선택(DHCP Request) 메시지 화면

〈표 11-6〉 임대 선택(DHCP Request) 메시지 필드 설명

필드명	설명
DHCP Message type	Request(3) 값을 갖는다.
Requested IP Address	자신이 할당받은 IP 주소를 보냄으로써 해당 DHCP 서버를 선택했음을 알린다.

- **임대 확인(DHCP ACK) 메시지**

DHCP 서버가 전송하는 응답 메시지로, 이로써 일련의 IP 주소할당 과정이 종료된다. [그림 11-9]에서 결과 화면을 보여주고 있다. 또한, 〈표 11-7〉에서는 중요한 필드 및 값을 설명하고 있다.

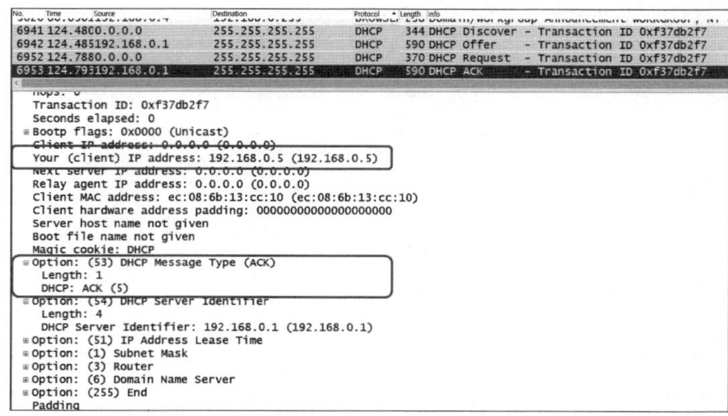

[그림 11-9] 임대 확인(DHCP ACK) 메시지 화면

〈표 11-7〉 임대 확인(DHCP ACK) 메시지 필드 설명

필드명	설명
Your(client) IP Address	상대방 클라이언트 IP 주소로, 할당된 IP 주소를 갖는다.
DHCP Message Type	ACK(5) 값을 갖는다.

미니강의 DHCP 장·단점

DHCP는 실제로 호스트가 인터넷에 연결되어 동작하려는 경우에만 IP 주소가 할당되기 때문에 IP 주소를 절약할 수 있다. 또한, 호스트들의 다른 네트워크로의 이동 및 다른 호스트의 추가 시에도 효율적으로 IP 주소를 반환 및 할당을 할 수 있다는 장점이 있다.
반면, DHCP 메시지들이 브로드캐스트 전송방식을 사용하기 때문에 네트워크의 부하 발생할 수 있으며, 더욱이 클라이언트들의 수가 많아지면 네트워크 및 DHCP 서버의 과부하가 발생할 수 있는 단점을 갖는다.

요약정리 SUMMARY

01 DHCP는 실제로 네트워크에 접속하여 동작하고자 하는 클라이언트에게만 주소를 동적 할당하는 방식을 통해 IP 주소를 효율적으로 관리하며, 클라이언트에게 IP 주소와 더불어 서브넷 마스크 주소, 디폴트 라우터(게이트웨이) 주소, DNS 주소를 할당해 준다.

02 DHCP에서 제공하는 주소할당 방식은 고정(정적)할당, 동적 할당 두 가지 방식이 있다.

03 DHCP 메시지는 UDP 프로토콜을 사용해 전송한다. 즉, 클라이언트는 UDP 68번 포트를, 서버는 UDP 67번 포트를 사용하여 메시지를 전송한다.

04 DHCP 동작 과정은 크게 동적 주소할당 과정, 임대 연장 과정, 임대 해제 과정으로 구분할 수 있다.

연습문제 EXERCISE

01 DHCP의 장점으로 옳지 않은 것은?

① IP 주소의 효율적인 관리가 가능하다.
② 웹 서버와 같은 중요한 서버 주소할당에 효율적이다.
③ IP 주소와 함께 DNS 주소도 할당받을 수 있다.
④ 학교와 회사 같은 주소관리가 어려운 환경에서 효율적이다..

02 다음 중 DHCP로 할당 받을 수 있는 정보가 아닌 것은?

① 디폴트 라우터 주소　② DNS 주소
③ 서브넷 마스크 주소　④ MAC 주소

03 다음 중 IP 주소 할당 프로토콜로 사용되는 것이 아닌 것은?

① RARP　② BOOTP
③ DHCP　④ ARP

04 DHCP 서버가 다른 네트워크 상에 존재할 때, 클라이언트의 요청 메시지를 수신하지 못하는 경우를 해결하기 위해 사용되는 것은 무엇인가?

05 다음 중 DHCP 동작에 대한 설명으로 틀린 것은?

① UDP 프로토콜을 사용한다.
② IP 주소를 얻기 위해 브로드캐스트 방식을 사용한다.
③ 임대기간을 정해 주기적으로 IP 주소를 할당받는다.
④ DHCP 서버는 혼란을 피하기 위해 하나의 서버만 응답해야 한다.

06 **[그림 11-5]**에서와 같은 환경 하에서 DHCP 데이터를 캡처해 보자. 이를 통해 **[그림 11-6]**에서 **[그림 11-9]**와 같은 결과를 생성해 보자.

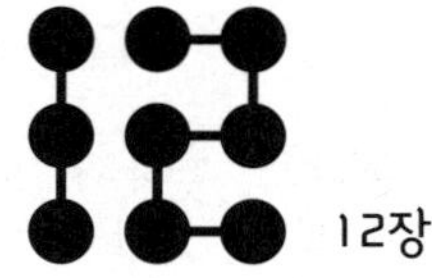

12장

DNS

사용자는 십진수로 되어 있는 IP 주소를 모두 기억하기 어렵다. 따라서 IP 주소와 매칭되는 도메인 네임을 사용하게 되었고, 이러한 매칭 서비스할 수 있는 DNS가 개발되었다. 이 장에서는 DNS 개념 및 주소할당 방법과 동작 과정에 대해서 학습하기로 한다.

- DHCP 개념과 주소할당 방법을 이해할 수 있다.
- DHCP 동작 과정을 이해할 수 있다.

12.1 DNS 개요

(1) 개요

인터넷에서는 연결된 개체(호스트 및 네트워크 장비 등)들을 유일하게 식별하기 위해 IP 주소를 사용한다. 이 때문에 목적지에 데이터를 전송하기 위해서는 목적지 IP 주소를 알아야 한다. 하지만 사용자들이 십진수로 구성된 IP 주소를 모두 기억하는 것이 매우 어려운 일이다. 이러한 이유로 IP 주소 대신에 특정 호스트들을 지칭하는 이름을 사용하여 사용자들이 쉽게 목적지 주소를 기억할 수 있도록 하는 방식이 고안되었다. 이를 위해서는 특정 호스트의 IP 주소와 호스트 이름을 매칭한 정보가 필요한데 이 정보를 데이터베이스화하여 자신의 컴퓨터 내에 유지하는 방법과 분산되어있는 서버에 유지하여 매칭 서비스를 제공하는 방법이 사용되고 있다.

❶ 컴퓨터 내에서 유지하는 방법

주로 Unix/Linux 시스템 내의 '/etc/hosts' 파일 안에 IP 주소와 호스트 이름을 매칭한 정보를 유지하는 방법으로 관리자의 입력으로 생성된다. 그러나, 이 방법은 인터넷의 규모가 계속 커짐에 따라 방대해진 호스트의 정보를 모두 유지할 수 없고, 더욱이 호스트의 최신 정보를 유지하는 것은 불가능하다는 단점을 가지고 있다.

❷ 분산된 서버에서 유지하는 방법

인터넷상의 수많은 호스트 정보를 종류 또는 특징 등으로 분류하여 그룹(도메인)으로 나눈 정보를 분산된 서버에서 관리하는 방식이다. 따라서, 호스트 이름과 매칭되는 IP 주소가 필요한 경우, 자신과 가장 가까운 서버에게 질의(query) 방식 통해 얻어오면 된다. 이 방식을 도메인 네임 시스템(DNS : Domain Name System)이라 한다.

DNS는 호스트 이름과 매칭되는 IP 주소 정보를 자신과 가장 가까운 서버에게 질의 방식 통해 얻어오는 프로토콜이다.

(2) 클라이언트-서버 모델

DNS는 기본적으로 클라이언트-서버 모델을 사용한다. 즉, 응용 프로그램(예를 들어 웹브라우저)에서 사용자가 입력한 호스트 이름에 해당하는 IP 주소를 얻어오기 위해, 응용 프로그램은 또 다른 응용 프로그램인 **해석기(resolver)**라고 하는 DNS 클라이언트를 통해 DNS 서버에게 질의를 보내 원하는 정보를 얻게 된다. **[그림 12-1]**에서 이 동작을 차례로 보여주고 있다. 물론 분산된 DNS 서버들 역시 원하는 정보를 찾기 위해 질의 과정을 거치게 되지만 이는 추후 DNS 동작 과정에서 살펴보기로 한다.

❶ 사용자는 응용 프로그램(예를 들어, 웹 브라우저)에 호스트 이름을 입력한다.

❷ DNS 클라이언트인 해석기 프로그램이 로컬 DNS 서버에게 질의를 보낸다.

❸ DNS 서버는 매칭된 IP 주소를 사용하여 응답한다.

❹ ARP 프로토콜을 사용하여 목적지 MAC 주소를 얻는다.

❺ 하위계층을 통해 데이터 전송이 발생된다.

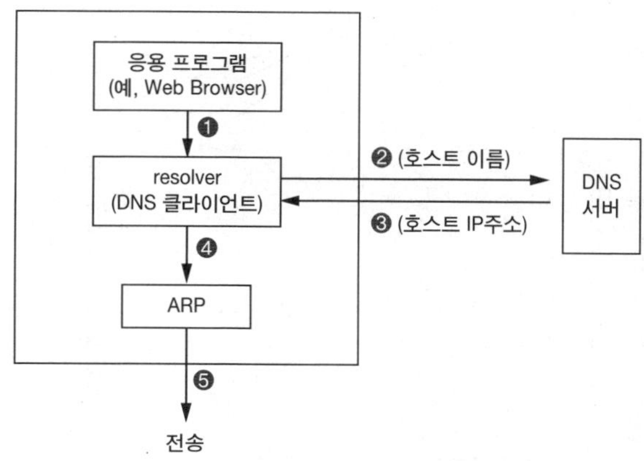

[그림 12-1] DNS 클라이언트-서버 동작 과정

DNS에서는 호스트 이름에 해당하는 IP 주소를 얻어오기 위해, 응용 프로그램은 또 다른 응용 프로그램인 해석기(resolver)라고 하는 DNS 클라이언트를 통해 DNS 서버에게 질의를 보내 원하는 정보를 얻게 된다.

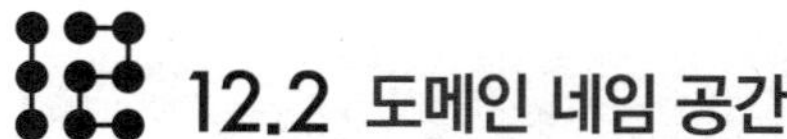

12.2 도메인 네임 공간

(1) 개요

DNS에서는 호스트를 식별하기 위해 도메인 네임 공간(Domain Name Space) 개념을 사용하여 구성 및 관리하고 있다. 이런 도메인 네임 공간은 **[그림 12-2]**와 같이 계층적인 트리 구조로 되어 있으며, 구성은 제일 위에 루트(root) 밑에 최상위 도메인(기구의 성격) 그리고, 그 밑에 서브 도메인(기구의 이름), 그리고 호스트 이름(단위 조직)으로 되어 있다. 이는 DNS를 거대한 분산 시스템으로 구성하여 정보를 분산 저장하고 관리함으로써 하나의 서버에 데이터가 집중되는 것을 막기 위해서이다. 특히, 도메인 네임 공간은 **[그림 12-2]**에서 보듯이 일반 도메인, 국가 도메인, 역방향(특수) 도메인 등 세 가지 종류로 분류하고 있다.

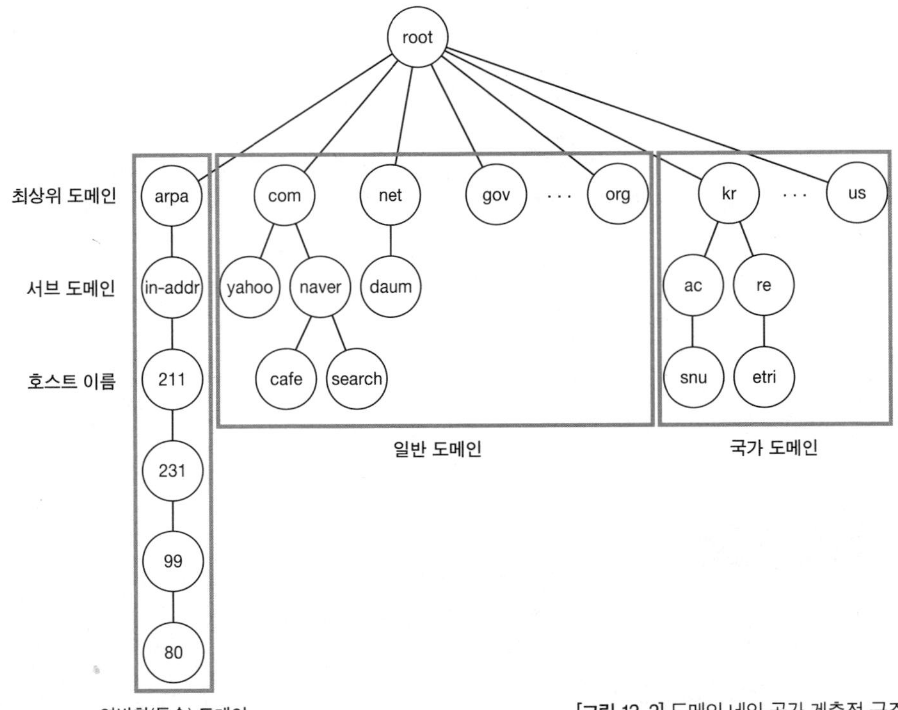

[그림 12-2] 도메인 네임 공간 계층적 구조

핵심요약

DNS에서는 호스트를 식별하기 위해 계층적 구조인 도메인 네임 공간(Domain Name Space) 개념을 사용하여 구성 및 관리하고 있다.

미니강의 도메인 네임

루트 이름은 아무것도 없는 것을 뜻하는 널 문자(Null String)를 사용하며, 다른 노드들의 이름은 최대 63개 문자까지 사용할 수 있다. 특히, 각 호스트는 유일하게 식별할 수 있는 도메인 이름을 가져야 하며, 도메인 이름은 하위 호스트 이름으로 시작해서 루트까지의 경로에 있는 상위 노드 이름을 점(.)으로 구분하여 사용한다. 예를 들어, **[그림 12-2]**에서 search 호스트의 도메인 이름은 search.naver.com이다.

미니강의 FQDN / PQDN

❶ FQDN(Fully Qualified Domain Name)
호스트의 도메인 이름에 루트까지 모두 포함된 이름을 말한다. 즉, **[그림 12-2]**의 search 호스트의 FQDN은 search.naver.com.이다. 특히, 루트는 널 문자이기 때문에 마지막에 점(.)으로 끝나게 되는 것이다(생략이 가능하다). 절대 도메인 네임(Absolute Domain Name)이라고도 한다.

❷ PQDN(Partially Qualified Domain Name)
부분적인 도메인 네임으로, 예를 들어 naver에 접속하기 위해서는 www.naver.com 또는 naver.com 모두 가능한데, 여기서 naver.com을 PQDN이라 한다. 상대적 도메인 네임(Relative Domain Name)이라고도 한다.

우리는 일반적으로 PQDN 방식을 많이 사용하는데, 이는 DNS 서버로 질의를 보낼 때 DNS 클라이언트가 FQDN으로 변경하여 전송하기 때문이다.

(2) 도메인

[그림 12-2]의 도메인 네임 공간에서 서브 트리를 **도메인**이라 하며, 그 도메인의 이름은 그 서브 트리의 맨 위 노드 이름으로 정한다. **[그림 12-3]**에서 보듯이 최상위 도메인인 com의 서브 트리를 **com 도메인**이라 하며, net 서브 트리를 **net 도메인**이라 한다. 또한, 하나의 도메인 안에는 서브 도메인이 존재할 수 있어 com 도메인 안에 **naver.com 도메인**이 존재할 수 있다.

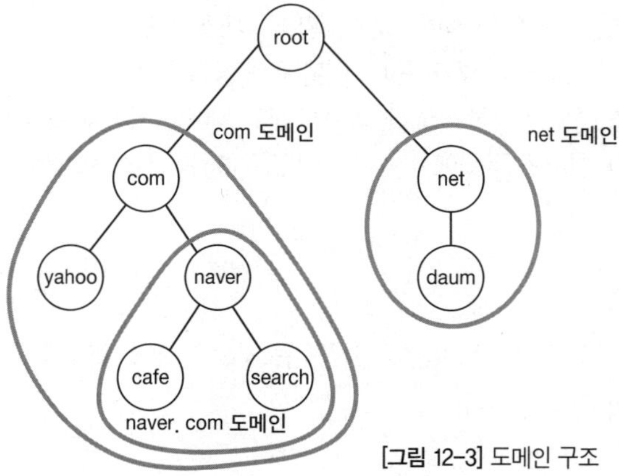

[그림 12-3] 도메인 구조

❶ 최상위 도메인

[그림 12-2]의 도메인 네임 공간 계층 구조에서 최상위 도메인은 그 하위 도메인에 대한 등록 및 관리 책임이 있으며, 주로 기구의 성격을 나타내는 이름을 사용하고 있다. 현재 약 250여 개의 최상위 도메인(230여 개의 국가 도메인을 포함)이 사용되고 있으며 그 중 대표적인 최상위 일반 도메인을 보면 〈표 12-1〉과 같다.
현재 최상위 도메인은 ICANN(Internet Corporation for Assigned Names and Numbers)에서 허가 권한을 가지고 있으며, 서브 도메인 등록은 최상위 도메인의 자체 등록기관에서 관리하고 있다.

〈표 12-1〉 최상위 일반 도메인 종류

이름	의미
com	영리 목적으로 설립된 기관을 의미
edu	교육기관으로, 주로 미국 4년제 대학을 의미
gov	정부 기관을 의미
net	네트워크 회사 및 관련 회사를 의미
org	비영리 목적으로 설립된 기관을 의미
mil	군사 기관을 의미
int	국제 협약 기관을 의미

❷ 서브 도메인

주로 기관의 이름을 나타내며, 최상위 도메인의 자체 등록기관에서 관리하고 있다. DNS 동작에서 최상위 도메인 서버가 받은 질의 요청을 등록된 서브 도메인 서버에게 보내 응답을 수신하는 절차를 거치게 된다. 이를 위해 상위 도메인 서버에는 하위 도메인 서버의 주소 정보를 등록 관리하고 있다. 여기서 하위 도메인 서버를 위임 서버(authoritative server)라고도 한다. 참고로 DNS에서 서브 도메인은 하위에 서브 도메인을 계층적으로 계속 두어 관리할 수 있다.

❸ 호스트 이름

주로, 기관의 특정 호스트 이름을 지칭하는 것으로, 호스트의 특징 및 역할에 따라 관리자가 설정할 수 있게 된다.

도메인 네임 공간에서 서브 트리를 도메인이라 하며, 그 도메인의 이름은 그 서브 트리의 맨 위의 노드 이름으로 정한다.

(3) 영역 / 네임 서버

각 도메인 안에 있는 서버를 **네임 서버**(Name Server)라 하며, 이 네임 서버가 관리하는 범위를 **영역**(zone)이라고 한다. **[그림 12-4]**에서 com 도메인에 있는 네임 서버는 yahoo와 naver.com 도메인 서버(위임 서버)의 주소 정보만 관리하며, com 도메인의 네임 서버로의 질의 요청을 naver.com 도메인의 위임 서버에게 전달할 수 있게 한다. 마찬가지로 naver.com 도메인 내의 영역 정보들은 naver.com 도메인의 네임 서버가 모두 관리하면 되는 것이다.

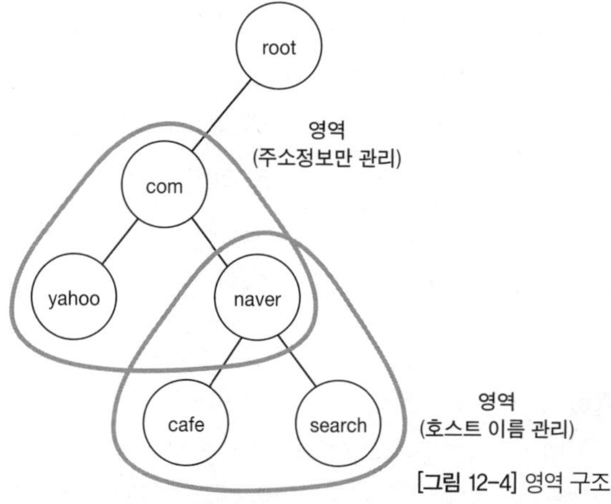

[그림 12-4] 영역 구조

각 도메인 안에 있는 서버를 네임 서버(Name Server)라 하며, 이 네임 서버가 관리하는 범위를 영역(zone)이라고 한다.

미니강의 영역 전달

DNS 환경에서는 네임 서버를 주 서버(primary server)와 보조 서버(secondary server)로 구성하도록 하고 있다. 이것은 주 서버에 대한 비상용(백업용)으로 보조 서버를 사용하도록 하기 위함이다. 즉, 주 서버가 관리하는 영역에 대한 모든 정보를 보조 서버가 똑같이 유지해야 한다는 것이다. 이때 주 서버와 보조 서버 간의 영역에 대한 정보를 전송하는 것을 **영역 전달(zone transfer)**라고 한다. 여기서, 보조 서버의 내용은 스스로 변경, 수정하지 못하며 반드시 주 서버로부터 전송받은 정보를 통해서만 가능하다. 참고로, 한 영역의 주 서버는 다른 영역의 보조 서버가 될 수 있다.

(4) 역방향(특수) 도메인

일반적으로 DNS는 도메인 이름으로 호스트 IP 주소로 얻어오기 위한 **정방향 조회**(Forward Query)를 사용한다. 하지만 DNS는 반대로 호스트의 IP 주소로 도메인 이름을 얻어오는 **역방향 조회**(Reverse Query 또는 PTR Query)도 지원하고 있다. 여기서 역방향 조회를 위해 사용하는 역방향(특수) 도메인에 대해 살펴보기로 한다.

[그림 12-2]에서처럼 역방향 조회를 위해서 최상위 도메인으로 arpa 도메인을, 하위 서브 도메인으로 in-addr 도메인을 사용하며, 그 하위 도메인으로는 나머지 IP 주소를 사용하게 된다. IP 주소 정보를 위한 네임 공간은 위에서부터 큰 주소(네트워크 주소)를 두고, 아래로 작은 주소(서브넷과 호스트 주소)를 위치시키면 된다. 이것을 FQDN으로 표기할 때는 80.99.231.211.in-addr.arpa.로 표기한다.

핵심요약

DNS는 도메인 이름으로 호스트 IP 주소로 얻어오기 위한 정방향 조회(Forward Query)와 반대로 호스트 IP 주소로 도메인 이름을 얻어오는 역방향 조회(Reverse Query 또는 PTR Query)를 지원하며, 역방향 조회를 위해 역방향(특수) 도메인을 사용한다.

12.3 리소스 레코드

각 네임 서버에는 위에서 설명한 내용(위임 서버, 정방향 조회, 역방향 조회 등)과 추가 사항 등의 내용을 **리소스 레코드**(Resource Record : RRs) 형식으로 관리 · 유지하고 있다. 리소스 레코드 필드의 지정 형식은 다음과 같다.

레코드 이름	필드명(A, PTR 등)	레코드값

이러한 리소스 레코드의 종류와 내용은 <표 12-2>에서 보여주고 있다.

<표 12-2> 리소스 레코드(RRs) 종류 및 내용

종류	내용
SOA (Start of Authority)	영역에 대한 권한이 있음을 의미하며, 각 영역은 반드시 하나의 SOA 레코드를 갖는다. 다음과 같은 필드가 존재한다. • 일련번호(serial number) : 보조 서버와의 동기화를 유지하기 위한 값으로, 영역내용이 변경될 때마다 1씩 증가한다. • 주 서버(primary server) : 영역 정보가 있는 네임 서버 • 책임자 : 책임자의 이메일 주소 정보 • refresh : 주 서버의 영역 정보 수정 주기 • retry : 주 서버와 보조 서버와의 접속 재시도 주기 • expire : 주 서버의 유효기간 • TTL : 영역 정보를 캐시에 보관할 수 있는 최대 시간(12.4절 참조)
NS (Name Server)	해당 영역에 대한 권한이 있는 위임 서버 주소를 설정한다. 또한, 하위 도메인의 위임 서버 주소도 설정 가능하다. 예) naver.com(영역이름) NS a.naver.com(위임 서버)
A (Address)	정방향 조회에서 도메인 이름을 IPv4 주소로 매칭하는 레코드. 예) test.exam.com. IN(인터넷) A 211.231.99.80
AAAA	정방향 조회에서 도메인 이름을 IPv6 주소로 매칭하는 레코드
PTR (Pointer)	역방향 조회에서 IP 주소를 도메인 이름으로 매칭하는 레코드. 예) 211.231.99.80.in-addr.arpa. PTR test.exam.com.

종류	내용
CNAME (Canonical Name)	해당 도메인의 정규이름에 대한 별칭을 매칭하는 레코드로, 별칭은 A 레코드에 의해 IP 주소가 등록되어 있어야 한다. 예) www.exam.com. IN A 211.231.99.80 test.exam.com(해당 도메인) CNAME www.exam.com.(별칭) 따라서 test.exam.com 입력으로 211.231.99.80에 접속 가능
MX (Mail Exchanger)	해당 도메인에서 메일을 전송하고자 할 때 해당 메일 서버를 지칭하는 레코드

각 네임 서버에는 위에서 설명한 내용(위임 서버, 정방향 조회, 역방향 조회 등)과 추가 사항 등의 내용을 리소스 레코드(Resource Record : RRs) 형식으로 관리 · 유지하고 있다.

12.4 DNS 동작 과정

(1) 기본 동작

DNS 기본 동작은 **[그림 12-1]**에서 설명했듯이 DNS 클라이언트(이하 클라이언트)에 의해 DNS 서버(이하 서버)로 질의를 전송하고, 서버의 응답을 클라이언트에게 전달하는 과정을 거치게 된다. 여기서는 클라이언트와 서버 간의 동작 과정을 살펴보기로 한다. 결과적으로 클라이언트가 서버에게 질의하는 방법으로는 재귀적 방식과 반복적 방식 사용하고 있다.

❶ 재귀적 질의 방식

이 방식에서 클라이언트는 질의를 생성하여 자신에게 등록되어있는 로컬 네임 서버에게 전달한다. 해당 질의에 대해 로컬 네임 서버가 권한이 있는 위임 서버인지(네임 서버가 관리하는 영역 정보를 통해 응답할 수 있는지) 확인하고 정보를 찾아 클라이언트로 응답을 한다. 하지만, 위임 서버가 아닌 경우(영역 밖의 정보인 경우), 로컬 네임 서버는 상위 계층의 네임 서버로 질의를 하여 응답을 기다린다. 이러한 과정을 거쳐 최종적인 응답은 거꾸로 거슬러 전송되어 클라이언트로 전송된다. **[그림 12-5]**는 클라이언트에서 naver.com의 질의 내용을 재귀적(recursive) 질의 방식으로 응답을 얻어오는 과정을 보여주고 있다.

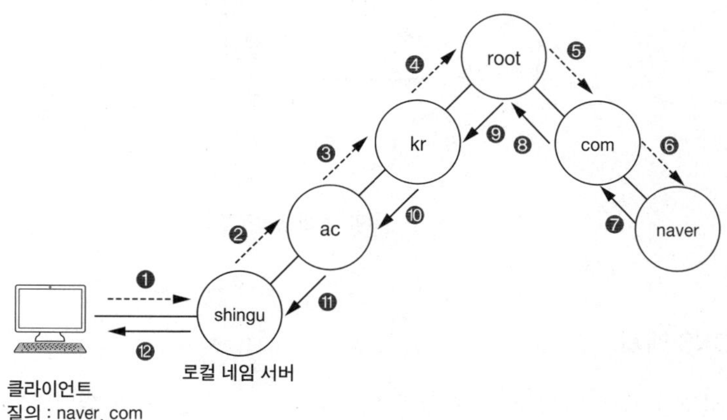

[그림 12-5] 재귀적 질의 방식

❷ 반복적 질의 방식

클라이언트의 질의에 로컬 네임 서버가 응답할 수 없으면(위임 서버가 아니면), 상위 계층의 네임 서버 주소를 클라이언트에게 전송함으로써 클라이언트가 그 주소로 다시 질의를 보낼 수 있게 한다. 만약 그 네임 서버가 또 질의에 응답할 수 없으면 계속해서 다음 네임 서버 주소를 클라이언트에게 전송한다. 결국, 이 방식은 클라이언트가 반복적으로 질의해야 하는 방식인 것이다. **[그림 12-6]**은 클라이언트의 질의 내용을 반복적(iterative) 질의 방식으로 응답을 얻어오는 과정을 보여주고 있다.

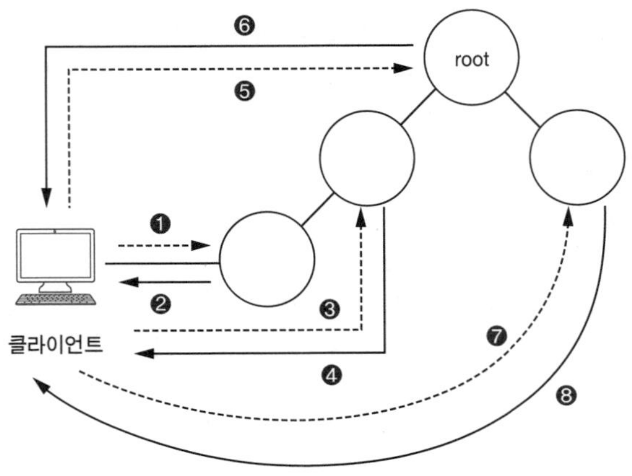

[그림 12-6] 반복적 질의 방식

(2) DNS 캐시

앞에서처럼 각 네임 서버는 자신의 영역에 없는 정보를 얻게 되면 그 정보를 자신의 캐시에 저장하여 추후 똑같은 조회 요청이 오면 자신의 캐시로부터 클라이언트에게 응답할 수 있게 한다. 이렇게 DNS 질의에 대해 다음 네임 서버에 질의하지 않고 캐시에서 바로 응답함으로써 응답 시간을 줄이는 효율성을 제공한다. 다만 문제는 캐시에 있는 정보를 얼마 동안 유지해야 하는가이다. 오래 유지하면 다른 최신 영역 정보를 반영하기 어렵고, 빨리 삭제하면 효율성이 떨어지는 문제가 발생할 수 있다. 이 때문에 〈표 12-2〉의 리소스 레코드 필드 중 SOA 내에 TTL 필드를 사용하여 네임 서버가 얻어온 정보를 캐시에 유지할 수 있는 시간을 지정할 수 있게끔 한다.

DNS 클라이언트는 서버에게 재귀적 방식과 반복적 방식으로 질의하도록 요청할 수 있다. 또한, 그 정보를 자신의 캐시에 저장함으로써 효율성을 증가시키는 방법을 사용한다.

실습하기 정방향 조회(nslookup)

❶ 실습 방법

- 자신의 호스트에서 DNS 동작을 확인하기 위해 nslookup 명령어를 사용하며, 이 명령어는 정방향 조회 서비스를 제공한다.
- cmd 명령 창에서 다음 명령어를 입력한다.

```
c:\nslookup naver.com
```

❷ 결과 분석

- [그림 12-7]에서는 nslookup 통한 정방향 조회 결과를 볼 수 있다.
- 위임 서버는 pns2.shingu.ac.kr(210.102.151.1)임을 알 수 있다.
- naver.com에 대한 4개의 IP 주소를 응답받았음을 볼 수 있다.

```
관리자: 명령 프롬프트
Microsoft Windows [Version 10.0.17134.1184]
(c) 2018 Microsoft Corporation. All rights reserved.

C:\Users\user>nslookup naver.com
서버:    pns2.shingu.ac.kr
Address:  210.102.151.1

권한 없는 응답:
이름:    naver.com
Addresses:  210.89.164.90
          125.209.222.141
          125.209.222.142
          210.89.160.88


C:\Users\user>
```

[그림 12-7] nslookup 통한 정방향 조회

- [그림 12-7]에서 '권한 없는 응답' 은 다른 위임 서버의 응답 결과가 아니라 네임 서버(pns2.shingu.ac.kr) 안에 있는 캐시 정보로 응답한 것을 뜻한다.

(3) 캡슐화 및 메시지 형식

1) 캡슐화

DNS는 전송되는 메시지의 양에 따라 TCP 또는 UDP 프로토콜을 사용하며, 두 프로토콜 모두 서버에서 53 포트 번호를 사용한다. 메시지 양의 기준은 512바이트로, 512바이트보다 작으면 UDP를 사용하고, 크면 TCP를 사용하여 전송한다.

① **UDP 전송**
클라이언트가 네임 서버에게 질의하고, 응답하는 일반적인 DNS 동작에서 UDP를 사용한다. 이는 클라이언트가 응답 메시지의 크기를 알 수 없어 UDP를 사용하는 것이다. 만약 응답 메시지가 512바이트보다 크다면 512바이트로 쪼개어 전송한다(TC 비트 = 1). 그러면 클라이언트가 네임 서버와 TCP로 다시 연결하여 완전한 응답 메시지를 수신한다.

② **TCP로 전송**
응답 메시지가 512바이트보다 클 것이라고 확신하는 경우 TCP를 사용한다. 주로 주 서버와 보조 서버 간의 영역 전달(zone transfer)을 할 때 사용한다. 이것은 영역 전달에 전달되는 정보의 크기가 보통 512바이트보다 크기 때문이다.

2) 메시지 형식

DNS 동작 과정에서 사용하는 메시지는 질의와 응답 메시지로써, 사용하는 메시지의 형식은 **[그림 12-8]**에서 보듯이 공통적인 헤더 부분(12바이트)과 이를 포함한 질의 및 응답 메시지를 볼 수 있다. 질의 메시지는 헤더와 가변 크기인 Question 부분만으로 구성되어 있고, 응답 메시지는 헤더와 모두가 가변 크기인 Question 부분, Answer 부분, Authority 부분, Additional 부분 등으로 구성되어 있음을 볼 수 있다.
또한, 헤더 부분의 Flags(16비트) 필드에 대한 서브 필드도 보여주고 있다. **〈표 12-3〉**에서는 각 필드에 대한 설명을 보여주고 있다. 참고로, 여기서는 헤더 부분에 대한 필드 내용만 살펴보고 가변 크기인 Question, Answer, Authority, Additional 부분은 DNS 동작 실습에서 메시지를 캡처한 화면을 통해 살펴보기로 한다.

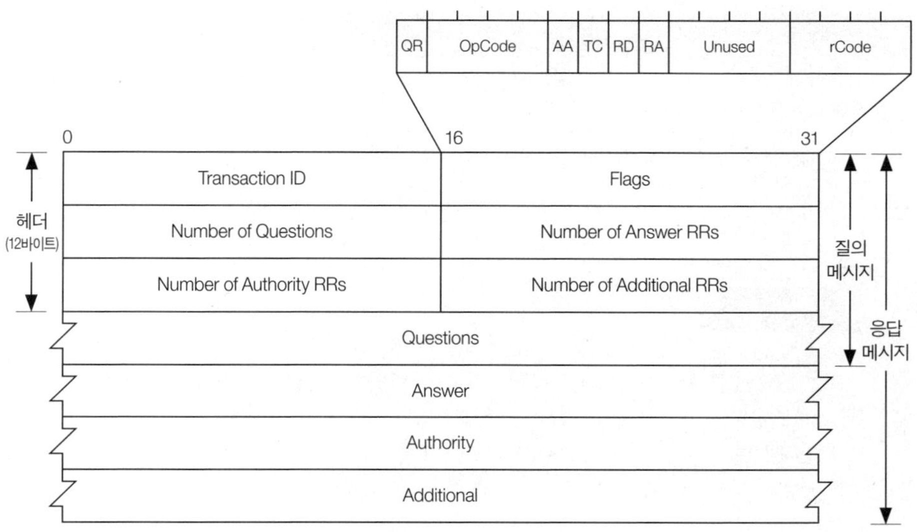

[그림 12-8] DNS 질의 / 응답 메시지 형식

〈표 12-3〉 DNS 메시지 필드 내용

종류	내용
Transaction ID	하나의 DNS 질의와 응답 메시지를 구분하기 위한 식별자 번호
Flags	• QR(Query/Response) : 메시지 종류를 구분하며 Query(0), Response(1) 사용 • OpCode : 동작 종류를 구분하기 위해 사용하며 정방향 조회(0), 역방향 조회(1), 서버 상태 요청(2)으로 구분. • AA(Authoritative Answer) : 응답 메시지에서 사용하며 캐시 정보의 응답(0)인지, 위임 서버에 의한 응답(1)인지를 알려주기 위해 사용 • TC(Truncated) : 응답 메시지가 512바이트보다 큰 경우 쪼개어 전송(1)됨을 알려주기 위해 사용 • RD(Recursion Desired) : 클라이언트가 네임 서버에게 재귀적인 방법으로 질의를 처리하도록 요구함(1). 반복적인 질의 방법으로의 처리는 0을 사용 • RA(Recursion Available) : 응답 메시지에서만 사용하며 네임 서버가 재귀적 질의 방법을 지원함(1)을 알려줌. • rCode(Response Code) : 응답 코드로 에러가 없음(0), 또는 질의 문법 에러(1), 질의 처리 불능(2), 질의에 대한 답이 없는 경우(3)로 구분.
Number of Questions	질의 메시지 내의 질의 개수를 의미하며 이에 따라 Question 부분의 크기가 결정
Number of Answer RRs	응답 메시지 내의 응답 리소스 레코드의 개수를 의미하며 이에 따라 Answer 부분의 크기가 결정

종류	내용
Number of Authority RRs	응답 메시지 내의 위임 서버 리소스 레코드의 개수를 의미하며 이에 따라 Authority 부분의 크기가 결정
Number of Additional RRs	응답 메시지 내의 추가 리소스 레코드의 개수를 의미하며 이에 따라 Additional 부분의 크기가 결정

핵심요약

DNS는 전송되는 메시지의 양에 따라 TCP 또는 UDP 프로토콜을 사용하며, 두 프로토콜 모두 서버에서 53 포트 번호를 사용한다. 메시지 양의 기준은 512바이트로, 512바이트보다 작으면 UDP를 사용하고, 크면 TCP를 사용하여 전송한다.

12.5 DNS 동작 실습

DNS 동작 실습을 통해 헤더와 각 부분(Question 부분, Answer 부분)에 저장되는 값을 분석함으로써 자세한 메시지 형식을 살펴보도록 한다.

실습하기 DNS 동작(웹 사이트 접속)

❶ 실습 방법

- DNS 동작은 일반적인 네트워크 연결 과정에서 확인할 수 있어 웹 브라우저를 통해 일반 포털 사이트(네이버, 다음 등)에 접속한다.

❷ 질의 메시지 분석

- [그림 12-9]에서는 DNS 클라이언트가 질의하는 메시지 화면을 보여주고 있다. 메시지의 헤더 부분 중 중요한 필드에 대한 설명은 〈표 12-4〉와 같다.

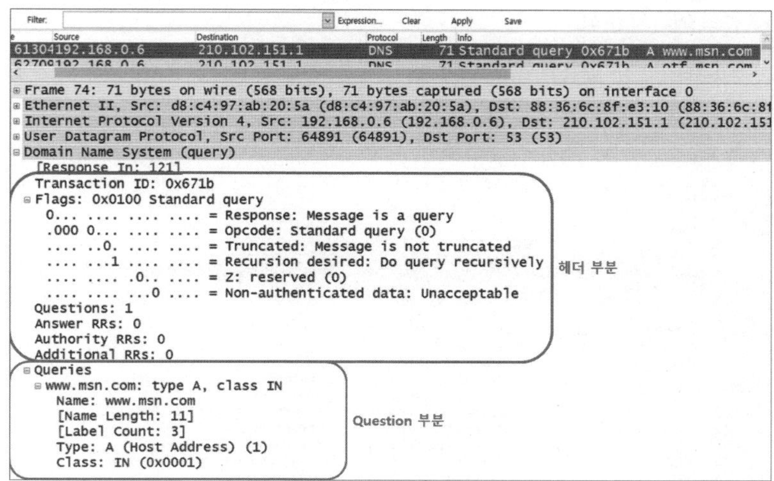

[그림12-9] DNS 질의 메시지 화면

〈표 12-4〉 질의 메시지 헤더 필드 내용

필드명	설명
Transaction ID	식별자로써 0x671b 값을 갖는다.
QR	Query(0) 메시지이다.
OpCode	Standard Query(정방향 조회) 이다.
TC	0 값으로 512바이트보다 작다는 것을 의미한다.
RD	1 값으로 재귀적 질의 방법을 사용하도록 요청한다.

- **[그림 12-9]**의 Question 부분의 메시지 값을 살펴보면 **〈표 12-5〉**와 같다

〈표 12-5〉 질의 메시지의 Question 부분 필드 내용

필드명	설명
Name	질의하고자 하는 도메인 이름을 명시한다. 여기서는 www.msn.com의 호스트 IP 주소를 질의하는 것이다.
Type	질의의 종류로 정방향 조회(A)를 요청하고 있다.
Class	DNS를 사용하는 프로토콜로, IN(1)은 인터넷을 의미한다.

❸ 응답 메시지 분석

- [그림 12-10]에서는 네임 서버의 응답 메시지 화면 중 헤더 부분과 Question 부분을 보여주고 있는데, 대부분의 값은 질의 메시지와 같은 것을 볼 수 있다.
- 응답 메시지의 헤더 부분을 <표 12-6>에서 간략히 설명하고 있다. 참고로 Question 부분은 질의 메시지와 같음을 알 수 있다.

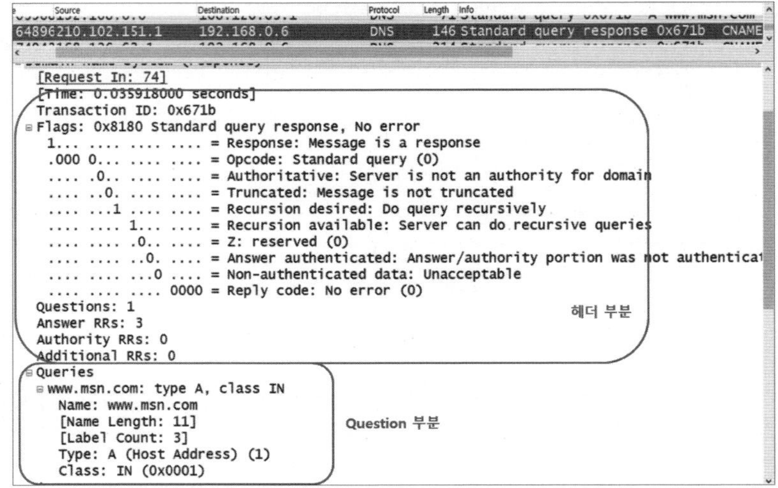

[그림12-10] DNS 응답 메시지 화면(헤더 및 Question 부분)

<표 12-6> 응답 메시지 헤더 필드 내용

필드명	설명
Transaction ID	식별자로써 0x671b 값을 갖는다.
QR	Response(1) 메시지이다.
RA	네임 서버가 재귀적 질의 방법을 사용하고 있음을 알려줌.
Questions	질의는 1개임을 알려줌
Answer RRs	응답 메시지 내의 응답 개수가 3개임을 알려줌.
Authority RRs	위임 서버 정보가 없음을 알려줌.
Additional RRs	추가적인 정보가 없음을 알려줌.

- [그림 12-11]은 1개의 질의에 대한 3개의 응답 정보를 보여주고 있다. 클라이언트의 www.msn.com에 대한 정방향 조회 요청에 대해, 첫 번째 응답 정보는 별칭(CNAME)으로 www-msn-com.a-0003.a-msedge.net 이름을 알려주고, 두 번째 응답 정보는 이에 대한 별칭으로 a-0003.a-msedge.net 이름을, 마지막 세 번째 응답 정보에서 이에 대한 정방향 조회(A)로 호스트 IP 주소가 204.79.197.203 임을 알려주고 있다.
- 이 중 점선으로 구성된 Answer 필드 내용을 살펴보면 〈표 12-7〉과 같다.

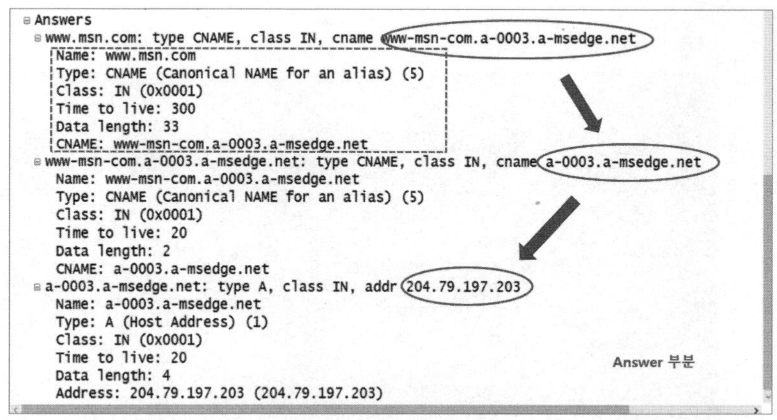

[그림12-11] DNS 응답 메시지 화면(Answer 부분)

〈표 12-7〉 응답 메시지 Answer 부분 필드 내용

필드명	설명
Name	질의하고자 하는 도메인 이름을 명시한다. 여기서는 www.msn.com에 대해 질의하는 것을 의미한다.
Type	질의의 종류로 별칭(CNAME)임을 알려준다.
Class	DNS를 사용하는 프로토콜로, IN(1)은 인터넷을 의미한다.
Time-to-Live	캐시에 저장할 수 있는 기간이 300초임을 알려준다.
Data length	응답 데이터의 길이를 의미한다.
CNAME	별칭으로 www-msn-com.a-0003.a-msedge.net을 사용하고 있음을 알려준다.

실습하기 DNS 동작(nslookup)

❶ 실습 방법

- DNS 명령어인 nslookup 통해 결과를 분석하기로 한다.
- [그림 12-12]에서는 nslookup 명령어로 naver.com의 정방향 조회 결과를 보여주고 있다. 참고로 결과로 얻어온 IP 주소 4개를 볼 수 있다.

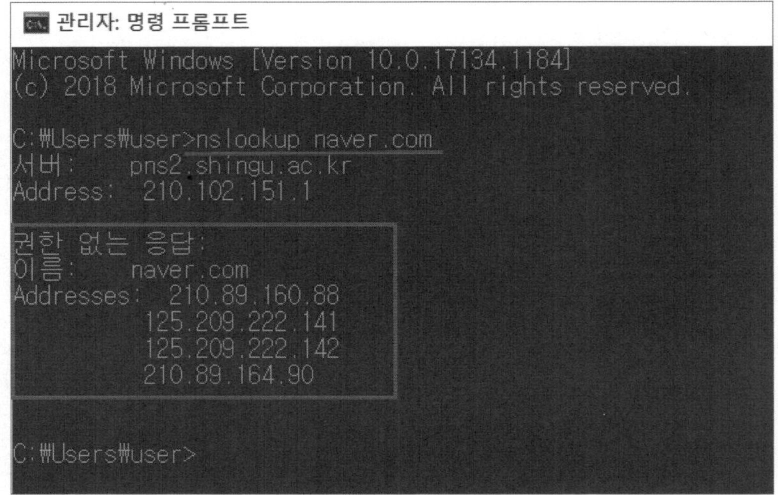

[그림12-12] nslookup 통한 정방향 조회

❷ 질의 메시지 분석

- [그림 12-13]에서 보듯이 Question 수는 1개이며, 질의 내용은 naver.com에 대한 정방향 조회(A) 요청하고 있음을 볼 수 있다.

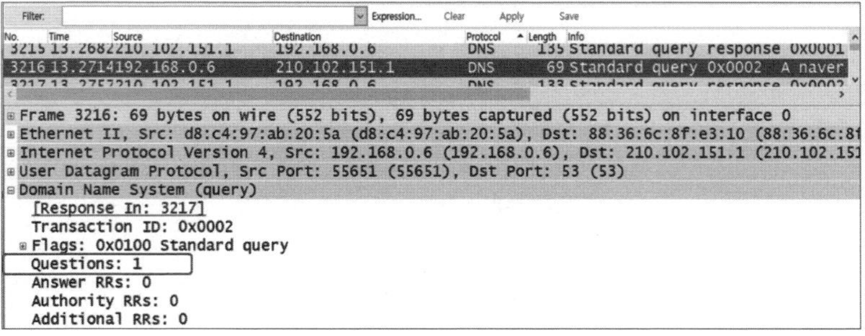

```
⊟ Queries
  ⊟ naver.com: type A, class IN
      Name: naver.com
      [Name Length: 9]
      [Label Count: 2]
      Type: A (Host Address) (1)
      Class: IN (0x0001)
```

[그림12-13] naver.com 정방향 조회 질의 메시지 화면

❸ 질의 메시지 분석

- [그림 12-14]의 응답 메시지 결과를 보면 4개의 IP 주소를 응답한 것을 볼 수 있으며, 이는 [그림 12-12]의 결과와 같음을 알 수 있다.

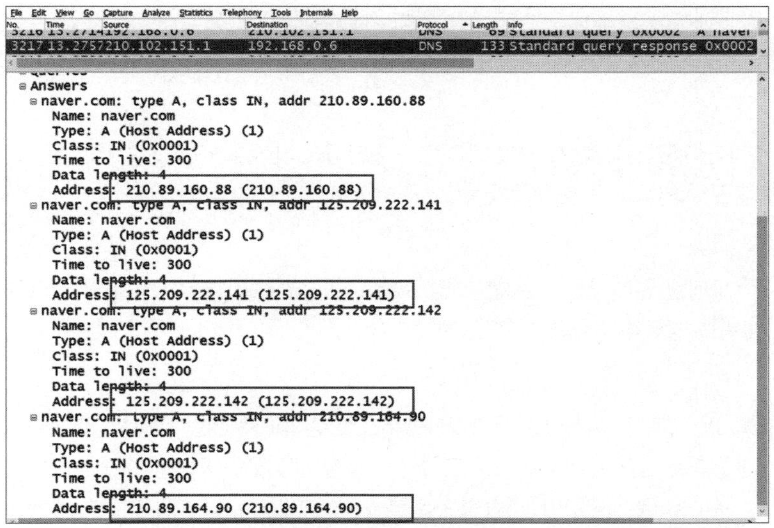

[그림12-14] naver.com 정방향 조회 응답 메시지 화면

요약정리 SUMMARY

01 DNS는 호스트 이름과 매칭되는 IP 주소 정보를 자신과 가장 가까운 서버에게 질의 방식 통해 얻어오는 프로토콜이다.

02 DNS에서는 호스트 이름에 해당하는 IP 주소를 얻어오기 위해, 응용 프로그램은 또 다른 응용 프로그램인 해석기(resolver)라고 하는 DNS 클라이언트를 통해 DNS 서버에게 질의를 보내 원하는 정보를 얻게 된다.

03 DNS에서는 호스트를 식별하기 위해 계층적 구조인 도메인 네임 공간(Domain Name Space) 개념을 사용하여 구성 및 관리하고 있다.

04 도메인 네임 공간에서 서브 트리를 도메인이라 하며, 그 도메인의 이름은 그 서브 트리의 맨 위의 노드 이름으로 정한다.

05 각 도메인 안에 있는 서버를 네임 서버(Name Server)라 하며, 이 네임 서버가 관리하는 범위를 영역(zone)이라고 한다.

06 DNS는 도메인 이름으로 호스트 IP 주소로 얻어오기 위한 정방향 조회(Forward Query)와 반대로 호스트 IP 주소로 도메인 이름을 얻어오는 역방향 조회(Reverse Query 또는 PTR Query)를 지원하며, 역방향 조회를 위해 역방향(특수) 도메인을 사용한다.

07 각 네임 서버에는 위에서 설명한 내용(위임 서버, 정방향 조회, 역방향 조회 등)과 추가 사항 등의 내용을 리소스 레코드(Resource Record : RRs) 형식으로 관리 · 유지하고 있다.

08 DNS 클라이언트는 서버에게 재귀적 방식과 반복적 방식으로 질의하도록 요청할 수 있다. 또한, 그 정보를 자신의 캐시에 저장함으로써 효율성을 증가시키는 방법을 사용한다.

09 DNS는 전송되는 메시지의 양에 따라 TCP 또는 UDP 프로토콜을 사용하며, 두 프로토콜 모두 서버에서 53 포트 번호를 사용한다. 메시지 양의 기준은 512바이트로, 512바이트보다 작으면 UDP를 사용하고, 크면 TCP를 사용하여 전송한다.

연습문제 EXERCISE

01 DNS에 대한 설명으로 옳지 않은 것은?

① 도메인 이름에 매칭되는 IP 주소를 제공한다.
② 계층적 구조를 갖는 도메인 네임 공간을 갖고 있다.
③ 분산형 데이터베이스를 통해 클라이언트에게 응답한다.
④ 호스트들의 도메인 이름은 중복 설정이 가능하다.

02 DNS의 리소스 레코드 중 실제 도메인 이름과 연결되는 별칭 이름의 레코드 형식은?

① CNAME ② MX
③ A ④ PTR

03 DNS에서 제공하는 서비스 중 도메인 이름을 IP 주소로 변환해 주는 서비스는 무엇인가?

① 정방향 조회 ② 역방향 조회
③ 양방향 조회 ④ 영역 전달

04 DNS의 리소스 레코드 중 역방향 조회를 위한 레코드 형식은?

① A ② CNAME
③ PTR ④ MX

05 DNS의 리소스 레코드에 대한 설명으로 옳지 않은 것은?

① A : 도메인 이름에 해당되는 IP 주소를 제공한다.
② NS : 위임 서버 주소를 지정하는데 사용한다.
③ AAAA : 영역의 권한을 지정하는데 사용한다.
④ MX : 메일 서버를 지정하는데 사용한다.

연습문제 EXERCISE

06 다음 중 DNS 리소스 레코드 중 SOA 설정에 설명으로 옳지 않은 것은?

① 일련번호 : 보조 서버와의 동기화를 유지하기 위한 값
② 책임자 : 책임자의 이메일 주소 정보
③ refresh : 주 서버의 영역 정보 수정 주기
④ TTL : 영역 정보를 보조 서버에 저장할 수 있는 최대 시간

07 DNS의 리소스 레코드 SOA 필드 중 TTL 설명으로 올바른 것은?

① 영역 정보가 주서버로부터 나오기 전에 현재 남은 시간이다.
② 영역 정보가 DNS서버 캐시에 보관할 수 있는 최대 시간
③ DNS 요청 데이터가 DNS서버 존으로부터 나오기 전에 현재 남은 시간이다.
④ DNS 요청 데이터가 DNS서버 캐시에 보관할 수 있는 최대 시간

08 다음 중 도메인 네임과 관련된 내용으로 맞지 않은 것은?

① 루트 이름은 널 문자를 사용한다.
② 다른 도메인 네임 이름은 128개 문자까지 사용할 수 있다.
③ 각 호스트의 도메인 이름은 유일하게 식별할 수 있어야 한다.
④ 일반적으로 도메인 네임을 명명할 때 PQDN 방식을 선호한다.

09 다음 중 최상위 도메인 이름과 설명으로 맞지 않은 것은?

① com : 비영리 목적 회사나 기관을 의미
② edu : 교육기관을 의미
③ gov : 정부기관을 의미
④ net : 네트워크 회사를 의미

연습문제 EXERCISE

10 DNS 클라이언트가 DNS 서버에 질의를 보내 정방향 조회를 할 수 있는 명령어를 쓰시오.

11 DNS 상의 주서버에서 관리하는 영역 정보를 보조 서버에 유지하기 위해 정보 전달하는 것을 무엇이라 하는가?

12 DNS 전송은 TCP와 UDP를 모두 사용할 수 있는데, 사용하는 기준은 무엇인가?

13 DNS 클라이언트가 DNS 서버에게 질의하는 방법으로는 (   )방식과 (   ) 방식 사용하고 있다.

14 임의의 도메인 이름을 사용하여 nslookup 명령어를 사용해 보고, 이에 대한 결과를 [그림 12-12] ~ [그림12-14]까지 결과와 같은 화면을 캡처해 보자.

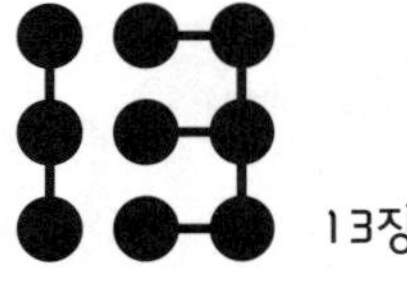

13장

원격접속 프로토콜(Telnet, SSH)

사용자들이 주로 UNIX/Linux 서버 시스템에서 원격접속을 할 수 있도록 도와주는 Telnet 프로토콜에 대해 학습한다. 또한, 보안 측면에서 안전한 원격접속을 제공해 주는 SSH 프로토콜에 대해 학습한다.

- Telnet 개념과 동작 과정을 이해할 수 있다.
- SSH 개념 및 주요 기능에 대해 이해할 수 있다.

13.1 Telnet

(1) 개요

Telnet은 원격지에 있는 컴퓨터에 로그인하여 직접 제어하기 위한 네트워크 가상 터미널(NVT : Network Virtual Terminal) 서비스를 제공하는 프로토콜이다. 여기서 터미널이란 주로 키보드, 마우스, 모니터와 같은 표준입출력 장치를 의미한다. Telnet은 대부분 UNIX/Linux 운영체제를 사용하는 서버에 접속하기 위해서 설계되었으며, 사용자가 키보드를 통해 입력한 모든 명령은 서버로 전송되어 처리되기 때문에 사용자에게 마치 서버에 있는 것과 같은 투명한(transparent) 환경을 제공한다. 이러한 Telnet은 클라이언트-서버 프로그램으로 동작하며, TCP 23번 포트를 사용하여 데이터를 전송한다. Telnet은 다음과 같은 특징을 제공한다.

❶ 네트워크 가상 터미널

Telnet 클라이언트와 서버 간의 통신을 위한 표준 인터페이스를 제공함으로써 각 터미널의 다양한 특징을 표준 기준에 따른 데이터로 변환하여 전송하는 방법을 제공한다.

❷ 옵션 협상을 위한 메커니즘

Telnet 클라이언트와 서버 간의 옵션 협상을 통해 사용자들이 이용할 수 있는 추가적인 기능을 제공하는 여러 가지 메커니즘을 제공하고 있다.

❸ Out-of-band 신호

Telnet은 기본적으로 데이터와 제어 문자를 같이 전송하는 In-band 신호를 사용한다. 하지만 긴급한 상황(서버에서 동작하는 응용 프로그램이 중지되어 어떠한 데이터 전송도 불가능할 때)이 발생하였을 때 TCP의 긴급 데이터를 사용하여 서버측의 응용 프로그램을 제어하는 Out-of-band 신호 방식도 사용한다.

Telnet은 원격지에 있는 컴퓨터에 로그인하여 직접 제어하기 위한 네트워크 가상 터미널(NVT) 서비스를 제공하는 프로토콜로, TCP 23번 포트를 사용하여 데이터를 전송하는 방식을 사용한다.

(2) 네트워크 가상 터미널

Telnet은 클라이언트와 서버 간의 서로 다른 운영체제를 사용함으로써 생기는 단말들의 특성과 데이터/제어 코드의 불일치를 해결하기 위해 네트워크 가상 터미널 방식을 사용한다. 이 방식은 **[그림 13-1]**에서처럼 클라이언트에서 각 터미널 특성(예로, 윈도우 환경)에 맞는 코드를 NVT 문자 규격으로 변환하여 전송하고, 서버에서는 NVT 문자를 자신의 터미널 특성(예로, Linux 환경)에 맞게 변환함으로써 터미널 특성에 투명하게 동작할 수 있게 해준다. 또한, 클라이언트는 터미널 드라이버(Terminal Driver)를 통해 사용자 입력을 Telnet 클라이언트에게 전송하고, 서버에는 가상 터미널 드라이버(Pseudo Terminal Driver)를 통해 응용 프로그램으로 전달되는 것을 볼 수 있다. 이것은 Telnet이 운영체제가 송수신한 문자에 대해 처리하지 않고 터미널 드라이버가 처리하게끔 설계되었기 때문이다.

[그림 13-1]에서 보는 바와 같이 클라이언트의 운영체제가 명령 프롬프트 상에서 end-of-file을 의미하는 'Ctrl+z' 를 입력하면 NVT 문자인 'EOF' 제어 문자로 변환하여 서버

로 전송되고, UNIX를 사용하는 서버에서는 'Ctrl+d' 로 변환하여 처리하는 것이다.

❶ NVT 데이터 문자

8비트 문자를 사용하며 최상위 비트를 '0', 나머지 7개 비트를 ASCII 코드 그대로 사용하는 방식이다.

❷ NVT 제어 문자

최상위 비트가 '1'로 시작하는 8비트 문자를 사용한다. <표 13-1>에서는 NVT 제어 문자와 그 기능에 대해서 보여주고 있다.

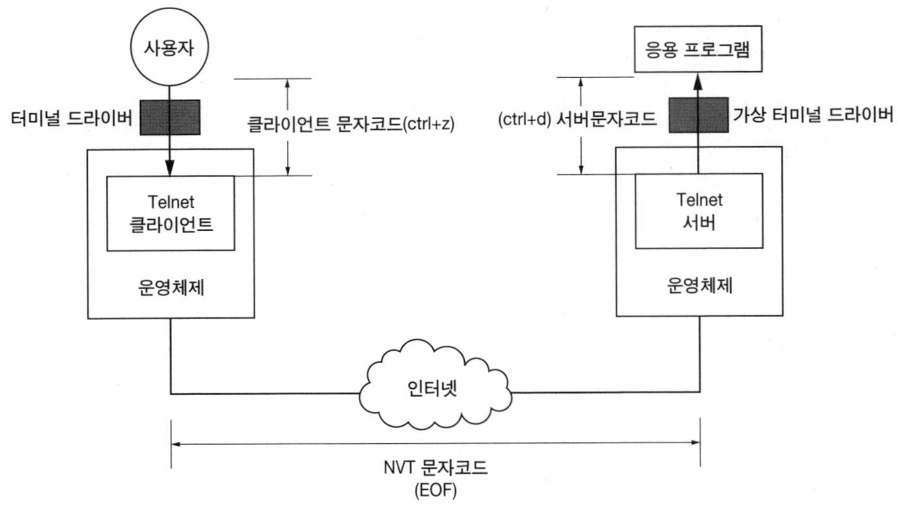

[그림 13-1] 네트워크 가상 터미널 동작 개념

<표 13-1> NVT 제어 문자

제어 문자	비트	기능
EOF	11101100	End of file
NOP	11110001	No Operation
DM	11110010	Data mark
IP	11110100	Interrupt Process
EC	11110111	Erase Character

제어 문자	비트	기능
EL	11111000	Erase Line
WILL	11111011	Agreement to enable option
WONT	11111100	Refusal to enable option
DO	11111101	Approval to option request
DONT	11111110	Denial of option request
IAC	11111111	Interpret the next character as control

클라이언트에서 각 터미널 특성에 맞는 코드를 NVT 문자 규격으로 변환하여 전송하고, 서버에서는 NVT 문자를 자신의 터미널 특성에 맞게 변환함으로써 터미널 특성에 투명하게 동작하게 해준다.

(3) 옵션 협상

네트워크 가상 터미널들은 간단하면서 최소한의 기능만을 제공한다. 따라서 Telnet 클라이언트와 서버 간에 추가적인 기능을 제공하기 위해서는 옵션에 대한 협상이 필요하다. 〈표 13-2〉는 추가적인 기능을 제공하기 위해서 사용하는 옵션들을 보여주고 있다.

〈표 13-1〉 추가적인 옵션

코드	옵션	기능
0	Binary	수신자가 2진 데이터를 해석하도록 한다.
1	Echo	서버는 클라이언트에서 수신한 데이터를 에코한다.
5	Status	서버에서 사용 가능한 옵션들의 종류를 알아온다.
6	Timing mark	이전에 수신한 모든 데이터가 처리되었음을 알린다.
24	Terminal Type	클라이언트의 터미널 종류를 전송한다.
32	Terminal Speed	클라이언트의 터미널 속도를 전송한다.

또한, 〈표 13-1〉의 제어 문자 중 4개의 제어 문자(WILL, WONT, DO, DONT)가 옵션을 협상하기 위해 사용하고 있다.

❶ **옵션 활성화 제안**(Offer)

송신측이 자신의 옵션에 대한 활성화 의지(WILL)를 보여주면, 수신측에서는 승낙(DO)하거나 거절(DONT)하는 과정이다. 즉, 송신측에서 "내가 옵션을 활성해도 되나요?"라고 질문하면, 수신측에서 "활성화 하세요" 또는 "활성화하지 마세요"라고 응답하는 것과 같다. 이에 대한 동작 과정을 **[그림 13-2]** (a)에서 보여주고 있다.

❷ **옵션 활성화 요청**(Request)

송신측에서 수신측의 옵션을 활성화하도록 요청(DO)하면, 수신측에서는 승낙(WILL)하거나 거절(WONT)하는 과정이다. 즉, 송신측에서 "옵션을 활성화 해주세요."라고 요청하는 것과 같다. 이에 대한 동작 과정을 **[그림 13-2]** (b)에서 보여주고 있다.

❸ **옵션 해제 제안**

한쪽에서 옵션 해제(WONT)를 제안할 수 있다. 이때 상대방은 이 제안을 반드시 승낙(DONT)해야 한다. 즉, "더는 옵션을 사용하지 않는다" 하면 "더는 사용하지 말자"라고 응답하는 것이다. 이에 대한 동작 과정을 **[그림 13-2]** (c)에서 보여주고 있다.

❹ **옵션 해제 요청**

한쪽에서 옵션 해제를 요청(DONT)할 수 있다. 이때 상대방은 반드시 승낙(WONT)해야 한다. 즉, "옵션을 사용하지 말아 주세요"하면 "더는 사용하지 않는다"라고 응답하는 것이다. 이에 대한 동작 과정을 **[그림 13-2]** (d)에서 보여주고 있다.

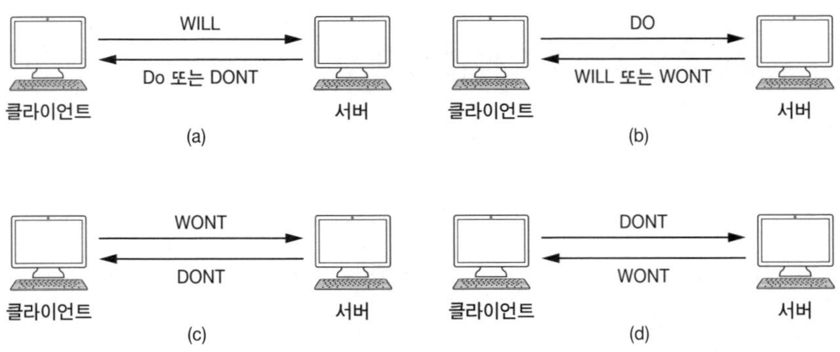

[그림 13-2] 옵션 협상 과정

네트워크 가상 터미널들은 간단하면서 최소한의 기능만을 제공하기 때문에 클라이언트와 서버 간에 추가적인 기능을 제공하기 위해서는 옵션에 대한 협상이 사용된다.

(4) Out-of-band 신호

앞서 설명했듯이 Telnet은 TCP 23번 포트를 사용하여 데이터를 전송한다. 이때 전송하고자 하는 제어문자들도 데이터 안에 포함되어 전송하는 **In-band 신호** 방식을 사용한다. 하지만 특별한 상황에서 제어 문자를 전송하기 위해서는 별도의 데이터를 생성하여 전송해야 할 필요가 있다. 여기서 특별한 상황이란, TCP 긴급 데이터에서 설명했듯이 서버에서 동작하는 응용 프로그램이 무한 루프에 빠져서 더는 입력을 받아들이지 못하는 경우, 이를 강제로 종료할 필요가 생길 때이다. 이는 정상적인 데이터 전송은 불가능하지만 긴급한 상황에 대처하기 위한 제어 문자는 전송되어야 하기 때문이다. 이때 사용하는 방법이 **Out-of-band 신호** 방식을 사용하는 것이다.

❶ In-band 신호 방식

데이터 안에 같이 전송되는 제어 문자를 구별하기 위해서 **〈표 13-1〉**의 NVT 제어 문자인 'IAC' 문자(구분자)를 제어 문자 앞에 사용한다. 예를 들어 클라이언트에서 아래의 좌측과 같이 입력하였다고 하자. 이때 수정을 위해 백스페이스를 사용하여 우측과 같이 수정하여 전송하였다고 가정해 보자.

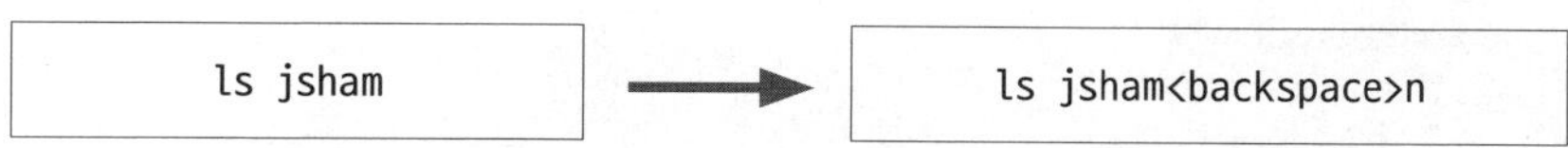

이러한 수정은 서버에서 수행되기 때문에 NVT 제어 문자를 전송하여 수행해야 한다. 따라서 일반 데이터(ls jsham)와 함께 백스페이스에 해당하는 제어 문자(EC)를 같이 전송해야 하며, 일반 데이터와 제어 문자를 구분하기 위해서 'IAC' 제어 문자를 같이 전송하는 것이다. 이에 대한 동작을 **[그림 13-3]**에서 보여주고 있다.

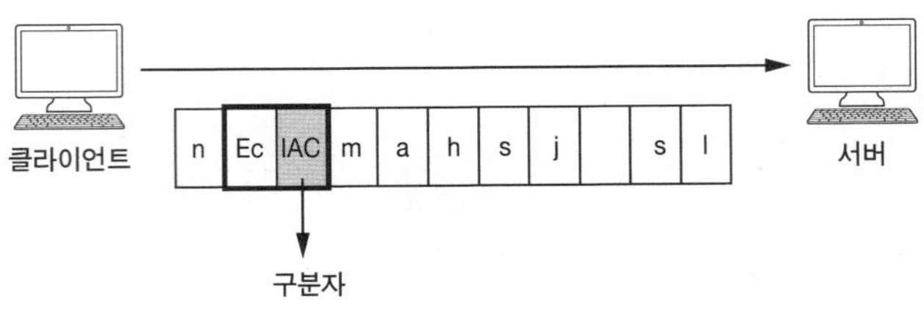

[그림 13-3] In-band 신호 방식

❷ Out-of-band 신호 방식

클라이언트나 서버가 특수한 상황에서 제어 문자를 전송하기 위해서는 DM(Data Mark) 제어 문자를 데이터와 함께 전송한다. 이때 긴급 문자를 전송하는 것을 알리기 위해 TCP 세그먼트의 URG 비트를 '1'로 설정하고, 긴급 포인터가 DM 문자를 가리키도록 해야 한다. 이렇게 되면, TCP 세그먼트 안에 있는 일반 데이터는 무시하고 제어 문자를 운영체제가 처리하도록 하는 방식을 사용한다. **[그림 13-4]**에서 보면 일반 데이터 부분은 무시하고, IP(Interrupt Process) 제어 문자가 운영체제로 전달되어 응용 프로그램을 강제 종료하게 되는 것이다.

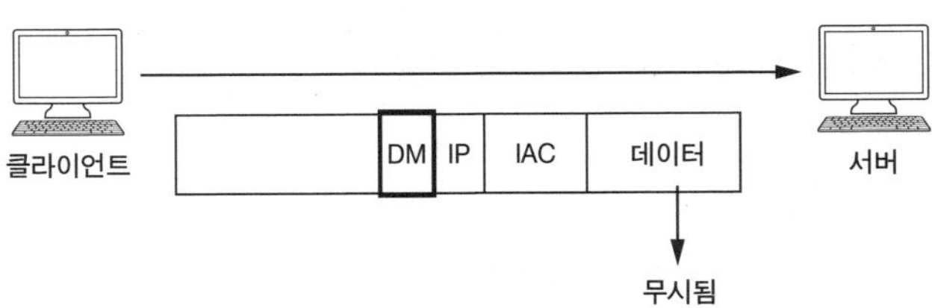

[그림 13-4] Out-of-band 신호 방식

Telnet은 정상적인 데이터 전송은 불가능하지만 긴급한 상황에 대처하기 위한 제어 문자는 Out-of-band 신호 방식으로 전송한다.

미니강의 **Telnet 명령어**

Telnet은 일반 사용자에게 다양한 명령어를 제공하며, 그중에서 Telnet 연결 및 종료에 관련된 명령어 중심으로 〈표 13-3〉에서 보여주고 있다.

〈표 13-3〉 Telnet 명령어

명령어	기능	명령어	기능
open	서버에 연결할 때 사용	quit	Telnet을 종료할 때 사용
close	연결을 종료할 때 사용	send	특별한 문자를 전송할 때 사용

13.2 SSH

(1) 개요

Telnet을 사용하는 경우 사용자 접속을 위한 로그인 과정에 입력하는 아이디와 비밀번호는 암호화되지 않은 평문(plain text) 형태로 전송하게 되며, 이후 모든 데이터 역시 암호화가 되지 않은 상태로 전송되어 보안에 매우 취약하다. 이 문제를 해결하기 위해 SSH(Secure Shell)는 암호화된 원격 로그인 방식을 제공하는 프로토콜로, 모든 내용이 암호화되어 전송되기 때문에 안전한 전송방식을 제공한다. 이런 이유로 현재에는 보안에 취약점을 가지고 있는 원격접속 프로토콜인 rlogin, rsh, Telnet 등을 대체하고 있다.

SSH는 안전한 원격접속 및 통신을 위해서 터널링 기법을 사용하며, 이와 함께 포트 포워딩(Port Forwarding) 기술을 통해 보안 서비스를 제공하지 않는 응용 프로그램의 접속을 대신 수행해줌으로써 안전한 서비스를 제공하기도 한다.

SSH는 안전한 원격접속 및 통신을 위해서 터널링 기법을 사용하며, 이와 함께 포트 포워딩(Port Forwarding) 기술을 제공한다.

(2) SSH 터널링

SSH는 기본적으로 TCP 22번 포트를 사용하여 데이터를 전송한다. TCP 자체는 보안 서비스를 제공하지 않기 때문에 추가적인 보안 기능을 사용하는 터널링 기법을 이용한다. 다시 말해, SSH는 클라이언트-서버 간에 터널링 기법을 사용하고 암호화, 인증을 추가함으로써 상호 간의 안전한 전송을 보장한다. **[그림 13-5]**에서는 터널링 기법을 통한 SSH 연결을 보여주고 있다. SSH 터널링 특징으로는 다음과 같다.

❶ 상호 간의 인증 서비스 제공
❷ 전송되는 데이터의 암호화를 통한 데이터 기밀성
❸ 교환되는 메시지의 무결성

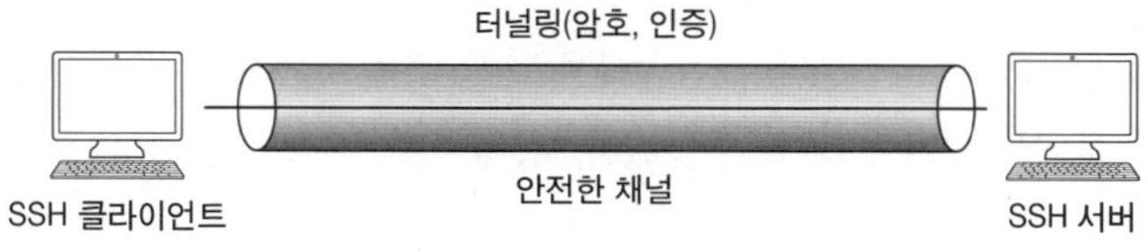

[그림 13-5] SSH 터널링 기법

SSH는 클라이언트-서버 간에 터널링 기법과 암호화, 인증을 추가함으로써 상호 간의 안전한 전송을 보장한다.

(3) 포트 포워딩

SSH에서는 단순한 원격접속 프로토콜 용도 외에 추가적인 기능으로, 포트 포워딩 기능을 제공한다. 이 기능은 보안 기능이 없어 안전한 서비스를 제공하지 못하는 응용 프로그램(HTTP, SMTP, Telnet 등)을 대신해 안전한 연결을 제공해 주는 것이다. 따라서, 이후 응용 프로그램을 통해 송수신되는 데이터는 모두 안전하게 전송되는 것이다. 결과적으로 이때 사용하는 SSH 클라이언트와 서버는 프락시(proxy) 기능을 수행하는 것이다. 이에 대한 간단한 동작 개념은 **[그림 13-6]**에서 보여주고 있다.

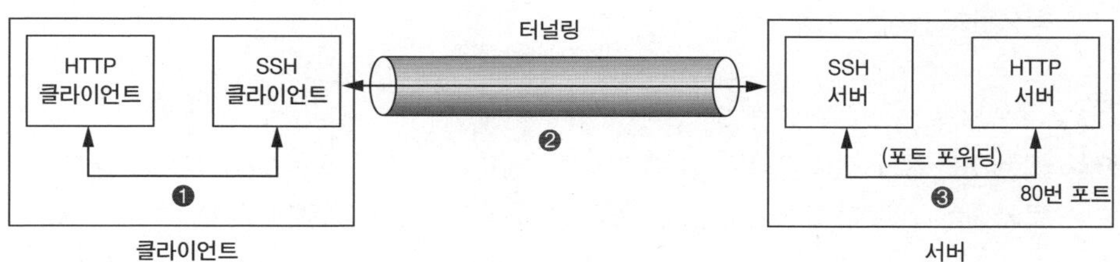

[그림 13-6] SSH 포트 포워딩 동작 개념

❶ HTTP 클라이언트는 SSH 클라이언트를 사용하는 연결을 수행한다.

❷ SSH 클라이언트는 터널링 기법으로 SSH 서버(22번 포트)와 연결을 수행한다.

❸ SSH 포트 포워딩 기법을 사용하여 HTTP 서버(80번 포트)로 데이터를 전송한다.

이 방식을 사용하여 HTTP 서버에 바로 연결하지 않고 SSH 터널링 연결을 통해 데이터를 안전하게 전송한다.

SSH 포트 포워딩(Port Forwarding) 기능을 통해 보안 기능이 없어 안전한 서비스를 제공하지 못하는 응용 프로그램(HTTP, SMTP, Telnet 등)을 대신해 안전한 연결을 제공한다.

요약정리 SUMMARY

01 Telnet은 원격지에 있는 컴퓨터에 로그인하여 직접 제어하기 위한 네트워크 가상 터미널(NVT) 서비스를 제공하는 프로토콜로, TCP 23번 포트를 사용하여 데이터를 전송하는 방식을 사용한다.

02 클라이언트에서 각 터미널 특성에 맞는 코드를 NVT 문자 규격으로 변환한 후 전송하고, 서버에서는 NVT 문자를 자신의 터미널 특성에 맞게 변환함으로써 터미널 특성에 투명하게 동작하게 해준다.

03 네트워크 가상 터미널들은 간단하면서 최소한의 기능만을 제공하기 때문에 클라이언트와 서버 간에 추가적인 기능을 제공하기 위해서는 옵션에 대한 협상이 사용된다.

04 Telnet은 정상적인 데이터 전송은 불가능하지만 긴급한 상황에 대처하기 위한 제어 문자는 Out-of-band 신호 방식으로 전송한다.

05 SSH는 안전한 원격접속 및 통신을 위해서 터널링 기법을 사용하며, 이와 함께 포트 포워딩(Port Forwarding) 기술을 제공한다.

06 SSH는 클라이언트-서버 간에 터널링 기법과 암호화, 인증을 추가함으로써 상호 간의 안전한 전송을 보장한다.

07 SSH 포트 포워딩(Port Forwarding) 기능을 통해 보안 기능이 없어 안전한 서비스를 제공하지 못하는 응용 프로그램(HTTP, SMTP, Telnet 등)을 대신해 안전한 연결을 제공한다.

연습문제 EXERCISE

01 SSH에 대한 설명으로 맞지 않은 것은?

① TCP 23번 포트를 사용하여 서비스한다.
② 전송되는 데이터가 암호화되어 전송된다.
③ Secure Shell이다.
④ 터널링 기법을 사용하여 안전한 접속을 제공한다.

02 다음 중 Telent 서비스에 대한 설명으로 맞지 않은 것은?

① 원격지 컴퓨터에 로그인하는 서비스이다.
② 많은 옵션으로 사용자에게 여러 가지 메커니즘을 제공한다.
③ 클라이언트-서버 서비스 제공한다.
④ 각 시스템의 특성을 그대로 사용하여 데이터를 전송한다.

03 다음 중 Telnet에서 각 시스템 간의 통신을 위한 표준 인터페이스로 데이터를 변환하는 방법을 무엇이라 하는가?

① ASN.1　　② NVT
③ JPEG　　④ MIME

04 다음 중 Telnet에서 In-band 신호 방식에서 제어 문자를 전송하기 위해 제어 문자 앞에 사용하는 제어 문자는?

① EOF　　② IP
③ IAC　　④ EC

05 SSH가 사용하는 TCP 포트 번호는?

① 20　　② 21
③ 22　　④ 23

연습문제 EXERCISE

06 SSH에서 보안 기능이 없어 안전한 서비스를 제공하지 못하는 응용 프로그램을 위해 대신 안전한 연결을 제공해 주는 기능을 무엇이라 하는가?

07 다음 중 SSH 터널링 기술이 제공하는 기능이 아닌 것은?

① 상호 간 인증 서비스 제공
② 상호 시스템에 대한 침입 방지 기능
③ 데이터 암호화를 통한 기밀성
④ 데이터의 무결성

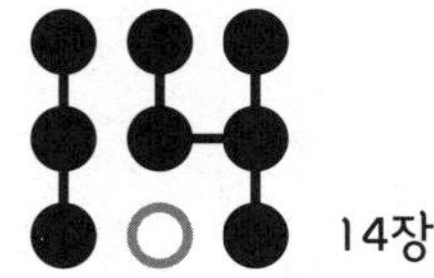

14장

파일전송 프로토콜(FTP, TFTP)

이기종 시스템 간 다수의 파일을 전송하기 위해 사용하는 FTP 프로토콜과 더불어 간단하고 작은 파일을 쉽게 전송하기 위한 TFTP 프로토콜에 대해서 학습하기로 한다.

- FTP 개념과 동작 과정에 대해 이해할 수 있다.
- TFTP 개념과 동작 과정에 대해 이해할 수 있다.

14.1 FTP

(1) 개요

FTP(File Transfer Protocol)는 이기종 시스템 간 파일 전송을 위해 사용하는 프로토콜이다. 일반적으로 시스템마다 파일 이름에 대한 규칙과 저장 방법 및 구조 등이 달라 이기종 간 파일 접근 방법이 어렵다. 이에 FTP는 표준 파일 접근 및 관리 방법을 제공함으로써 쉽게 이기종 간 파일을 전송할 수 있다.

특이한 점으로 FTP는 다른 클라이언트-서버 응용 프로그램과는 달리 파일 전송을 위해 두 개의 TCP 연결을 사용한다는 점이다. 하나는 데이터 전송을 위한 TCP 연결(20번 포트)이고, 또 다른 하나는 명령과 응답과 같은 제어정보를 전송하기 위한 TCP 연결(21번 포트)이 그것이다. **[그림 14-1]**에서 기본적인 FTP 동작을 간략하게 보여주고 있다.

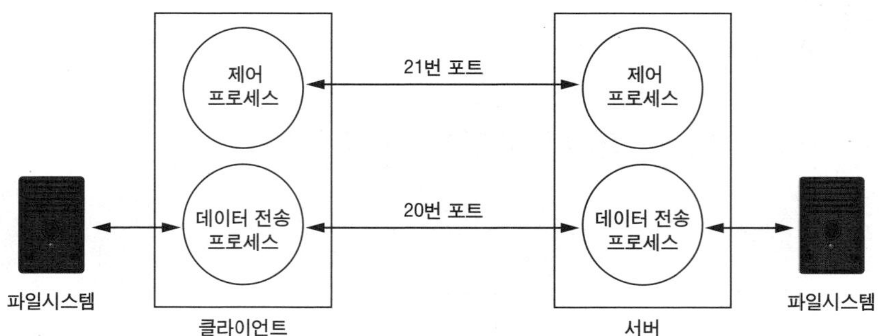

[그림 14-1] FTP 동작 개념

❶ 제어 프로세스

클라이언트 제어 프로세스와 서버 제어 프로세스 간의 제어 연결은 21번 포트 번호를 사용하여 TCP 연결을 수행한다. 이 제어 연결은 데이터 전송이 완료될 때까지 설정된 상태로 계속 유지되는 특징이 있다.

❷ 데이터 전송 프로세스

제어 연결 완료 후 20번 포트를 사용하여 데이터 연결을 수행한다. 이 데이터 연결은 하나의 파일 전송이 완료되면 바로 종료된다. 따라서 여러 개의 파일을 전송하고자 하는 경우 파일 수만큼 연결이 설정되고 종료되는 과정이 반복하게 된다.

FTP는 이기종 시스템 간 파일 전송을 위해 사용하는 프로토콜로써, 데이터 전송을 위해 TCP 20번 포트를 사용하고, 명령과 응답과 같은 제어 정보는 TCP 21 포트를 사용하여 전송한다.

(2) FTP 연결

앞서 설명했듯이 FTP 연결은 제어 연결과 데이터 연결로 두 개의 연결을 사용하고 있다. 결론적으로 두 개의 연결설정 과정이 서로 다르다.

1) 제어 연결

일반적인 응용 서비스들과 같은 방식의 연결 과정을 사용한다. 이런 제어 연결은 FTP 데이터 전송이 완료될 때까지 유지된다. **[그림 14-2]**에서 제어 연결을 생성하는 방법을 보여주고 있다.

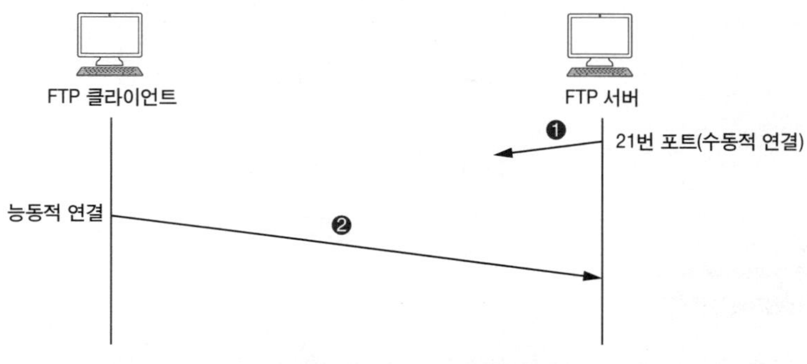

[그림 14-2] 제어 연결 생성과정

❶ 서버는 21번 포트를 열어 클라이언트의 요청을 기다린다. 이를 수동적 연결 또는 passive open이라고 한다.

❷ 클라이언트는 임시 포트를 사용하여 서버와 연결을 시도한다. 이를 능동적 연결 또는 active open이라고 한다.

2) 데이터 연결

FTP에서 데이터를 전송하기 위해 연결을 설정하는 방법은 제어 연결 방법과 약간 다르다. 먼저 20번 포트 번호를 사용하고, 하나의 파일 전송이 시작될 때마다 새로운 연결이 설정되고 종료되는 과정을 반복한다. **[그림 14-3]**에서 데이터 전송을 위한 연결설정 과정을 보여주고 있다.

❶ 라이언트가 임시 포트를 사용하여 수동적 연결을 시도한다. 즉, 클라이언트가 먼저 연결설정 과정을 시작한다는 것이다.

❷ 클라이언트는 제어 연결을 통해 임시 포트 번호를 서버에 전송한다.

❸ 서버는 20번 포트와 전송받은 임시 포트와 능동적 연결을 시도한다.

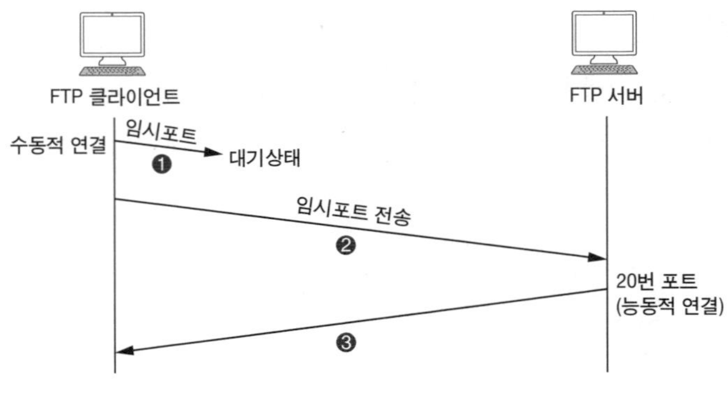

[그림 14-3] 데이터 연결 생성과정

제어 연결은 FTP 데이터 전송이 완료될 때까지 유지되는 반면, 데이터 전송은 하나의 파일 전송이 시작될 때마다 새로운 연결이 설정되고 종료되는 과정을 반복한다.

(3) FTP 데이터 전송

FTP에서 전송되는 데이터의 종류는 두 가지이다. 제어 데이터 그리고 파일 데이터이다. 따라서 각각의 데이터를 전송하는 방법에 차이가 있다.

1) 제어 데이터 전송

먼저 제어 데이터는 앞서 살펴본 Telnet 전송방식과 동일하다. 즉, NVT 문자 코드를 사용하여 전송하는 것이다. 이는 제어 데이터가 요청과 응답이라는 짧은 데이터로 구성되어 있어 별다른 구조를 걱정할 필요가 없기 때문이다. 이에 대한 과정을 **[그림 14-4]**에서 보여주고 있다.

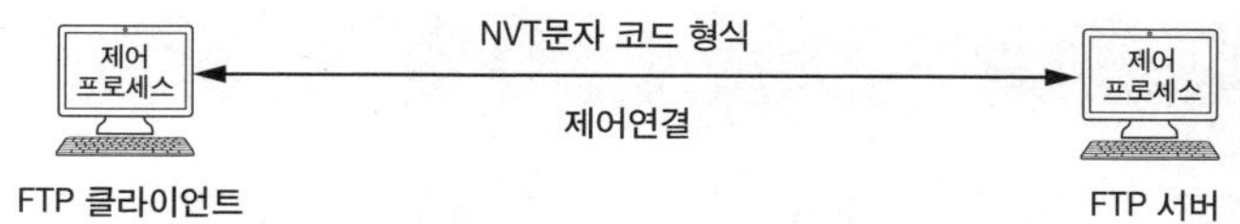

[그림 14-4] 제어 데이터 전송 방식

2) 파일 데이터 전송

전송하려는 파일 데이터는 파일 특성상 여러 가지 고려해야 할 사항이 있어 단순한 명령어로 되어있는 제어 데이터 전송 방법과는 다르다. 고려해야 할 사항은 파일의 종류 및 구조 등에 대해서 옵션을 통해 미리 상호 간에 합의가 되어야 한다. 〈표 14-1〉에서는 파일 데이터 전송 시 사용할 수 있는 옵션에 대해 설명하고 있다.

〈표 14-1〉 FTP 파일 데이터 옵션

구분	항목	기능
데이터 종류	ASCII 파일	텍스트 파일을 전송하는 기본 형식이다. 각 글자는 NVT ASCII 형식으로 전송한다.
	EBCDIC 파일	EBCDIC 부호화를 사용하여 전송한다.
	이미지 파일	2진 파일을 전송하는 기본 형식으로 비트 스트림 형식으로 전송된다.
데이터 구조	파일 구조	데이터를 연속된 바이트의 흐름을 나타낸다.
	레코드 구조	파일을 연속된 레코드로 구성한다. 텍스트 파일에만 사용한다
	페이지 구조	파일은 페이지들로 분할되고, 각 페이지는 페이지 번호와 헤더를 갖는다.
전송 모드	스트림 모드	연속된 바이트의 흐름으로 전송하는 기본 모드이다.
	블록 모드	데이터를 블록 형태로 전송한다.
	압축 모드	대량의 데이터를 저속 회선으로 전송할 때 유용한 모드이다.

제어 데이터 전송은 NVT 문자 코드를 사용하여 전송하며, 파일 데이터는 파일 특성상 파일의 종류 및 구조 등에 대해서 미리 상호 간에 옵션 협상이 수행된다.

미니강의 웹 하드 서비스

현재는 FTP 프로토콜을 통한 파일 전송 프로토콜은 거의 사용하지 않는다. 그 이유는 모든 명령어들이 텍스트 위주의 사용자 인터페이스를 사용하기 때문에 윈도우에 익숙한 사용자들에게는 매우 불편하기 때문이다. 또한, HTTP를 사용한 웹 서비스가 대중화되면서 그 외 프로토콜들은 거의 사용되지 않는 경향이 생기게 되었다.
이에 일반 사용자에게 FTP를 대체하는 웹 하드 기술이 개발되었고, 더 나아가서는 클라우드 서비스가 일반화되는 상황이다. 웹 하드 기술은 FTP와 웹 기술이 접목한 기술로 일정한 용량의 저장공간인 스토리지를 확보해 인터넷이 가능한 어느 곳에서나 자신이 작업한 문서나 파일을 저장·열람·편집하고, 다수의 사람과 파일을 공유할 수 있는 인터넷 파일 관리 시스템이다.

(4) Anonymous(익명) FTP

FTP 서비스를 제공하기 위해서는 Telnet 서비스와 마찬가지로 사용자 로그인 과정이 필요하다. 즉, 사용자는 FTP 서버에 인가된 사용자 계정과 패스워드 정보가 있어야 서비스를 이용할 수 있다는 것이다. 이에 일부 FTP 서버에서 일반 사용자들에게 공개하고자 하는 정보가 있는 경우 이를 누구에게나 제공 가능한 방법이 생겼다. 이를 익명 FTP라고 하며, 일반 사용자들은 익명 FTP에 접속하기 위해서 사용자 계정으로 'anonymous'를, 패스워드는 자신의 이메일 정보나 'guest'를 입력하면 가능하다. 다만, 익명 FTP는 FTP 서버에 따로 설치하여 제공해야 한다.

핵심요약

익명 FTP는 FTP 서버에서 일반 사용자들에게 공개하고자 하는 정보가 있는 경우 이를 누구에게나 제공 가능한 방법이다.

14.2 TFTP

(1) 개요

FTP를 사용하여 파일을 전송하기 위해서는 복잡하고 다양한 명령과 과정을 사용해야만 한다. 많은 파일을 전송하고자 할 때는 이러한 과정이 상관없지만, 단순히 간단한 파일 하나만 전송하고자 하는 경우 매우 비효율적이다. 예를 들어 디스크 없는 시스템이나 라우터가 구성 파일 등과 같은 간단한 파일들을 다운받기 위해 FTP를 사용하는 것이 매우 비효율적이라는 것이다. 이에 최소한의 과정과 기능으로 소량의 파일 전송과 같은 단순한 기능을 제공하는 TFTP(Trivial FTP) 프로토콜이 사용되게 되었다. 여기서 FTP와 다른 점은 UDP 69번 포트를 사용하여 전송하며 또한, 별도의 로그인 과정이 필요 없는 점이다. 따라서 미리 정해진 파일만 접근할 수 있다.

TFTP는 최소한의 과정과 기능으로 소량의 파일 전송과 같은 단순한 기능을 제공하는 프로토콜로, UDP 69번 포트를 사용하며 별도의 로그인 과정이 필요없다.

(2) 동작 과정

1) 메시지 종류

TFTP 상에서 데이터를 전송하기 위해 <표 14-2>와 같이 5개의 메시지를 사용한다.

〈표 14-2〉 TFTP 메시지 종류

메시지	기능
RRQ (Read Request)	클라이언트가 서버로부터 데이터를 읽기 위한 연결을 설정할 때 사용한다.
WRQ (Write Request)	클라이언트가 서버로부터 데이터를 쓰기 위한 연결을 설정할 때 사용한다.
DATA	클라이언트 또는 서버가 데이터를 전송하기 위해 사용한다.
ACK	클라이언트 또는 서버가 데이터를 수신했음을 알리는 응답 메시지이다.
ERROR	클라이언트 또는 서버가 연결설정이나 데이터 전송 시 에러가 발생했을 때 사용한다.

2) 파일 전송과정

TFTP를 사용한 파일 전송과정은 읽기와 쓰기 과정에 따라 다소 다르다.

❶ 파일 읽기 과정

RRQ 메시지를 사용하여 서버로 요청을 보내면, 서버는 데이터를 전송하게 된다. 이에 대한 FTP 읽기 과정은 **[그림 14-5]**에서 보여주고 있다.

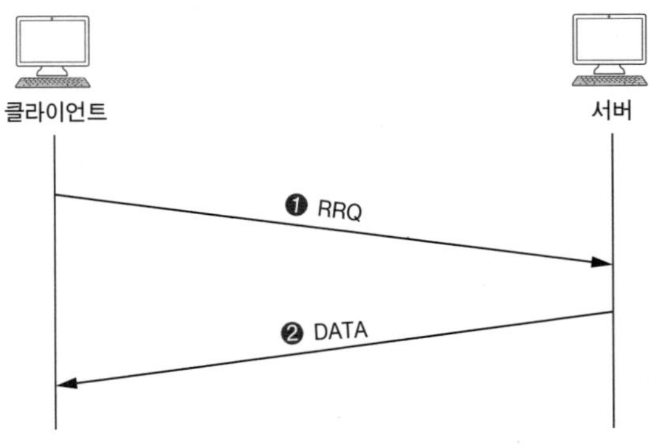

[그림 14-5] TFTP 읽기 과정

❷ 파일 쓰기 과정

WRQ 메시지를 통해 서버에게 알려주면 서버는 블록 번호 0을 사용하는 ACK 메시지를 전송한다. 이후 클라이언트는 블록 번호 1번부터 시작하는 데이터를 전송하게 된다. 참고로 데이터의 크기는 512바이트를 넘지 않는다. 따라서, 512바이트보다 작은 데이터 전송은 마지막 블록임을 알 수 있다. **[그림 14-6]**에서는 FTP 쓰기 과정 절차에 대해 보여주고 있다.

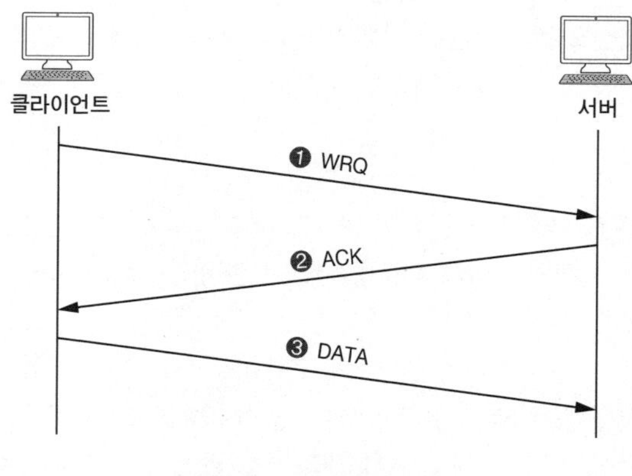

[그림 14-6] TFTP 쓰기 과정

미니강의 LDAP / X.500

LDAP(Lightweight Directory Access Protocol)은 기업이나, 조직 등에서 네트워크상에 있는 파일이나 여러 장치와 같은 자원 등에 접근할 수 있는 프로토콜이다. LDAP은 네트워크 내의 디렉토리 서비스 표준인 X.500의 일부로써 계층적 트리 구조를 갖는다. 네트워크에서 디렉토리란 어떤 자원이 어디에 있는가를 알려주는 서비스로 DNS는 또 하나의 디렉토리 시스템이라 할 수 있다. 현재 윈도우 서버 시스템에 있는 Active Directory(AD) 서비스는 LDAP을 지원하는 디렉토리 시스템이다.

요약정리 SUMMARY

01 FTP는 이기종 시스템 간 파일 전송을 위해 사용하는 프로토콜로써, 데이터 전송을 위해 TCP 20번 포트를 사용하고, 명령과 응답과 같은 제어 정보는 TCP 21 포트를 사용한다.

02 제어 연결은 FTP 데이터 전송이 완료될 때까지 유지되는 반면, 데이터 전송은 하나의 파일 전송이 시작될 때마다 새로운 연결이 설정되고 종료되는 과정을 반복한다.

03 제어 데이터 전송은 NVT 문자 코드를 사용하여 전송하며, 파일 데이터는 파일 특성상 파일의 종류 및 구조 등에 대해서 미리 상호 간에 옵션 협상이 수행된다.

04 익명 FTP는 FTP 서버에서 일반 사용자들에게 공개하고자 하는 정보가 있는 경우 이를 누구에게나 제공 가능한 방법이다.

05 TFTP는 최소한의 과정과 기능으로 소량의 파일 전송과 같은 단순한 기능을 제공하는 프로토콜로, UDP 69번 포트를 사용하며 별도의 로그인 과정이 필요없다.

연습문제 EXERCISE

01 Anonymous FTP에 대한 설명으로 맞지 않는 것은?

① 특별한 계정 없이 사용하기 때문에 텍스트만 전송할 수 있다.
② 서버에서 이 기능을 따로 설치해야 한다.
③ 암호로는 자신의 이메일 주소를 입력해도 된다.
④ 서버에서 공개된 자료만 전송받을 수 있다.

02 TFTP 프로토콜에 대한 설명 중 맞지 않는 것은?

① 별도의 로그인 과정이 필요없다.
② TCP를 통해 간단한 파일 전송에 주로 사용한다.
③ 미리 정해진 파일에 대해서만 접근할 수 있다.
④ Trival FTP라고 한다.

03 다음 중 FTP 서비스에 대한 설명으로 맞지 않는 것은?

① TCP를 사용하여 파일 전송하는 서비스이다.
② 제어정보와 데이터를 전송하는 연결이 서로 다르다.
③ 파일을 여러 개 전송하더라도 하나의 TCP 연결을 사용하기 때문에 효율적이다.
④ 파일 특성에 맞게 전송할 수 있는 다양한 옵션을 제공하고 있다.

04 FTP 서비스는 데이터 전송을 위해서 TCP (   )번 포트를 사용하고, 제어 정보를 위해서 (   )번 포트를 사용한다.

05 윈도우 서버 시스템 상에서 LDAP을 지원하는 디렉토리 서비스로 다양한 자원을 관리해주는 서비스를 무엇이라 하는가?

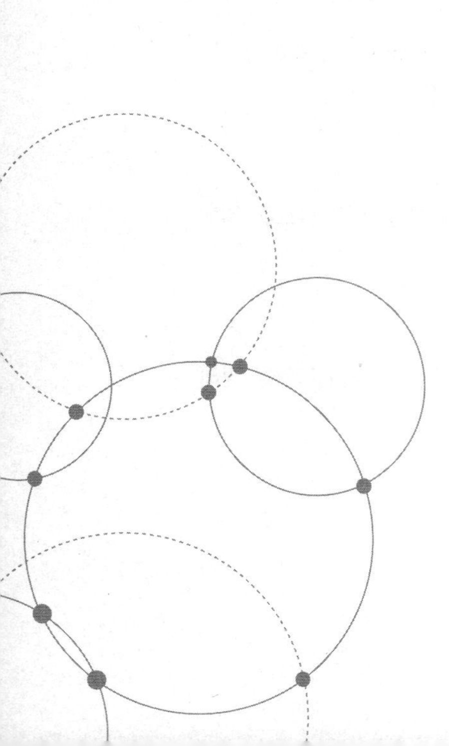

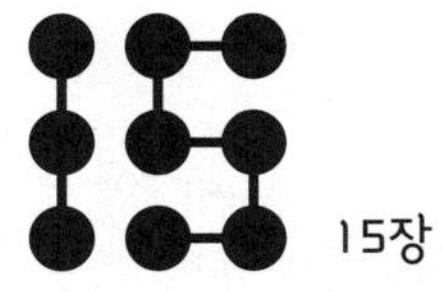
15장

전자우편 전송 프로토콜(SMTP, POP3, IMAP4)

현재 생활에서 수많은 의사소통이 전자메일을 통해 이뤄진다. 메일을 송신하는 송신자와 수신하는 수신자의 동작을 정의하는 여러 가지 전자메일 전송 프로토콜들에 대해 학습하고, 멀티미디어 데이터 전송을 위해 사용하는 전송 방법에 대해 학습하기로 한다.

- 전자우편 서비스의 구성요소를 이해할 수 있다.
- SMTP 프로토콜의 개념과 동작 과정을 이해할 수 있다.
- POP3 / IMAP4 프로토콜의 개념과 동작 과정을 이해할 수 있다.
- 멀티미디어 전송을 위한 MIME 기법을 이해할 수 있다.

15.1 전자메일 서비스

(1) 개요

인터넷 초창기에는 전자메일로 전달되는 메시지들은 짧고, 텍스트만으로 구성되어 사용자들은 간단한 내용을 교환하였다. 하지만 인터넷이 발달한 오늘날에는 메시지뿐만 아니라 음성, 동영상까지 포함되어 전송할 수 있으며, 한꺼번에 여러 명에게 보내는 것도 가능해졌다. 이렇게 전자메일 서비스를 제공하기 위해서는 전자메일 시스템 구조와 필요한 구성요소 그리고 관련 프로토콜들이 필요하게 되었다.

(2) 시스템 구조 및 구성요소

대부분 사용자가 전자메일을 사용하는 가장 일반적인 환경을 살펴봄으로써 전자메일 서비스를 위한 전반적인 구조에 대해 알아보기로 한다.

전자메일 서비스를 사용하는 가장 일반적인 환경은 송신자와 수신자 모두가 인터넷을 통해 메일 서버에 연결되어있는 상태이다. **[그림 15-1]**에서 전자메일 서비스를 위한 전반적인 구조를 보여주고 있다.

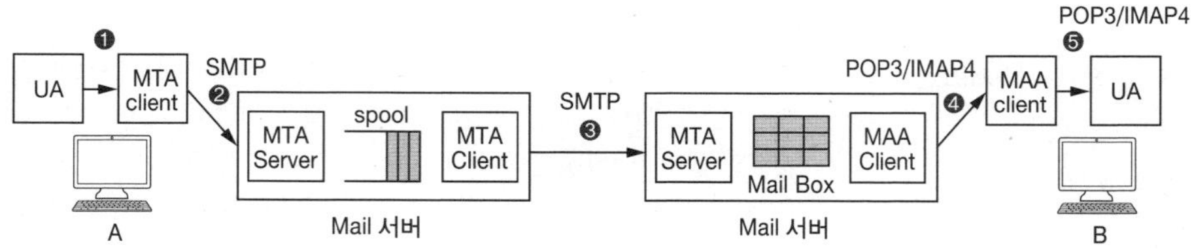

[그림 15-1] 전자메일 서비스의 전반적인 구조

[그림 15-1]에서 보듯이 전자메일 서비스를 제공하기 위해서는 다음과 같은 구성요소가 필요하다. 참고로, 사용자가 전자메일 서비스를 사용하는 환경에 따라 약간씩 구성요소가 다를 수 있으나, 여기에서는 대부분 환경에서 필요한 구성요소를 **〈표 15-1〉**에서 설명하기로 한다.

〈표 15-1〉 전자메일 시스템 구성요소

구성요소	구성요소
UA (User Agent)	사용자가 메일을 작성하고, 읽고, 송수신할 수 있는 서비스를 제공하는 소프트웨어 또는 프로그램을 말한다. 현재는 대부분 GUI를 제공하는 프로그램을 사용하는데, **Outlook** 프로그램이 이에 속하며 또는 자체 인트라넷 환경(학교 또는 회사 등)에서 제공하는 프로그램도 이에 속한다고 할 수 있다. Unix/Linux의 텍스트 모드로 전자메일 서비스를 제공하는 프로그램인 **mail**, **elm** 등도 여기에 해당된다.
MTA (Message Transfer Agent)	송신지가 실제 전자메일을 전송하기 위해 사용하는 시스템으로써 MTA 클라이언트- 서버로 구성되어 있으며, [그림 15-1]에서는 두 개의 MTA 클라이언트와 서버가 존재함을 볼 수 있다. MTA 간에서 전자메일을 송수신하는 프로토콜이 **SMTP(Simple Mail Transfer Protocol)** 프로토콜이다.
Mail Server	전자메일 서비스를 위해 메일을 송수신하기 위한 서버 시스템이다. 송신자의 메일을 잠시 저장하였다가 수신자의 메일 서버로 전송하거나, 반대로 수신자의 메일 서버에서는 송신한 메일을 Mail Box에 저장하는 서버를 일컫는다. 송수신 메일 서버는 MTA인 **SMTP** 프로토콜을 사용하여 송수신한다.
MAA (Message Access Agent)	수신지 메일 서버에서 수신지의 MTA 또는 UA에게 메일을 전송하기 위해 사용하는 시스템이다. 이때 사용하는 대표적인 프로토콜이 **POP3(Post Office Protocol 3)**와 **IMAP4(Internet Mail Access Protocol 4)** 프로토콜이다.

전자메일 시스템의 구성요소로써는 UA, MTA, Mail Server, MAA 등이 있다.

(3) 동작 과정

[그림 15-1]의 시스템 구조에서 송신자 A가 수신자 B에게 전자메일을 전송하기 위한 동작 과정을 살펴보면 다음과 같다.

❶ 송신자 A가 UA를 사용해 메일을 작성하고 MTA 클라이언트를 통해 전송하고자 한다. 이때 사용하는 MTA 프로토콜은 SMTP이다.

❷ MTA 클라이언트는 SMTP 프로토콜을 사용하여 메일 서버 내에 있는 MTA 서버에게 메일을 전송하게 된다. 이때 메일 서버에는 spool 버퍼를 통해 수신한 메일을 큐 방식으로 저장하고, 이들을 수신지 메일 서버에게 전송하기 위해 또 다른 MTA 클라이언트에게 전달한다.

❸ 인터넷상에 존재하는 메일 서버들 사이에 메일을 송수신하기 위해 MTA 시스템이 필요하며 이때 역시 SMTP 프로토콜이 사용된다. MTA 서버가 메일을 수신하여 메일 박스(mailbox)에 저장한다.

❹ 메일 박스에 저장된 메일은 수신자가 메일을 읽기 위해서 UA를 실행하게 되면 MAA가 동작하고 MAA 클라이언트는 MAA 서버로부터 메일을 읽게 되는 것이다. 이때 대표적인 MAA 프로토콜로는 POP3 또는 IMAP4 프로토콜이 있다.

❺ 수신자 B는 POP3와 같은 MAA 클라이언트를 통해 메일을 수신하여 UA에서 메일을 읽게 된다.

미니강의 전자메일 주소 및 Alias

전자메일 서비스에서는 유일한 주소체계를 사용하고 있다. **[그림 15-2]**와 같이 주소체계는 '@'로 구분된 두 부분으로 구성되어 있음을 볼 수 있다. 앞부분은 메일 박스 내에 수신자를 위한 특정 파일 이름으로 주로 수신자의 ID를 사용한다. 뒷부분은 수신자의 메일 서버에 대한 도메인 이름을 사용한다.

jshan@shingu.ac.kr

메일박스내의 특정이름 / 메일서버 도메인 이름

[그림 15-2] 전자메일 주소 형식

전자메일 서비스에서는 여러 명의 수신자 메일 주소를 하나의 **별칭**(alias)이라고 하는 주소 목록을 생성할 수 있다. 즉, 메일을 전송하고자 할 때 별칭을 사용하여 한 번에 여러 명의 수신자에게 메일을 전송할 수 있는 이점이 있다.

15.2 SMTP

(1) 개요

송신자가 메일을 전송하기 위해서는 MTA를 사용해야 한다. 이는 송신자의 메일을 수신자의 메일 서버에게 전송하는 역할을 담당하며, MTA 클라이언트와 서버로 구성되어 있다. MTA에서 사용하는 대표적인 프로토콜이 SMTP 프로토콜이다. SMTP는 RFC 821에서 MTA 간 메일 메시지 교환 프로토콜과 제어 메시지의 형식을 규정한 프로토콜이다. **[그림 15-1]**에서 보는 바와 같이 SMTP 프로토콜의 동작은 송신자와 메일 서버 그리고, 메일 서버들 사이에서 TCP 25번 포트를 사용하여 동작하며, 명령(command)과 응답(response) 형식을 사용하여 메일을 전송한다.

1) 명령

MTA 클라이언트에서 MTA 서버로 전송하는 명령어로써, <표 15-2>에는 중요한 명령어와 사용법에 관해서 설명하고 있다.

<표 15-2> SMTP 명령어

명령어	설명
HELO	클라이언트가 자신을 알리기 위한 명령어로, 클라이언트 호스트의 도메인 이름을 사용한다. 예) HELO:shingu.ac.kr
MAIL FROM	클라이언트가 메일의 송신자를 알려주는 명령어로, 송신자의 메일 주소를 사용한다. 예) MAIL FROM:jshan@shingu.ac.kr
RCPT TO	메일의 수신자를 알려주는 명령어로, 수신자의 메일 주소를 사용한다. 예) RCPT TO:abc@shingu.ac.kr
DATA	실제 메일 내용을 알려주는 명령어로, 내용을 끝내기 위해서는 마침표(.)를 사용한다.
QUIT	메일 전송을 종료하는 명령어이다.

2) 응답

MTA 서버가 MTA 클라이언트로 전송하는 응답 메시지로, 3자리 숫자 코드로 구성되어 있다. <표 15-3>에는 중요한 응답 코드를 보여주고 있다..

<표 15-3> 응답 코드

코드	설명
220	MTA 서버가 서비스가 준비됨을 클라이언트에게 알려줌.
221	MTA 클라이언트와 서버 간 연결종료를 알려줌.
250	수신된 명령어가 처리 완료됨(정상 동작).
354	전자메일 내용의 시작을 알려줌.

SMTP 프로토콜의 동작은 송신자와 메일 서버 그리고, 메일 서버들 사이에서 TCP 25번 포트를 사용하여 실행되며, 명령(command)과 응답(response) 형식을 사용하여 메일을 전송한다.

(2) 동작 과정

SMTP는 MTA 클라이언트와 서버 간에 TCP 연결(25번 포트)을 통해 메시지를 전송하게 된다. 즉, TCP 연결설정 후 SMTP는 메시지를 전송하기 위해 자체적으로 연결설정과 연결종료 과정을 수행한다.

1) 연결설정 및 종료

[그림 15-3]에서는 연결설정 및 종료 과정에 대해 보여주고 있다. 연결설정 과정에서는 MTA 서버가 전자메일을 받을 준비가 되었음을 알려줌(220)으로 시작되고, MTA 클라이언트에서 전송하는 명령어(HELO)에 대한 응답 메시지(250)가 수신되고 있다. 연결종료 과정에서는 MTA 클라이언트의 QUIT 명령어를 통해 시작하고 응답 메시지(221)를 수신함으로써 연결이 종료됨을 알 수가 있다.

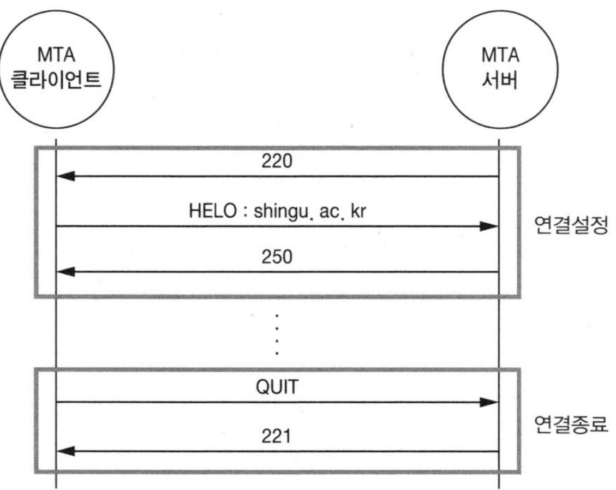

[그림 15-3] SMTP 연결설정 및 종료 과정

2) 메시지 전송

SMTP는 연결설정 과정 후 메시지를 전송하게 되는데, **[그림 15-4]**에서의 절차에 의해 메일을 전송하게 된다. 이때 사용하는 명령과 응답 메시지는 **〈표 15-2〉**와 **〈표 15-3〉**에 나와 있다.

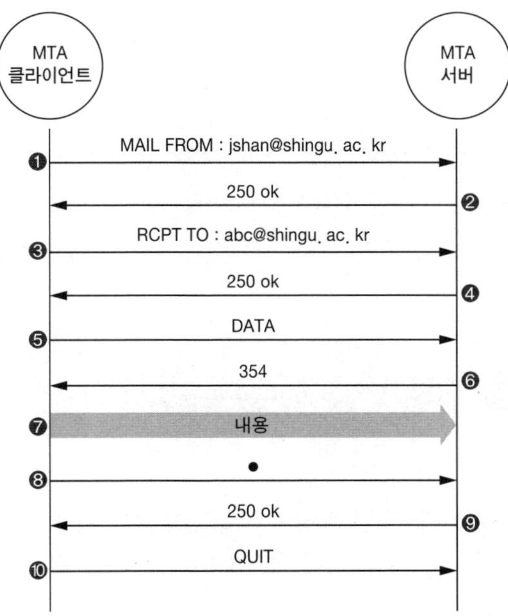

[그림 15-4] SMTP 메일 전송과정

❶ 메일을 전송하기에 앞서 송신자의 메일 주소(MAIL FROM)를 전송한다.

❷ 해당 명령을 정상 수신(250)했음을 알린다.

❸ 수신자의 메일 주소(RCPT TO)를 전송한다.

❹ 해당 명령을 정상 수신(250)했음을 알린다.

❺ 메일 데이터가 시작(DATA)됨을 알리고 있다.

❻ 서버는 이에 대한 응답 메시지(354)를 전송한다.

❼ 클라이언트가 메일 내용을 전송하고 있다.

❽ 메일 내용이 마침표(.)를 통해 종료되고 있음을 보여주고 있다.

❾ 클라이언트는 메일 전송이 종료되었음을 알리고 있다.

핵심요약

SMTP는 TCP 연결설정 후 메시지를 전송하기 위해 자체적으로 연결설정과 연결종료 과정을 수행한다.

(3) 동작 실습

SMTP 동작을 실습하기 위해서는 UA를 통한 MTA 클라이언트를 사용하여 메일을 전송하는 실습을 해야 한다. 이를 위해서 Outlook 2016을 UA이면서 MTA 클라이언트로 사용하고, 전송하는 메일 서버(MTA 서버)를 zmail.shingu.ac.kr로 설정하여 실습을 하기로 한다.

실습하기 전자메일 서비스(outlook)

❶ 실습 방법

- [그림 15-5] (a)~(d)에서 처럼 Outlook 프로그램을 설정한다. 참고로, Outlook 프로그램은 UA이면서 MTA 클라이언트로 동작하고, SMTP 프로토콜을 사용하여 메일 서버(zmail.shingu.ac.kr)에게 전송한다.
- [메일 서버에 접속을 위해 자신의 사용자 ID와 패스워드를 알고 있어야 한다.

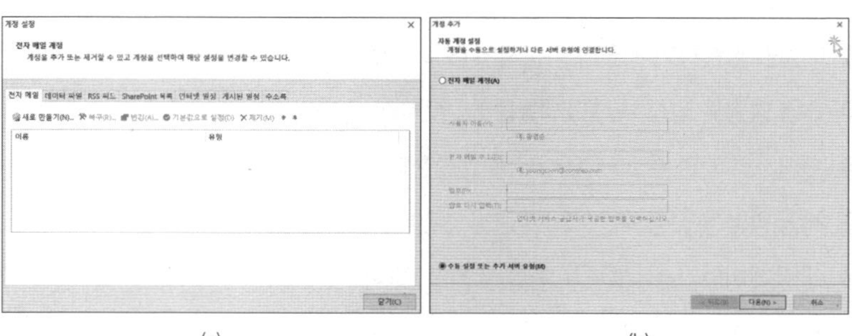

(a) (b)

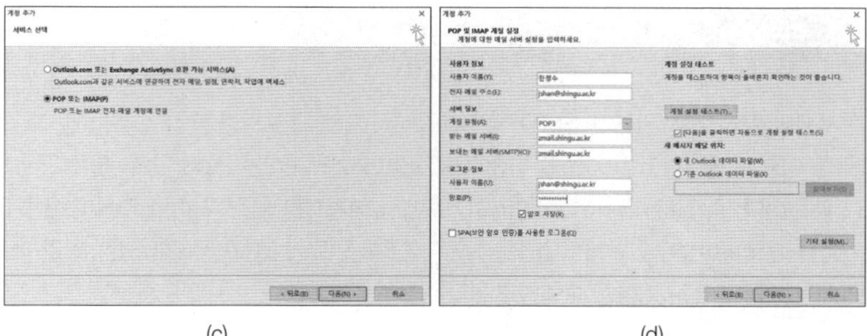

(c) (d)

[그림 15-5] Outlook 2016 설정 과정

❷ 결과 분석

- [그림 15-6]에서는 SMTP를 통해 메일을 전송할 때 전송되는 메시지 절차 화면을 볼 수 있다. TCP 25번 포트를 사용하고 있음을 알 수 있다.
- 송신 메일 주소는 jshan@shingu.ac.kr이며, jshan1990@naver.com 수신 메일 주소로 메일을 전송한 결과이다.
- 참고로 송신지는 Outlook 프로그램으로, HELO 값이 윈도우 도메인 이름이다.

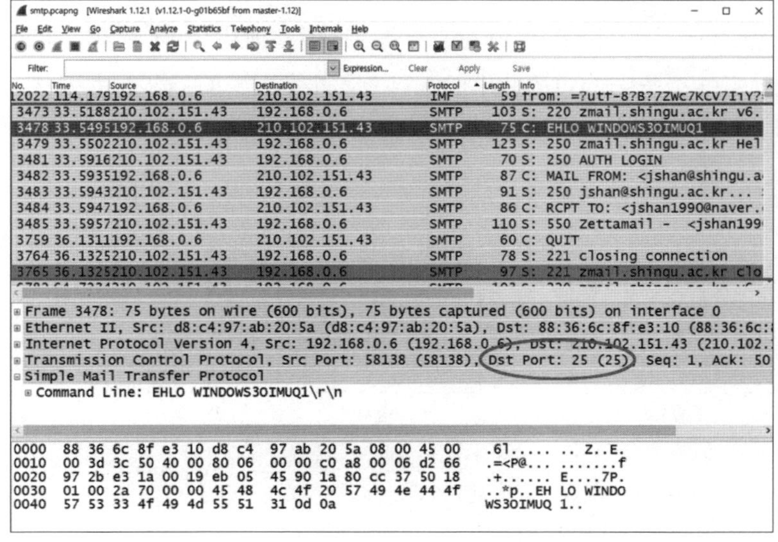

[그림 15-6] SMTP 동작 결과 화면

미니강의 Push와 Pull

전자메일 서비스를 위해서 SMTP와 POP3 두 가지 프로토콜을 사용하는데, 그 이유는 SMTP 프로토콜은 Push 기능을 하는 프로토콜이고, POP3는 Pull 기능을 하는 프로토콜이기 때문이다. 즉, SMTP는 MTA 클라이언트에서 메시지를 MTA 서버로 **Push(보내기)** 하는 기능을 수행하며, 이에 반해 POP3는 MAA 클라이언트가 MAA 서버에 있는 메일 메시지를 **Pull(가져오기)** 하는 기능을 수행하게 된다.

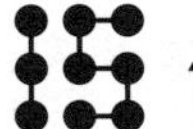

15.3 POP3

(1) 개요

SMTP와 달리 메일 서버 내의 MAA 서버로부터 전자메일을 읽을 필요가 있을 때 MAA 클라이언트에서 사용하는 프로토콜이다. 이를 위해서는 메일 서버에 POP3 서버가 설치되어 있어야 하며, 사용자는 POP3 클라이언트 역할을 수행하는 Outlook과 같은 UA를 사용해야 한다. **[그림 15-5]**에서 POP3 프로토콜의 동작 환경을 보여주고 있다.

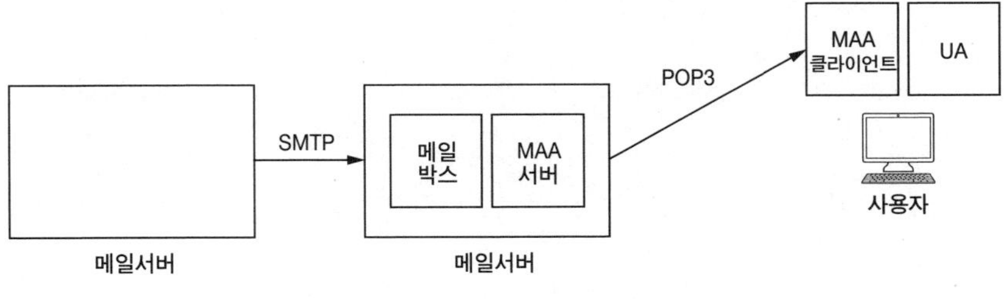

[그림 15-5] POP3 동작 환경

(2) 동작 과정

POP3 동작은 기본적으로 SMTP와 유사한 명령과 응답의 과정을 사용하며, 이를 위해

POP3 클라이언트는 TCP 110 포트 번호를 사용하여 POP3 서버에 연결하고, 사용자 ID와 패스워드를 사용하여 메일 박스 내의 메일을 수신하게 된다.

(3) 특징

POP3는 다음과 같은 특징을 가지고 있다.

- 사용자가 POP3를 통해 메일을 수신하게 되면 메일 서버에 있던 메일은 사용자에게 다운로드 된 뒤 메일 서버에서는 삭제된다.
- 메일 서버에서 메일이 삭제되고 나면, 다른 여러 기기(휴대폰, 노트북 등)에서 메일을 확인할 수 없는 문제가 발생된다.

실습하기 전자메일 서비스(POP3)

❶ 실습 방법

- 위의 SMTP 동작 실습과 유사하다.
- Outlook 프로그램을 통해 메일을 읽는 동작을 수행하면 된다. 이를 위해서는 먼저 사용자 ID와 패스워드로 로그인 과정을 거쳐야 한다.

❷ 결과 분석

- **[그림 15-6]**에서는 Outlook 프로그램에서 로그인 과정을 거쳐서 메일을 읽는 동안 POP3 프로토콜이 수행한 결과 화면을 보여주고 있다.
- 참고로, **[그림 15-6]**에서의 박스 부분처럼 POP3 프로토콜은 사용자 ID(jshan)의 패스워드 부분이 그대로 노출되는 문제점을 가지고 있다. 따라서 보안이 취약하다는 단점을 갖고 있어 보안 인증방법(예로, SSL/TLS)이 필요하다.

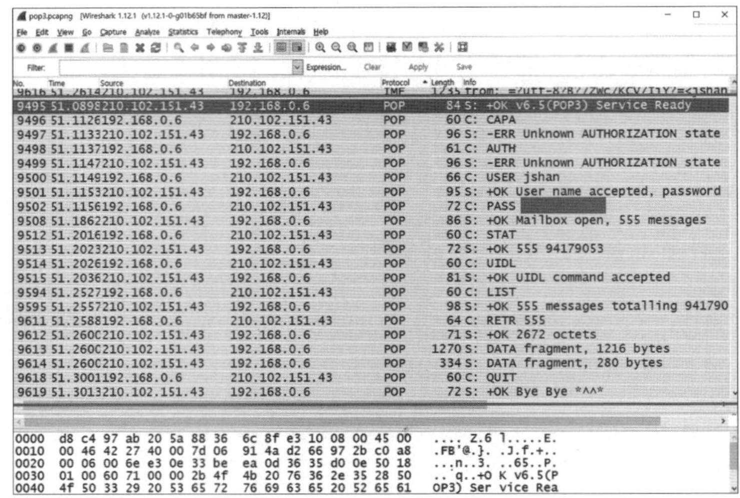

[그림 15-6] POP3 동작 결과 화면

메일 서버 내의 MAA 서버로부터 전자메일을 읽을 필요가 있을 때 MAA 클라이언트에 사용하는 프로토콜이 POP3이다. 특징으로는 메일은 사용자에게 다운로드 된 뒤 메일 서버에서는 삭제되어 다른 여러 기기(휴대폰, 노트북 등)에서 메일을 확인할 수 없는 문제가 발생된다.

15.4 IMAP4

(1) 개요

IMAP4 프로토콜은 POP3와 마찬가지로 메일을 수신할 때 사용하는 또 다른 메일 수신 프로토콜이다. 앞서 설명했듯이 POP3는 메일 서버로부터 수신한 메일을 모두 다운받아야 해서 첨부파일이 큰 경우 시간이 오래 걸리는 불편한 점이 생기게 된다. IMAP는 이런 POP3

의 문제를 보완하기 위해 나온 프로토콜로써, 메일 서버에 직접 접속하여 직접 메일을 확인하는 방식이어서 메일을 다운받을 필요가 없고, 서버에 메일이 그대로 남아있어 여러 클라이언트를 통해 반복적으로 메일을 확인할 수 있다. 참고로, Google의 Gmail이 IMAP을 사용하는 대표적인 메일 프로그램이다.

(2) 특징

IMAP4는 다음과 같은 특징을 가지고 있다.

- 메일을 확인한 후에도 서버에 메일이 그대로 남아있게 된다.
- 메일의 제목만으로 다운로드와 삭제를 선택할 수 있어, 효율적으로 관리할 수 있다.
- 다운로드 전에 특정 문자열로 메일 내용을 검색할 수 있다.

핵심요약

IMAP4 프로토콜은 POP3와 마찬가지로 메일을 수신할 때 사용하는 또 다른 메일 수신 프로토콜이지만, 차이점은 메일을 확인한 후에도 서버에 메일이 그대로 남아있고, 메일 제목만으로도 다운로드와 삭제가 가능하여 효율적인 메일 관리가 가능하다는 점이다.

미니강의 **POP3와 IMAP4의 선택**

용량이 큰 메일을 자주 주고받아 주기적인 용량 관리가 필요하고, 오프라인 상태에서 다시 한 번 메일 확인이 필요한 경우라면 POP3가 적합하고, 다양한 단말기에서 메일 확인이 필요하거나 불필요한 메일 다운로드 없이 필요한 빠르게 메일만 확인하고자 하는 경우는 IMAP을 사용하는 것이 바람직하다.

15.5 MIME

(1) 개요

MIME(Multipurpose Internet Mail Extensions)은 기존의 전자메일 시스템이 ASCII 형식 위주의 텍스트 메시지만 전송할 수 있는 단점을 보완하여 여러 나라의 언어(영어를 제외한 나라들) 및 2진 파일(JPEG, GIF), 음성(8kHz), 동영상(MPEG)과 같은 멀티미디어 데이터를 전송할 수 있도록 확장한 프로토콜로써 오늘날 보편적으로 사용하게 되었다.

MIME은 기존의 전자메일 시스템이 ASCII 형식 위주의 텍스트 메시지만 전송할 수 있는 단점을 보완하여 여러 나라의 언어(영어를 제외한 나라들) 및 2진 파일(JPEG, GIF), 음성(8kHz), 동영상(MPEG)과 같은 멀티미디어 데이터를 전송할 수 있도록 확장한 프로토콜이다.

(2) 구조

[그림 15-7]에서 보는 바와 같이 MIME의 구조는 송신측 MIME에서는 비 ASCII 형식의 데이터를 NVT ASCII 데이터로 변환하여 전송하고, 수신측 MIME에서는 이를 원래의 데이터로 변환하는 작업을 수행한다. MIME은 기존에 사용하던 ASCII 기반의 메시지 형식을 그대로 유지하면서, 메시지 내용에 멀티미디어 데이터 인코딩 방법을 추가로 정의한다는 특징이 있다.

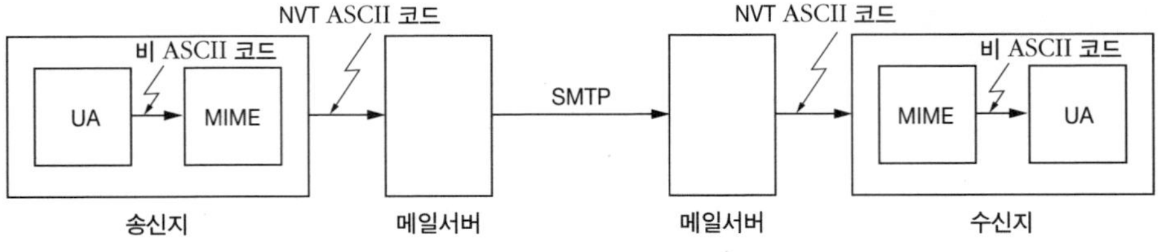

[그림 15-7] MIME 동작 구조

결과적으로 **[그림 15-7]**에서와 같이 인터넷으로 전송되는 모든 메일 형식은 여전히 ASCII 형식으로 전송된다. MIME에 의한 멀티미디어 데이터의 지원은 송·수신측의 양 끝단에서만 이루어지는 작업이다.

(3) MIME 헤더

MIME에서는 다양한 종류의 메시지를 표현하기 위해 **〈표 15-4〉**와 같은 헤더를 정의하고 있다.

〈표 15-4〉 MIME 헤더 필드

헤더 필드	설명
MIME-version	MIME 버전을 의미한다. 예) MIME-version : 1.0
Content-Type	메시지 유형을 구분하고, 데이터와 부호화의 종류를 명시한다. 예) Content-Type:text/plain; charset=us-ascii 이들에 대한 자세한 타입은 〈표 15-5〉에서 보여주고 있다.
Content-ID	메시지 식별을 위한 필드이다.
Content-Transfer-Encoding	메시지 인코딩 방식을 기술한다. 예) Content-Transfer-Encoding:Base64
Content-Description	메시지를 위한 자세한 설명을 위한 필드이다.

메시지 유형을 구분하는 Content-type 필드는 **〈표 15-5〉**와 같이 데이터 종류를 타입과 서브 타입으로 나누어 분류하고 있으며, '〈타입〉/〈서브 타입; 매개변수〉' 형식으로 표기한다.

〈표 15-5〉 메시지 종류

메시지 타입	서브 타입	설명
Text	plain, richtext, enriched	7비트 ASCII 형식의 텍스트
Image	jpeg, gif	이미지나 정지 화상 데이터
Audio	Basic	음성 데이터
Video	mpeg	동영상 데이터
Application	postscript, octet-stream	이진 데이터 및 프로그램 데이터
Multipart	mixed, alternative, digest	서로 다른 형식의 데이터를 하나의 메시지로 결합하여 전송하는 형태
Message	rfc822, partial, external-body	메일 안에 다른 메일을 포함한 데이터

미니강의 전자 메일 보안

SMTP와 POP3는 클라이언트가 서버에게 접속할 때 사용자 ID와 패스워드를 전송하여 인증을 받아야 한다. POP3는 암호화하지 않고 평문으로 전송하기 때문에 보안을 위해서는 **SSL/TLS(Secure Socket Layer/Transport Layer Security)**와 같은 암호 프로토콜을 사용해야 한다. 참고로 SMTP는 인증 메커니즘이 없다. 따라서 웹 메일 시스템은 TLS 프로토콜을 사용하는 **HTTPS(HTTP secure)** 전송방식을 사용하여 메일을 안전하게 전송한다
다만, 이 방법들은 메일 본문 내용에 대해서는 암호화하지 않았기 때문에 메일 내용이 그대로 노출될 수 있는 문제를 갖는다. 이를 위해서는 **S/MIME(Secure MIME)** 또는 **PGP(Pretty Good Privacy)** 방법을 사용하여 본문을 안전하게 전송할 수 있다.

미니강의 웹 메일 시스템

오늘날 웹 메일 시스템은 대부분의 일반 사용자들에게 메일 서비스를 제공하는 일반적인 방법이 되고 있다. 현재는 Naver, Daum, Google(GMail)과 같은 대부분의 포털 사이트에서 사용자 계정을 통해 메일 서비스를 제공하고 있으며, 개인 사용자는 웹 브라우저를 통해 웹 서버인 메일 서버에게서 메일을 송수신하게 되는 것이다. 따라서, 개인 사용자는 SMTP, POP3와 같은 별도의 메일 전송 프로토콜이 필요 없이 인터넷만 가능하면 메일 서비스를 사용할 수 있다.

요약정리 SUMMARY

01 전자메일 시스템의 구성요소로써는 UA, MTA, Mail Server, MAA 등이 있다.

02 SMTP 프로토콜의 동작은 송신자와 메일 서버 그리고, 메일 서버들 사이에서 TCP 25번 포트를 사용하여 실행되며, 명령(command)과 응답(response) 형식을 사용하여 메일을 전송한다.

03 SMTP는 TCP 연결설정 후 메시지를 전송하기 위해 자체적으로 연결설정과 연결종료 과정을 수행한다.

04 메일 서버 내의 MAA 서버로부터 전자메일을 읽을 필요가 있을 때 MAA 클라이언트에 사용하는 프로토콜이 POP3이다. 특징으로는 메일은 사용자에게 다운로드 된 뒤 메일 서버에서는 삭제되어 다른 여러 기기(휴대폰, 노트북 등)에서 메일을 확인할 수 없는 문제가 발생된다.

05 IMAP4 프로토콜은 POP3와 마찬가지로 메일을 수신할 때 사용하는 또 다른 메일 수신 프로토콜이지만, 차이점은 메일을 확인한 후에도 서버에 메일이 그대로 남아있고, 메일 제목만으로도 다운로드와 삭제가 가능하여 효율적인 메일 관리가 가능하다는 점이다.

06 MIME은 기존의 전자메일 시스템이 ASCII 형식 위주의 텍스트 메시지만 전송할 수 있는 단점을 보완하여 여러 나라의 언어(영어를 제외한 나라들) 및 2진 파일(JPEG, GIF), 음성(8kHz), 동영상(MPEG)과 같은 멀티미디어 데이터를 전송할 수 있도록 확장한 프로토콜이다.

연습문제 EXERCISE

01 다음 중 전자메일 서비스의 구성요소 연결이 맞지 않는 것은?

① UA : outlook
② MAA : SMTP
③ MAA : POP3
④ UA : elm

02 전자메일 서비스에서 한 번에 여러 명의 수신자에게 메일을 전송할 수 있게 하기 위한 기능은 무엇인가?

① 터널링
② CNAME
③ alias
④ SMTP

03 다음 중 SMTP에 대한 설명으로 맞지 않는 것은?

① 송신자가 사용하는 메일 전송 프로토콜이다.
② TCP 25번을 사용하여 서비스한다.
③ Pull 기능을 제공하는 프로토콜이다.
④ 명령과 응답 형식으로 동작한다.

04 다음 중 SMTP 명령어에 대한 설명으로 맞지 않는 것은?

① Mail From :: 송신자의 메일 주소
② Rcpt To : 수신자의 메일 주소
③ Data : 실제 메일 내용
④ Exit : 메일 전송 종료

05 다음 중 POP3에 대한 설명으로 맞지 않는 것은?

① 메일 서버로부터 메인 수신 프로토콜이다.
② 메일 수신 후에도 메일 서버에는 복사본이 존재한다.
③ MAA에서 사용하는 대표적인 프로토콜이다.
④ 메일 서버의 주기적인 용량 관리가 용이하다.

06 다음 중 IMAP4에 대한 설명으로 맞지 않는 것은?

① 메일 서버로부터 메인 수신 프로토콜이다.
② 메일 수신 후에도 메일 서버에는 복사본이 존재한다.
③ 문자열을 통한 메일 내용 검색 기능을 지원하지 않는다.
④ 메일 제목만으로 다운로드와 삭제가 가능하다.

07 전자메일 시스템에서 멀티미디어 데이터를 전송할 수 있도록 확장한 프로토콜을 무엇이라 하는가?

08 다음 중 MIME에 대한 설명으로 맞지 않는 것은?

① 비 ASCII 데이터를 NVT 형식으로 변환하는 전송한다.
② 송수신측과 함께 메일 서버에서도 지원한다.
③ 각 메시지 형식에 맞는 인코딩 방식을 사용한다.
④ MIME 헤더에 인코딩 방식을 명시해야 한다.

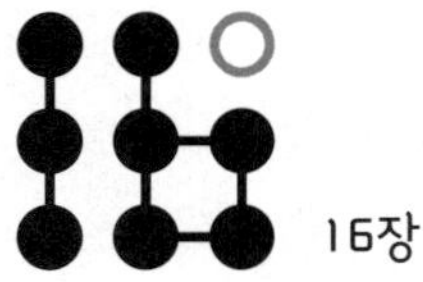
16장

웹 서비스와 HTTP

16.1 WWW
16.2 HTTP
16.3 웹 문서

현재 웹 서비스는 일반화되고 대중화되었다. 이 장에서는 대중적인 웹 서비스의 개념과 구성요소, 동작 과정을 학습하고, 웹 서비스상에서 전송 프로토콜로 사용하는 HTTP 프로토콜에 대해 학습한다. 더불어 웹에서 사용하고 있는 웹 문서들의 종류와 관련 기술들에 대해서 학습한다.

- WWW의 개념과 구성요소, 동작 과정을 이해할 수 있다.
- HTTP 동작 및 관련 메시지 형태를 이해할 수 있다.
- 다양한 웹 문서 종류를 이해하고, 관련 기술을 살펴본다.

16.1 WWW

(1) 배경

WWW(World Wide Web, 이하 웹)는 TCP/IP 상에서 인터넷 정보를 검색할 수 있는 서비스로써, 유럽의 입자물리연구소(CERN : the European Laboratory for Particle Physics)의 수많은 연구 결과 및 자료를 효율적으로 공유하기 위해 1989년 3월 팀 버너스 리(Tim Berners Lee)에 의해 연구로 개발되었다. 그 결과 인터넷에 연결된 수많은 정보를 원하는 사람들이 쉽게 접근할 수 있게 되었다. 이것은 웹상의 문서가 하이퍼텍스트(Hypertext) 및 하이퍼미디어(Hypemedia)를 기반으로 이루어져 있어 문서 검색 및 활용에 편리해졌기 때문이기도 하다.
일반적으로 웹은 클라이언트-서버 환경하에서 여러 서버에 존재하는 웹 문서(Web page)들을 검색할 수 있는 기능을 제공하고 있다. 웹상에서 데이터를 전송하는 프로토콜로 HTTP(Hyper Text Transfer Protocol) 프로토콜이 사용되고 있으며, MIME을 통해 텍스트, 이미지, 멀티미디어 등 모든 데이터를 통합 문서 형태로 전송하는 것이 가능해졌다.

웹상에서 하이퍼텍스트(Hypertext) 및 하이퍼미디어(Hypemedia)를 기반으로 이루어져 있어 문서들에 대한 데이터를 전송하는 프로토콜로 HTTP 프로토콜이 사용된다.

(2) 구성요소

웹상에서 정보 검색을 위해 필요한 구성요소로는 웹 문서, 웹 클라이언트, 웹 서버, 주소 정보, 전송 프로토콜 등이 있다.

❶ 웹 문서

웹상에서 사용하는 웹 문서는 하이퍼텍스트와 하이퍼미디어로 구성된 웹 페이지이다. 하이퍼텍스트는 웹 문서에서 특정 단어나 일부분이 다른 문서로 연결(하이퍼링크, Hyperlink)이 되어있는 방식으로, 하이퍼텍스트로 되어있는 특정 단어를 클릭하면, 다른 웹 서버에 있는 웹 문서로 자동으로 연결되는 방식을 말한다. 또한, 하이퍼미디어는 이미지, 음성, 동영상 등을 포함하는 링크를 갖는 문서를 의미한다. **[그림 16-1]**에서는 하이퍼텍스트의 원리를 보여주는 예로, 5개의 웹 문서와 6개의 하이퍼링크로 구성된 구조를 보여주고 있다. 참고로, 하이퍼텍스트에서 텍스트를 읽는 순서는 사용자에 의해 결정되므로 비순차적이다.

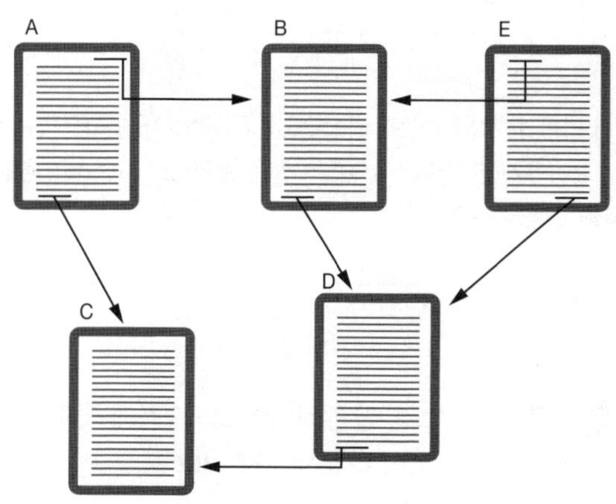

[그림 16-1] 하이퍼텍스트 구조

❷ 웹 클라이언트

웹 문서를 해석하고 표현하기 위해서 사용자들이 사용하는 프로그램인 웹 브라우저(Web Browser)를 웹 클라이언트라고 한다. 가장 대표적인 웹 브라우저로는 MS의 Internet Explorer, Google의 Chrome, Apple의 Safari, Mozilla의 Firefox 등이 있다. 참고로, 웹 브라우저에서 지원하는 언어로는 HTML(Hypertext Markup Language), JAVA, Java Script 등이 있으며, 이들은 모두 인터프리터 언어형식이다.

미니강의 다양한 웹 브라우저

❶ 인터넷 익스플로러(Internet Explorer)
윈도우 95에서 처음 등장하였으며, 현재는 윈도우 운영체제를 설치하면 자동으로 설치되어 쉽게 사용할 수 있다. 하지만, 다른 웹 브라우저에 비해 속도가 느리고, ActiveX 특정 프로그램이 갖는 보안 취약점 때문에 점점 수요가 줄어들고 있다.

❷ 크롬(Chrome)
2008년도부터 Google에서 개발하기 시작했으며, 세계에서 가장 많이 사용하는 웹 브라우저이다. 다른 웹 브라우저에 비해 현저히 빠른 웹 서핑 속도와 간편한 GUI, 자바스크립트에 대한 현저히 빠른 성능 향상, 강력한 번역기능 등이 특징이다.

❸ 파이어폭스(Firefox)
모질라 재단의 오픈소스 웹 브라우저로, 웹 서핑이 속도가 빠르며, ActiveX를 지원하지 않기 때문에 보안과 사용자 프라이버시 보호에 장점을 갖는다. 따라서, ActiveX를 많이 사용하는 환경에서는 별도의 프로그램이 필요하다는 문제가 있다.

❹ 사파리(Safari)
Apple에서 만든 웹 브라우저로, MacOS, iOS, iPadOS를 사용하는 Apple 제품에서 사용하는 기본 브라우저이다. 따라서, 윈도우를 운영체제로 사용하는 환경에서는 호환 및 속도가 느리다는 단점을 가지고 있다.

❸ 웹 서버

웹 문서를 저장하고 있으며, 웹 클라이언트의 요청에 대해 해당 웹 문서로 응답 서비스를 해주는 시스템이다. 가장 대표적인 웹 서버 프로그램으로는 Apache 서버와 MS의 IIS(Internet Information Server) 등이 있다.

❹ 주소 정보

웹 브라우저는 웹 서버에 있는 웹 문서에 접근하기 위해서는 주소 정보가 필요하다. 즉, 전 세계에 퍼져 있는 웹 문서에 접근하기 위해서는 유일한 식별 주소인 위치 정보가 필요한 것이다. 이를 위해 위치를 지정하는 표준 주소인 URL(Universal Resource Locator) 개념을 사용하여 모든 문서의 주소를 지정하고 있다. **[그림 16-2]**에서는 URL 주소의 사용법을 보여주고 있다.

https://www.arduino.cc/en/Main/Software

[그림 16-2] URL 주소 예

주소 형식은 'https' 프로토콜 이름과 '://' 구분자를 사용하며, 웹 문서가 저장된 호스트의 도메인 이름인 'www.arduino.cc', 그리고, 웹 문서의 저장 경로인 '/en/Main/Software'를 지정하고 있음을 알 수 있다.

❺ 전송 프로토콜

웹 클라이언트와 웹 서버의 통신으로 하이퍼텍스트 문서에 접근하여 웹 문서를 전송하는데 사용하는 전송 프로토콜로 HTTP 프로토콜을 사용한다.

핵심요약

웹 서비스를 위해 필요한 구성요소로는 웹 문서, 웹 클라이언트, 웹 서버, 주소 정보, 전송 프로토콜 등으로 있다.

미니강의 SSL과 HTTPS

웹상에서 전송되는 데이터는 모두 평문으로 전송된다. 따라서 해킹과 같은 보안 문제가 발생할 수 있는 문제가 있다. 이에 클라이언트-서버와의 통신에 암호화 통신 규약인 SSL을 HTTP와 접목하여 모든 데이터를 암호화하여 전송함으로써 보안 문제를 해결하고자 하였다. HTTP에 SSL을 접목한 프로토콜이 HTTPS이다. 현재 대부분의 웹 서비스에서 **[그림 16-2]**에서처럼 자물쇠 모양을 보여줌으로써 HTTPS 프로토콜을 사용하고 있음을 볼 수 있다.

(3) 기본 동작

웹상에서 위의 구성요소를 사용하여 문자뿐만 아니라 음성, 영상, 멀티미디어 자료까지 MIME을 통해 같은 형태로 서비스하고 있다. 이에 대한 기본적인 동작 과정을 **[그림 16-3]**에서 보여주고 있다.

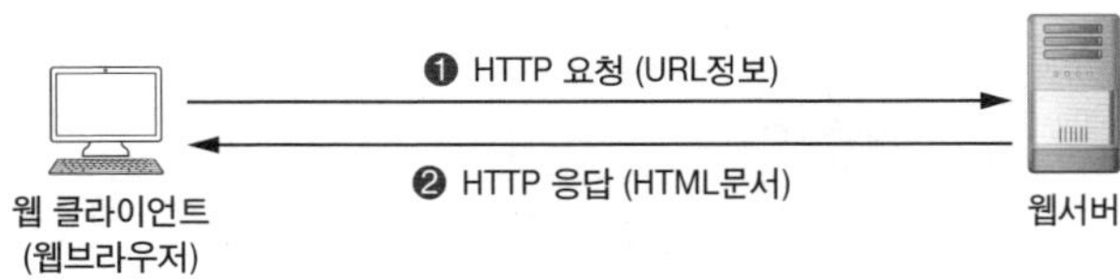

[그림 16-3] WWW 기본 동작

❶ 웹 브라우저는 사용자가 입력한 URL 정보를 가지고 HTTP 요청 메시지를 웹 서버에게 전송한다.

❷ 웹 서버는 전송받은 URL 주소에서 웹 문서를 찾아 웹 브라우저에게 HTML 문서 형태로 응답한다.

웹 서비스는 HTTP 요청과 응답 형태로 동작한다.

16.2 HTTP

(1) 개요

웹에서 하이퍼텍스트 문서를 요청하고 응답하기 위한 프로토콜로 HTTP를 사용한다. 기본적으로 HTTP 프로토콜은 클라이언트-서버 간에 TCP 80번 포트를 사용하여 HTTP 요청과 응답 메시지를 교환한다. 단, HTTP가 사용하는 TCP는 다른 응용 서비스(Telnet, FTP 등)와는 다른 비연결식 방법을 사용한다. 다시 말해 Telnet, FTP에서 사용하는 TCP 연결은 데이터 전송 후에도 연결이 계속 유지되는 반면, HTTP는 요청 메시지에 대한 응답 메시지 전송과 함께 HTTP 연결이 바로 끊어지는 형식을 사용한다(추후 설명). 왜냐하면, HTTP는 서로 다른 웹 서버에 하이퍼링크로 연결된 하이퍼텍스트 문서를 전송하기 때문에 연결을 지속해서 유지하기보다는 하나의 요청에 대한 응답 후 연결을 종료하는 방식으로 동작하는 것이 효율적이기 때문이다. 하지만, 이 방식은 하나의 웹 서버에 여러 개의 웹 문서가 존재하는 경우 각각의 웹 문서마다 별도의 연결을 설정해야 하는 부담이 있어 성능 저하의 요인이 될 수 있다.

웹에서 하이퍼텍스트 문서를 요청하고 응답하기 위한 프로토콜로 HTTP를 사용한다. 기본적으로 HTTP 프로토콜은 클라이언트 - 서버 간에 TCP 80번 포트를 사용하여 HTTP 요청과 응답 메시지를 교환한다.

(2) 요청 메시지

HTTP 요청 메시지의 구성은 **[그림 16-4]**와 같이 요청 라인(Request Line)과 헤더(Header)로 구성되어 있으며, 필요에 따라 몸체(Body)를 포함하기도 한다. 또한, 요청 라인은 **[그림 16-4]**에서 보는 바와 같이 메서드, URL, HTTP 버전으로 구성되며, 이는 공백(space)으로 구분된다.

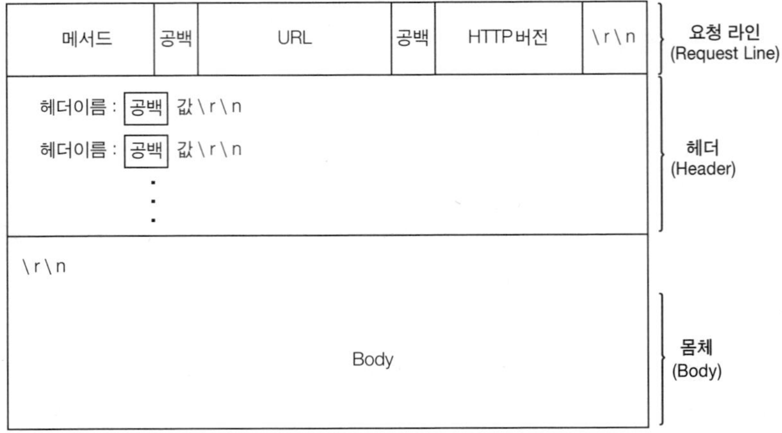

[그림 16-4] HTTP 요청 메시지 형식

1) 요청 라인(Request Line)

❶ 메서드(Method)

HTTP 요청 메시지의 종류를 나타내며, 클라이언트와 서버 사이에 실행하고자 하는 실제 명령어를 의미한다. 〈표 16-1〉에서 요청 메시지에서 사용하는 메서드 종류를 보여주고 있다.

〈표 16-1〉 메서드 종류

메서드	설명
GET	웹 서버로부터 해당 웹 문서를 요청하고자 할 때 사용한다.
HEAD	해당 웹 문서 전체 내용이 아닌 웹 문서에 대한 일부 정보를 보고자 할 때 사용한다. 즉, Body 부분은 포함되지 않는다.
POST	클라이언트가 서버에게 정보를 제공하기 위해 사용한다.
PUT	서버에게 특정 웹 문서를 전송하기 위해 사용한다.
DELETE	서버에 있는 웹 문서를 삭제하기 위해 사용한다.
LINK	URL에 위치한 파일을 헤더에 명시한 위치와 연결한다.
OPTION	서버에게 이용 가능한 옵션을 얻기 위해 사용한다.

❷ URL

앞서 살펴봤듯이 웹 서버 내의 웹 문서 위치를 나타내는 주소이다. 참고로, HTTPS 프로토콜은 이 부분을 암호화하여 전송하고 있다.

❸ 버전

현재 HTTP 최신 버전은 1.1을 사용하고 있다.

2) 헤더(Header)

요청 라인 뒤에서 오는 헤더 부분은 클라이언트가 서버에게 추가 정보를 전송하기 위해 사용하는 것으로 〈표 16-2〉에서 여러 가지 헤더 종류를 보여주고 있다. 또한 [그림 16-4]에서 보듯이 헤더의 형식은 헤더 이름과 공백 그리고 값으로 구성되며, '\r\n' (Carriage Return, Line Feed)으로 끝나고 있음을 볼 수 있다.

〈표 16-2〉 헤더 종류

헤더	설명
Accept	클라이언트에서 처리할 수 있는 미디어 형식을 의미한다.
User-Agent	클라이언트 프로그램을 의미한다.
Cookie	서버에 쿠키 정보를 전송한다.
Connection	연결 관리를 위해 사용하며, keep-alive 값이 디폴트로 사용됨.
Host	클라이언트 호스트 이름을 알려준다.

실습하기 GET 요청 메서드

❶ 실습 방법

- 임의의 사이트에 접속함으로써 HTTP 요청 메서드를 전송한다.

❷ 결과 분석

- [그림 16-5]의 위 박스 부분에 요청 메시지 내의 요청 라인 정보를 보여주고 있다.
- [그림 16-5]의 아래 박스 부분에 요청 메시지 내의 헤더 정보를 보여주고 있으며, 또한, 몸체(Body)와의 구분을 위해 추가적으로 '\r\n'을 사용하고 있다.

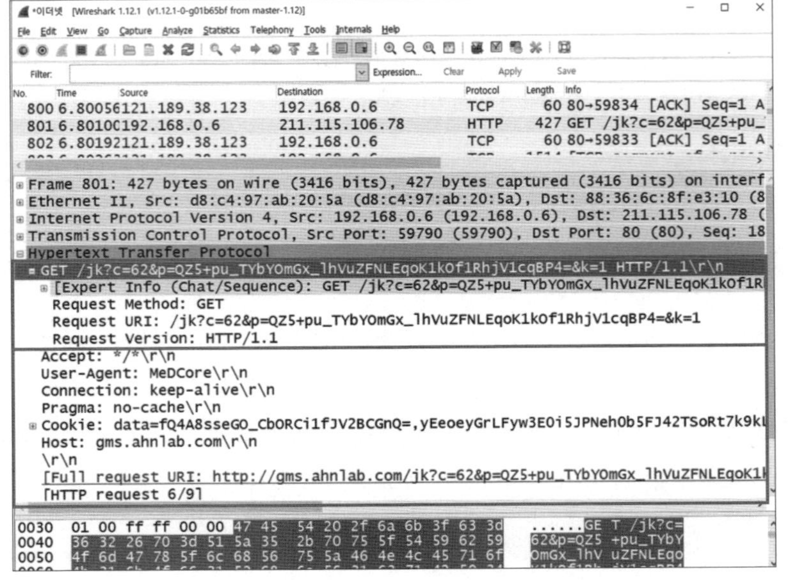

[그림 16-5] HTTP 요청 메시지 실습 화면

핵심요약

HTTP 요청 메시지의 구성은 요청 라인(Request Line)과 헤더(Header)로 구성되어 있으며, 필요에 따라 몸체(Body)를 포함하기도 한다.

미니강의 GET과 POST 메서드

❶ GET

하클라이언트에서 웹 서버 내에 있는 특정 경로의 파일을 얻어오고자 할 때 사용하는 메서드이다. 클라이언트에서 보내는 요청 메시지에 아래와 같이 명시할 수 있다. 이것은 웹 서버 내의 /home/jshan/image 경로에 있는 모든 파일을 얻어오기 위한 GET 메서드 사용 예이다. 참고로 **[그림 16-5]**는 GET 요청 메시지에 대한 실습 화면을 보여주고 있다.

GET /home/jshan/image HTTP/1.1\r\n
Accept: *.*\r\n

❷ POST

GET 요청 메시지와 반대로 클라이언트가 웹 문서를 서버로 전송하기 위해 사용하는 요청 메소드이다.

실습하기 POST 요청 메서드

❶ 실습 방법

- 임의의 사이트에 접속함으로써 HTTP POST 요청 메서드를 전송한다.

❷ 결과 분석

- [그림 16-6]의 위 박스에서 asp 파일을 전송하고 있으며 asp 파일의 형식을 보여주고 있다.

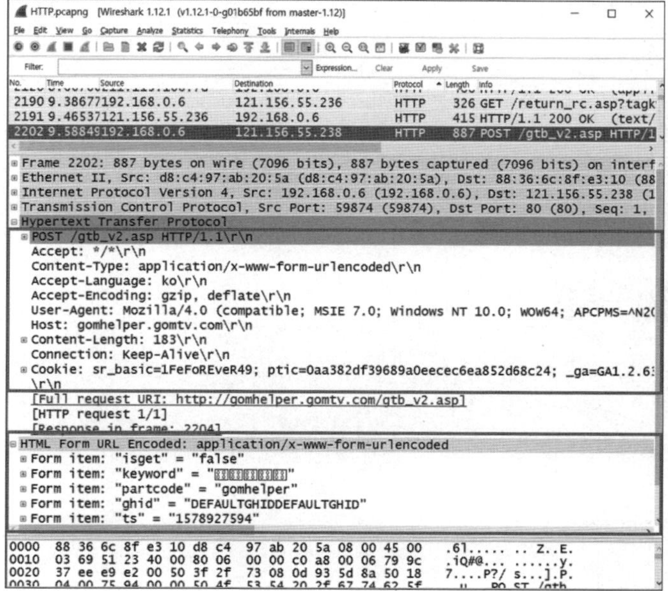

[그림 16-6] POST 요청 메시지 실습 화면

(3) 응답 메시지

HTTP 응답 메시지의 구성은 **[그림 16-7]**과 같이 상태 라인(Status Line)과 헤더(Header)로 구성되어 있으며, 필요에 따라 몸체(Body)를 포함하기도 한다. 또한, 상태 라인은 **[그림 16-7]**에서 보는 바와 같이 HTTP 버전, 상태 코드(Status Code), 상태 문구(Status Phrase)로 구성되며, 역시 공백(space)으로 구분되어 있다.

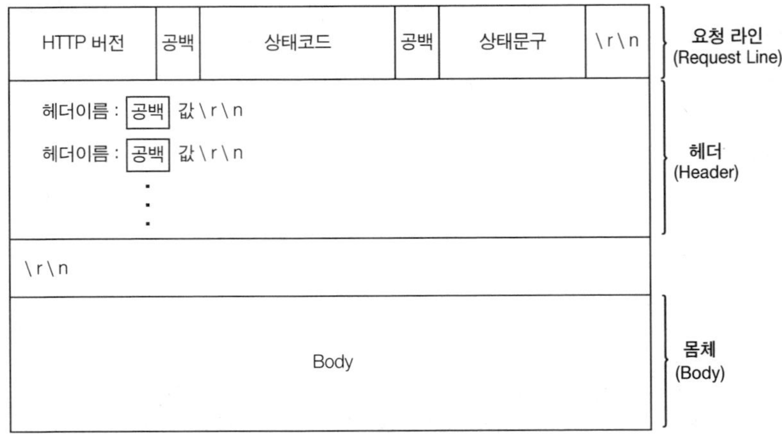

[그림 16-7] HTTP 응답 메시지 형식

HTTP 응답 메시지의 구성은 상태 라인(Status Line)과 헤더(Header)로 구성되어 있으며, 필요에 따라 몸체(Body)를 포함하기도 한다.

1) 상태 라인(Status Line)

❶ **HTTP 버전**

요청 메시지 내의 요청 라인과 같은 HTTP 버전 정보를 표시한다.

❷ **상태 코드**(Status Code)

상태 코드는 요청 메시지에 대한 상태를 3자리 숫자로 표현하며, 〈표 16-3〉에 정리되어 있다. 100번 범위는 정보를, 200번 범위는 성공적인 요청을, 300번 범위는 다른 URL로 재지정, 400범 범위는 클라이언트의 에러, 500번 범위는 서버의 에러를 의미한다.

❸ **상태 문구**(Status Phrase)

상태 코드에 대해 사용자에게 텍스트로 표현한 필드를 의미하며, **〈표 16-3〉**에서 보여주고 있다.

〈표 16-3〉 계층 간 통신의 5가지 요소

구분	상태코드	상태문구	설명
조건부 응답 (Informational)	100	Continue	클라이언트의 계속 요청 가능
	101	Switching	서버에게 프로토콜 전환을 요청
성공 (Success)	200	OK	요청 성공
	201	Created	새로운 URL 생성
	202	Accepted	요청 수락, 바로 실행되지 않음.
	204	No Content	Body 부분에 데이터가 없음.
재지정 (Redirection)	301	Multiple choices	URL이 여러 개 데이터를 명시
	302	Moved Permanently	URL이 더는 사용되지 않음
	304	Moved Temporarily	URL이 잠시 이동된 상태임
클라이언트 에러 (Client Error)	400	Bad Request	요청 메시지의 문법 에러
	401	Unauthorized	요청 메시지의 부적절한 인증
	403	Forbidden	서비스 거부
	404	Not Found	문서를 찾지 못함
	405	Method not allowed	메서드 지원하지 않음
	406	Not acceptable	요청한 형식이 거부됨
서버 에러 (Server Error)	500	Internal server error	메시지 손상과 같은 에러 발생
	501	not implemented	요청된 메서드가 없음.
	503	Service unavailable	잠시 동안 서비스가 불가능한 상태

2) **헤더**(Header)

상태 라인 뒤에서 오는 헤더 부분은 서버가 클라이언트에게 추가 정보를 전송하기 위해 사용하는 것으로 **〈표 16-4〉**에서 여러 가지 헤더 종류를 보여주고 있다.

〈표 16-4〉 헤더 종류

헤더	설명
Server	서버에 대한 정보를 의미한다.
Date	미디어 종류를 의미한다.
Content-Type	미디어 종류를 의미한다.
Content-Length	웹 문서의 길이를 의미한다.
Connection	클라이언트의 connection 요청을 원치 않을 경우, close 사용
Cache-Control	캐쉬 정보 제어용 및 압축 방지용으로 사용한다.
Set-Cookie	클라이언트에 쿠키값을 전송하기 위해서 사용

실습하기 HTTP 응답

❶ 실습 방법

- 임의의 사이트에 접속함으로써 HTTP 응답 메시지를 볼 수 있다.

❷ 결과 분석

- 참고로 **[그림 16-8]**의 위 박스 부분에 응답 메시지 내의 상태 라인 정보를 보여주고 있다.
- 또한, 헤더의 형식은 헤더 이름과 공백, 값 그리고 '\r\n'으로 끝나고 있다.
- 아래 박스 부분에 응답 메시지 내의 헤더 정보를 보여주고 있다.

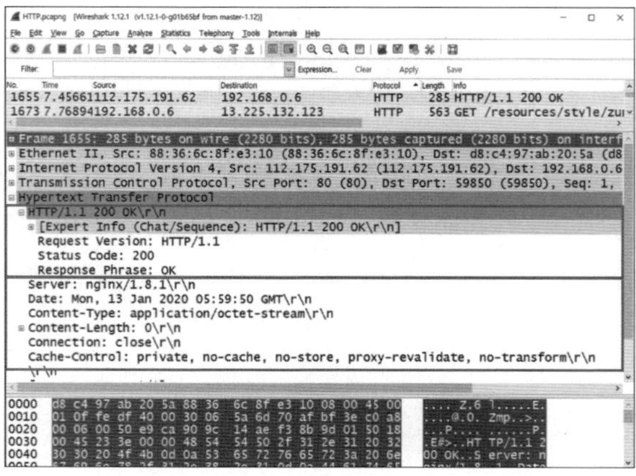

[그림 16-8] HTTP 응답 메시지 실습 화면

미니강의 쿠키(Cookie)

사용자들이 특정 사이트에 접속할 때 클라이언트에 대한 정보(이름, 비밀번호, 구매 내역, 타임스탬프 등)를 파일이나 문자열로 임시 저장할 수 있는데, 이것을 쿠키라 하며 크기는 4KB 이하로 작다. 대체로 온라인 쇼핑과 같은 응용에서는 사용자마다 장바구니 ID를 부여하여, 해당 사이트에 재접속하여도 서버 내의 쿠키 정보(장바구니 ID)를 사용하여 사용자가 계속 쇼핑할 수 있게 해준다. **[그림 16-9]**에서는 클라이언트가 헤더 안에 Cookie를 사용하여 쿠키 정보를 전송하는 모습과 서버가 클라이언트로 헤더 안에 Set-Cookie를 사용하여 쿠키 정보를 전송하는 화면을 보여주고 있다.

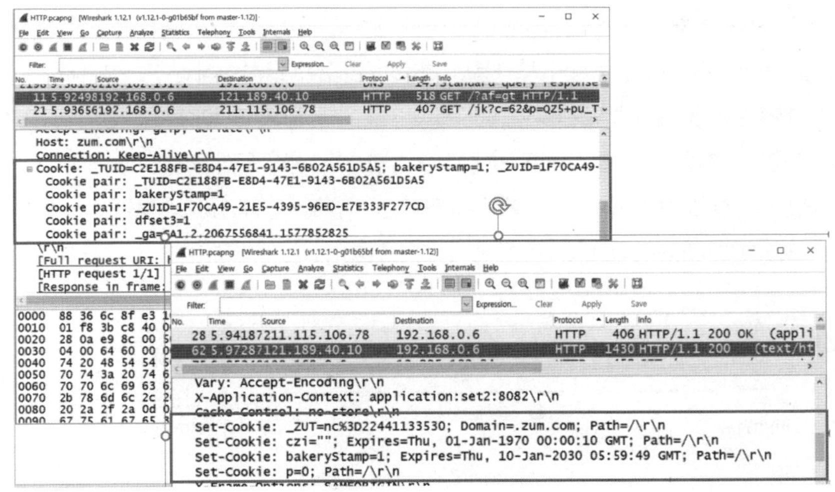

[그림 16-9] 쿠키 사용 화면

쿠키는 사용자들의 웹 사이트 접속을 원활히 하기 위해서 사용되고 있다. 또한, 웹 사이트 업체에서는 사용자들의 이용 및 구매 통계 정보를 통해 맞춤형 서비스를 제공할 수도 있다. 하지만 사용자 입장에서는 개인 정보 유출 및 사생활을 침해당할 가능성이 있어 현재에는 웹 브라우저에서 쿠키 사용을 제한할 수 있는 기능을 제공하고 있기도 하다.

16.3 웹 문서

이 장에서는 웹에서 사용하는 웹 문서의 종류를 살펴보고, 웹 문서 종류별로 사용하는 기술에 대해서 간단히 살펴보기로 한다.

(1) 정적 문서

정적(Static) 문서는 웹 서버에서 고정된 내용으로 생성된 웹 문서를 말한다. 따라서, 클라이언트는 웹 서버로부터 정적 문서의 복사본만 가져가는 것이다. 사용자는 파일의 내용을 변경할 수 없으며, 이미 결정된 파일의 내용만 전송받게 된다. **[그림 16-10]**에서는 클라이언트에서 요청 메시지를 전송하고, 웹 서버가 이에 대한 응답으로 정적 문서를 전송하는 과정을 보여주고 있다. 정적 문서를 생성하기 위해 사용되는 기술로써는 HTML, XML(Extensible Markup Language), XHTML(Extended HTML) 등이 있다.

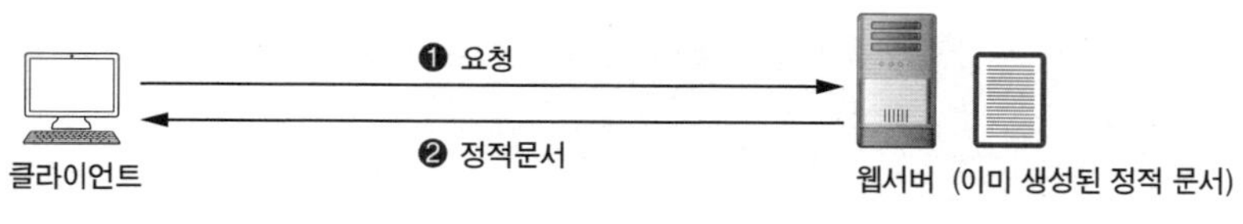

[그림 16-10] 정적 문서 전송과정

정적 문서는 웹 서버에서 고정된 내용으로 생성된 웹 문서를 말하며, 클라이언트는 웹 서버로부터 정적 문서의 복사본만 가져가는 것이다.

(2) 동적 문서

동적(Dynamic) 문서는 클라이언트가 요청 메시지를 전송하면 웹 서버에서 동적 문서를 생성하는 프로그램을 실행하여 웹 문서를 생성하고 이를 클라이언트로 전송한다. 따라서, 클라이언트 요청마다 새로운 동적 웹 문서가 생성되기 때문에 그 내용은 달라질 수 있다. 예를 들어, 사용자의 입력 사항을 웹 문서에 적용한다든지, 웹 서버에서 프로그램 실행 결과를 웹 문서에 적용하는 예를 생각할 수 있다. 동적 문서를 생성하는데 사용하는 대표적인 기술로는 다음과 같다.

- CGI(Common Gateway Interface)
- ASP(Active Server Page)
- JSP(Java Server Page)
- PHP(Hypertext Preprocessor)

이 기술들은 웹 서버에서 실행하는 프로그램들로써 서버 사이드(Server-side) 기술이라고도 한다. **[그림 16-11]**에서는 동적 문서를 생성하고 이를 전송하는 과정을 보여주고 있다.

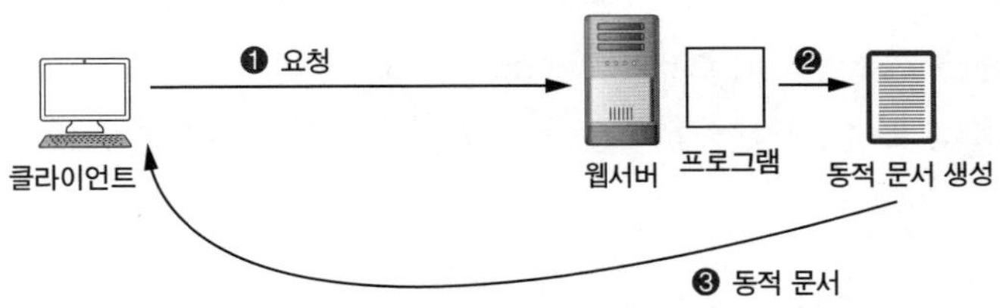

[그림 16-11] 동적 문서 생성 및 전송과정

❶ 클라이언트에서 요청 메시지를 전송한다.

❷ 웹서버에 있는 프로그램이 실행되어 동적 문서를 생성한다.

❸ 생성한 동적 문서를 클라이언트로 전송한다.

동적 문서는 클라이언트가 요청 메시지를 전송하면 웹 서버에서 동적 문서를 생성하는 프로그램을 실행하여 웹 문서를 생성하고 이를 클라이언트로 전송한다. 따라서, 클라이언트 요청마다 새로운 동적 웹 문서가 생성되기 때문에 그 내용은 달라질 수 있다.

(3) 액티브 문서

웹 서버에서 프로그램이 동작하여 생성한 문서를 동적 문서라고 정의하는 반면, 액티브(Active) 문서는 클라이언트에서 프로그램 코드나 스크립트가 실행되는 웹 문서를 말한다. 즉, 웹 서버에서 응답 메시지로 전송하는 웹 문서 안에는 클라이언트에서 실행될 프로그램 코드 또는 스크립트가 포함되어 클라이언트로 전송하게 된다. 이에 웹 문서를 전송받은 클라이언트에서 프로그램 코드나 스크립트가 실행되는 것이다. 액티브 문서를 생성하는 대표적인 기술이 JavaScript, Ajax(Asynchronous Javascript And XML) 등이 존재한다. [그림 16-12]에서는 액티브 문서 생성 및 전송과정에 대해 보여주고 있다.

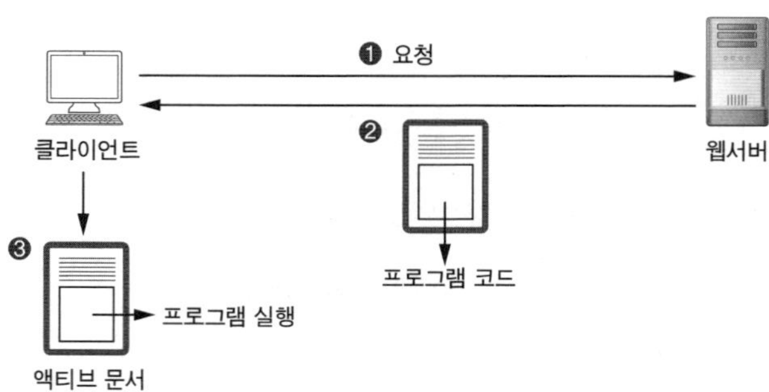

[그림 16-12] 액티브 문서 생성 및 전송과정

❶ 클라이언트에서 요청 메시지를 전송한다.

❷ 웹 서버는 프로그램 코드(이진 코드 형태)를 포함한 웹 문서를 전송한다.

❸ 클라이언트에서는 웹 문서 내의 프로그램 코드가 실행되어 액티브 문서를 생성한다.

액티브(Active) 문서는 클라이언트에서 프로그램 코드나 스크립트가 실행되는 웹 문서를 말한다.

미니강의 Ajax

비동기식 자바스크립트와 XML(Asynchronous Javascript XML)이라 하며, 하나의 특정한 기술이 아닌 여러 기술의 집합들로, 이를 통해 대화식 웹 응용프로그램을 제작하는 데 사용한다. 즉, XMLHttpRequest 객체를 통해 웹 문서에서 필요한 데이터만 Json(JavaScript Object Notation)이나 XML 형태로 서버로부터 전송받을 수 있는 기술이다. 기존에는 웹 문서를 갱신하기 위해서는 HTTP의 요청과 응답을 통해 연결을 맺어서 웹 문서 전체를 다운받아야 한다. 이것은 자원과 시간 낭비를 초래할 수 있다. 하지만 Ajax는 XMLHttpRequest 객체를 사용하여 필요한 데이터만 갱신할 수 있어 웹 문서의 처리 속도 향상 및 전송 데이터의 양을 줄일 수 있는 장점이 있다.

요약정리 SUMMARY

01 웹상에서 하이퍼텍스트(Hypertext) 및 하이퍼미디어(Hypemedia)를 기반으로 이루어져 있어 문서들에 대한 데이터를 전송하는 프로토콜로 HTTP(Hyper Text Transfer Protocol) 프로토콜이 사용된다.

02 웹 서비스를 위해 필요한 구성요소로는 웹 문서, 웹 클라이언트, 웹 서버, 주소 정보, 전송 프로토콜 등으로 있다.

03 웹 서비스는 HTTP 요청과 응답 형태로 동작한다.

04 웹에서 하이퍼텍스트 문서를 요청하고 응답하기 위한 프로토콜로 HTTP를 사용한다. 기본적으로 HTTP 프로토콜은 클라이언트-서버 간에 TCP 80번 포트를 사용하여 HTTP 요청과 응답 메시지를 교환한다.

05 HTTP 요청 메시지의 구성은 요청 라인(Request Line)과 헤더(Header)로 구성되어 있으며, 필요에 따라 몸체(Body)를 포함하기도 한다.

06 HTTP 응답 메시지의 구성은 상태 라인(Status Line)과 헤더(Header)로 구성되어 있으며, 필요에 따라 몸체(Body)를 포함하기도 한다.

07 정적 문서는 웹 서버에서 고정된 내용으로 생성된 웹 문서를 말하며, 클라이언트는 웹 서버로부터 정적 문서의 복사본만 가져가는 것이다.

08 동적 문서는 클라이언트가 요청 메시지를 전송하면 웹 서버에서 동적 문서를 생성하는 프로그램을 실행하여 웹 문서를 생성하고 이를 클라이언트로 전송한다. 따라서, 클라이언트 요청마다 새로운 동적 웹 문서가 생성되기 때문에 그 내용은 달라질 수 있다.

09 액티브(Active) 문서는 클라이언트에서 프로그램 코드나 스크립트가 실행되는 웹 문서를 말한다.

연습문제 EXERCISE

01 다음 중 웹 서비스에 대한 설명으로 맞지 않는 것은?

① 하이퍼텍스트와 하이퍼미디어로 된 문서를 검색할 수 있다.
② HTTP 프로토콜을 사용한다.
③ 주소로 IP 주소만 사용한다.
④ MIME 지원으로 다양한 문서 전송이 가능하다.

02 다음 중 웹 문서에 대한 설명으로 맞지 않는 것은?

① HTML을 사용하여 정적 문서를 생성할 수 있다.
② 동적 문서를 생성을 위해서는 CGI, ASP 같은 기술을 사용한다.
③ 액티브 문서는 클라이언트에서 특정 프로그램이 실행되는 것이다.
④ 하이퍼텍스트로 구성되어 순차적으로 접근해야 한다.

03 웹 서비스에서 사용하는 표준화된 주소 표기 방법을 무엇이라 하는가?

04 다음 중 HTTP 요청 메시지의 메소드 내용으로 맞지 않는 것은?

① GET : 웹 문서 요청 시 사용
② HEAD :웹 문서에 대한 일부 정보 확인하고자 할 때 사용
③ POST : 서버가 정보를 제공할 때 사용
④ PUT : 특정 웹 문서를 전송할 때 사용

05 HTTP 요청 메시지에서 사용하는 메소드 중에 클라이언트가 서버에게 웹 문서를 전송하고자 할 때 사용하는 메소드는 무엇인가?

① PUT ② PULL
③ POST ④ GET

연습문제 EXERCISE

06 다음 중 HTTP 응답 메시지 중 응답 코드에 대한 설명으로 맞지 않는 것은?

① 100 : 계속 요청 가능
② 200 : 서비스 거부
③ 301 : URL이 여러 개 데이터 명시
④ 401 : 부적절한 인증

07 사용자들이 특정 사이트에 접속할 때 클라이언트에 대한 정보를 파일이나 문자열로 임시 저장하는 곳을 무엇이라 하는가?

08 다음 중 액티브 문서를 생성하기 위한 기술로 사용되는 것은?

① CGI　　② HTML
③ JAVA　　④ Ajax

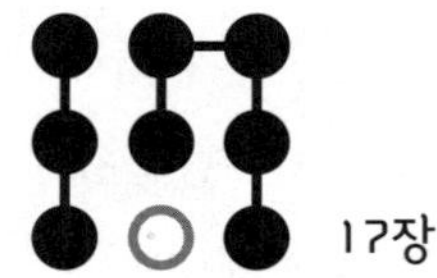

17장

네트워크 관리 프로토콜(SNMP)

TCP/IP 상에서 네트워크 관리를 위한 표준 프로토콜인 SNMP에 대해 학습한다. 이를 위해서 네트워크 관리 개념과 OSI 5대 관리기능에 대해 살펴보고, 관리 주체가 되는 관리정보 표현과 저장 그리고 접근방법에 대해 학습하기로 한다.

- 네트워크 관리 개념과 구성요소를 이해할 수 있다.
- 관리정보의 표현과 저장 및 접근방법을 이해할 수 있다.
- SNMP 프로토콜의 구성요소와 동작 과정을 이해할 수 있다.

17.1 네트워크 관리

(1) 개념 및 필요성

먼저 관리의 개념을 살펴보면, **시스템 관리**(System Management)는 시스템의 소유자와 이용자 모두의 요구조건을 만족시킬 수 있도록 시스템을 감독하고 제어하는 일이다. 여기에는 시스템에 새로운 기능이나 기술을 적용하여 최상의 성능을 계속해서 유지하도록 하는 장기적인 계획도 포함된다. **네트워크 관리**(Network Management)는 네트워크 자원에 대한 가용성(Usability)을 최대로 하고 응답 시간(Response Time)을 최소화하기 위해 네트워크 상황을 분석하여 자원 이용 효율을 최대화할 수 있게끔 계획을 수립하고 네트워크를 재설계할 수 있도록 도와주는 행위를 말한다.

네트워크 관리의 중요성이 부각되면서 각 컴퓨터 회사들은 자신들의 네트워크 관리시스템을 만들었는데 대표적인 것으로 HP의 Open View, IBM의 NetView, AT&T의 UNMA(Unified Network Management Architecture), DEC의 Enterprise Management Architecture 등이 그것이다.

그러나 이러한 네트워크 관리시스템은 자사의 하드웨어와 소프트웨어로 구성된 네트워크 관리에는 문제가 없었으나 여러 회사 제품이 복잡하게 얽혀있는 네트워크 환경에 대해서는 그 기능을 충분히 발휘할 수가 없다.

따라서, 어느 특정 제품에 국한되지 않고 일관된 네트워크 관리 체제의 필요성이 대두되게 되었다. 즉 하나의 네트워크 관리시스템이 모든 네트워크를 관장하는 것이 아니라 여러 네트워크 관리시스템들이 서로 정보를 교환함으로써 통합된 네트워크 관리가 필요해진 것이다. 이러한 요구에 부응하기 위해 ISO가 네트워크 관리의 표준화를 위해 관리 프레임워크, 관리기능, 관리 프로토콜, 관리정보의 정의 및 구조 등을 표준화하게 되었다.

네트워크 관리는 네트워크 자원에 대한 가용성(Usability)을 최대로 하고 응답 시간(Response Time)을 최소화하기 위해 네트워크 상황을 분석하여 자원 이용 효율을 최대화할 수 있게끔 계획을 수립하고 네트워크를 재설계할 수 있도록 도와주는 행위를 말한다.

(2) OSI 5대 관리기능

여기서 OSI 관리는 OSI 환경에서 네트워크 관리자가 네트워크 자원들의 상태를 인식하고 이를 기록하며 정보를 수집하고 조정하는 총체적 기능을 의미한다. ISO 표준에 의해 정의된 OSI 5대 관리기능을 살펴보면 다음과 같다.

❶ 구성관리

네트워크에 존재하는 모든 하드웨어와 소프트웨어 자원들의 존재를 정확히 파악하는 일이다. 이는 모든 자원이 정확히 파악되어야 관리가 시작될 수 있기 때문이다.

❷ 장애관리

네트워크상의 문제를 감지하고 이를 해결하기 위해 네트워크 활동을 철저히 모니터함으로써 고장 발생원인과 그 특징을 파악하는 것을 의미한다. 이러한 문제들은 사건(event) 형식으로 네트워크 관리자에게 전달되거나 알람(alarm)을 보내게 된다.

❸ 성능관리

다양한 네트워크 트래픽에 대한 통계 자료들을 수집하고 분석함으로써 네트워크 자원의 가용성이나 응답 시간 등이 미리 정의된 이용자 기준에 적합한지 평가하여 네트워크 재설계 및 확장에 필요한 진단 자료로 사용하도록 한다.

❹ 계정관리

네트워크 구성요소들의 사용기록을 관리하여 이용이 적은 불필요한 장비나 이용의 빈도수가 잦은 자원의 구매 결정에 판단 근거로 사용하도록 한다.

❺ 보안관리

보안 정책을 일관되게 유지하여 네트워크 자체나 네트워크 액세스의 제어를 위한 기초 자료 수집을 통해 불법적인 데이터의 유출을 예방하기 위한 행위를 의미한다.

핵심요약

OSI 5대 관리기능은 구성관리, 성능관리, 장애관리, 계정관리, 보안관리 등이 있다.

미니강의 CMIP/CMISE/CMIS

CMIP(Common Management Information Protocol)은 OSI 7계층 네트워크상에서 네트워크 관리를 위한 표준 프로토콜이다. 그리고, CMISE(Common Management Information Service Element)는 네트워크 관리를 위한 관리자와 에이전트 그리고 양단의 CMIS(Common Management Information Service) 응용 프로그램들을 의미한다. CMIS는 네트워크 관리를 위해 CMISE이 제공하는 다양한 서비스들을 의미한다.

즉, CMISE에 있는 CMIS 서비스들을 전송하기 위해 사용하는 네트워크 관리 프로토콜이 CMIP인 것이다. 참고로 CMIP은 TCP를 사용하며, 관리정보에 대한 인증, 접근 제어, 보안 서비스를 제공하고 있어 안전성 면에서는 뛰어나다고 할 수 있다. 하지만 CMIP은 체계적으로 잘 정리된 훌륭한 모델임에도 불구하고 지나치게 방대하고 복잡하게 규정되어 현재 사용되지 않고 있다.

(3) 인터넷 관리

TCP/IP 네트워크상에서 관리자로 하여금 네트워크 내의 문제를 파악하고 네트워크 자원 사용을 진단함으로써 네트워크 재설계 및 확장을 효율적으로 수행하기 위한 모든 행위를 총칭하여 인터넷 관리라고 하며, 이를 위해 사용하는 네트워크 관리 프로토콜이 SNMP(Simple Network Management Protocol)이다.

SNMP는 관리자들이 네트워크 구성요소에 대한 관리정보를 조회하거나 설정할 수 있게 지원하는 프로토콜로써, 관리정보를 표현하기 위한 관리정보의 구조(SMI : Structure of Management Information) 그리고, 이를 계층적으로 표준 관리하는 관리정보 베이스(MIB : Management Information Base)에 대한 기술 표준들과 네트워크들을 관리하기 위한 시스템 구조를 제공한다. 즉, 인터넷 관리를 위한 구성요소로는 네트워크 관리자(Network Manager), 에이전트(Agent), 관리정보 구조(SMI), 관리정보 베이스(MIB), 네트워크 관리 프로토콜(SNMP) 등으로 구성되어 있다.

❶ 네트워크 관리자(Network Manager)

SNMP 프로그램이 실행되는 호스트를 네트워크 관리 시스템(NMS : Network Management System) 또는 네트워크 관리자라고 한다. 네트워크 관리자는 에이전트에 있는 관리정보를 조회하거나 특정 값을 설정할 수 있으며, 이를 통해 네트워크 재설계 및 확장에 필요한 판단 근거자료를 생성할 수 있다.

❷ 에이전트(Agent)

관리 대상이 되는 피관리 시스템을 에이전트라 하며 주로 라우터, 스위치와 같은 네트워크 장비가 에이전트로 동작한다. 다시 말해, 네트워크 장비들은 관리자의 SNMP 요청에 응답할 수 있도록 SNMP를 지원하고 있다. 에이전트에는 유출입되는 트래픽의 양이나 비정상적인 트래픽 양 등과 같은 성능정보 및 피관리 시스템의 장애 발생빈도를 알 수 있는 장애정보 등을 관리정보로 규정하고, 이를 MIB을 통해 데이터베이스화하여 유지하고 있다. 또한, MIB에 있는 관리정보는 관리자와 에이전트 간의 네트워크 관리 프로토콜을 통해 송수신하게 된다.

❸ 관리정보 베이스(MIB)

네트워크 관리의 핵심요소 중의 하나로서 네트워크를 관리하는데 필요한 모든 정보를 보관하고 있는 데이터베이스이다. 즉, 관리되는 네트워크의 모든 자원(관리정보)들은 객체로서 표현이 되며, 이러한 객체들을 데이터베이스화 한 것이 바로 MIB이다. MIB에 저장된 각 객체는 ASN.1(Abstract Syntax Notation one) 형태의 객체 식별자(OID :Object IDentifier)를 통해 구별된다.

❹ **관리정보 구조**(SMI)

SMI는 MIB에서 사용되는 객체의 형태나 MIB에 있는 객체들의 표현 방법과 이름 부여 방법에 관한 내용을 기술하고 있다. 다시 말해, SMI는 객체의 이름과 타입을 정의하며 객체의 값들의 부호화 방법에 대한 인코딩 규칙들을 정의하고 있다.

미니강의 SMI와 MIB의 관계

프로그래밍 언어(Program Language) 측면에서 SMI와 MIB 관계를 비유해 보면, 데이터 저장을 위한 문법을 정의한 것이 SMI라 할 수 있다. 즉, 데이터 타입의 종류(int, float, double char 등)를 정의하고 변수명의 규칙(길이와 이름 규칙 등)에 대한 정의를 말한다. 이에 반해, MIB은 정의된 문법에 따라서 데이터에 이름을 붙이고, 여기에 데이터 타입을 정의하는 것을 말한다. 결론적으로, SMI는 관리정보에 대한 Syntax이고, MIB은 Definition을 의미한다.

❺ **SNMP**

TCP/IP 네트워크상에서 관리자와 에이전트들을 서로 연결하여 관리정보를 송수신하게 하기 위한 네트워크 관리 프로토콜로써 다음과 같은 중요한 3가지 기능을 가지고 있다.

- Get : 관리자가 에이전트에 있는 MIB 객체 정보를 요청할 수 있는 기능
- Set : 관리자가 에이전트에 있는 MIB 객체들의 값을 설정할 수 있는 기능
- Trap : 에이전트가 관리자에게 사건 또는 알람을 전송하는 기능

SNMP의 특징은 관리자가 수행할 수 있는 관리기능의 수와 복잡성을 최소화하고, 특정 호스트나 네트워크 장비의 구조와는 독립적으로 동작할 수 있어 널리 사용되고 있다.

[그림 17-1]에서는 인터넷 관리상에서 5가지 구성요소들을 통한 인터넷 관리 구조를 보여주고 있다.

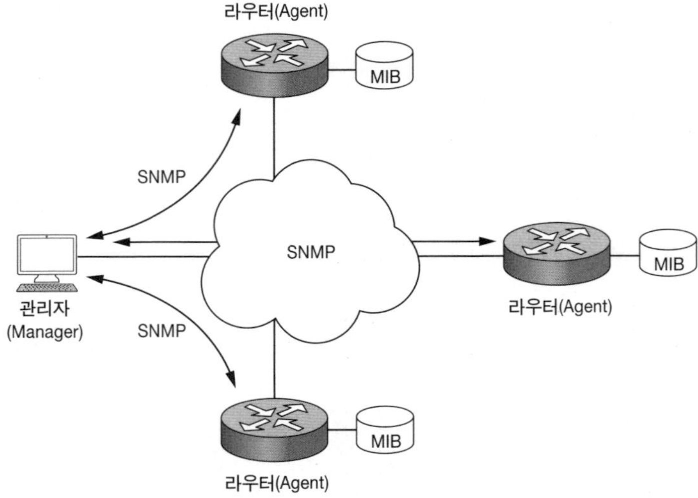

[그림 17-1] 인터넷 네트워크 관리 구조

인터넷 관리를 위한 구성요소로는 네트워크 관리자, 에이전트, 관리정보 구조(SMI), 관리정보 베이스(MIB), 네트워크 관리 프로토콜(SNMP) 등으로 구성되어 있다.

17.2 관리정보

(1) SMI

MIB에 대한 정의 및 구성 방법에 대한 표준화된 규칙을 기술하고 있다(RFC 1155). 즉, MIB에서 사용하는 데이터 타입과 표현 방법 그리고, 객체의 이름에 관한 규정을 포함하고 있다. SMI가 제공하는 기능을 정리하면 다음과 같다.

- 객체 이름을 정의한다.

- 객체에 저장되는 데이터 타입을 정의한다.
- 전송되는 데이터 인코딩 방법을 정의한다.

❶ **객체 이름**(Name)

SMI는 관리정보(관리객체)마다 고유한 이름을 부여하고 있다. 이를 위해 **[그림 17-2]**에서 보듯이 SMI는 트리 형식의 계층적 객체 식별자(OID) 구조를 갖는다. 특정 관리객체를 식별하기 위해서는 **[그림 17-2]**와 같이 널 문자의 루트(root)에서 시작하며, 점으로 구분되는 일련의 식별 값으로 정의하면 된다. 즉, mib-2 객체를 정의해 보면 정수값의 식별값(OID)을 사용하고, 이를 관리자 측면에서 쉽게 표현하기 위해서는 다음과 같이 계층적 객체 이름으로 정의하면 된다.

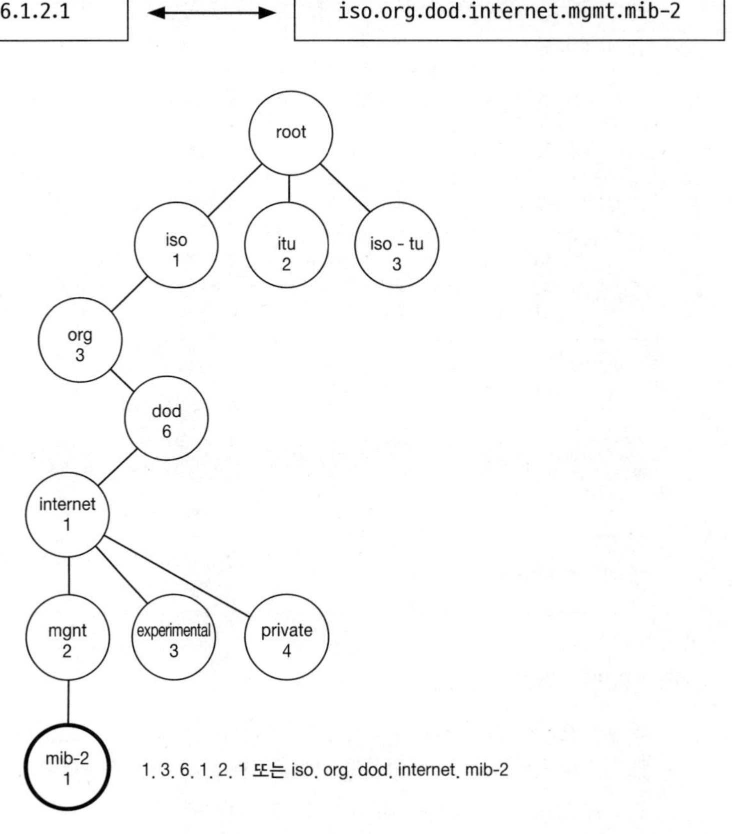

[그림 17-2] 객체들의 계층적 트리 구조

SNMP에서 사용하는 MIB은 mib-2 객체부터 사용하고 있어 객체 식별자(OID)는 항상 1.3.6.1.2.1부터 시작한다는 점을 기억하자.

❷ 객체의 데이터 타입(Data Type)

MIB에 저장되는 객체의 데이터 타입을 정의하고 있다. SMI는 ASN.1 규약에서 제공하는 추상적 데이터 타입과 새로이 추가된 데이터 유형을 지원하며 이를 통해 단순형(Simple) 데이터 타입과 구조적(Structured) 데이터 타입을 제공하고 있다. 〈표 17-2〉에서는 단순형 데이터 타입 종류를 보여주고 있으며, 〈표 17-2〉는 구조적 데이터 타입 종류를 설명하고 있다.

〈표 17-1〉 단순형 데이터 타입

데이터 타입	크기	설명
INTEGER(Integer32)	4바이트	$-2^{31}\sim2^{31}-1$ 사이의 값을 의미한다.
OCTET STRING	4바이트	ASCII 문자들을 의미한다.
OBJECT ID	4바이트	십진수로 표현되는 객체 식별자(OID)를 의미한다.
Counter32	4바이트	$0\sim2^{32}-1$ 사이에서 증가하는 양의 정수값을 의미한다.
Gauge	4바이트	$0\sim2^{32}-1$ 사이에서 증가하거나 감소하는 값을 의미한다.
TimeTicks	4바이트	특정 시점부터 0.001초 단위 시간을 카운트한다.

〈표 17-2〉 구조적 데이터 타입

데이터 타입	크기	설명
Sequence	가변적	배열과 유사하다.
Sequence of	가변적	같은 유형의 단순형 데이터 유형들의 집합으로 2차원 배열과 유사하다.

❸ 인코딩(Encoding) 방법

SMI는 관리 객체를 ASN.1의 추상적 데이터 타입으로 정의한 후, 이를 전송하기 위해 BER(Basic Encoding Rules) 인코딩 방식을 사용한다. 기본적으로 BER 인코딩 방식은 TLV 방식을 사용한다. 〈표 17-3〉에서는 〈표 17-1〉 단순형 데이터 타입에 대한 Tag 값을 보여주고 있다.

〈표 17-2〉 단순형 데이터 타입의 Tag 값

데이터 타입	Tag
INTEGER(Integer32)	00000010
OCTET STRING	00000100
OBJECT ID	00000110
Counter32	01000001
Gauge	01000010
TimeTicks	01000011

미니강의 BER 인코딩 방법 예

❶ NTEGER 10의 인코딩 방법
Tag는 00000010, Length는 4, Value는 10을 표현하면 **[그림 17-3]**과 같다.

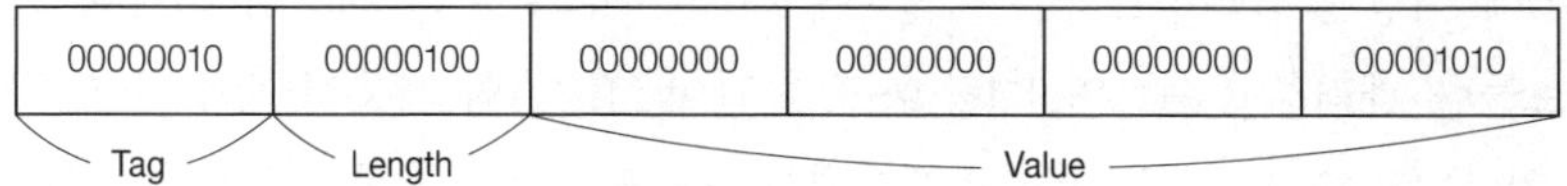

[그림 17-3] INTEGER 10 인코딩 값

❷ OID 1.3.6.1의 인코딩 방법
Tag는 00000110, Length는 4, Value는 각각 1, 3, 6, 1을 표현하면 **[그림 17-4]**와 같다.

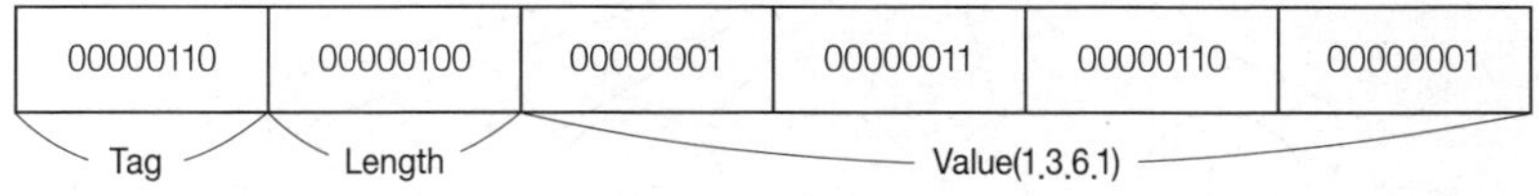

[그림 17-4] OID 1.3.6.1 인코딩 값

❸ OCTET STRING "ID" 의 인코딩 방법
Tag는 00000100, Length는 2, Value는 "ID"을 표현하면 **[그림 17-5]**와 같다.

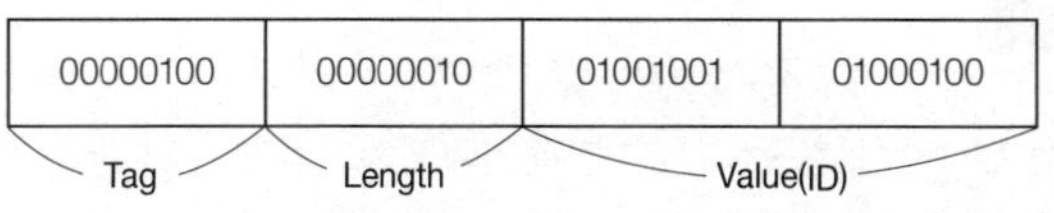

[그림 17-5] OCTET STRING "ID" 인코딩 값

SMI는 MIB에서 사용하는 데이터 타입과 표현 방법 그리고, 객체의 이름에 관한 규정을 포함하고 있으며, 트리 형식의 계층적 객체 식별자(OID) 구조를 갖는다.

(2) MIB

네트워크 관리를 위해 필요한 관리정보를 데이터베이스화한 것이 관리정보 베이스(MIB)이다. 관리정보들은 모두 객체로 표현되어 있고 계층적 구조 형식을 가지고 있다. 참고로, 현재 MIB의 버전은 두 번째 버전인 MIB-II(RFC 1213)를 사용하고 있다.

1) 계층적 구조

MIB에 저장된 관리정보는 에이전트에 대한 정보와 여러 계층의 네트워크 트래픽 정보들을 관리하고 있으며, **[그림 17-6]**과 같이 MIB-II의 계층적 객체 구조를 관리하고 있다. **〈표 17-4〉**에서는 mib-2 객체에서 관리되고 있는 8개 그룹을 설명하고 있다.

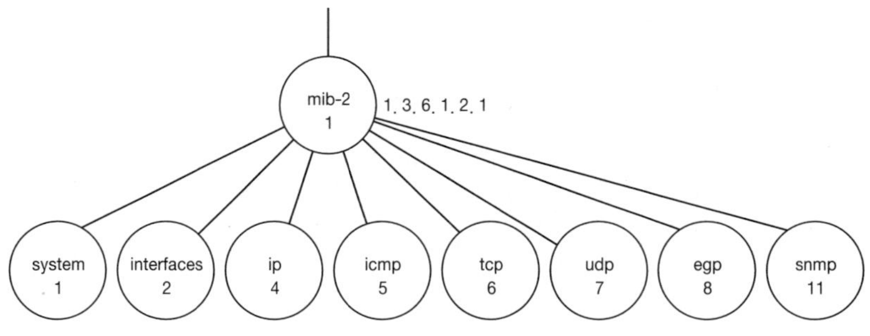

[그림 17-6] MIB-II 계층적 객체 구조

네트워크 관리를 위해 필요한 관리정보를 데이터베이스화한 것이 관리정보 베이스(MIB)이다. 관리정보들은 모두 객체로 표현되어 있고, 계층적 구조 형식을 가지고 있다.

〈표 17-4〉 MIB-II 그룹 구성

그룹명(OID)	설명
system(1)	에이전트에 관한 정보
interfaces(2)	에이전트에 있는 인터페이스 정보
ip(4)	IP에 관한 정보로, IP 트래픽 정보, 라우팅 테이블 정보, IP 주소 정보 등을 포함하고 있다.
icmp(5)	ICMP 송수신 메시지 수와 발생 된 에러에 대한 정보를 포함하고 있다.
tcp(6)	TCP 송수신 세그먼트 수 및 포트 수, time-out 수 등을 포함하고 있다.
udp(7)	UDP 송수신 데이터그램 수 및 포트 수 등을 포함하고 있다.
egp(8)	EGP 메시지 수와 관련된 정보를 포함하고 있다.
snmp(11)	SNMP 메시지와 관련된 정보를 포함하고 있다.

2) 객체 접근 방식

관리자들은 MIB에 있는 표준화된 관리정보들에 접근하여 실제 값들을 얻어와야 한다. 이를 위해 객체들에 따라 접근하는 방법이 필요한데, **〈표 17-1〉**과 **〈표 17-2〉**에서 설명한 단순형 데이터 타입과 구조적 데이터 타입에 따라 접근 방식이 다르다. 각 접근 방식을 설명하기 위해 **〈표 17-4〉**의 tcp(6) 그룹을 예로 사용하기로 한다. 먼저 tcp(6) 그룹에서 관리하는 여러 객체(변수)의 구조를 보면 **[그림 17-7]**과 같으며, 각 객체의 이름으로 그 의미를 짐작할 수 있다. 참고로, 객체 tcpConnTable(13)에서 관리하는 데이터들은 소켓(socket) 정보임을 객체 이름을 통해 쉽게 알 수 있을 것이다.

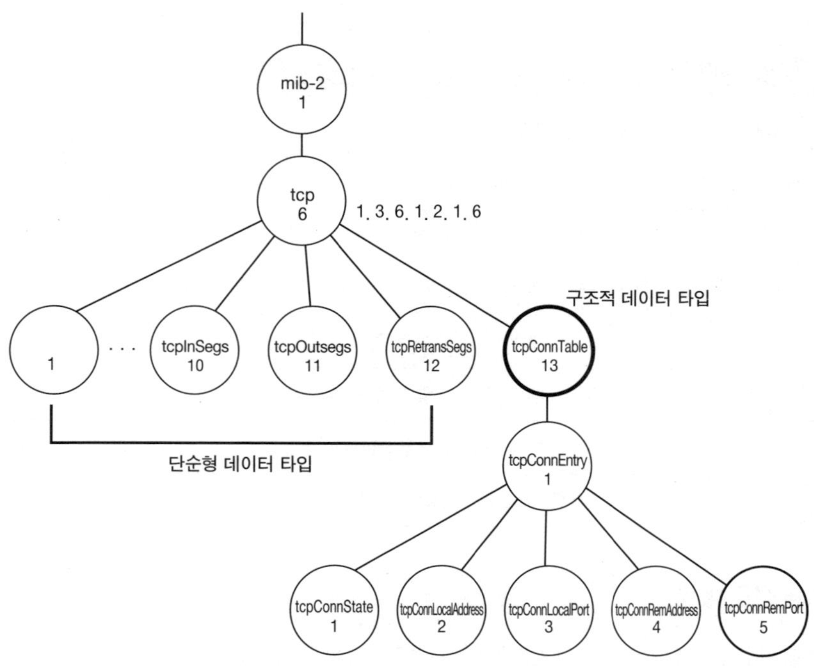

[그림 17-7] tcp(6) 그룹 객체(OID)

❶ 단순형 데이터 타입 접근 방법

[그림 17-7] tcp(6) 그룹의 단순형 데이터 타입은 식별값(OID)이 1~12 값을 갖는 객체들임을 알 수 있다. 단순형 데이터 타입 중에 하나인 tcpInSegs(10) 변수에 접근하여 실제 값을 얻어오기 위해서는 tcp 식별값(OID)인 1.3.6.1.2.1.7에 tcpInSegs(10) 변수의 식별값을 붙여서 **1.3.6.1.2.1.6.10**을 쓰면 된다. 참고로 이 변수는 TCP가 수신한 세그먼트 총 개수를 저장하고 있다. 하지만 이 식별자는 tcpInSegs 변수를 의미할 뿐 실제 값은 의미하지 않는다. 따라서 실제 값을 얻어오기 위해서는 인스턴스 접미사(suffix)인 **0** 값을 붙여야 한다. 결국, tcpInSegs(10) 변수가 가지고 있는 값을 얻어오기 위해서는 다음과 같은 OID를 사용해야 한다. 이때 Get 명령어를 사용하여 값을 얻어온다.

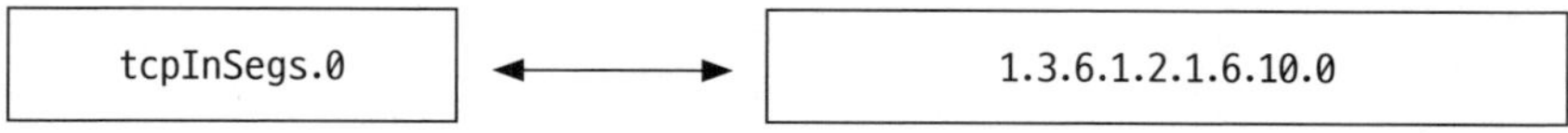

❷ 구조적 데이터 타입 접근 방법

[그림 17-7] 에서 tcp(6) 그룹의 구조적 데이터 타입은 tcpConnTable(13) 객체이다. 이 객체

는 표(table) 구조 형태를 가지고 있다. 즉, 각 행(column)의 이름은 객체이름(tcpConnState, tcpConnLocalAddress, tcpConnLocalPort, tcpConnRemAddress, tcpConnRemPort)을 사용하고 이들에 대한 실제 값들이 열(row)에 저장되는 것이다. **[그림 17-8]**은 구조적 데이터 타입인 tcpConnTable의 구조적 형태를 보여주고 있으며, 각 열의 실제 값을 행별로 얻어오기 위해서는 **GetNext** 명령어를 통해 차례대로 얻어오는 것을 볼 수 있다. 즉, 한 번의 **GetNext** 명령어를 통해 첫 번째 열의 tcpConnState 변수의 값을 얻어오는 것이다.

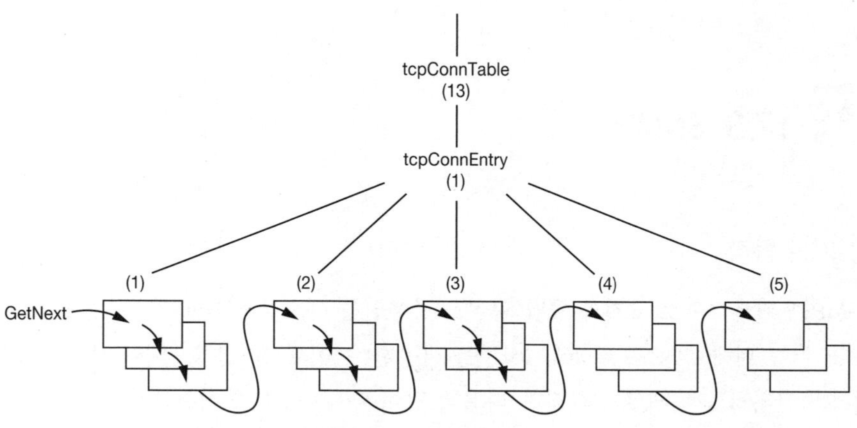

[그림 17-8] tcpConnTable 객체의 구조와 값 획득 방법

이를 좀 더 자세히 설명하기 위해서 **[그림 17-9]**와 같이 표로 구성된 tcpConnTable 값들을 획득하는 방법을 보여주고 있다. 실제로 값을 얻어오기 위해서는 각 열의 **인덱스**(index) 값을 먼저 알아야 하는데, 처음에는 이 값을 알지 못하기 때문에 **GetNext** 명령어를 통해 차례대로 얻어오는 방법을 사용한다. 만약 인덱스 값을 알고 있다면 그 인덱스 값을 사용하여 Get 명령어를 사용하면 된다.

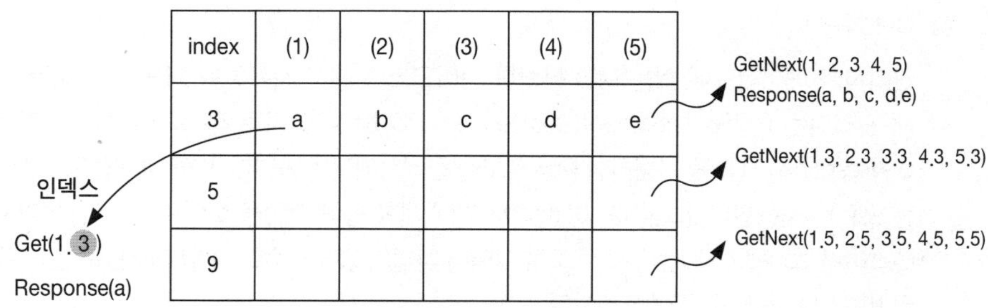

[그림 17-9] tcpConnTable 객체 값 획득 방법

MIB 객체 접근 방식은 단순형 데이터 접근 방식과 구조적 데이터 접근 방식에 따라 다르다. 구조적 데이터를 얻어오기 위해서는 인덱스 값이 필요하다.

17.3 SNMP

(1) 기본 동작

SNMP는 기본적으로 요청과 응답 형식을 사용하는 Get, Set, Trap 3가지 기능을 제공한다. 이를 위해 UDP 포트 161, 162번을 사용한다. 이때, 교환되는 데이터는 프로토콜 데이터 단위(PDU) 형태로 교환되며, 다음과 같이 5가지 PDU를 사용하게 된다.

- GetReqeust PDU
- GetNextRequest PDU
- GetReponse PDU
- SetRequest PDU
- Trap PDU

❶ Get 기능

관리자가 에이전트에 있는 MIB 정보를 얻어오기 위해서 사용하는 기능이다. 이를 위해 관리자는 GetRequest, GetNextRequest PDU를 에이전트 전송하면, 에이전트는 GetResponse PDU를 사용하여 MIB 정보를 관리자에게 전송한다. 이때 에이전트는 161번 포트를 사용한다. **[그림 17-10]** (a)에서 이에 대한 동작 과정을 보여주고 있다. 여기서 GetNextRequest PDU는 주로 구조적 데이터 타입의 값들을 얻고자 할 때 사용하는데 해당 변수의 다음 변수 값을 요청한다.

❷ Set 기능

관리자가 MIB의 특정 객체에 대한 값을 설정하고자 할 때 사용하는 기능으로, 관리자는 SetRequest PDU로 해당 객체와 값을 전송하고, 에이전트는 GetResponse PDU로 응답하게 된다. 이때 역시 에이전트는 161번 포트를 사용한다. **[그림 17-10]** (b)에서 이에 대한 동작 과정을 보여주고 있다.

❸ Trap 기능

MIB에 설정된 이벤트 발생이나, 중요한 사건을 통보하기 위해서 사용하는 기능으로, 에이전트가 관리자의 요청없이 직접 Trap PDU를 전송하게 된다. 이때, 관리자는 어떠한 응답도 보내지 않는다. 참고로, 관리자는 162번 포트를 사용하여 Trap PDU를 수신한다. **[그림 17-10]** (c)에서 이에 대한 동작 과정을 보여주고 있다. **〈표 17-5〉**에서는 SNMP에서 정의된 일반적인 trap(Generic trap) 종류를 보여주고 있다.

〈표 17-5〉 SNMP에 정의된 trap 종류

종류	설명
coldStart(0)	주요 결함에 의한 예기치 못한 재시작
warmStart(1)	스스로 초기화되는 정상적인 재시작
linkDown(2)	링크의 인터페이스가 다운됨
linkUp(3)	링크의 인터페이스가 재가동됨
authenticationFailure(4)	SNMP 인증이 실패한 경우
egpNeighborLoss(5)	EGP 노드가 사라졌거나 더는 존재하지 않을 경우

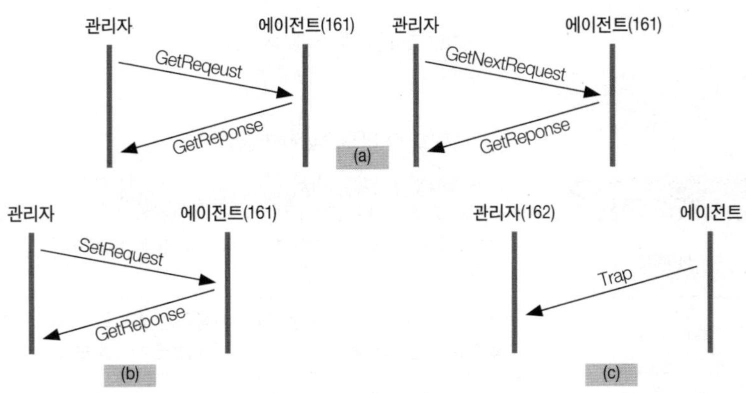

[그림 17-10] SNMP 기능별 PDU 동작 과정

SNMP는 기본적으로 요청과 응답 형식을 사용하는 Get, Set, Trap 3가지 기능을 제공한다. 이를 위해 GetReqeust PDU, GetNextRequest PDU, GetReponse PDU, SetRequest PDU, Trap PDU 등 5가지 PDU를 사용한다.

(2) 캡슐화 및 메시지 형식

SNMP 메시지는 UDP로 캡슐화되어 전송되며 메시지 형식은 **[그림 17-11]**과 같다. 각 필드의 설명은 **〈표 17-6〉**에서 보여주고 있다. 또한, **〈표 17-7〉**에서 4가지 PDU 메시지 필드 내용을, **〈표 17-8〉**에서는 Trap PDU 메시지 필드를 설명하고 있다.

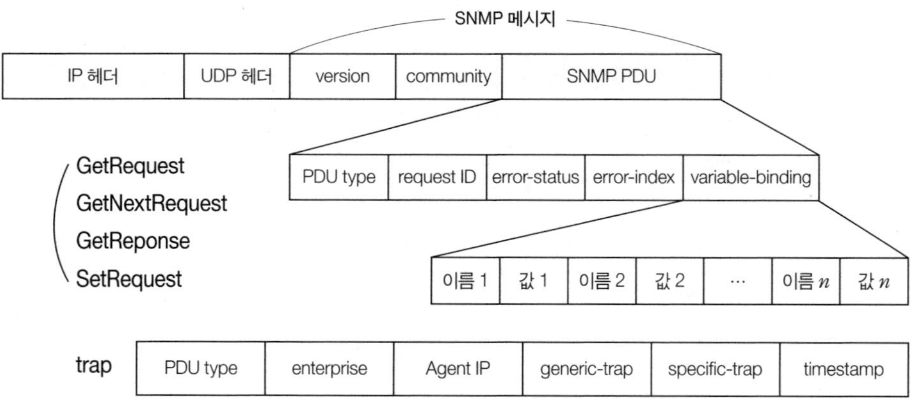

[그림 17-11] SNMP 메시지 형식

〈표 17-6〉 SNMP 메시지 필드

종류	내용
version	사용하고 있는 SNMP 버전 정보를 나타낸다. 현재까지 SNMPv1, v2, v3까지 나와 있는 상태이다.
community	관리자와 에이전트 간 인증을 위해 사용하는 암호로 SNMPv1에서는 주로 'public'을 사용하고 v2, v3은 상호 정의된 암호를 사용할 수 있다.
SNMP PDU	위에서 설명한 5가지 PDU 메시지 형식을 포함한다.

〈표 17-7〉 GetRequest, GetNextRequest, GetResponse, SetRequest PDU 필드

종류	내용
PDU type	PDU 종류를 나타낸다.
request ID	관리자에 의한 순서번호로, 에이전트 응답에서도 같은 값 사용
error-status	에러 원인을 의미하며 noError(0), tooBig(1), NoSuchName(2), badValue(3), ReadOnly(4) 등이 있다. GetResponse PDU만 사용한다. 나머지 PDU는 0을 갖는다.
error-index	에러에 대한 부가정보를 의미하며 GetResponse PDU만 사용한다. 나머지 PDU는 0을 갖는다.
variable-binding	관리자가 얻고자 하는 정보를 (이름, 값) 형식으로 인코딩하여 전송한다. 이름으로 객체 식별값(OID)을 사용하며, 한 번에 여러 개 정보를 요청할 수 있다.

〈표 17-8〉 Trap PDU 필드

종류	내용
PDU type	PDU 종류를 나타낸다.
enterprise	trap을 생성한 시스템(소프트웨어)의 고유번호를 기록한다.
Agent IP	trap을 발생한 에이전트의 IP 주소를 의미한다.
generic-trap	〈표 17-5〉의 trap 종류를 나타낸다.
specific-trap	특정 제조사에서 규정한 trap 종류를 의미한다.
timestamp	trap이 발생 된 이후 경과 시간을 의미한다.

핵심요약

SNMP 메시지는 UDP 161(Get, Set), 162번(Trap) 포트로 전송된다.

미니강의 SNMP 버전별 비교

현재까지 SNMP 버전이 세 가지 종류가 있다. 각 버전에 대한 간단한 특징을 살펴보면 다음과 같다. 먼저 **SNMPv1**은 인증을 위해 community 필드에 'public'이라는 평문을 사용한다. 이는 인증을 거의 사용하지 않는 거와 같은 것으로 보안에 취약한 면이 있다. **SNMPv2** 역시 인증을 위해 SNMPv1과 같은 방법으로 인증하기 때문에 보안에 취약하다. 그러나 새로운 기능인 GetBulkRequest PDU를 통해 많은 데이터를 한꺼번에 전송받을 수 있는 기능이 추가되었다. 또한, SNMPv1과 호환이 가능하다는 특징이 있다.

SNMPv3는 인증을 위해 community 필드를 MD5/SHA 인증 알고리즘을 사용하고, 메시지 암호화를 위해 DES 암호화 알고리즘을 사용한다. 하지만 기존 SNMPv1과의 호환이 불가능하고 설정이 복잡해서 거의 사용하지 않는 실정이다.

요약정리 SUMMARY

01 네트워크 관리는 네트워크 자원에 대한 가용성(Usability)을 최대로 하고 응답 시간(Response Time)을 최소화하기 위해 네트워크 상황을 분석하여 자원 이용 효율을 최대화할 수 있게끔 계획을 수립하고 네트워크를 재설계할 수 있도록 도와주는 행위를 말한다.

02 OSI 5대 관리기능은 구성관리, 성능관리, 장애관리, 계정관리, 보안관리 등이 있다.

03 인터넷 관리를 위한 구성요소로는 네트워크 관리자, 에이전트, 관리정보 구조(SMI), 관리정보 베이스(MIB), 네트워크 관리 프로토콜(SNMP) 등으로 구성되어 있다.

04 SMI는 MIB에서 사용하는 데이터 타입과 표현 방법 그리고, 객체의 이름에 관한 규정을 포함하고 있으며, 트리 형식의 계층적 객체 식별자(OID) 구조를 갖는다.

05 네트워크 관리를 위해 필요한 관리정보를 데이터베이스화한 것이 관리정보 베이스(MIB)이다. 관리정보들은 모두 객체로 표현되어 있고, 계층적 구조 형식을 가지고 있다.

06 MIB 객체 접근 방식은 단순형 데이터 접근 방식과 구조적 데이터 접근 방식에 따라 다르다. 구조적 데이터를 얻어오기 위해서는 인덱스 값이 필요하다.

07 SNMP는 기본적으로 요청과 응답 형식을 사용하는 Get, Set, Trap 3가지 기능을 제공한다. 이를 위해 GetReqeust PDU, GetNextRequest PDU, GetReponse PDU, SetRequest PDU, Trap PDU 등 5가지 PDU를 사용한다.

08 SNMP 메시지는 UDP 161(Get, Set), 162번(Trap) 포트로 전송된다.

연습문제 EXERCISE

01 네트워크 장비를 관리 감시하기 위한 목적으로 TCP/IP 상에 정의된 응용 계층의 프로토콜은 무엇인가?

① SNMP ② CMIP
③ SMTP ④ POP3

02 SNMP에 대한 설명 중 맞지 않는 것은?

① Trap 기능을 통해 이벤트 정보를 받을 수 있다.
② UDP 프로토콜을 사용한다.
③ 관리 정보를 가지고 있는 곳은 관리자이다.
④ ASN.1 인코딩 방법을 사용한다.

03 SNMP에서 관리정보를 저장한 데이터베이스를 무엇이라 하는가?

① BER② ASN.1
③ SMI④ MIB

04 다음 중 OSI 5대 관리 기능이 아닌 것은?

① 계정관리 ② 시스템관리
③ 구성관리 ④ 보안관리

05 다음 중 OSI 7계층 모델에서 네트워크 관리를 위한 표준 프로토콜은 무엇인가?

① CMIP ② SNMP
③ NMS ④ SMS

06 SNMP에서 제공하는 3가지 기능에 대해 쓰시오.

07 다음 중 SMI에 대한 설명으로 맞지 않는 것은?

① 객체명 규칙 정의
② 저장되는 데이터 타입 정의
③ 데이터 인코딩 방법 정의
④ 객체들 데이터베이스화

08 SMI에서 데이터 인코딩 방법으로 사용하는 인코딩 방식은 무엇인가?

09 다음 중 SNMP에서 정의한 Trap 종류에 대한 설명으로 맞지 않는 것은?

① coldStart : 하드웨어적 문제로 재부팅
② warmStart : 소프트웨어적 문제로 재부팅
③ linkDown : 회선 인터페이스 재가동
④ authenticationFailure : SNMP 인증이 실패

10 다음 중 SNMP 메시지에 대한 설명으로 맞지 않는 것은?

① GetRequest를 사용하여 MIB 정보를 요청할 수 있다.
② GetResponse를 사용하여 MIB 정보를 전송한다.
③ SetRequest를 사용하여 MIB 값을 설정한다.
④ Trap을 사용하여 이벤트 및 사건을 요청할 수 있다.

11 다음 중 SNMP 메시지 형식 중 인증을 하기 위해서 사용하는 필드는 무엇인가?

① version ② community
③ request-ID ④ type

찾아보기

T

U

V

W

X

Z

중요 약어

A

A Address
정방향 조회 레코드

AA Authoritative Answer
DNS에서 응답 메시지 종류를 의미

ACK Acknowledgement
확인응답을 의미하는 비트

AD Active Directory
윈도우 상의 디렉토리 시스템

Ajax Asynchronous Javascript And XML
비동기식 자바스크립트와 XML 결합 기술

AS Autonomous System
하나의 관리자에 의해 관리되는 네트워크, 자율 시스템

ASCII American Standard Code for Information Interchange
7비트 체계의 미국 문자 표준 부호화 코드

ASIC Application Specific Integrated Circuit
특정한 용도에 맞도록 주문 제작된 주문형 반도체

ASN.1 Abstract Syntax Notation One
개방형 시스템 간 표준화된 추상적 구문 표기법인 데이터 인코딩 방식

ASP Active Server Page
웹서버에서 특정 프로그램이 실행되는 동적 페이지 생성 언어

ARP Address Resolution Protocol
TCP/IP 네트워크상에서 동적으로 주소 변환 기능을 수행하는 프로토콜

ARPANET Advanced Research Project Agency Network
미국 국방부 내의 고등연구계획국에 따라 개발된 컴퓨터 네트워크로 인터넷의 시초

ARQ Automatic Repeat reQuest
에러가 발생된 데이터에 대한 재전송을 요청하는 에러복구 기법

B

BER Basic Encoding Rules
ASN.1에서 사용하는 데이터 인코딩 규칙

BGP Border Gateway Protocol
자율 시스템 간의 라우팅을 위한 라우팅 프로토콜 중 하나

BOOTP Bootstrap Protocol
동적 IP 주소할당 프로토콜

BSD Berkley Software Distribution
UC Berkley의 컴퓨터시스템 연구그룹에 의해 개발된 유닉스 운영체제

C

CBT Core-Based Tree
코어 라우터를 기반으로 한 공유 경로 멀티캐스트 라우팅 프로토콜

CERN the European Laboratory for Particle Physics
유럽 입자물리연구소

CGI Common Gateway Interface
웹서버와 외부 프로그램 사이에 정보 교환 방법 정의

CIDR Classless InterDomain Routing
클래스 없는 주소 관리 기술

CISC Complex Instruction Set Computer
고급언어에 하나씩 기계어를 대응시킨 중앙처리장치 종류

CMIP Common Management Information Protocol
네트워크 관리를 위한 OSI 표준 프로토콜

C

CMIS Common Management Information Service
네트워크 관리를 위한 다양한 서비스

CMISE Common Management Information Service Element
네트워크 관리를 위한 객체들

CNAME Canonical Name
도메인 이름을 지칭하는 별칭 레코드

CRC arriage Return
한 줄의 맨 왼쪽의 시작점으로 이동

CRC Cyclic Redundancy Check
데이터에 대한 에러 검출 방식

CSMA/CD Carrier Sense Multiple Access / Collision Detection
LAN에서 데이터를 전송하기 위한 매체접근 방식 중에 대표적인 LAN 프로토콜

cwnd Congestion Window
혼잡 윈도우

D

DARPA Defense Advanced Research Project Agency
미국 국방성 산하 국방 기술 개발을 전담하는 연구기구

DCE Data Communication(Circuit termination) Equipment
데이터 전송을 위한 접속 설정 및 해제와 부호/신호 변화를 수행하는 데이터통신 장비

DD Database Description
OSPF에서 사용하는 메시지로 간략한 라우팅 테이블 정보

DES Data Encryption Standard
대칭키 암호화 알고리즘

DF Don't Fragment
IP 헤더 내에 있는 필드로 단편화 금지 비트

DHCP Dynamic Host Configuration Protocol
IP 주소를 동적으로 할당해 주는 프로토콜

DM Data Mark
데이터 표시

DNS Domain Name System
도메인과 IP 주소 정보 연결 서비스

DO Approval to option request
옵션 활성화 요청 및 승낙

DONT Denial to option request
요청에 대한 거절

DTE Data Terminal Equipment
데이터 송수신을 위해 사용하는 데이터 단말 장비

DVMRP Distance Vector Multicast Routing Protocol
거리 벡터 알고리즘을 사용하는 멀티캐스트 라우팅 프로토콜

E

EBGP External BGP
BGP 상에서 다른 AS의 스피커 노드끼리의 연결

EBCDIC Extended Binary Coded Decimal Interchanged Code
8비트 체계의 IBM 코드 부호화 체계

EC Erase Character
삭제 문자

EIA-232D Electronic Industries Association - 232D
단말기와 모뎀의 접속을 위해 사용하는 직렬 인터페이스

EIGRP Enhanced Interior Gateway Protocol
내부 게이트웨이 라우팅 프로토콜 중 하나

EGP Exterior Gateway Protocol
자율 시스템 간의 라우팅을 위한 외부 게이트웨이 라우팅 프로토콜

EL Erase Line
삭제 라인

EOF End Of File
파일 끝을 의미

EOP End Of oPtion
옵션 종료를 의미

F

FDB Forwarding DataBase
브리지에 존재하는 데이터베이스로, 포트 번호와 연결된 호스트 주소 정보를 유지

FIN Finish
연결종료를 의미하는 비트

FQDN Fully Qualified Domain Name
절대 도메인 네임

FTAM File Transfer Access and Management
OSI에서 제정된 파일 전송 및 접근 관리 방식

FTP File Transfer Protocol
TCP/IP 네트워크상의 파일 전송 프로토콜

G

GIF Graphics Interchange Format
이미지 압축 저장하는 방식

H

HTML Hypertext Markup Language
하이퍼텍스트를 생성하는 언어

HTTP Hyper Text Transfer Protocol
하이퍼텍스트 전송 프로토콜

HTTPS HTTP Secure
HTTP의 보안 강화된 프로토콜

I

IAB Internet Architecture Board
인터넷의 기술적 정책적인 문제를 처리하는 위원회

IAC Interpret the next character as control
다음 문자를 제어문자로 간주하는 의미

IANA Internet Assigned Number Authority
국제 인터넷 주소 관리 기구

IBGP Internal BGP
BGP 상에서 같은 AS 내 스피커 노드끼리의 연결

ICANN Internet Corporation for Assigned Names and Numbers
도메인과 포트 번호를 관리하는 국제 표준 기구

ICI Interface Control Information
상위 계층에서 하위계층으로 전달되는 임시 매개 변수

ICMP Internet Control Message Protocol
TCP/IP 네트워크상에서 발생된 에러를 보고하고 질의하는 프로토콜

IDU Interface Data Unit
계층 간 전달되는 정보 전체 단위

IETF Internet Engineering Task Force
인터넷의 운영, 관리, 개발 및 프로토콜의 구조적인 사안들을 분석하는 인터넷 표준화 관련 국제기구

IGMP Internet Group Management Protocol
멀티캐스트 전송방식을 위한 그룹 관리 프로토콜

IGP Interior Gateway Protocol
자율 시스템 내에서 라우팅을 수행하는 내부 게이트웨이 라우팅 프로토콜

IGRP Interior Gateway Routing Protocol
내부 게이트웨이 라우팅 프로토콜 중 하나

IIS Internet Information Server
마이크로소프트사의 대표적인 웹 서버 프로그램

IMAP4 Internet Message Access Protocol 4
전자메일 수신 프로토콜

InterNIC Internet Network Information Center
인터넷 주소 및 프로토콜 번호를 관리하

는 표준 기구

IP Interrupt Process
인터럽트 처리

IP Internet Protocol
TCP/IP 상의 네트워크 계층 프로토콜로써 데이터 전송을 담당하는 최선형 프로토콜

IPX Internetwork Packet eXchange
노벨에서 개발한 Netware 상에서 동작하는 네트워크 계층 프로토콜

ISN Initial Sequence Number
데이터 전송 시 처음 시작하는 순서번호

ISO International Organization for Standardization
1947년에 설립한 국제표준화 기구

ISOC Internet Society
전 세계의 인터넷 발전과 진화에 관련된 기술을 위해 결성된 비영리 기구

ISP Internet Service Provider
개인이나 기업에게 인터넷 접속 서비스를 제공하는 회사

J

JPEG Joint Photographic Experts Group
디지털 이미지 규격

JSP Java Server Page
자바를 사용한 동적 페이지 생성 언어

Json JavaScript Object Notation
자바스크립트 기반의 데이터 객체 표현 방식

L

LAN Local Area Network
근거리 통신 네트워크

LDAP Lightweight Directory Access Protocol
디렉토리 서비스

LF Line Feed
한 줄이 끝났음을 알리는 문자, 개행문자

LSA Link State Advertisement
OSPF에서 LSU가 사용하는 링크의 상태 정보

LSAck Link State Acknowledgement
OSPF에서 사용하는 메시지로 LSU의 응답 메시지

LSB Least Significant Bit
데이터의 오른쪽 끝 비트를 의미, 최하위 비트

LSD Link State Database
OSPF 라우터가 저장한 링크 상태 정보들

LSR Link State Request
OSPF에서 사용하는 메시지로 경로를 요청 메시지

LSU Link State Update
OSPF에서 사용하는 메시지로 LSR의 응답 메시지

M

MAA Message Access Agent
메일 수신 시스템

MAC Media Access Control
LAN에서 데이터를 전송하기 위한 매체 접근 방식

MD5 Message Digest Algorithm 5
메시지 압축 해시 알고리즘

MRT Maximum Response Time
최대 응답 시간

MBONE Multicast Backbone
터널링 기법을 사용하는 멀티캐스트 전용 구간

MIB Management Information Base
관리정보 저장소

MILNET Military Network
미국 국방성에서 ARPANET을 토대로 만든 군사용 네트워크

MIME Multipurpose Internet Mail Extensions
멀티미디어 전송을 위한 확장 프로토콜

MOSPF Multicast Open Shortest Path First
OSPF를 확장한 멀티캐스트 라우팅 프로토콜

MPEG Moving Picture Experts Group
동영상 압축 및 부호화 표준

MS MicroSoft
마이크로 소프트 회사

MSB Most Significant Bit
데이터의 왼쪽 끝 비트를 의미, 최상위 비트

MSL Maximum Segment Lifetime
최대 세그먼트 수명

MSS Maximum Segment Size
TCP 상에서 전송하는 최대 세그먼트 크기

MTA Message Transfer Agent
메일 전송 시스템

MTU Maximum Transmission Unit
특정 네트워크로 전송할 수 있는 데이터그램의 최대 크기

MX Mail Exchanger
메일 서버를 지칭하는 레코드

N

NAT Network Address Translation
사설 IP와 공인 IP 사이의 주소변환 기능

NCP Network Control Protocol
컴퓨터의 운영체제에 있는 네트워크 제어 프로그램

netsh Network Shell
네트워크 정보 출력 및 설정 명령어

NIC Network Interface Card
네트워크 인터페이스 카드로 주로 LAN 카드를 의미

NMS Network Management System
네트워크 관리 시스템

NOP No OPeration
무동작을 의미

NS Name Server
영역에 대한 권한이 있는 서버

NSF National Science Foundation
미국 국립 과학재단

NSFNET National Science Foundation Network
미국 과학재단 산하 네트워크로 슈퍼컴퓨터 연결을 위한 고속 네트워크

NVT Network Virtual Terminal
네트워크 가상 터미널

O

OID Object Identifier
네트워크 관리에서 객체 식별 ID

OSI Open System Interconnection
개방형 시스템 간의 상호접속을 위한 네트워크 통신 프로토콜에 관한 국제표준 규격

OSPF Open Shortest Path First
내부 게이트웨이 라우팅 프로토콜로 링크 상태 라우팅 프로토콜

P

Path MTU Path Maximum Transmission Unit
경로상의 존재하는 가장 작은 MTU

PCI Protocol Control Information
네트워크의 동등계층으로 보내지는 정보

PDU Protocol Data Unit
정보를 전송하는 기본 단위로, SDU와 PCI의 결합

PGP Pretty Good Privacy
전자메일 암호화 프로그램

PHP Hypertext Preprocessor
동적 페이지 생성을 위한 서버측 스크립트 언어

PIM-DMP rotocol Independent Multicast-Dense Mode
유니캐스트 프로토콜과는 독립적으로 동작하는 멀티캐스트 라우팅 프로토콜

PIM-SM Protocol Independent Multicast-Sparse Mode
멀티캐스트 기능을 갖지 않은 라우터들이 사용하는 멀티캐스트 라우팅 프로토콜

ping Packet InterNet Groper
ICMP echo 메시지를 사용하는 프로그램

POP3 Post Office Protocol 3
메일 수신 프로토콜

PQDN Partially Qualified Domain Name
상대적 도메인 네임

PSH Push
빠른 처리를 원하는 데이터를 의미하는 비트

PTR Pointer
역방향 조회 레코드

Q

QR　Query/Response
DNS에서의 메시지 종류

R

RA　Recursion Available
DNS에서 네임 서버가 재귀적 방식을 지원함을 의미

RARP　Reverse Address Resolution Protocol
자신의 MAC 주소로 IP 주소를 얻어오는 프로토콜

rCode　Response Code
DNS에서 응답 메시지 종류를 의미

RD　Recursion Desired
DNS에서 재귀적 방식의 질의 처리 요구

RFC　Request For Comments
인터넷 기술을 표준화하기 위한 절차 등을 제공하는 문서

RIP　Routing Information Protocol
내부 게이트웨이 라우팅 프로토콜로 거리 벡터 라우팅 프로토콜

RISC　Reduced Instruction Set Computer
중앙처리장치 안의 명령어를 최소로 줄여 단순하게 만든 프로세서

RRQ　Read Request
TFTP에서 데이터 읽기 요청 메시지

RRs　Resource Record
네임 서버에 있는 리소스 레코드

rsh　remote shell
원격 접속 프로세스

RST　Reset
비정상 종료를 의미하는 비트

RTO　Retransmission Time-Out
재전송 타임아웃

RTT　Round Trip Time
왕복 시간

rwnd　Receiver Window
수신 버퍼의 여유 공간

S

SDU　Service Data Unit
상위 계층 데이터

Seq　Sequence Number
바이트 단위 순서번호

SHA　Secure Hash Algorithm
안전한 해시 알고리즘

SLB　Server Load Balancing
여러 서버(웹, 캐시 서버) 등의 처리 부하를 분해하는 기능

SMI　Structure of Information
관리정보의 구조

S/MIME　Secure MIME
전자메일 내용을 보호하는 암호화 기술

SMTP　Simple Mail Transfer Protocol
전자우편 서비스를 위한 메일 전송 프로

토콜

SNMP Simple Network Management Protocol
네트워크 관리 프로토콜

SOA Start of Authority
영역에 대한 권한 정보

SPARC Scalable Processor Architecture
Sun 마이크로시스템즈사에서 개발한 32비트 마이크로프로세서

SPT Shortest Path Tree
최단 경로 트리

SSH Secure Shell
암호화된 원격접속 프로토콜

SSL Secure Socket Layer
소켓 상의 암호화 통신 규약

ssthresh Slow Start Threshold
기준이 되는 혼잡 윈도우 크기(임계값)

SYN Synchronize
연결설정을 의미하는 비트

T

TC Truncated
DNS에서 응답 메시지의 크기가 512바이트보다 큰 여부

TCP Transmission Control Protocol
TCP/IP상의 전송 계층 프로토콜 중 하나로써 신뢰성 서비스를 제공하는 프로토콜

TCP/IP Transmission Control Protocol/Internet Protocol
서로 다른 네트워크 사이에 데이터를 전송하기 위한 표준 프로토콜

TFTP Trivial File Transfer Protocol
작은 데이터를 송수신하는 프로토콜

TLS Transport Layer Security
전송계층 보안 표준

TLV Type-Length-Value
유형-길이-값 형식

TTL Time-To-Live
패킷이 네트워크에 생존할 수 있는 기간

TOS Type-Of-Service
차별화된 서비스를 지원하기 위한 서비스 종류들

U

UA User Agent
메일 작성 및 송수신 프로그램

UDP User Datagram Protocol
TCP/IP 상의 전송계층 프로토콜 중 하나로써 비신뢰성 서비스를 제공하는 프로토콜

UNMA Unified Network Management Architecture
통합망 관리 구조

URL Universal Resource Locator
웹에서 사용하는 표준 주소 형식

URG Urgent

긴급 데이터를 의미하는 비트

V

VLSM Variable Length Subnet Mask
가변 길이 서브넷 마스크

VOD Video On Demand
사용자의 요구에 따른 맞춤 영상정보 서비스

W

WAN Wide Area Network
원거리 통신 네트워크

WILL Agreement to enable option
옵션 활성화 의지 또는 승낙

WONT Refusal to enable option
거절하는 옵션 또는 해제

WRQ Write Request
TFTP에서 데이터 쓰기 요청 메시지

WWW World Wide Web
웹 서비스

X

XHTML Extended HTML
XML 표준과 HTML과 호환하는 언어

XML Extensible Markup Language
웹 문서를 구조화하는 표준 언어

XNS Xerox Network System
제록스가 개발한 네트워크